# 中世社会の一揆と宗教

峰岸純夫

東京大学出版会

Religion and Popular Insurrections in Japan's Middle Ages

Sumio MINEGISHI

University of Tokyo Press, 2008
ISBN 978-4-13-020145-2

中世社会の一揆と宗教　目次

はじめに……一

一　本書の視点　一
二　本書の構成と内容　四

## 第Ⅰ部　中世民衆の意識と一揆

第一章　誓約の鐘——中世一揆史研究の前提として……一一

まえがき　一一
一　「誓約の鐘」についての研究　一三
二　鐘の形態と機能　一四
〔補論〕鉦や太鼓で　一八
三　「誓約の鐘」の資料と考察　二〇
〔補論〕静寂の鐘　三三
むすび　三三

第二章　中世社会と一揆……三九

はじめに　三九
一　一揆の成立　四〇

二　在地領主の一揆　六二
三　百姓の一揆　八五
むすび　九七
第三章　変革期と一揆……………………………………一〇一
一　革命と変革　一〇一
二　日本中世の変革期　一〇五
三　戦国動乱と一揆　一一三
第四章　中世後期人民闘争の再検討……………………………一三九
——正長・嘉吉の徳政一揆を中心に
はじめに　一三九
一　前近代の人民、人民闘争の特質　一四〇
二　正長・嘉吉の徳政一揆　一四四
結　び　一五五
第五章　中世百姓の「去留の自由」をめぐって……………一六五
はじめに　一六五
一　中世社会と式目四二条　一六六

二　逃散と式目四二条　一六九
三　式目四二条解釈についての私見　一七三

第六章　「篠を引く」……一七九
——室町・戦国時代の農民の逃散
一　「篠を引く」研究をめぐって　一七九
二　「篠を引く」史料の検討　一八二
三　「篠を引く」の意味　一九二

第七章　国質・郷質について……二〇一
プロローグ　二〇一
一　国質・郷質とはなにか　二〇三
二　伊勢国小倭郷の国質・郷質　二〇七
三　細川政元式条の国質・郷質　二一一
四　国質の郷質（所質）との一括性と寄生性　二一三
五　『日葡辞書』の訳語問題　二二三
エピローグ　二二五

## 第Ⅱ部　本願寺教団と一向一揆


第一章　大名領国と本願寺教団……………………………………………………二二一
　　──とくに畿内を中心に
一　戦国動乱と一向一揆　二二一
二　細川政元政権と永正の一揆　二二六
三　細川晴元政権と天文の一揆　二三九
おわりに　二四七

第二章　一向一揆……………………………………………………………二五一
　　──そのエネルギーの謎
一　キリスト教宣教師の真宗観　二五一
二　一向一揆とは何か　二五四
三　元亀・天正の争乱　二七〇
むすび　二八九

第三章　一向一揆の本質と基盤……………………………………………二九一
一　一向一揆の研究史　二九一

二　一向一揆の本質と基盤　二九三
三　一向一揆の段階区分　三〇二
第四章　一向一揆の構造……三〇七
はじめに　三〇七
一　一向一揆の基盤　三〇九
二　真宗教団の展開　三一八
三　天文の一揆と百姓の動向　三四三
第五章　加賀における文明・長享の一揆……三五五
一　加賀一向一揆の前提　三五五
二　文明・長享の一揆　三五七
三　郡一揆　三六〇
まとめ　三六五
第六章　蓮如の時代——その社会と政治……三六九
はじめに　三六九
一　寛正の飢饉　三七〇

二　嶽山合戦と土一揆　三七四
三　蓮如の登場　三七八
結びにかえて　三八六
〔付論1〕「諸国ノ百姓ミナ主ヲ持タジ〳〵」……三九一
——戦国期百姓の動向
〔付論2〕寛正二年、この世とあの世……三九七
初出一覧
あとがき
索　引

# はじめに

## 一　本書の視点

本書は、主に一九七〇年代以降に執筆した論考をまとめたものである。七〇年代の中世史研究は、社会構造論や社会構成史研究に続いて民衆の主体的力量を評価する人民闘争史研究が盛んに行なわれた時期であった。その後は、民衆史・家族史・女性史・社会史、近年ではさらには地域社会論・環境史・荘園制の再検討などと学会の研究関心が次々に推移していった。そして最近の研究では、階級とか階級闘争や民衆の蜂起としての一揆といった概念や民衆という用語すらも、論文に登場することがほとんどなくなり隔世の感がする。

アジア・太平洋戦争の悲惨な敗戦から立ち上がって、平和と民主主義の日本を目指してたたかい、自主独立を目指した安保闘争をたたかった世代が高齢化し、高度経済成長の中で育ってきた次世代の研究者が主流を占めてきたなかで、おのずと階級闘争・人民闘争など支配階級・支配権力や国家権力に対する抵抗などのテーマが関心を呼ばなくなったことは理解できる。

若いときに私たちの心を捉えたマルクスの「すべての歴史は階級闘争の歴史である」（『共産党宣言』）という章句がある。しかし、この章句は階級闘争と革命を鼓舞する政治的立場から発信されたもので、具体的な歴史研究の場において適用しようとするとき、かなり吟味を要するものと私は次第に考えるようになってきた。もちろん、階級関係・階級闘争の考察は、歴史の解明に依然として重要な地歩を有し無視することは出来ないものと今も考えているが、人類・民族の歴史が変化・発展する要因は必ずしも階級関係・階級闘争をもって一元化することは出来ず、共同体間や地域間、ひいては民族・宗教間の対立、あるいは自然と人間の対立なども重要な要素になるのではないか、そういった点で、階級関係・階級闘争のある程度の相対化が必要と考えている。

次に歴史の発展ということであるが、生産力の発展によって既往の社会体制との矛盾を生じ、社会変革（革命）が提起されるというマルクス主義の命題は大筋で承認できるものとしても、人類史が常に単系列の右肩上がりの発展線上に位置づいていたかというとそうではない。進歩もあれば退歩もありジグザグな過程をたどっているが、歴史研究は必ずしもその点を直視しないで発展の要素のみを追いかけ過ぎてきたのではないか、とりわけ中世史研究にその問題点が感じられる。中世成立期、南北朝内乱期、一五世紀、戦国争乱期など論者によってそれぞれに生産力の発展を見たててきて、その変動の様相を評価してきたからである。

世界史の基本法則といわれた原始・奴隷制・封建制・資本制・社会主義という社会発展の図式は、あくまでもひとつの仮説であるが、私たちはこれを法則と曲解してきたと思う。現在では、法則とか原理といった「呪文」から解き放たれて虚心坦懐に具体的な史実の分析のなかから歴史のビッグストーリーを再構築していくことが重要な時期であると思っている。その際、中・近世の日本社会の質と構造を示す範疇として、資本制の前史をなす封建制は廃棄する必要がないのではないかと思っている。封建制の廃棄についてはイギリスのスーザン・レイノルズ女史[1]や保立道久氏[2]によって提起されている。それに替わりうるものとして、保立氏は荘園公領制とか幕藩制（石高制）をあげている。この範疇は政治組織ないし土地制度に関して有用な範疇と思うが十全のものでなく、一方封建制は公家・武家（あるいは僧侶）などの主従関係という人間関係と領主制という支配関係とが網の目のように組み合わさって社会の総体を表現するものであると考えている。マルクスの資本論の引用がどうかということからではなく、具体的な中・近世の質と構造を示す範疇として、歴史研究、ないし歴史教育上、あるいは比較史研究上において必要なものと思っている。なお、社会主義については、昨今の資本主義の爛熟、その矛盾の噴出の状況下ではひとつの未来社会のあり方としてはその可能性を想定できるが、それは私たちの次世代の選択にかかっていると思う。

本書は、以上のビッグストーリーを直接に考究するものではないが、一揆の問題を手がかりにして、中世民衆の階級闘争としての一揆を、身分・階級を越えた幅広い結合としての一揆の中から導き出そうとしている。一揆とは本来「揆を一にする」すなわち揆（考え方や行為）をひとつにすることで、集団で盟約を結び、敵対する対象に向けて一致した行動をとることを意味するようになった。中世において一揆はあらゆる階層において出現する。すなわち、戦陣における中小武士集団の一揆、寺社の教団内における盟約にもとづく一揆もしばしば行なわれた。さらに、荘園公領制といわれる中世社会に基本骨格を成す土地制度における支配・収奪の関係のもとで、支配される百姓（基本的には農民）が日常の村落結合を基盤に、自然災害などで作物の収穫が不十分なときに年貢減免を求めて一揆を結び強訴・逃散などの集団行動を行なう。あるいは、幕府などの国家権力を対象に諸階層が連合して徳政一揆を起こす。このように多様な一揆が存在した中世社会と一揆が百姓一揆に一元化された近世社会とでは、社会のありようがかなり異なるといえよう。

そして、これらの多様な一揆結合の基礎に、共通して結束を神仏に誓う宗教的行為が存在する。その宗教的行為と一揆との関連をどう解くかという点も本書の重要課題である。

さらに、中世後期に特徴的に出現し、宗教を媒介にした一揆結合と闘争である一向一揆も、戦国の動乱や近世への移行に関する重要な政治と宗教に関する多くの問題を投げかけている。この一向一揆を、私なりの切り口で、時の政治権力と教団と一向一揆の三者の関係、そしてそれぞれの地域の直面する要求課題と一向一揆との関係などの解明を図ろうと試みたものである。一向一揆については、次節二で詳しく触れることにする。

## 二　本書の構成と内容

第Ⅰ部は、一九七〇年代以降の人民闘争史研究の影響を受けて執筆されたものがほとんどで、一揆の特質を民衆意識との関係で解明しようとする目的を持ったものが多い。人民闘争史研究は、一般的には誤解されて、高揚した人民のたたかいのみを考究するものとされているが、その渦中にあって考えていた私たちの問題意識は、頂点のところだけではなくて裾野まで含めて、すなわち諸階層の意識や日常生活に目配りして諸階級の連合のもとでの民衆のたたかいを考えていこうというものであった。それ故、闘争の展開過程の部分を抜き去れば、その後に展開される社会史研究と共通の土俵を持っていたということになる。

一九七〇年代末に東京大学出版会の企画で、『一揆』全五巻を編さんすることになり、青木美智男・入間田宣夫・黒川直則・佐藤和彦・佐藤誠朗・深谷克己・峰岸純夫・山田忠雄の八人が編者となり、編者を加えて三三人の中世・近世研究者を結集して三年間にわたる期間に研究会を持ち、一九八一年中に全五冊の刊行を実現した。

第一章は、その過程の副産物として執筆されたもので、在野の考古学者藤森栄一氏の『銅鐸』（小学館、一九六四年）に触発されて一揆を考える前提として「誓約の鐘」について考察したものである。藤森氏との縁は、慶応義塾大学の総合調査の宿舎が藤森氏の経営する旅館「花の家」であったことによる。『人文学報』（一五四号、一九八二年）に発表したときには藤森氏の八回忌に当たっていた。第二章・第三章は、『一揆』一巻・五巻に掲載されたもので、前者は中世一揆の総論で、寺社の「一味同心」から在地領主の国人一揆、百姓の荘家の一揆や土一揆（徳政一揆）に及び、後者は治承・寿永の内乱、南北朝の内乱、戦国の動乱などにおける一揆の状況を論じている。

第四章は、歴史学研究会一九七二年大会の総合部会報告で、諸階層の連合として正長と嘉吉の徳政一揆を論じたもので、国家権力に対する諸階級・諸階層の連合の闘争である点に力点が置かれている。

第五章は、『争点日本歴史』四巻（新人物往来社、一九九二年）に掲載されたもので、著名な御成敗式目四二条の「百姓の去留の自由」について論じ、当時活発に行なわれた論争史を整理し、百姓身分が年貢・公事を納入する限り耕営を維持できるという封建的隷属農民の性格を示すもので、ここから自由民的性格を導き出すことはできないと主張している。

第六章は、中世後期に「篠を引く」という史料用語で出てくる百姓の行動を追究したもので、勝俣鎮夫氏がこれを家に立て籠もって年貢・公事納入を拒否する行為としたのに対して、家を閉鎖して退去する百姓の闘争形態に位置づけ、永原慶二編『中世の発見』（吉川弘文館、一九九三年）に発表したものである。

第七章は、人身・財産の質取（差押え行為）における国質と郷質の差異を追究して、前者が他国からの質取であるのに対して、後者は同国内の質取であると結論づけて、『三田中世史研究』（四号、一九九七年）に発表したものである。

第Ⅱ部は、本願寺と一向一揆に関する論考をもって構成した。本願寺教団と一向一揆の関係については、鈴木良一「戦国の争乱」（『岩波講座日本歴史』中世4、一九六三年）が以下のように重要な問題提起をしている。

光教（顕如のこと、峰岸注）をも含めた全支配者上層のかかる空気は、一向宗徒には無縁である。本願寺と一向一揆とは別物である（注）。

（注）本願寺と一向一揆とは明らかに別物である。しかも一向宗徒はなぜ本願寺に従ったのか。あくまで一向一揆として本願寺の指導のもとでしか団結し、たたかうことができなかったのは、どういうわけか。信仰の問題の無視できないのは、ことわるまでもないが、宗徒が現実にほかならぬ農民として生きていくためには、本願寺に頼らざるを得ない事情があったのではなかろうか。

と述べ、その事情を本願寺が淀川下流の低湿地に築城し、伊勢長島や矢作川流域に勢力を張るなど、低湿地の治水技術をもって農民を指導したことが、一向宗徒が本願寺を離れられなかった理由であろう、と推定している。

この提起は「本願寺・一向一揆別物論」という表現で研究者に課題として受け止められた（峰岸純夫編『本願寺・一向一揆の研究』吉川弘文館、一九八四年、解説）。この提起と格闘して研究を推し進めた最近の業績として神田千里『一向一揆と真宗信仰』（吉川弘文館、一九九〇年）と、金龍静『一向一揆論』（吉川弘文館、二〇〇四年）がある。前者は、一向宗という幅広い汎浄土教的な阿弥陀信仰を持つ人々を一向一揆の基盤と考え、浄土真宗本願寺派とのズレを問題にした。後者は本願寺教団の教説、阿弥陀が極楽往生を約束してくれることに対する報謝行を取り上げ、物・銭による志の拠出や労働の提供、果ては軍事動員という行動にまで至ることを立証し、これを一向一揆の論理とした。すなわち本願寺と一向一揆は一体であるという形で「別物論」の克服を図った。しかし、両者の見解は、相反するものとなっており、この本格的検討は今後の課題としたい。

私は、中世の人びとの当面する課題に即して、門徒と非門徒の連合による一向一揆という大筋の考え方で研究を進めてきた。

第一章は、『日本の社会文化史』二巻（講談社、一九七九年）に発表したもので、畿内の戦国大名のさきがけともいうべき細川政元政権と蓮如教団の蜜月のなかで、畿内に勢力を伸張させる本願寺教団の姿を描いたものである。

第二章は、『日本史の謎と発見』八巻（毎日新聞社、一九七九年）に発表したもので、キリスト教宣教師の真宗観から始めて、蓮如の宗教思想、一向一揆の諸段階などを論じて、元亀・天正の争乱における織田信長との対決に及んでいる。

第三章は、『土一揆』（『シンポジウム日本歴史』9巻、学生社、一九七四年）の報告で、一向一揆の畿内における基盤を中心に論じたものである。

第四章は、『岩波講座日本歴史』中世4（一九七六年）に発表したもので、真宗の論理とその布教の様相を考察し、一向一揆の基盤として都市的な場における商工業者への教線の拡大を近江国堅田において実証し、天文の一揆における百姓と侍の対抗意識に触れている。なお、大沢研一・仁木宏編『寺内町の研究』（一巻『戦国社会と寺内町』法蔵館、一九九八年）に再録されている。

第五章は、日本史研究会・歴史学研究会編『山城国一揆』（東京大学出版会、一九八六年）に掲載された山城国一揆五〇〇年記念シンポジウムの報告である。加賀における文明・長享の一向一揆を素材にして、郡中・郡一揆の史料分析から門徒と非門徒の連合のあり方を考察している。

第六章は、『講座・蓮如』一巻（平凡社、一九九六年）に掲載されたもので、蓮如が布教に乗り出す時代背景として寛正の飢饉を取り上げ、近江における門徒の拡大の方策について考察している。

［付論一］は、「本福寺跡書」の百姓意識を表現した「諸国ノ百姓ミナ主ヲ持タジ〳〵」の章句の背景を分析している。

［付論二］は、寛正の飢饉に直面し現世を地獄と認識した人びとに極楽往生の救済を提示することを述べる。神田千里編『蓮如』（『日本の名僧』一三巻、吉川弘文館、二〇〇三年）に掲載された小編である。

〔注〕

（1）森本芳樹「封建制概念の現在」『比較史の道』（創文社、二〇〇四年）において紹介されている。また、レイノルズ説に対する森本氏の批判も展開されている。

（2）保立道久『歴史学をみつめ直す――封建制概念の放棄』校倉書房、二〇〇四年。

［付記］この「まえがき」は、峰岸編『日本中世史の再発見』（吉川弘文館、二〇〇三年）の「まえがき」、および同編『本願寺・一向一揆の研究』はじめに（吉川弘文館、一九八四年）の「解説」から一部転用している。

# 第Ⅰ部　中世民衆の意識と一揆

# 第一章　誓約の鐘

## ――中世一揆史研究の前提として

### まえがき

本章は、中世におけるさまざまな鐘の機能のなかで、主として鐘の果たす呪術的な機能について考察することを目的とする。中世の諸階級・諸階層が、個人的あるいは集団的に盟約・誓約する場合に鳴らされる鐘についてである。すなわち、個人が誓願・誓約する場合、あるいは一対一の相互間の誓約を結ぶ場合、さらには一揆成立における一味神水などの集団的盟約の場合など、誓約が文章表現をとるか否かにかかわらず、さまざまな局面において鳴らされるであろう鐘についてである。

これらを比喩的に、金属鳴器を「鐘」に代表させて、「誓約の鐘」と名づけておこう。本章は、一揆などと鐘についての関係の基礎的考察であり、また一揆史に関する前稿「中世社会と一揆」「変革期と一揆」(1)の作成過程の所産でもある。

## 一　「誓約の鐘」についての研究

「誓約の鐘」について最初に着目したのは、『古事類苑』人部二四「誓約」(2)の項の編纂者であると思う。この項の中に、「鳴鐘」および「金打」という小項目を設け、倭訓栞・壒嚢鈔・源氏物語・平家物語・今昔物語・宇治拾遺物語・義経記・明徳記・甲陽軍鑑・安斎随筆など一〇種の史料より一二点を撰び排列している。このような項目立て自体、一定の観点のもとに行なわれたと考えられるが、編纂者の観点がどこにあったのか現在のところうかがい知ることができない。

ついで、中田薫「起請文雑考」(3)は、この『古事類苑』の記載を引用して、

平安朝の末以来の史料に拠れば、起請を為すに当って仏前の鐘を打ったことがあったらしい。但し此『かねうち』が口頭の宣誓のみならず、文書に拠る起請にも伴ったものか否や、これも詳でない。

（中略）

古代文化民族では武器其他物体に依て、宣誓した事例が多いが、我国でも徳川時代武士は金打《キンチヤウ》とて、大刀と小刀とを打合せ、帰女子は鐘を打合せて、誓ふ風があったと云ふが、此『金打』は前記仏前の金打《カネウチ》より転化したもので、武器又は鏡その物に依る宣誓と見るは不当である(4)

と述べている。ここで中田氏は、「かねうち」と起請との関係に着目し、文書を伴うものについては留保しつつ、少なくとも口頭の宣誓と関連があったことを類推している。また近世の「金打」が、武器や鏡など物体による宣誓と見る考え方に反論し、むしろ、前述の仏前の「金打」とのつながりを主張している。

藤森栄一『銅鐸』(5)は、藤森氏の「銅鐸探求の旅」の果てに、辿りついた諏訪上社の鉄鐸について、興味深い記述を

している。

すなわち、諏訪上社の鉄鐸「さなぎの鈴」が、天文四年（一五三五）武田信虎と諏訪頼満の和議の際、会談場の国境の地、堺川の北岸で鳴らされたり、土地に関する誓約・誓詞を成立させる場面に登場することに注目している（藤森氏の提示した史料については後述）。そこで、氏はこれを「誓約《うけひ》の鐸」と考え、この鐸が、諏訪上社の神事の中でどのような機能を果すかを考察し、銅鐸研究の解明へ一つの視点を提供している。

入間田宣夫氏は、「逃散の作法」[6]という論文のなかで、次のように述べている。

> 小学館『日本国語大辞典』には、一味神水の事例として、文永十年（一二七三）遠江国那賀庄の百姓らが預所唯願を用うべからずという決議をして、「浪二神水一、突レ鐘」という行為におよんだことが紹介されている（『高野山文書』六・又続宝簡集五八・一一六四、那賀庄傍例関東下知状案、『鎌倉遺文』一一三八三）。鐘を突くということは、伊賀国黒田庄においても見られた。弘安十年（一二八七）の頃、黒田庄百姓らは、「寺務初任引出□（物）田率人夫沙汰」などのことについて庄官と対立して、「相二語沙汰人一、或撞レ鐘集レ人」という行為に及んだという。それはさらに、「鳴レ鐘伐レ鼓」という徳政一揆の行動様式にうけつがれることになるのである（『碧山日録』寛正三年十月二十二日条）。

ここでは、一揆に関連して、一味神水という、起請文を書き、それに署判し、それを燃やして水に溶かし、それを酌み交わすことによって一味同心を集団的に誓約する行為と「突レ鐘」という行為が一連の一揆の行動様式として着目されている。またここで引用されている神田千里「鐘と中世の人びと」[7]は、奈良興福寺観禅院の鐘が、奈良中の非常の際の決起を要請するために鳴らされ、京都では、土一揆が「徳政の鐘」を鳴らし、それは「徳政の時」の到来という非常事態を告げるものであった、と述べている。

二人の研究は、どちらかと言えば鐘の機能のうちの呼鐘、その発展としての警鐘という意味合いで、一揆と鐘との関連を考察したものであり、大へん興味を覚えさせられた。また、平凡社の『月刊百科』二〇七号[8]は、鐘の特集号を組み、阿部謹也「鐘の音に結ばれた世界」、小橋豊「鐘の音の科学」、坂詰秀一「梵鐘断章」など、西洋中世史、物理学、考古学それぞれの立場からの論文が寄せられて、多面的に鐘の機能や音の科学、形態などが論じられた。

私は入間田、神田氏らの研究に刺戟を受け、藤森氏の着眼を生かし発展させようと思い、史料を蒐集し検討を加え、その成果の一部を「中世社会と一揆」に発表し、起請、起請文の作成、一味神水の場面において、鐘が鳴らされ、呪術的な役割を果すことを述べた。(9) しかし、前稿においては、簡略な素描に留めざるを得なかったので、本章では新たに発見した史料を加えて、鐘の機能全般の中から、「誓約の鐘」について少し詳しく述べてみようと思う。

## 二　鐘の形態と機能

本章では、便宜上、金属鳴器(10)（仏教では「梵音具」）を「鐘（カネ）」に代表させて一括して述べることとするが、その中には次のような形態上の分類がある。

a　平　ガ　ネ………鐃（ネウ・トウ・ドラ）、金鼓、鉦鼓、鰐口（金鼓）

b　釣　ガ　ネ………鐘、洪鐘、梵鐘

c　鐸（鈴）

aは、柄のないフライパン状に、金属円板の周縁を内側に湾曲させたものに、把手をつけて紐で吊るして鳴らすもので、若干の形態の差異や時代によって呼称の相違がある。鰐口はその発展した形で、二つの平ガネを両側から反対向きにして重ね合わせたもので、横から見た形が、鰐の頭部が下を向いた形となるのでその呼称がある。

bは、茶碗を伏せた形を上に吊るすもので、大形化し（小形のものを半鐘という）、櫓や鐘楼に組んで鐘木《しゅもく》で外から叩く。

cは、bの祖形から分化したものと考えられ、内面に紐で金属玉を吊るし、本体ないし吊るした金属玉を振ることによって音を出すものである。

この他、必ずしもカネといえない金属鳴器に雲板《うんばん》・磬《けい》などがあり、また木魚《もくぎょ》のような木製品、太鼓のような皮製品もある。また堅い材質の木や石を吊るして、木槌で叩くことによって高音を発するものもある。

以上の鐘は、寺社の堂内に置かれたり、庇の下に、あるいは鐘楼を造って吊り下げられたりした。またその他の用途によってさまざまな用いられ方をした。その機能上の分類をすると次のようになる。

a　呼鐘・報鐘・警鐘

音を通じて知らせるという鐘本来の機能から発している。特定の合図をあらかじめ決め、それに応じて、鐘を打ち、招集や危険の迫ったことなどを知らせる。

①土民寄来、在々所々放火、東大寺北門辺、十三重門前以下奈良中軍勢共召上、凡希代事也、観禅院早鐘等槌レ之、
（『大乗院寺社雑事記』文明十七年九月十五日条、神田千里氏前掲稿）

②神輿已奉下山上之由有二風聞一、地下人忩々可レ参之由申、而地下輩緩々無二用意一之間、為二招集一即成院早鐘鳴、晩景御香宮集会、（『看聞御記』永享六年十月四日条）

①では、京都の徳政一揆の余波として、土民が奈良を襲撃した時の対応として、奈良の武装勢力が興福寺の塔頭観禅院の鐘で招集され、②では、伏見荘で、山門の神輿入京に備えて、地下人たちが決起して集会したとの記事である。ともに危急を知らせる「早鐘」が打ち鳴らされている。

b　時　鐘

暁と暮の六ツ時（約六時）に時を知らせる鐘である。

沙汰人則罷向、郷民家少々焼払了、于レ時暁鐘鳴、明日早朝侍所大勢可レ下之由風聞、沙汰人等令二恐怖一皆逐電了、

（『看聞御記』永享五年四月十四日条）

この史料は、郷民の家を焼き払っていた沙汰人の行為が、暁鐘を合図に停止されているというものである。

c　仏事供養の鐘

（前略）
次打金。讃畢鈸突畢即打。不待降讃衆舞台。
次供楽。万歳楽乎。
次梵音。頭持香爐。余持花籠。
次打金。梵音畢即打。不待降舞台。
次供舞。延喜楽乎。
次錫杖。頭持錫杖。自余持花筥。
次発楽。恒破乎。
次打金。楽畢即打。
次導師作法神分表白。取香爐。
次読願文。
次堂達進諷誦文於導師。
次撃洪鐘。三下。
次導師諷誦文。
次発願。四弘仏名教化如常。教化之時取如意。
（後略）

この史料は、康応元年（一三八九）三月二五日、叡尊百年忌にあたり、西大寺慈朝唯覚を導師として行なわれた「宇治孤嶋石塔供養式」(11)の一部である。「打金」という金鼓を打つこと、「撃洪鐘」という梵鐘を鳴らすことの間に梵音（声明）、願文・諷誦文を読むなどの仏事行為が進行している。

### d　陣鐘および船具としての鐘

鐘《つりがね》は船中《せんちゆう》の具也、大将の船《ふね》に釣《つる》もの也、凡三者といへは貝《かひ》・太鼓《たいこ》・鉦《かね》也、此三者を用て、兵士《へいし》を進退《しんたい》するハ、三四十騎も引卒《ゐんそつ》する将のなす所也、五騎《き》十騎《き》二十騎《き》連《つれ》る身分《みぶん》ハ、太鼓《たいこ》斗《ばかり》にて進退《しんたい》する也、元亀《げんき》・天正皆如《てんしやうみなかくのごとく》期也、小知《しやうち》の者いらさる道具斗備《どうぐばかりそな》へて戦士《せんし》をすくなくして大家《たいか》の見競《けんけう》に泥《なづ》むは軍《いくさ》の実《じつ》に非《あら》す、

これは安政五年刊「軍用武者言葉」(12)の記述である。鐘《つりがね》は大将船の陣鐘として用いたことがわかる。船舶が遭難の結果、鳥取県本願寺鐘、兵庫県尾上神社朝鮮鐘のように海中から発見されたものもあり、全国各地に鐘ケ淵、鐘ケ岬などの鐘発見に因む地名が見られる(13)。

三、四〇騎の隊には「三者」といわれる貝・太鼓・鉦が用いられ、五～二〇騎は太鼓のみが一般的と記している。この「鉦《かね》」は鰐口の使用される例が多く、鰐口は本来の社前にある例が少なく移動が激しい。戦争による徴発、他社への再寄進という場合が多い(14)。次の史料は、北条氏照の鐘の徴発の事例で、平和の暁に鋳造再寄進を約している。

依二天下之御弓箭一、達当社之鐘御借用ニ候、速可レ有二御進上一候、御世上御静謐之上、被二鋳立一可レ有二御寄進一間、為レ先二此御証文一、其時節可レ被レ遂二披露一旨、被二仰出一者也、仍如レ件、

天正十六年戊子（朱印）□
正月五日
茂呂大明神

（出雲伊波比神社文書）(15)

e　誓約の鐘

これは本章の主要なテーマであり、次節で詳しく述べる。

## 〔補論〕鉦《かね》や太鼓《たいこ》で

式亭三馬の「浮世風呂」に、「其中へ田舎から貰た味噌豆をいれた所が、豆の数は鉦・太鼓で探す程だアおめえ」という箇所がある。これは、現実に鉦や太鼓を鳴らすわけでなく、大騒ぎをして探さなければ探しだせないほど豆が少ないという意味で、鉦と太鼓が「大騒ぎ」のたとえとして使われている。

ここでは、神田千里・入間田宣夫両氏が徳政一揆の行動様式としてあげた「鳴㆑鐘伐㆑鼓」と対句になっている雲泉大極の『碧山日録』（『続史料大成』20）の記述を検討してみよう。関係史料は以上の通りである。

①辺民鳴㆑鐘伐㆑鼓、為㆓徳政之聚㆒、道路不㆑通、商估咸止、天下為㆓之憂㆒、（寛正三年十月二十二日条）

②群民会㆓聚於城西㆒、鳴㆑鐘考㆑鼓、求㆑有㆓徳政之令㆒、其実便虐政也、故大相公命㆓諸大夫㆒、是日誅㆘其為㆓綱頭㆒者㆖、且毀㆓焼其屋宅㆒也、天下歓焉、（長禄三年十一月九日条）

一般に『碧山日録』の記述は、文体が粉飾に満ちていて、比喩的な表現が多い。「鳴㆑鐘伐㆑鼓」という句は、鐘や鼓（つづみまたはたいこ、正字「鼓」に統一）を鳴らすことから転化して、相手の非を数えあげ、世上に声明して責め立てるという意味になってくる。『後漢書』董卓伝に「今臣輒鳴㆓鐘鼓㆒、如㆓洛陽㆒」[16]とあるのは、相手を糾弾するため、家臣たちが即刻洛陽に赴く、という意味である。このような比喩的表現法は、早くより中国古典から日本の知識層に伝えられていたと考えられる。

この『碧山日録』の中において、他の事例を見てみよう。①②の前後の記事に、次のものがある。

③徳政之盗復起、自二城外一鼓躁而攻レ洛、官兵禦レ之、（寛正三年十月二十一日条）

④前夕、凶緇相群、鳴二鐘鼓一譴二紀綱一曰、瓶花設也古之有也、近歳退レ之何也、可レ復二旧規一云、紀綱告二諸老一、々々曰、一花一香供仏之法、莫二以若一也、然而争奪及二傷害一故斥レ之、惟乃反レ常合レ道、若復レ之、恐又傷レ人、不レ如レ不レ復為也、凶緇聆レ之、雌伏不二亦言一也、（寛正六年二月一日条）

③の「鼓躁」は、本来は太鼓を鳴らし、喊声をあげて群がり呼ぶ、の意であるが、この場合は必ずしも実際に太鼓を鳴らしたのではなく、比喩的な用法ではあるまいか。④は、全く比喩的な用法の例で、「凶緇」（悪僧）らが、集団的に「紀綱」（役職者）を責めたてて、先例のように「瓶花」を設けよと要求し、「諸老」が毅然として説得したという話である。

この④から類推して、①〜③を考えた場合、「鳴二鐘鼓一」は、現実に、土一揆が鐘鼓を鳴らしたか否かは別として、作者の文意は、群集して、大騒ぎで責めたてる。すなわち、一揆として蜂起し、騒擾を起している、の意として使用されていると思う。因みに、このような用例は、もっと古く遡る。

下官奏云、月来海賊蜂起、縁海調庸、已以難レ運、愁苦無レ極、往還矢関《ママ》、其計如レ絶、就レ中間者賊徒、打レ鼓叩レ金、劫二往還人一、掠二随身物一、依《似カ》レ無二朝威一、（『小右記』天元五年二月七日条、『大日本古記録』）

この場合、「打レ鼓叩レ金」は前段の「蜂起」と対立をなし、群集・騒擾と同義である。

したがって、『碧山日録』などの「鳴レ鐘伐レ鼓」等の語句を、直接、徳政一揆の行動様式と位置づけ、「徳政の鐘」として、現実に鐘や鼓が鳴らされたとして、一般化して援用することに若干の疑問を持つ。鐘と鼓が対句として登場する場合、前述のように多分に比喩的な表現として使用されてきているからである。むしろ、「群集なし、嗷々と騒ぎ立て、高利貸資本を糾弾する」徳政一揆の行動が、このような比喩的な表現と一致していたから、当時の支配層から畏怖感をもって使用されたと思われる。そして、近世に入ると単に「大騒ぎして」という冒頭の『浮世風呂』の用法になっていくのである。

以上のことから、徳政一揆が、鐘や太鼓と全く無関係であったと言うつもりはなく、一揆の行動のなかに戦闘集団としての陣鐘や、徳政を触れ廻る報鐘が当然あったと考えている。その点で神田氏の貴重な提起をさらに深めてみたく思う。

## 三　「誓約の鐘」の史料と考察

a　物語・説話・軍記物語・歌謡など文学作品の場合

①〔平家物語〕一、願立（岩波文庫）

山門には、御裁断遅々の間、七社の神輿を根本中堂に振上げ奉り、その御前にて、真読の大般若を七日読で、関白殿を呪咀し奉る。結願の導師には、仲胤法印、その比はいまだ仲胤供奉と申しゝが、高座に上り、かね打ならし、表白のいはく、「我等なたねの二葉よりおふし立て給ふ神達、後二条の関白殿に鏑矢一つ放ち当て給へ、大八王子権現。」と高らかにぞ祈誓したりける。

嘉保二年（一〇九五）、源義綱と山門との係争にからみ、山門が関白藤原師通を呪咀する場面で、導師僧仲胤が高座で表白文を読み「祈誓」する直前に、「かね打ならし」という行為が行なわれている。

②〔宇治拾遺物語〕一一㈠源大納言雅俊一生不犯金打せたる事、（岩波日本古典文学大系）

是も今は昔、京極の源大納言雅俊といふ人おはしけり。仏事をせられけるに、仏前にて僧に鐘を打せて、一生不犯なるをえらびて、講を行はれけるに、ある僧の、礼盤にのぼりて、すこしかほげしき違ひたるやうになりて、鐘木をとりてふりまはして、打ちもやらで、しばしばかりありければ、大納言、いかにと思はれける程に、やや久しくものもいはで有ければ、人どもおぼつかなく思ける程に、この僧、わなゝきたるこゑにて、「かはつるみはいかゞ候べき」といひたるに、諸人、おとがひをはなちてわらひたるに、一人の侍有て、「かはつるみは、いくつばかりにてさぶらひしぞ」と問ひたるに、この僧、首をひねりて、「きと、よべもしてさぶらひき」と云に、大かたどよみあへり。そのまぎれに、はやう逃にけりとぞ。

藤原雅俊が不犯講（女と交らないことを誓う講）を作った時、一人の僧が誓約の直前「かはつるみ」（自慰行為）も含まれるかどうかと質問し、満座に笑われ逃げ出した話である。この誓いを立てる時、一人一人仏前の礼盤に上って、鐘木《しもく》をとって鐘を打っている。

また(ロ)一四四「聖宝僧正一条大路わたる事」に、

聖宝、大衆みな催あつめて、大仏の御前にて、金打て、仏に申てさりぬ、

とあり、これは東大寺の僧聖宝が、上座法師と賭をして、大仏に誓う場面で「金打」をしている。

③〔義経記〕巻七（岩波日本古典文学大系）

この少人羽黒におはしまし候時も、明暮笛にこゝろを入れて、学問の御こゝろも空々に御わたり候ひし程に、去年の八月に羽黒を出（で）し時、師の御坊、今度の道中上下向の間、笛を吹かじと言ふ誓事をなし給へとて、権現の御前にて金を打たせ奉り候へば、少人の御笛をば御免候へかし、

弁慶が、牛若丸に笛を所望した者に対して、断りを述べている箇所で、「笛を吹かじ」という「誓事」が社前で「金打」をともなって行なわれたことがわかる。

④〔今昔物語〕「清水寺ニ二千度詣デシ男、打入雙六語第三十七」（岩波日本古典文学大系）

□御前ニシテ、事ノ由ヲ申シテ、慥ニ己レ渡ス由ノ渡文ヲ□テ金打テ渡セバ、請取ヌト云ヘバ、（中略）勝侍ノ云フニ随テ、渡由ノ文ヲ書キ、観音ノ御前ニシテ、師ノ僧ヲ呼テ、金打テ、事ノ由ヲ申サセテ……

ここでは、雙六の賭け事にからんで、「渡文」（譲状）を書く場合、仏前で「金打」が行なわれている。

⑤〔明徳記〕中、（『群書類従』二〇）

十二月廿九日八幡ニテ寄合テ、軍ノ内談有ケル中ニ、中務大輔（山名義清）若党六人別シテ契約ノ事アリ、山口五郎、森下六郎、旗津、志賀野、小鴨新三郎、家喜九郎、是六人成べシ、（中略）此六人ノ其中ニ一人ナリトモ打死セバ、残五人皆共ニ枕ヲ並テ、後ノ世マデモ傍輩ノ約ヲ忘レジト深ク契テ八幡宮ノ鰐口ヲ鳴シテ、神水ヲ飲ミ誓約ヲコソシタリケレ、

ここでは、山名義清家人六人が、一人の死は、六人の死と盟約し、八幡宮の社前で鰐口を鳴らして、一味神水を行なっていることが具体的に記されている。

⑥〔鴉鷺合戦物語〕(17)（『日本文学大系』一九）

軍明日に定まりしかば、祇園林には、一揆知音の衆皆死出立をして、曼陀羅を著、今度中鴨を責め落さずば、生きて帰らじと、金打し、神水を飲みて、其衆いくたりと死をちぎる、

烏と鷺の合戦において、祇園林（烏軍）の出陣風景で、「金打《きんちやう》」と一味神水が即応する形で記載されている。

⑦〔甲陽軍鑑〕(イ)二「信玄家来年之備之年談合事」

内藤修理申は、（中略）おのれ佞人を作らぬと、三嶽の鐘をつけと云、長閑腹をたて、己が分として、某に三嶽の鐘をつけと、百姓あてがひの申様、口惜き次第なり、

(ロ)九上「信州平沢大門到下等合戦之事」

若屋形様の身に替申べしとて、金打をはり、誓文をなされ、無二の先懸をあそばす、

(イ)では、武田信玄没後長坂長閑斎（光堅）が、内藤修理亮（昌豊）に、武田勝頼に取り入る行為を批判され、「佞人を作らぬと、三嶽の鐘をつけ」と言われて憤激する場面である。この場合、「三嶽の鐘をつく」とは、甲斐あるいは

木曽の御嶽山の社前の鐘をつくことで、そのことは起請文の作成を意味していた。鐘＝起請文がむすびついて慣用化していることを示している。(18) (ロ)も、「金打」と「誓文」が対句になっている例である。

⑧〔狂言歌謡〕（岩波日本古典文学大系『中世近世歌謡集』）
おれ《(己)》がわごりよ《(我御寮)》にまよ《(迷)》うた事か、わごりよがおれをよ《(呼)》びこ《(込)》でおひ《(い)》て、おれお《(置)》きながら、よそ《(余所)》のめづかひ《(目遣)》、せんじ〳〵《(せんじ)》とそこ《(其処)》でかね《(金)》う《(打)》て、かつち〳〵とう《(打)》たひ《(い)》なふ《(う)》、うたずはわごりよをむさぶらう、あらおそ《(恐)》ろし。

これは、中世〜近世に成立してきた歌謡中の例であるが、女（わごりょ＝我御寮）が、自分というものがありながら、「よそのめづかひ」（余所の目遣い）をするので、それを決して為《す》まい（せんじ〳〵）と「金打」をせよといっている。金打が誓約と同義に使用されている例である。

⑨〔隆達唱歌〕（岩波日本古典文学大系『中世近世歌謡集』）
ふしん《(不審)》ならば、かね《(金)》うた《(打)》ふ、いやかねもむやく《(無益)》、たゞふ《(振)》りにて、しる物《(もの)》を。

これも、同様、不審を抱くならば「金打」たうと、「金打」が誓約と同義に使用されている例である。

b　記録の場合

①〔壒嚢鈔〕(19)

二条院ノ御宇、応保三年癸未三月三日、山門ノ大衆奏状ヲ上テ、三井寺ノ沙弥南都ノ小乗戒壇ニ登ル事ヲ停止メ、於テ二本山大乗戒壇ニ一可レ令二受戒一由、幷ニ寺門衆徒兵杖禁制ノ由等也、仍テ同十一日治部大輔行隆奉《ウケタマリ》テ、三井寺ニ被レ成二宣旨ヲ一畢、故ニ同廿日寺門ヨリ捧《ササグル》二陳状ヲ一者也、其ノ旨趣ハ去ンヌル保延年中ノ起請ニ云、生々世々、為二智証大師ノ門人一輩ハ、永ク以二山門ノ侶ヲ一不レ為セ二伝戒ノ師ト一、若シ破ランレ之ヲ輩ハ永ク非二大師ノ門弟ニ一、若シ破ランレ之ヲ時ハ可レ知ル二法滅ノ期臻《ルト》一、寄セ二大師聖霊ノ照見ニ一、請テ二護法天等ノ冥罰ヲ一満寺衆徒泣《ナクナク》調ハテ二悲叫声ヲ一鳴シ二起請ノ鐘ヲ一畢ヌ、任テ二勅定ニ一将ニレ破二起請ヲ一、多生ノ間永ク背ク二

仏法ニ㆒歟、守テ㆓起請ヲ㆒将ニ㆑背㆓勅宣ヲ㆒、一天之下似㆑軽㆓皇威ヲ㆒歟ト、仍テ門人悉ク所ロ㆓離寺スル㆒也、

この記録は、戒壇をめぐる延暦寺と園城寺の対立抗争について記している。応保三年（一一六三）三月二〇日、園城寺から、南都戒壇の停止、兵杖禁止の宣旨が出された。これに対する園城寺側の陳状が提出され、その中で二三年以前の保延六年（一一四〇）閏五月二五日の延暦寺僧徒による園城寺焼打の際、園城寺で決議された寺門の起請が引用されている。すなわち、智証大師（円珍）の門弟は、延暦寺の戒壇で受戒しないことを誓い、破った者は破門する旨の起請を行なっている。[20]

起請とは、「事を発起し、それを実行する事の許可を上に請う」ことを記した文書から発展し、「宗教的権威の知見証明を請い、ないしは内容に違背したものはかかる宗政的権威の罰を蒙る」という神文を付加するようになったものである。この起請が、神を祀り供物の奉献を約し、不履行の場合に神罰を受けてもいとわないことをそれに付加した祭文という文書形式とが相互に作用し合って起請文に発展していったとされている。[21] 起請と起請文の形式的相違は、前者は、起請を発議する主体と遵守する主体が相違していて、例えば寺院の首脳部が文案を作り、一山に遵守させる場合などが多いのに対して、起請文の場合は、起草主体と遵守主体が同一である。

この園城寺の起請の場合、前記二か条に、智証大師聖霊の「照見」と護法天（梵天・帝釈天など仏法の守護神）の「冥罰」について記した神文が付けられ、これが座主ら首脳の名で焼打直後の一山集会の場で読み上げられて提起され、満寺の衆徒が「悲叫声」で唱和し、その遵守が誓約されたのである。この時に藤原秀郷が竜神から得て寄進したという園城寺の名鐘[22]が、「起請之鐘」としてつき鳴らされているのである。これから、「起請」成立の過程に鐘の音が重要な役割を果していることがわかる。

② 〔園槐鈔〕（『古事類苑』神祇部二巻―一二一八頁）

諸社比㆓鈴奏㆒懸㆑鈴、曳㆑之啓白、其社人退㆓其地㆒不㆓再帰㆒心決時、叩㆓鰐鉦㆒為㆑誓、此故神人有㆓犯罪㆒放㆓于他

郷一時、使下其人叩レ之立中不レ可レ帰二入於神地一之盟上云々、

社人が社を退出する場合、あるいは犯罪によって追放される場合、二度と再びこの神地に戻らないことを誓約して、社前の鰐口を叩くとしている。この史料の年次、社の所在など未詳であるが、鰐口が社人の誓約において重要な役割をしたことは確認できる。

③〔神使御頭之日記〕（『信濃史料』一一巻一九〇頁）

此年、武田信虎ト碧雲斎《諏訪頼満》於堺川ニ参会、当社御宝ヲモタセラレ、於堺川ニ御宝鈴ヲ被仰候、神長《守矢頼真》ツ、ラノ箱ニ御宝ヲソヘテ六人ニカト《ツ》カセ御供申、信虎・碧雲両所ノ間ニテ神長申立ツカマツリナラシ申候、堺川マテ御宝御越候事往古ヨリ是始ニ候、彼川ノ北ノハタニテナラシ申候、往古ヨリナキハウ《法》ニ候間、九月十七日ニ御宝鈴鳴候而其月ノ内ニ又不会、武田殿ヨリノ参銭金七出候、

これを含めて、以下の信濃関係史料は、藤森栄一氏によって紹介されたものである。天文四年（一五三五）九月、武田信虎と諏訪頼満の和議が成立して、国境の堺川の北岸で平和協定締結のため両者が参会した。この場所に、諏訪上社の「御宝鈴」（鉄鐸）が、神長官守矢氏によって運ばれ、二人の間で「申立ツカマツリナラシ《鳴》申」という行事が行なわれている。すなわち仲介者として神長官が「申立」（和平条件の誓紙を読み上げたのであろう）をし、そこで「御宝鈴」が鳴らされているのである。しかし、堺川の北岸の端で鳴らしたということは、「往古ヨリナキハウ《法》」（前例なし）であったため、効力を欠き、その月の内に和議は決裂してしまう。

なおこの時、信虎からは「参銭」として「金七」（甲州金七個）が支払われている。やがて、天文一〇年（一五四一）、父信虎を追放して権力を掌握した武田晴信（信玄）は、翌年には諏訪を征服し、降って永禄四年（一五六一）に諏訪上社の「御宝鈴銭」の定め[23]を行なっている。

（武田信玄）
（花押）
　諏方上宮御宝鈴銭之事
一上　五貫五百文
一中　参貫三百文
一下　壱貫弐百文
右以二如レ此之積一、可レ鳴二御宝鈴一、向後此外不レ可レ有二増減一候之間、其意得尤候、仍如レ件、
　　永禄四年辛酉二月十四日
　　（守矢信実）
　　神長官殿

すなわち、「御宝鈴」（鉄鐸）を鳴らした場合、上中下三つに礼銭のランクが分かれている。これは藤森氏の調査した上社の六つずつ一組になっている一号鐸、二号鐸、三号鐸の三セットに照応するものと考えられる。それぞれは、三月初午から一三日間にわたる諏訪上社の春の祭、御立座《みたてまし》神事において、内県介、小県介、外県介の三人の神使に奉ぜられ、諏訪社のそれぞれの領域を、「御杖柱」に鉄鐸をつけて巡幸したと推定されている。

このような呪術性を持った「御宝鈴」（鉄鐸）である故に、神かけて誓う誓約の場面に登場して、その役割を果しているのである。

④〔武田信玄諏訪上社湛神事再興次第〕（諏訪大社文書）

三月舟渡湛、神田八段、在家壱間竹居庄ニあり、彼八段之田あり所を不レ知而経百五十年之儀、不二虚説一之由、神主千野出雲振二当社御宝鈴一令二誓詞一上者、不レ及二是非一候、

これは、永禄八年（一五六五）一二月一一日付の諏訪大社文書、上社湛神事再興次第の一部であるが、この年、武田信玄は諏訪上・下社の全面的な神事再興を命じ、神田や神役の調査を徹底的に行ない、具体的に手段を講じている。

毎年三月に行なわれる舟渡《ふなど》湛《たたえ》神事の再興について、竹居庄内在家一間、田八反が所在不明になっていることにつき、神主の千野出雲が、「虚説」していない旨を、「御宝鈴」を振り、誓紙に表して提出している。その結果、武田信玄も「不及是非」と千野氏の罪を不問に付している。このように一身上にかかわる重要事の場合、誓紙＝起請文を書くということと、「御宝鈴」を鳴らすという行為が、分かち難く結びついているのである。

なお、諏訪上社の御宝鈴に関しては次の文書がある（山梨岡神社文書、武田信玄書状）。

穴山左衛門大夫（信君）、六郎次郎（武田信豊）、小山田兵衛尉（信茂）其外数輩、為レ可レ鳴二宝鈴一社参候、於二于茲一者、就レ中厳重調二儀式一尤候、施物等之事者、当時軍役繁候間、可レ被レ減レ之候、委曲可レ有二道空口上一候、恐々謹言、

十一月四日　信玄（武田）（花押）

神長官殿（守矢信実）

この文書は、小山田信茂の兵衛尉という官途名から、永禄八年前後のものと考えられる（柴辻俊六『戦国大名領の研究――甲斐武田氏領の展開』二〇四～五頁）。

武田信玄の甥六郎次郎信豊、甲斐国東部郡内領を支配する小山田兵衛尉信茂、甲斐国西南部河内領を支配する穴山左衛門大夫信君の三名その他、武田氏の一族・重臣衆が諏訪上社に社参している。その目的は「為レ可レ鳴二宝鈴一」である。しかも、彼等の社参に対して、信玄みずから、「厳重調二儀式一」ことを命じ、彼等が軍役過重で疲弊しているので施物を減じてくれるよう神官に依頼している。

このことから、この社参は、これら一族・重臣衆相互の結束を固め、武田信玄への忠節を誓うといった性格の起請文を作成するための社参と考えられる。永禄一〇年（一五六七）八月に、信玄は甲斐・信濃・上野の家臣達から多くの起請文を徴し、信玄に対し、逆心し長尾輝虎ら敵方に内通しないなど六か条を誓わせている（生嶋足嶋神社文書）。この場合も、このような性格の起請文を作成するため諏訪上社に集団参詣し、「御宝鈴」を打鳴らして誓約を固めさ

せたものと思われる。

なお藤森栄一『銅鐸』は、六郎次郎を穴山氏と捉え、この文書を郡内の小山田氏、河内の穴山氏の間の誓紙交換の際のものとしている（一二〇頁）が、六郎次郎は、武田信豊であるとする『信濃史料』（一二巻三三九頁）の傍注に従って、上記のように考えた。

以上、藤森氏の問題提起と提出された史料の検討をおわる。諏訪上社の鉄鐸が、その呪術的な性格の故に、誓約（起請文、誓詞）の場合に振り鳴らされ、誓約を固める機能を果しており、また武田信玄は、諏訪領征服以後、大名―家臣関係の維持のためにその機能を利用していることを知られるのである。

c　古文書の場合

①〔高野山文書、関東下知状案〕

（端裏書）「那賀庄傍例御下知案」

関東御下知状案百姓違背預所一味神水罪科事

遠江国（浜名郡）那賀庄御下知状云、

次百姓等不可用唯願之由、湌二神水一突レ鐘事、所行之企、不レ可レ不レ誡歟、於二張本之仁一者、召二下其身一、可レ被二流罪一矣、自余条々略レ之、

文永十年八月十日

武蔵守平朝臣（義政）在御―

相模守平朝臣（時宗）在御―

この史料は、前述のごとく入間田宣夫氏によって紹介されたものである。文永一〇年（一二七三）、高野山領遠江国那珂荘において、百姓が預所唯願の罷免を要求して、「湌（飲）二神水一突レ鐘」という行為に及び、高野山からの要請を受

けた幕府は、この行為を「罪科」と判定し、「張本之仁」（首謀者）の逮捕・流罪以下を命じている。

この那珂庄百姓の、「湌二神水一突レ鐘」という行為は、「一味神水」と鐘を鳴らすことが対句として分かち難く記述されていることから、一味神水の一連の作法として理解できることを示している。入間田氏はこの鐘の役割についての評価を留保しているが、これは、けっして呼鐘・報鐘ではなく、すでにa・bに検出したような、幕府によって「一味神水罪科」と認定された起請文成立に随伴する鐘と考える。

②〔東大寺文書、黒田庄預所和与裁許状案〕

（端裏書）「預所殿和与御成敗案文」

成敗

寺領黒田庄沙汰人与百姓等令二相論一、御寺務初任引出物并田率人夫沙汰間、向後令二存知一、堅可レ守二此式一、

両方和与子細事

（中略）

右就二和与之儀一、成敗如レ斯、両方護二此式一、可レ致二沙汰一也、不レ可レ令二違失一、抑（ママ）云二庄官一、云二百姓一、有二訴訟一之時者、先其身企二参上一可レ申二披之一、不レ経二其沙汰一而、猥聚二強百姓一、相二語沙汰人一、或撞レ鐘集レ人、不レ可レ致二濫訴一、於二道理一者全不レ可レ依二人数之多少一、将又不レ可レ依二嗷々沙汰一、守二道理一而成敗何可レ有二子細一哉、向後以二此状一可二存知一也、仍以二和与之儀一成敗如レ件、

弘安十年十月　日

預所法眼和尚位有御判

これは、黒田荘における沙汰人と百姓の相論についての和与裁許状であるが、この場合「撞レ鐘」は、「集レ人」の前提となった呼鐘と考えるか、あるいは「撞レ鐘」という語句の中に、一味神水が内包されているか、微妙なところ

である。両方の可能性を持っていると思う。この史料のみからどちらとも断定することはできないので、ひとまず掲げて今後の検討に委ねたいと思う。

③〔東寺文書、文明元年九月二三日新見庄三職注進状(24)〕

同今月廿一日ニ、おく・里村おとこ《（男）》かす一人も不残罷出候て、御八幡に大よりあい《（寄合）》仕候て、東寺より外ハ地頭ニもち申ましく候と、大かねおつき、土一きお引ならし候間、いま、てハ不レ被レ入候、我々御百姓等、如レ此申定候間、こゝもとさおい《（相違）》あるましく候、

文明元年（一四六九）備中国新見荘において、守護勢力の入部に対し、反対する一揆がおこった。新見荘の奥村・里村の二つの部分の成人男子全員による「大寄合」を行ない、ここで、「東寺以外は地頭に持たない」という「申定」（決議）を行なっている。「大鐘をつく」というのは、ここで一味神水が行なわれ、鐘が鳴らされたことを示している。その後に続く「土一揆お引ならし」の文意が必ずしも明らかでない。「大寄合」をしたのだから、庄内に鐘で触れ廻る必要もないと思われるので、土一揆の成立を宣言するといった「弾《ひき》鳴らす」の意味であろうか。

④〔『熊野那智大社文書（米良文書）』一巻〕

武蔵国檀那、卿阿闍梨御房と相論之事、先立出レ之候身所持の丹之継《（系）》図之名字の下ニ不レ可レ入候由、檀那鐘を打申候者、無二子細一可二去渡一申レ之候、此外相互ニ旦那参詣之時、願文の一通をも不レ可レ出レ之候、仍為二後日一之状如レ件、

明徳五年六月三日　　湛海（花押）

熊野先達の檀那職の相論において、所持している丹党系図の下に名字を書き加えないことを「檀那鐘を打申候」とある。すなわちこの場合「鐘を打」は誓約すること、起請文を書くことである。

以上、ａ・ｂ・ｃそれぞれの異なった性格の史料の中から、誓約の鐘に関連する史料を摘出し、若干の解説を試みた。その中でいえることは次の通りである。中世において、鐘（金）を打つ、あるいは鳴らすという行為は、広い意味で誓約にあたる契約、起請、起請文（誓紙）、一味神水などの成立過程に随伴してあらわれる。すなわち、一連の「誓約の作法」の中で誓約を固める重要な役割になって登場してくるということである。そしてこのような誓約は、文書で表現したと推定される場合を多く取り上げたが、おそらく、文章表現をとらない誓約の場合も、鐘を伴ったと推定される。以上のことから類推すると、起請文の成立には何らかの鐘の音を必要としたが、現存する起請文には、そのことが記されているものはない。慣例化された所作となっていた故であろうか。しかし、一味神水がなされる場所は、鐘や鰐口の必ずある神前である点が、それを裏書しているように思う。

また、「鐘をうつ」ということが、即ち「誓約をする」と同義に使われた事例もいくつか紹介した。

さてこのような慣行が、近世の中にいかに持ち込まれてきたであろうか。十分な検討をしていないが、近世初中期にはこの慣行を遺していたようである。次の史料は、承応三年（一六五四）一二月八日の近江野洲郡三上村山御法度五人組帳(25)の一節である。

当山并明神森之木、下草ニ至迄ぬすミ申間敷候、今度者山廻りを相定、給分とらせ起請書せ、為㆓親子兄弟㆒とも見隠し不㆑申木を伐候ハヽ、地下へ致㆓披露㆒、其者ハ所を追払可㆑申候、為㆑其壱人〴〵に若宮於㆓神前㆒、鰐口を打申上ハ、見隠し聞隠し仕間敷候、則過怠相極申候、若違背仕候者、明神之可㆑蒙㆓御罰㆒者也、仍如㆑件、

三上山や明神森の木、下草盗人を看視するため、給分を与えた「山廻り」人を定め、彼等に起請文を書かせ、若宮の鰐口を打たせて、どのような者でも見逃すことのないように誓わせている。ここでは明らかに、「起請書せ」に「鰐口を打」が随伴していて、近世に入ってもこのような慣行の存続を確認することができる。

また、宝暦三年（一七五三）成立の『自然真営道』（一二五巻法世物語(26)）の中において、

阿弥陀阿弥陀と唱え、起請を出だして鐘を扣き、勧め弘め食い貪る、是れ吾れ等が同業なり、と記している。これは、安藤昌益の浄土宗批判の一節であるが、村落における起請文と鐘の結びつきの慣行を、阿弥陀と法然の一枚起請文と、僧の叩く鐘に引っかけて記述していると考えられる。

## 〔補論〕静寂《しじま》の鐘

鐘の機能、そこから派生した語法に、私が問題にしている「誓約の鐘」と別系統の用例があるようである。それは日本では八世紀末に始まった法華八講に端を発し、喧騒な状態を停止させ、静寂を作り出す、いわゆる「しじま」の鐘というものである。法華八講は、法華経八巻を八座に分けて四日間の朝夕の八回で、一巻ずつ講ずる法会であるが、しばしば論議が白熱し、喧騒にわたった時、鐘を鳴らして静寂に戻したという。

「源氏物語」（六、末摘花）に、「鐘つきてとぢめむことはさすがにて、答へまうきぞかつはあやなき」[27]という表現がある。これは恋人に対する末摘花の心の動揺を表現したくだりであるが、池田亀鑑氏の頭注に「しじまの鐘を撞いて、何も仰しやるなときっぱり断る事も出来かね、しかも御返事申す気にもならぬのが、自分ながら訳のわからぬ事です」とある。

一方、これを「誓約」の項の「鳴鐘」の箇所に採録している『古事類苑』の編者は、「鐘つきて」を当然、「誓いを立てて、きっぱりと」というように解していると考えられ、ここに論者による若干の理解の相違があると思われる。

ところが『古事類苑』のこの箇所の後に並んで、一条兼良の源氏物語注釈書の「花鳥余情」（四、末摘花）が引用されていて、「童部の諺に、無言を行ぜんと約束して無言々々とそしまにかねつくといひて、何にても、うちならしてのち、物いはぬ事をする也」と記されている。

一五世紀の京都で、このような唱え遊びが流行していたという興味深い指摘がある。「無言々とそしまにかねつく」と唱え、一斉に口をつぐむのである。「そしま」はおそらく「しじま」であり、これは法華八講の白熱した論議の喧噪を鐘を鳴らして鎮めるいわゆる「静寂《しじま》の鐘」からきた遊びと考えられる。この源氏物語の「鐘つきて」の解釈は、無言を誓約する鐘として理解できないこともないが、むしろこれとは別系統の「静寂の鐘」として理解するのが妥当と思う。

「譬喩尽」二に「鐘打（カネウツ）たとは、以後止にする事、元来叡山の語也」[28]とあり、「鐘打」が喋るのを止めるだけでなく、何かをぷっつりと止めてしまうことの意に転化されていることがわかる。このような用例としては、次の歌をあげることができる。

鐘の音に物は言はじと思へども　君に負けぬるしじまなりけり　（「大斎院の御集」下）

## むすび——鐘と神おろし——

最後に、中世の人々が誓約に際して、何のために鐘を鳴らしたのか、という問題を考察してむすびにしたい。一節で考察したように鐘は信号を伝えること、すなわち報鐘から機能が分化してきたものである。そのように考えた場合、鐘の音は誰に伝えるものかというと、これは神仏以外にはあり得ない。神仏を呼び、その臨場を願うことに「誓約の鐘」の機能がある。もちろん神仏は、自分自身の心の中に生ぜしめるものであるが、前近代人にとっては、他所から来るものとして意識化されている。

それ故、鐘は、「神おろし」の機能を果すものである。「神おろし」は、（邦訳）『日葡辞書』[29]に、「Camiuoroxi. カミヲロシ（神降ろし）、例、Camiuoroxisuru.（神降ろしをする）何かの誓約をしなければならない時とか、そのほかの祭事を行なう場合とかに、日本の神（Camis）を呼び招くこと」、と記されている。そして、起請文で神々の名を連ねて、神霊に対して誓約することから、神々の名を連ねた神文の部分をも「神おろし」という。そして、「世之介、四人の女に書かせたる起請、散々に切り破りて有ける。されど神おろしの所々は残り侍る」（『好色一代男』）[30]とある。しかし、単に起請文に神名を連ねただけでは真の「神おろし」にはならない。また、起請文には、「八幡大菩薩・厳嶋大明神可有御照覧候」[31]、「西方善逝照覧」[32]とかいう神仏の「照覧」が要請されている。しかし文面に表しただけでは、真の「神おろし」にはならない。それ故、個人が神仏に誓約し、あるいは集団の間で、ある事項について誓約しあう「一揆契諾」や「起請」ないし「起請文」、そして一味神水の場合、どうしても神仏の臨場性、現場性は必須である。誓約の証人として神仏が必要なのである。それ故に、「鐘打」という比較的呪術性を持った金属鳴器[33]の音を発することによって、神仏を現場に迎える「神おろし」が実現すると意識化されていたのである。それは一味神水の作法として、「飡二神水一突レ鐘」とその中に位置づけられていたのである。やがて、このことから、「鐘打」「金打」ということが起請文を書いたり誓約したりすることの意に転化してしまうのである。

現代に比べて生活の隅々まで神仏の影響力が大きかった中世では、「鐘」の呪術的な機能の重要性は非常に大きなものがあったといえる。

〔注〕

（1）『一揆』一巻および五巻（東京大学出版会、一九八一年）、とりわけ一巻、四三～四頁。

（2）一九一二年、細川潤次郎氏を編集総裁として、神宮司庁から刊行された。また一九六九年、吉川弘文館より復刻された。「鳴鐘」および「金打」の記述は、「人部」二の三二三～八頁。

（3）『法学協会雑誌』五〇巻一一・一二号、一九三二年、『法制史論集』三下、（岩波書店、一九四三年所収）。

（4）この部分の注に、「嬉遊笑覧巻二器用『きんちやう』条下、安斎随筆の解説に対する駁論参照」とある。
（5）学生社、一九六四年、当時故有賀喜左衛門、中井信彦両氏の指導のもとに、「諏訪地域の祭祀組織と村落共同組織の関連」というテーマの共同研究に従事していた私は、この藤森氏の指摘に興味を魅かれ、鐘など金属鳴器の呪術的役割に関心を持ったが、その関心はしばらく中断していた。
（6）『日本中世の政治と文化』（吉川弘文館、一九八〇年）、後に『百姓申状と起請文の世界』（東京大学出版会、一九八六年）に収載。この引用文のなかの注記は次の通り。（22）東大寺文書四ノ三、1・1・147、弘安十年十月日伊賀国黒田庄預所和与成敗案。（23）ただし、この記事（碧山日録）については、徳政一揆を「徳政之盗」と記す人の手になるだけに、厳密な史料批判を経たうえでなければ利用できないとする黒川直則氏の指摘がある。
（7）『遥かなる中世』四号、一九八〇年。
（8）平凡社、一九七九年。
（9）石井進氏は『中世の風景（下）』（平凡社、一九八一年）「あとがきにかえて」に「徳政の鐘」と題して神田氏、入間田氏や私の研究を紹介され、入間田氏と私の見解の相違（呼鐘か誓約の鐘か）を指摘し、また「音の世界」における日常性と非日常性の解明の必要を述べている。
（10）鐘その他については、『（新版）仏教考古学講座』（第五巻仏具、雄山閣、一九七六年）の「梵音具」の項に、香取忠彦氏の要領を得た解説と著名な遺物の紹介が見られる。また鐘については、長年にわたる考古学的研究の成果が、坪井良平『梵鐘』（学生社、一九七六年）にコンパクトにまとめられ、巻末の「慶長以前現存和鐘一覧」および「本邦所在主要朝鮮鐘一覧」は、前者五四三、後者三九の鐘について、所在・鋳造年、大きさを一覧表にしていて便利である。また鐘銘研究として、熊谷幸次郎『古鐘巡礼記』（同朋社、一九八〇年）がある。また研究史整理として、坂詰秀一「梵鐘研究の近況」（『歴史考古学研究』（第一、ニューサイエンス社、一九六九年）がある。総じて鐘の研究は、形態、鋳造技術などに関して進捗していて、機能論的研究は立ち遅れている。

(11) 『西大寺叡尊伝記集成』(法蔵館、一九五七年)、一二三四頁。
(12) 中田祝夫「武者言葉集の諸本とその研究」(東京教育大学『国文学漢文学論叢』一七、一九七二年)。
(13) この場合、横須賀円照寺鐘、兵庫県尾上神社鐘のように、呪術的な目的で意図的に竜神への奉献のために投入されたといわれるものもある(坪井前掲書)。
(14) 石川県鳳至郡穴水町木原白山神社所蔵の鰐口は表銘文と裏追刻銘文が次のようになっている。

(表)
上野州長野郷浜河村薬王山医音寺
鰐口応永廿九年壬寅十一月吉日願主盛光敬白

(裏)
奉寄進鰐口白山宮永禄元年五月吉日敬白
能州鳳至郡山田新田内木原村本願主堂下五郎兵衛盛家

この鰐口が、陣鐘として用いられた結果移転したという確証はないが、所をかえて再寄進され、その記録が鰐口両面に陰刻されている典型的な例である。精査していないが、このような事例は多い。
(15) 『埼玉の中世文書』(埼玉県立図書館、一九七五年)、一七六頁。
(16) 諸橋轍次『大漢和辞典』(大修館、一九五九年)巻一一、六三二頁。
(17) 矢代和夫氏の御教示による。この物語は、一条兼良の著作ともいわれ、烏と鷺両軍の合戦に仮托して、さまざまな用語を書き連ねる往来物の体裁をとっている。したがって、一五世紀に通念として「金打」と一味神水が結びつきを持っていたことを示す史料とみることができる。
(18) 文政一〇年(一八二七)八月、竹村立義という者が、青梅街道を通り武蔵国御嶽山に登り、さらに日原川ぞいに一石山に登り、『御嶽山・一石山紀行』(国立国会図書館山書を読む会編『江戸期山書翻刻叢書』四)を著した。これによると、御嶽山頂にある御嶽山世尊寺(廃寺)の鐘楼に徳治二年十一月二十七日鋳造の「誓詞の鐘」という鐘があり(現存せず)、「誓詞の鐘と云は、古へ誓言をする時、此鐘をついてちかひをなせしとなり、」と記し、この「甲陽軍鑑」の「三嶽之鐘」

を引用している。なおその後、「甲陽軍鑑」の「三嶽之鐘」は、甲斐国御岳金桜神社の鐘であることを笹本正治「御岳金桜神社の起請文の鐘について」(『甲斐路』五四号、一九八五年)によって知り得た。

(19) 浜田敦・佐竹昭弘・笹川祥生共編『塵添壒嚢鈔・壒嚢鈔』(臨川書店、一九六八年)。『壒嚢鈔』は、文安三年(一四四六)に成立した中世の百科事典で、これに天文元年(一五三二)、僧某が『塵袋』からの抜萃を加えて『塵添壒嚢鈔』として完成させたものである。

(20) 『百練抄』保延六年閏五月二十五日条に「天台大衆焼二払園城寺一、永保六、保安二閏五有二此事一」とある。またこの時の起請や応保三年の一連の文書は残っていないので、この『壒嚢鈔』の記述が唯一の具体的なものである。

(21) 佐藤進一『古文書学入門』(法政大学出版会、一九七一年)二二五頁、二三二頁。また芝野康之「『玉葉』にみえる起請について——起請文発生期における二、三の問題」(『古代文化』三一巻六号、一九七九年)は、玉葉中の二九点の起請および関係記述を考察し、起請文の成立過程を論じている。

(22) 『壒嚢鈔』一四巻、「名鐘事」。

(23) 守矢文書、武田信玄諏訪上社御宝鈴定書。

(24) 『備中国新見庄史料』(プリント版)四六五号。

(25) 前田正治『日本近世村法の研究』二三頁。なおこの史料は保立道久氏の御教示を得た。

(26) 『(稿本)自然真営道』(平凡社東洋文庫、一九八一年)一七三頁。なおこの史料は西岡芳文氏の御教示を得た。

(27) 日本古典全書『源氏物語』一(朝日新聞社、一九四六年)。

(28) 『日本国語大辞典』五巻—五〇頁。

(29) 岩波書店、一九八〇年、八六頁。

(30) 日本古典文学大系『西鶴集』上。

(31) 弘治三年十二月二日毛利氏親類衆・年寄衆・幷家人連署起請文(大日本古文書『毛利家文書』一—二二五)。

（32）天正六年十月十日、本願寺光佐起請文（京都大学所蔵文書）。

（33）この問題は、藤森栄一氏が丹念に追究し、問題点の所在を指し示した銅鐸の機能の問題にまで遡りうると思う。なお最近、復原銅鐸による音楽演奏の試みが、大阪音楽大学の西岡信雄氏によって行なわれた。この銅鐸が鳴器であるとする解釈の上に立ってのこの演奏において、銅鐸の内側から打ち鳴らす高い音と外側から打ち鳴らすより低い音の二つがあった。前者は鐸（鈴）的用法であり、後者は鐘的用法である。銅鐸を鳴器と前提した場合、どちらが本来的な使用法であったのか、あるいはそれが未分化で併用されていたのか、興味深い問題である。

〔追記〕成稿後、千々和到「中世民衆の意識と思想」（『一揆』四巻、東京大学出版会、一九八一年）が発表された。その中で、「書かれた起請文」（誓紙）と「書かれない起請文」（誓言）の二面からの考察が行なわれており、本章とのかかわりが多いので、併せてお読みいただきたく思う。

〔付記〕本章を、太田秀通先生に捧げるとともに、一九七三年一一月一九日に六三歳で没した諏訪の考古学者、「やまのや」の御主人藤森栄一先生に、その八回忌にあたり捧げる。

〔補記〕①千々和到氏はその後に「中世民衆的世界の秩序と抵抗」（『講座日本歴史』中世2　東京大学出版会、一九八五年）を発表し、起請の鐘についても論じている。また笹本正治氏は『中世の音・近世の音――鐘の音の結ぶ世界』（名著出版、一九九〇年）を発表している。

②この論文は太田秀通先生の東京都立大学退官記念号『人文学報』一五四号（一九八二年）に発表されたものであるが、先生は二〇〇一年一月に逝去された。謹しんで哀悼の意を捧げる。

③近年刊行された清水真澄『音声表現思想史の基礎的研究』（三弥井書店、二〇〇七年）は、宗教的儀式等の場で発せられる音声や楽器などの音についての意義を考察した労作である。

# 第二章　中世社会と一揆

## はじめに

南北朝時代から戦国時代にいたる中世後期は、「一揆の時代」といわれるくらい、社会の各階層の間で多様な形の一揆結合が盛んに行なわれた。そのなかで人民も階級闘争の形態・組織として一揆を結ぶにいたった。

しかし、中世前期（平安末〜鎌倉時代）においても、荘園制成立とともに荘園領主・在地領主に対する農民の闘争は存在した。たとえ一揆という名称はなくとも、荘園村落の百姓が、「一味神水」を行ない団結を固め、領主に申状（訴状）を提出し、要求が受け容れられない時は、逃散などを行なった。また、このような行動は、百姓のみでなく、寺院における僧侶の集団のなかでも行なわれた。

しかし、中世前期においては、これらの行動は部分的・散発的であった。これが中世後期に入り、一揆という名称が与えられる頃になると、以前とは比較にならないほど深く広く、社会のすみずみまで及ぶにいたった。農民闘争は、個々の荘園ごとの荘家の一揆から、広域にわたる強力な土一揆へと発展した。それに先んじて、中小武士層は国人一揆という地域集団を結成し、軍事的戦闘集団として、また地域の政治勢力の結集と支配において活躍した。戦国時代には、各地に国人・土豪層の主導権のもとにおよそ一郡ないし半郡規模ほどの惣国一揆が出現し、地域の自治的な権力を樹立した。また浄土真宗本願寺派の門徒である国人・土豪・百姓は、寺院・道場を中心に一向一揆を結び、各地の戦国大名と抗争し、遂には天下統一を目指す織田信長の前に立ちふさがり、元亀・天正の争乱の立役者を演じた。このように中世後期においては、一揆は社会の各階層において組織された。この意味では、中世後期は重層的一揆の時代ともいえる。

やがて一向一揆の屈伏の後に成立する近世幕藩制社会においては、一揆は百姓一揆に一元化され、すべて幕藩権力による弾圧の対象となった。

本章では、以上のような一揆の盛行する中世後期を中心にすえて、一揆成立の前提、在地領主の一揆（いわゆる国人一揆）の諸類型とその内容、さらに備中国上原郷を例にとり、百姓の一揆（荘家の一揆）の展開などを社会的・政治的背景と関連させて述べてみようと思う。

## 一　一揆の成立

### 1　「一揆」の語源とその用法

「一揆」という語の使用法については、本庄栄治郎「一揆の観念」(1)、三木靖「『一揆』の使用法の変遷」(2)などの論文がある。これらの研究に依りながら、その用語の変遷について述べてみよう。

「一揆」は「一レ揆」（揆を一にする）ということからきている。「揆」の原義は、「度」（はかる）ということで、計・量・度など物を計測することが出発点で、それがやがて道程《みちのり》や道を意味する語となり、さらに抽象的に教え・方法・行為などを示すものとなった。『孟子』に「先聖後聖、其の揆一なり」とあり、先の世にも、後の世にも聖人の「揆」（教え・方法）は同一であると述べている。これを受けて、『太平記』の作者が、中国の故事と楠正成・正行父子の別離を対比して、「前聖後聖一揆《イッキ》ニシテ、有難《アリガタ》カリシ賢佐《ケンサ》ナリ」と記している。このように「一揆」とは、考え方、方法あるいは行動を共にすることで、同義の語としては、一致・一味・味方・与同・与力・同心・一同などがあげられる。

鎌倉時代から南北朝時代初期にかけて、いくつかの用例を拾ってみよう。

①延暦寺衆徒嗷訴の場合（『百練抄』嘉禎元年〔一二三五〕八月五日）

隆承法印、御使として登山し、子細を仰せ合わするの間、衆徒一揆し、諸堂戸を開き、神輿山上より本社に帰座すと云々。

延暦寺衆徒および日吉社神人が、神人を殺傷した近江国高島郡田中郷地頭佐々木高信（守護佐々木信綱の子）を糾弾して、入京嗷訴《ごうそ》し、また延暦寺の諸堂や日吉社・祇園社・北野社などに閉籠した。朝廷・幕府は紛争調停に乗り出し、使者の隆承法印が、比叡山に登り、高信の流刑処分を伝えた。これによって、衆徒は武装閉籠を解き、事態は解決に向かう。この「衆徒一揆」は、「一揆」の本来の意味である「揆を一にして」（一斉に）・「一致して」の用語法である。

②吾妻鏡の記載（治承四年〔一一八〇〕）

a家門草創の期に至り、諸人の一揆を求めしめ給ふ御計なり、（治承四年四月、源頼朝の山木兼隆討伐）

b新田大炊助源義重入道法名上西、東国未《いま》だ一揆せざるの時、故陸奥守嫡孫をもって、自立の志を挿《さしはさ》むの間、……（治承四年九月、新田義重の動向）

c国敵においては、天下の勇士、一揆の力を合せ奉るべし、（治承四年十一月、佐竹氏誅伐の時）

aでは、頼朝への味方、与同、参陣であり、bでは、東国全体としてまだ頼朝に味方（与同）していないことであり、cでも、一同、与力の意である。いずれも軍事的・政治的に味方、与同するの意である。なおこの「吾妻鏡」の記事はその編纂時である鎌倉後期の表現と見てよい。

③御教書・綸旨などにおいて

a地頭御家人ならびに寺社領本所一円地輩の事、守護人の催促に背き、一揆せざる者、注し申すべし、（「島津家文書」正応六年〔一二九三〕三月二十六日関東御教書）

b朝敵追討の事、四方官軍等一揆せず、或は先駆して其利を失ふ、（「阿蘇文書」延元三年〔一三三八〕九月十八日後醍醐天皇綸旨）

abとも「不㆓一揆㆒」というのは、参陣、味方しないという意味である。

④北畠親房の書状（「松平本結城文書」いずれも興国二＝暦応四年〔一三四一〕）

aその旨趣ハ藤家おのおの一揆すべし、且は我身天下を執るべし、小山をもって坂東管領に定めらるべしと云々、

b一族一揆して、凶徒を対治せしむ、

南北朝内乱期に近衛経忠は策謀を廻らして、藤原氏の一揆を結集して経忠と小山氏で一大勢力を作ろうとした。この史料は、この計画のことを記しており、この場合、一揆は与同、味方の意味である。しかし、後の「一族一揆」に発展する用語法でもある。

以上いずれも、「一揆」は「一揆する」という動詞的用法として使用され、一同、与同、一味、味方、参陣など、ある一つの中心（人や事）に向けて、意識や行動を一致させ、あるいは結集させることである。しかし、その後におけるように「一揆」の語が組織と行動を一体化したものとして使用されていないということが確認できる。「一揆」の語がそのように使用されるのは、南北朝期以降、在地領主の一揆（いわゆる国人一揆）の成立を待たねばならない。

## 2　寺社勢力と「一味同心」

一九七〇年代に入って寺社勢力の研究が盛んになってきた。黒田俊雄『日本中世の国家と宗教』[3]、同『寺社勢力』[4]、

網野善彦『中世東寺と東寺領荘園』(5)、豊田武編『高野山領庄園の支配と構造』(6)などは、その達成であり、かつその研究動向を推進してきた成果である。その動向は、寺社研究を特殊な宗教史・宗門史研究の枠から解放し、中世社会の枠組の中に位置づけ直し、寺社領荘園の支配権力あるいは支配イデオロギー一般としてのみ置くのではなく、具体的な権力構造のあり方と国家権力内部における位置づけを考察するとともに、寺社組織内部の階層性とその矛盾に着目し、組織内部の闘争と支配との関連などを明らかにしてきていることである。

このような研究は一揆研究に大きな影響をもたらすと考える。それは、武家・公家の組織の内部が、階層差はあるがほぼ同一身分としての等質性を有するものに比較して、寺社組織は、あらゆる出身諸身分に開かれており、その内部も雑多である。しかも神仏の救済の前には、平等の立前を持ち、寺社大衆としての一括性を持つ巨大な社会集団である。

しかもこのような寺社勢力が、ある場合は寺社勢力間で、ある場合は他勢力と抗争し、またその組織内部の階層間での激烈な抗争がある。これらの行動様式やその形態が、寺社組織内それぞれの成員を媒介にして、同一レベルの他の社会集団の中に移植されていったと考えられるからである。この意味で、一揆の一つの源泉を寺社勢力の内部に見出すことができると思う。

原始仏教においては仏（釈迦）の弟子集団は、サンガ Saṁgha（僧伽《そうぎゃ》）と呼ばれた。その原義は、「和合衆」「衆」であり、仏教の教理にもとづく「一味和合」をその精神として結合した社会集団の意であった。その内容は、年齢・性別・修行年限によって区分された比丘《びく》・比丘尼《びくに》・沙弥《しやみ》・沙弥尼《しやみに》・式叉摩那《しきしやまな》などの専門僧集団と優婆塞《うばそく》（男）・優婆《うば》夷《い》（女）などの在俗の門徒から成っていた。このようなあり方は日本の仏教教団中にも持ちこまれ、寺院（教団）は、「交衆」「同法」「同法一衆」「同山衆」などと呼ばれる結合を持ち、その内部に階層に応じたさまざまな横断的・階層別の組織を生み出した(7)。

比叡山延暦寺・高野山金剛峯寺・興福寺・東大寺などの有力寺院などでは、僧侶などが衆議あるいは評議を行ない、一山の掟を定めたり、特定の問題に関する決議を行なったり、あるいは申状（訴状）を作成し、朝廷や幕府に訴えたり、また嗷訴という武装威嚇行動に出たりした。

高野山では、時代による変遷もあるが、学侶・行人・聖と分かれた身分・階層別に集会・評定という運営機構や代表による会議が持たれ、また全員集会も行なわれるなどして、集団意志が確定され、場合によっては全山の構成員による満寺（惣寺）集会も行なわれた。

比叡山では、この満寺（惣寺）集会は、大衆僉議《せんぎ》などと呼ばれ、三塔（東塔・西塔・横川）の三千人の衆徒が、大講堂の大庭に参集し、総決起集会の様相を示した。この場合、この招集には大講堂の大鐘が突き鳴らされた。

集団意思の決定にあたっては、議論の後「多分評議」「多分同心」という多数意見（多数決）が採用され、その決定に沿って「一味和合」という一致した集団行動が確認された。

参加したそれぞれの人々が決意を固め、「一味同心」（考え方と行動を一致させること）し、その決意は、神仏に誓うという形でそれぞれが署判した連署起請文という形式をとる場合がしばしばあった。署判した者が、その盟約に背いた場合、あるいは申し立てに虚偽があった場合は、いかなる神仏の罰を蒙ってもよいと誓約するものであり、このことは神仏の絶対的な威力を信ずることにかけては、近現代人と較べものにならない前近代人にとっては、大きな拘束となった。

このような集団意思表示は、上級権力あるいは他集団に対する教団全体のものであったり、教団内の特定集団が教団内他集団や全体に対するものであったり、あるいは教団あるいはその一部集団の内部規制（掟書）など多面にわたっていた。

次にいくつかの事例をあげよう。

文永三年（一二六六）、東大寺の内部にある世親講で問題が発生した。世親講は、建久六年（一一九五）に倶舎宗の興隆と仏法の研鑽を目的として、倶舎宗の祖師世親の名に因んで結成されたものである。そして四〇人以上の講衆で運営し、各荘園から世親講米を徴集して運営費用にあて、あるいは利銭・出挙といった高利貸活動などを行なっていた。

しかし東大寺（惣寺）と世親講衆との対立がおこり、文永三年には慶算法橋という僧が凡僧かつ若年で僧綱に補任されたことを非難するにいたった。

講衆は、慶算を「非道」と断定し、慶算とは同座しないことを記した連署起請文を作成した。さらに、もしこの連判衆が惣寺から処罰を受けた場合は、寺役に従わず、逐電して山林に交わるという「一味同心」の起請がなされ、さらに五一人の者が、決して講衆を離脱せず、という結束を固めた。さらに、講衆七四人が東大寺を逐電し、西小田原寺（浄瑠璃寺）西方院に集会して、慶算の罷免を要求するなど、東大寺二月堂の牛玉宝印を印刻した用紙を使った連署起請文をつぎつぎに作成して闘争を激化させ、遂には慶算の出仕停止を獲得している（以上、永村真「鎌倉期東大寺講集団の存立基盤」、千々和到「東大寺文書にみえる牛玉宝印」、入間田宣夫「逃散の作法」など(8)）。

この事件は、東大寺（惣寺）指導層による一僧侶の抜擢に抗議した、寺内講集団の闘争であり、講の成員が、講を基盤にして連署起請文を作成し「一味同心」し、不退転の決意で結束・闘争したものである。この過程で起請文が重要な役割を果たしていることが注目される。

寺院内の特定僧侶の排斥（擯出《ひんじゅつ》）運動は、高野山の場合にも見られる。建武二年（一三三五）、高野山衆徒は、後醍醐天皇の信任の厚い文観が東寺長者に抜擢・補任されたことに抗議して、「満衆一同之評定」として、七ヵ条の契状を作成している。東寺は金剛峯寺とならぶ空海門流の有力寺院で、かつ、金剛峯寺の本寺的性格を持っていたので、この問題は金剛峯寺衆徒にとっては黙過できない問題であった。七ヵ条の主な内容は次のようなものである。

①東寺長者は弘法大師門徒中で、傑出した人物を補任するという先例に背き、文観は自分を売りこんで地位を獲得した「非器之躰」（その器でない）である。
②文観が縁をたどって、高野山に登って来る時に、寄宿させた輩は山上・山下を追放して住坊を破却する。
③文観の坊人は、山上・山下から追放する。
④「多分評議」（多数意見）に背いて文観に与同する意見を吐く輩は罪科に処する。
⑤文観の下知に従わず、この「衆徒之評議」を守るべきこと。
⑥この「一味同心之契状」には帳本（首謀者）はなく、上部権力から介入があり、調査があった場合、自身の安全のために他を見放してはならない。
⑦文観の下知に従わぬよう、「庄家」（荘園）に下知すべきこと。

そして末尾に、この条文の一ヵ条でも背いた場合には、「大師明神・両界諸尊・金剛天等護法善神之御治罰」をその違反者の身に蒙るべきことを記している。この文書は、連署起請文という形をとらず、預・行事・年預の三名が最高責任者の検校執行法印の祐勝に提出するという「起請」の形式をとって、高野山衆徒一同に遵守を命じたものである。

文観は、後醍醐天皇の要請で、鎌倉幕府調伏の祈禱を行ない、その功績で東寺長者に補任されたものであるが、ここに見られるごとく高野山金剛峯寺衆徒の反撃に遇い、やがて後醍醐天皇の没落とともに、東寺を捨てて比叡山に走った。

この文観排斥の契状では、次の三点を注目したい。一は、④条の「多分評議」（多数意見）の尊重と、それによる決定には、すべて従うことを強制した点で、二は、⑥条の「張本」なく、成員の平等の立前に立って「不レ可二見放一」という相互救済をうたっている点である。さらに⑦条において、「庄家」すなわち支配領域の諸荘園にまでその決定を普及させようとしている点である。これらの諸点（とりわけ④⑥）は、後述する「一揆契状」と全く同質のものであり、その面貌は余すところなく表現されている。まさに衆徒の「一揆契状」といえるものである。

以上は、学侶を中心とした寺僧の一味同心の史料であるが、次のものは末寺寺僧と百姓の連署起請文の事例である。前記二史料よりやや年代が遡るが、治承・寿永内乱が最終段階に入った元暦二年（一一八五）三月、高野山の支配組織の膝下にある下政所の三方（河南・河北・下方、官省符荘にあたる）の僧侶・百姓合計三九一人（内、僧八九人）が、連署起請文を提出して、高野山上の「堂衆」ならびに「法師原下居」たちを弾劾した。高野山の人的構成は、a学侶（衆徒）・b行人（堂衆・惣分）・c聖に三区分される。学侶は、検校を頂点に阿闍梨・山籠・入寺・三昧・久住者・衆分など仏道修行の段階に応じた階梯があり、高野山の中心をなす専門僧侶の集団である。これに対し、行人《ぎょうにん》は、諸堂の管理や供華・点灯・炊事・給仕など寺院の雑用に従事していたもので、それぞれ職掌に応じて多様な名称がある。また高野山の鎮守神の天野社の奉仕者集団の長床衆もこれに含まれている。僧兵とか山法師とかいわれる武装集団の多くはこの階層に属している。以上の他に、山上などに隠棲し、読経・念仏に没頭し、仏道修行する聖《ひじり》の集団があった。

以上が寺院大衆といわれる高野山上の生活者の内容であるが、これに加えて、膝下の紀州高野山領荘園には、多くの末寺・末社やさまざまな関係で高野山に隷属する奉仕者集団として、寄人《よりうど》・寺人《じにん》・神人《じんにん》・公人《くにん》などと呼ばれる人々がいた。

僧侶・百姓の起請文で非難の対象となっている「堂衆幷法師原下居」というのは、主として前述の堂衆＝行人と僧侶の身のまわりの世話をする従者（行人の一部）たちであり、訴えたのは官省符荘の慈尊院（金剛峯寺の一院）や末寺・里坊の僧と荘内百姓である。官省符荘には、慈尊院や末寺の他に山上の学侶が所領の管理と冬期の避難をかねて建てた里坊が多くあった。

起請文によれば、「堂衆幷法師原下居」は百姓家に押し入り、財物押取・放火・米稲奪取などを行ない、あるいは負物（借財）があるといって百姓を責勘するなど狼籍の限りをつくしている。これを制止・捕留して欲しいというのである。そして、この申し立てに虚言があったならば、大師・大明神・金剛天などの神仏の罰を身に蒙ってもよいという神文で結んでいる。

当時内乱に事よせて、山上では僧兵と俗称される武装集団が横行し、彼らが膝下の荘園に下って乱暴を働き、これに対して荘園内の末寺・里坊の僧・百姓が一味同心して、その排除に結束して立ち上がったのである。この起請文（訴状）は、山上の堂衆などの横暴に対する膝下荘園の僧・百姓の闘争であり、必ずしも純粋な農民闘争とはいえず、高野山の内部矛盾を示すものである。しかし、一荘のレベルでこのような起請文が書かれ、悪法師の排除を目的として僧侶と百姓の「一味同心」が成立したことは、「一味同心」の連署起請文が、学侶を中心とした山上の衆徒のみのものではなく、末寺・里坊の僧侶を媒介にして膝下荘園の百姓のものとなっていることを示している。この百姓のある部分は、神人であり、寺人として高野山の奉仕者集団を形成し、寺院大衆の縁辺に連なる者でもある。それ故、この起請文は寺院組織と村落組織の二重の基盤の上に立っているものと位置づけることができる。

以上、三つの「起請」ないし連署起請文による「一味同心」の事例を示した。いずれも、「起請」という神仏を第三者として登場させる宗教的形式を備え、結束と内部規制を強化し、「一味同心」の形成にいたっては、「多分之衆議」という多数意見が尊重され、また連署の形式に見られるごとく、目的の実行責任と神仏の罰の前に成員の平等性が規定されている。このような「一味同心」は、「一揆」という表現を使ってはいないが、一揆の前提であり、基礎である。中世後期の一揆は、寺社組織→寺社領荘園を一つのルートにして、また百姓であり同時に奉仕者集団の神人・寺人などを媒介にして成立してきたといえるであろう。その意味では、寺社組織（勢力）は一揆の「胎盤」といえると思う。

## 3　在地領主の「党」

一揆の源流の一つを寺社組織に求めるならば、もう一つの源流は平安時代末〜南北朝時代の在地領主の族的結合（族縁共同体）の一種である「党」に求められると思う。

党については、戦前の奥田真啓「隅田党の研究」（『中世武士団と信仰』所収）[9]、戦後いち早く安田元久「鎌倉時代における武士団の構造――紀伊国湯浅党について」[10]などの研究があり、また豊田武『武士団と村落』[11]（三〇〜四九頁）において適切な研究成果のまとめと考察がなされている。

豊田氏の列挙した「党」としては、武蔵七党（児玉・横山・猪俣・野与・村山・丹・私市《きさい》・西・綴など）、下野芳賀郡の紀・清両党、紀伊有田川下流の湯浅党、同国隅田荘の隅田党、摂津淀川下流の渡辺党、肥前の松浦四郡（上・南・北・下）の松浦党などがあげられている。これに相模鎌倉郡の鎌倉党（大庭・俣野・長尾氏等）を加えれば、ほとんどの著名な「党」をほぼ網羅すると思う。

豊田氏は「党」の共通な性格として、①武士の族的な結合である、②比較的小地域を中心に結合している、③同族意識を基礎に、同族を中心としながらも、異姓をも包含している、④惣領が「党」を代表するが、成員は比較的対等な関係にあり、惣領の統制はそれほど強力でない、などをあげている。

しかし、「党」が、当時の「親類」「一家」「一門」「一族」などといわれる一般の在地領主の結合、あるいは惣領制といわれるものとどのように異なった特質を持っているのか、必ずしも明らかでなく、一般的には、結合形態が、比較的共和的である点が指摘されるに留まっており、多くは今後の研究に委ねられている。それ故、ここでは深入りを避け、一つの事例として湯浅党の寛喜三年（一二三一）四月の「一味同心」の連署契状について考察しておく。

湯浅党は、紀伊権守藤原宗重を祖とし、平安時代末期以来紀伊国有田郡の有田川下流域の湯浅荘・保田荘・藤並荘・阿氏河荘などを中心に勢力を張った「党」である。その一員である藤原景基（須原＝巣原を称す）が、「二親（父母）

の後生を助け奉り、見仏聞法の大益（仏法の利益）に預らんがため」に、湯浅荘巣原村の白山山麓に別所（施無畏寺）を建立し、四方の境域を明示して、湯浅党出身（宗重の第四女の子）の明恵上人（高弁）に寄進した。この寄進状の袖に、寄進を領掌する旨の明恵の署判があり、奥に、湯浅党成員四九名の連署契状が記され、全体で「施無畏寺置文」（一巻）としてまとめられ、紙継目には明恵の裏花押が据えられている。

景基の寄進状には、「この事、景基の進止たるといへども、永代を限り、殺生の狼籍を防がんがため、上人（明恵）御房ならびに郡内一家の連署を申請け、永く寺内に安置する所、件《くだん》のごとし」と記されている。当時、「殺生の狼籍を防ぐ」（「殺生禁断」）ということは、寺社の領域を確保する時の論理で、それを前提に「郡内一家」という湯浅党の人々に寺域尊重の保障をとりつけているのである。

これを受けて、契状では、

> 件《くだん》の寺敷殺生禁断の事、本願の趣に任せ、未来際に限り敢て改転あるべからず、且つは上人御房御判明鏡なり、然れば、この状を守り、各《おのおの》違反せしむなかれ、もしこの旨に背くの輩、出来《しゅったい》せば、冥専伽藍護法の譴責を蒙り、上人御房値遇の善縁を漏《も》らすべきなり、顕《あき》らかに又、一家同心して、速かにその氏を放つべきなり、よって署判を加ふ、

と記し、続けて沙弥浄心以下四九人の連署がされている。すなわち、「殺生禁断」の寺域保持に違反する者は、仏法の罰を蒙り、明恵上人の法縁から除外されるばかりでなく、「一家同心」によって「可レ放二其氏一」という「党」からの追放を規定している。

この契状には、この時点で湯浅惣領と考えられる冒頭の沙弥浄心（宗光）など六名の法名の者が、上位に署判し、党内の各氏ごとに一括されずに記されているところから、おそらく年齢順に記された可能性がある。沙弥を称する者六、僧三、藤原姓三二、紀姓一、源姓五、橘姓二の構成となっている。

## 湯浅党略系図

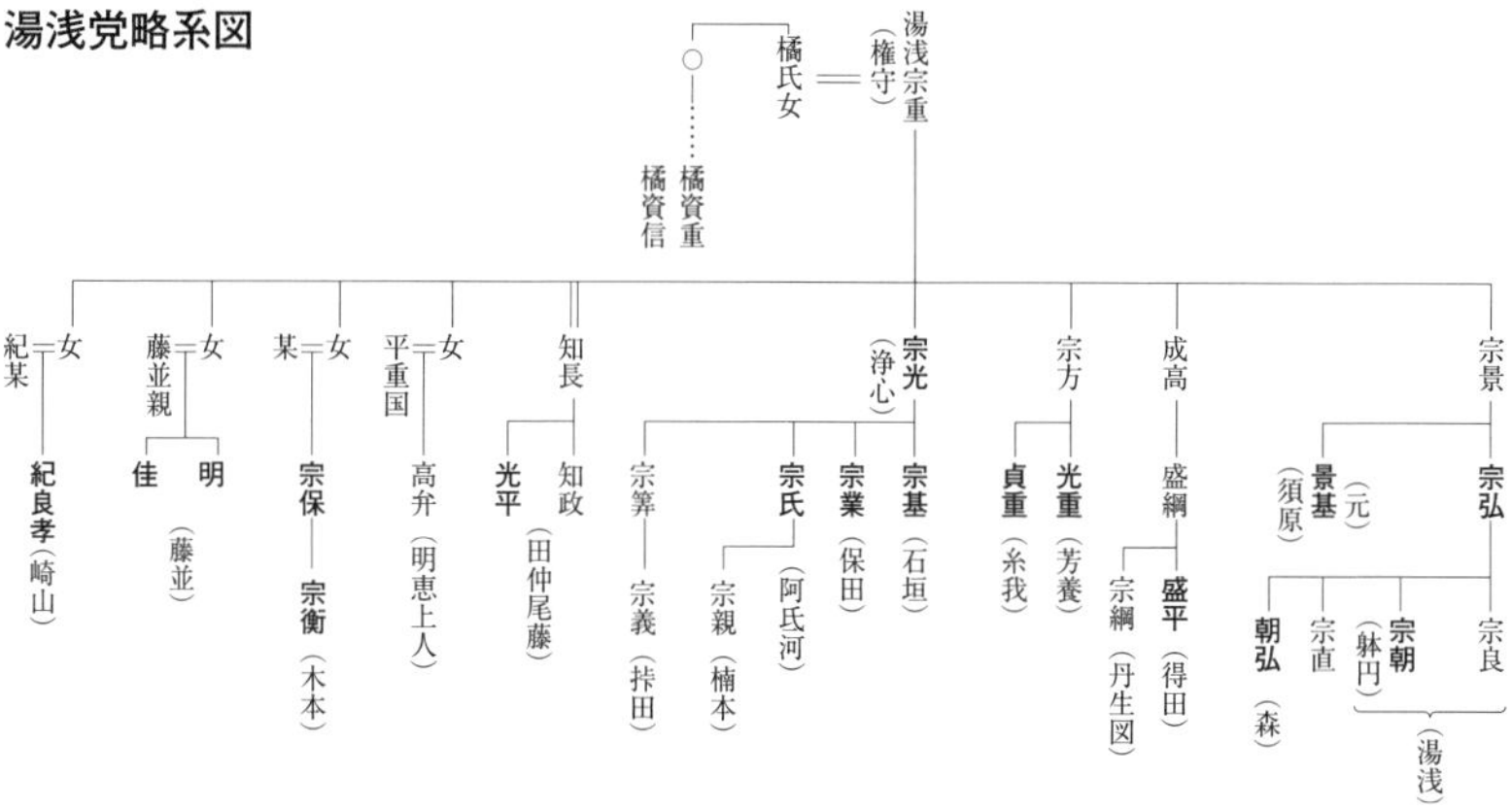


注）　上山勘太郎氏所蔵湯浅氏系図および「湯浅党契状」による．太字は契状に記載された人物．

これらを湯浅系図（上山勘太郎氏所蔵）と照合してみると、寄進者の景基を含めて一五名が判明し、湯浅・須原・得田・保田・石垣・阿氏河・糸我・田仲尾藤・木本・藤並の諸氏が確認できる。また紀氏（紀良孝）は、湯浅宗重の娘の嫁した崎山氏、橘氏は、宗重の妻の系統と推定される。また源氏は、田仲尾藤氏・木本氏・藤並氏で、「系図」によれば、田仲尾藤氏は祖知長が「宗重養子」であり、木本・藤並氏はいずれも宗重の娘との婚姻によって、女系を通じて湯浅党に結びついている。明恵上人（高弁）も湯浅宗重の娘と平（伊藤）重国との子で湯浅党の一員として位置づけられている。このように湯浅党は本来の藤原姓以外に、おそらく宗重の定着以前からの在地豪族である橘・紀・源姓の諸氏と婚姻関係ないし養子縁組関係を通じて、これを「党」内に包摂しているのである。これが「郡内一家」「一家同心」と表現される内容である。すなわち血縁ないし擬制的血縁および婚姻関係を通じて、男系・女系を問わず湯浅宗重を祖として観念された族縁集団として成立しているのである。この点は後述する隅田党・松浦党の場合も共通している。

この「一味同心」の連署起請文の形をとった契状は、湯浅党の信仰の中心となる施無畏寺の創建にからみ、寺および寺地の永代保全のための「党」の盟約となっている。このように重大事には、成員の協議にもとづき、「一味同心」の連署起請文が作成され、一致した行為（確認）を行なっているのである。党は、その結合の共和的性格の故に、恒常的に「一味同心」を確認し合うことが必要であったと思われる。これは南北朝期以降に出現する一族一揆の前提をなすものと考える。すなわち「党」→一族一揆の系譜を考えることができる。

## 4　一揆成立の要件

農民闘争の「陥没期」といわれた平安末〜鎌倉初・中期についても、近年研究が進み農民闘争の事例が多く紹介されている。たとえば入間田宣夫「逃散の作法」(12)によれば、一二世紀中葉から一三世紀末にかけて、大和国薬園・縁松荘（久安二年〔一一四六〕損免要求）、伊予国弓削島荘（久安六年〔一一五〇〕、文永九年〔一二七二〕ともに損免要求）、伊賀国黒田荘（嘉応元年〔一一六九〕土地没収に抵抗、元久元年〔一二〇四〕公文排斥）、若狭国太良荘（寛元元年〔一二四三〕代官非法糾弾）、紀伊国阿氏河荘（建治元年〔一二七五〕地頭非法糾弾）、周防国多仁荘（嘉禄三年〔一二二七〕年貢減免）、遠江国那賀荘（文永一〇年〔一二七三〕預所排斥）などの事例があげられ、年貢減免、損免要求、地頭・代官などの非法の糾弾の要求をかかげて農民闘争が展開された。その場合、一味神水→連署申状・連署起請文→逃散という一連（あるものは中状・起請文まで）の「作法」に従って闘争が行なわれたとしている。これらの農民闘争は、一荘単位の当該領主権力に対する闘争という点で、その後に展開される荘家の一揆の前提をなす、同質の闘争形態で、極言すれば中世を通して展開される基本的な農民闘争である。

入間田氏は、百姓の結集（一味同心）を、最近の連署起請文研究の成果、すなわち鈴木国弘氏の高野山(13)（「高野山における庄園制的権力構成の特質とその変遷」）、千々和到氏の東大寺(14)（「東大寺文書にみえる牛玉宝印」）、黒川直則氏の東寺(15)（「東寺の起請文と牛玉宝印」）などに依りながら考察し、「一味神水」という行為が、農民闘争の中において占める位置の重要性を力説している。

『日葡辞書』では、「Iinzuionomu（神水を飲む）ある事を守るという誓いあるいは約束として、神（Cami）の前で水か酒を飲む」と記している。

佐藤進一『古文書入門』[16]によれば、「一味神水」とは、延文二年（一三五七）一〇月若狭国太良荘の百姓が公文禅勝・実円の非法を東寺に訴えた時、「各、起請の神水を呑み、連署状を捧ぐるところなり」とあるごとく、百姓等一同が一致して行動する旨の起請文を記し、参加者全員が署判した後、その起請文を焼いた灰を水に混じ、その水、つまり神水を一同が分かち飲むことである、として、連署起請文との関連を明確に位置づけている。この場合に連署起請文の料紙に、東大寺・東寺・金剛峯寺などの諸堂で護符として発行している牛玉宝印《ごおうほういん》が木版で捺されたものを使用する場合が多く、それ故、起請文を作成する行為を「飜㆓宝印㆒」と記される場合がある。牛玉宝印の持つ呪術的な力が一味同心する人々の誓約文言への遵守の強制に効力を持つと考えられていたからにほかならない。

また一味神水にあたって鐘・鉦・鰐口・鈴・刀などが打ち鳴らされ呪術的な役割を副えている。入間田氏も、文永一〇年（一二七三）遠江国那賀荘の百姓の闘争における「湌（飲）㆓神水㆒、突㆑鐘」（『高野山文書』六）という行為に注目している。鐘を鳴らすことが、寄合の合図にしばしば用いられるが、一味神水との関係を見落してはならないと思う。

南北朝内乱期に、山名中務大輔（義清）の若党六人は、「後ノ世マデモ傍輩ノ約ヲ忘レジト、深ク契テ八幡宮ノ鰐口ヲ鳴シテ神水ヲ飲ミ誓約ヲコソシタリケレ」（『明徳記』中）とあり、室町時代中期に一条兼良の著作ともいわれるお伽草子の「鴉鷺《うろ》合戦」に「金打《きんちょう》し、神水を飲みて、其衆いくたりと死をちぎる」とある。「金打《きんちょう》」とは、武士は刀、僧侶は鉦、女性は鏡などを打ち鳴らし誓約することで（『日葡辞書』『日本国語大辞典』）、金属器具を打ち鳴らすことが、神水と併用され、誓約の固めの重要な作法の一つとなっていることがわかる。

信濃国上諏訪社の「御宝鈴」は、「さなぎの鈴」といわれる六箇の鉄鐸をたばねたものであるが、これが誓約に登場する。天文四年（一五三五）武田信虎と諏訪頼満の和議締結の際、甲信国境の堺川にこの「御宝鈴」が運ばれ、誓紙交換の場で打ち鳴らされている。また上諏訪社においても、誓約をし御宝鈴を鳴らす場合、上は五貫五百文、中は三貫三百文、下は一貫二百文という三ランクの礼銭を納入することが規定されている。永禄八年（一五六五）、武田信玄の上諏訪社神田の再興にあたって、不正の疑いをかけられた神主千野出雲は、「振二当社之御宝鈴一令二誓詞一」という行動をとって処分を免がれている。上諏訪社の「御宝鈴」は起請文を成立させる際の神の仲介の役目を果たす「誓約《うけひ》の鐸」なのである（『信濃史料』、藤森栄一『銅鐸』(17)）。

以上のように、金属器が起請文の作成、一味神水の場面に登場し、その打ち鳴らす音が、誓約を固めさせる呪術的な役割を果たしていることがわかる。このような点を念頭に置くと、一四六九年（文明元）九月、備中国新見荘において、「おく(奥)・里村、おとこ(男)かず一人も不レ残罷出候て、御八幡にて大よりあい(寄合)仕候て、東寺より外ハ地頭ニもち中ましく候と、大かね(鐘)おつき、土一揆お引ならし候」（「東寺百合文書」サ四一—五三）とある表言が理解できる。すなわち新見荘の奥村と里村の二つの構成部分の男子（成人）全員が参集する大寄合が八幡宮において催され、伊勢氏の又代官寺町又三郎の入部を拒否し、東寺の直務支配の継続を決議し（一味神水が行なわれたのであろう）、そこで大鐘が打ち鳴らされている。この大鐘は、必ずしも参集の合図とは考え難いのである。末尾の「土一揆を引きならす」というのは、必ずしも文意が明らかでないが、「引き鳴らす」と考えれば土一揆の成立を鐘を引き鳴らしたことであろう。ともかく一味神水によって土一揆の成立を見たことを記しているのである。

一揆は、次のような手続によって成立する。まず、ある目的をもった人々が結集し、その目的遂行のための協議（寄合）を行ない、「多分之儀」（多数意見）によってある方向が決定する。そこで具体的な行動を含めてその決定遵守を誓約する連署起請文が作成され、成員が署判し、「一味神水」する。すなわち佐藤進一氏の指摘のように、それを燃やして灰にし、水に混ぜて汲み交わす。その際、起請文の料紙に牛玉宝印が用いられたり、鐘・鰐口・鉦などが打ち鳴らされるなどの呪術的な行為が伴う。当然の事ながらその行為の行なわれる場は、鎮守などの社前の場合が多い。

かくして一つの目的集団が成立し、それが「一揆」なのである。後に述べるように、中世では一揆は多様な身分において成立する。一揆を成立させる基盤は、同一身分を条件に、村落（惣）であったり、寺社組織あるいは武士の同族団ないし近隣地縁集団であったりする。しかしこのような基盤となる日常的組織が、個々人の意識変化とともに一味神水という行事を経ることによって、非日常的な特定目的遂行のための固い団結を持った一揆という組織に変身するのである。この組織は、その目的に対する責任と違反の場合の処罰（追放刑・神仏罰）において成員が平等であるという原則にもとづき、成員の権利における平等を保障する。また、成員を互に見捨てないことが規定され、日常の基盤の組織とは異なった指導者を選出する場合もあると思われる。

農民に即していえば、惣村・惣郷の日常的組織が、それを基盤として闘う非日常的な組織に飛躍し、転化するのであって、両者を混同してはならないのである。そして一揆は目的集団である限り、その目的達成の暁には解消する組織なのである。

一揆は、平安時代末期、荘園公領制の成立以来の百姓の闘争、および前述の寺社勢力や武士団などの「一味同心」の結合・組織の発展線上に位置づけられる。そして、南北朝時代の国人一揆の成立を契機に、以前には「一味」「味方」「一致」などの意に用いられた「一揆」の語が、この「一味同心」の結合・組織あるいはその行動に対する名称として広く用いられるようになった。この「一味同心」に「一揆」という名称が付されることは、単なる名称の問題ではなく、「一揆」の新たな展開として、まさに中世後期の「一揆の時代」の幕明けとなる時期と合致しているのである。

## 5　中世の諸身分と一揆

前近代の身分制に関する研究は、一九六〇年代の石母田正「政治史の対象について」(18)、「古代の身分秩序」(19)の段階から、七〇年代以降に入って急速に研究の進展が見られた。七〇年代以降の研究は、経済的階級関係（本質）の国家的身分編成（現象）への固定化、という理解の批判・検討から出発し、黒田俊雄「中世の身分制と卑賤観念」(20)は、身分成立の契機として共同体、社会的分業、階級関係、国家の四者をあげ、村落生活、荘園・公領の支配、権門の家産制的支配秩序、国家秩序の四つの身分系列において具体的に検討した。矢木明夫『封建領主制と共同体』(21)は、共同体の分業関係の視点から考察を行ない、田中稔「侍・凡下考」(22)は、侍身分の成立の根拠を官位との関係で検討し、刑罰・服装などにおける凡下《ぼんげ》との差異を明らかにした。大山喬平「中世の身分制と国家」(23)は、身分成立の根拠を社会的集団の内部規範に置くという立場から、諸集団ごとに検討を行なっている。戸田芳実「平民百姓の地位について」(24)、網野善彦「日本中世における『平民』について」(25)、「日本中世の平民と職人」(26)は、平民の身分的特質についての検討を行なっている。両氏とも平民の公民的ないし自由民的性格を強調し、網野氏は国家的な賦課を免除された職人《しき》と比較して平民身分の特質を明らかにしている。

必ずしも身分制そのものを対象とした研究ではないが、保立道久「荘園制支配と都市・農村関係」(27)、黒田日出男「荘園制的神祇支配と神人・寄人集団」(28)は、荘園公領制がよって立つ都鄙間の交通形態・分業関係と権門領主と農民関係との関連を論じたもので、交通形態・分業関係からの身分編成に大きな示唆を与えるものである。また峯岸賢太郎「幕藩制社会の身分構成」(29)は、中近世の身分制研究の検討の上に立って、身分制を身分関係、身分序列（同一身分内の序列）、身分体系（全体の身分の国家的秩序）という論理序列によって把握することを提唱している。

大ざっぱにいって、七〇年代以降の研究は、階級関係をも、身分関係の一部に包摂して、社会的分業や身分意識の分野を含めて、身分の各系統ごとに多面的・具体的に検討し、新たな研究段階を画したといえる。それによって、主として在地領主と下人・所従の二つの身分間の階級規定と支配・隷属関係（次頁①—a・b）の質の検討から、当該段階の社会の発展段階を確定する研究に、大きな修正が加えられた。以上の研究成果に学びながら、ここでは、中世の身分構成について考察し、一揆との関連を述べておきたい。

身分とは、歴史的に形成されてきたところの人間（個人あるいは集団）の相対的類別であり、それはその人間の社会的標識として用いられてきた。身分は、特定の基準にもとづき、どちらかといえば優位の集団（ないし個人）から提起されるところの、同類の包摂、異類の区分（区別・差別）によって成立してきた。それによって、集団（ないし個人）は、他集団との位置づけを明確化した。

特定の基準とは、おおまかにいって、①イエ支配関係、②家産制的支配関係、③寺院組織関係、④武家組織関係、⑤村落共同体関係、⑥国家関係の六つで、その中はさらにいくつかに細分されうる。それらの中には、階級関係・分業関係・共同体関係などさまざまな要素が含まれている。

①イエ支配関係

　a従属関係（保護・被保護関係）

　主人（主君）——家人・郎等、下人・所従

　b人身の所有関係

　主人（主君）——奴婢、下人・所従

②家産制的な支配関係

　c荘園公領制の年貢・公事収奪関係

　本家、領家・預所、地頭・下司——百姓

　d土地所有と耕作関係

　地主——作人

　e権門による交通形態・分業関係の編成

　公家・寺社——神人・寄人・供御人

③寺院組織関係
f学侶──堂衆──寺人・神人
④武家組織関係
g将軍──守護──地頭・御家人、国人──一揆衆
⑤村落共同体関係
h定住
住人──間人──浪人
i村座の年齢階梯制
乙名・年老──若衆
j村落内職掌
名主・番頭──平（小）百姓
⑥国家関係
k貴賤の区別
天皇・貴種──庶人──非人
l有位・有職による秩序づけ
公家・侍──凡下
m国家的課役の有無
平民──職人

以上で中世の身分関係のすべてを包括しているとは必ずしもいえず、公家や商工業者内部の身分関係については不

十分である。しかし、大筋は尽していると思う。紙数の関係ですべてにわたっての説明は省略するが、二、三コメントを加えておきたい。

生産手段の所有にもとづく支配・隷属関係という観点からみる階級関係ないしそれに準ずるものとしては、①—b、②—c、d、eなどが該当する。他はおおむね共同体関係ないし分業関係に起因する。

この身分類別に見られるように、身分は多面的な基準によって設定されているから、同一の人間ないし集団がいくつかの身分を共有することを妨げない。たとえば、圧倒的多数の人口を擁し、被支配身分のほとんどを占め、荘園公領制下における年貢・公事の負担者として位置づけられている百姓（②—c）は、村落における定住関係（⑤—h）では多くは住人として、貴賤の区別（⑥—k）では庶人であり、国家的課役の負担（⑥—m）では平民、官職の関係（⑥—l）では凡下の一部としてあらわれる。また一部は神人・寄人・供御人（②—e）として編成され、地主あるいは作人（②—d）となり、また下人・所従の主人（①—b）となることを妨げない。また例外的ではあるが、地頭などの下人・所従が、逃亡跡の百姓在家を与えられ、上級領主との関係では百姓（②—c）として立ちあらわれることもありうる。このように身分編成の基準によって、重層的になり、かつ相互に若干ズレを生じてくる。

次に、以上の錯綜する身分関係において、中世社会の基本の骨組にかかわるもっとも重要な要素は何か、ということである。一一～一二世紀の寄進地系荘園の成立より、一五世紀末の戦国動乱の開始にいたる間の土地制度の骨組みは、荘園公領制として理解されている。この制度は、中央都市権門（鎌倉を加える、公家・寺社・武家）の私的大土地所有制として成立し、全国の土地は歴史的経過を異にする荘園（荘・保・御厨など）と公領に二大別され、ともに荘ないし郷ごとに百姓を年貢・公事の負担者として支配・収奪した。百姓のもとから収奪される剰余労働は、荘園においては地頭・下司（在地領主）→領家・預所→本家、公領では地頭→目代（守護代）→知行国主というルートで、吸いあげられ、上・中・下それぞれの領主の職にもとづいて分割された。

しかし、この制度は、個別領主による個別所領の支配で完結するのではなく、それぞれの権門が個別に、あるいは共同で編成する年貢・公事の中央移送体系、すなわち都鄙間の交通・分業体系によって補完され（前掲保立・黒田日出男論文）、かつ、領主階級および国家の暴力装置（武力）によって支えられていた。

以上の点から、中世の身分制は荘園公領制の身分配置を軸に見ていく必要がある。すなわち領主―百姓の身分関係を基軸にすえて、その他の諸関係をそれとの関係で見ていくことである。中世社会は、大筋において領主（荘園領主・在地領主）―百姓を基本的な身分＝階級関係として成立している社会である。

次に一揆と身分との関連について述べる。一揆は、身分別に編成される場合が多い。すなわち、同一身分という社会的経済地位の一致がもたらす共同組織がすでに形成され、その組織をもとに一揆がそれぞれの当該身分の要求や課題によって形成されるからである。惣村・惣郷（村落共同体）は、百姓身分の紐帯をもとに、荘・郷ごとに形成された組織で、これが百姓の一揆（荘家の一揆・土一揆）の基盤である。同様に、侍身分を共有する在地領主の同族結合ないし地縁結合が、一族一揆や国人一揆を生み出す。寺社組織をもとに形成される宗教一揆は、寺社組織内部の諸階層（諸身分）別に形成され、それが寺院ないし教団として束ねられるという形をとる。

中世社会が身分制社会であり、身分を越えて結集することははなはだ困難であるが、身分の重層性の故に二つの身分に重なってまたがる身分が媒介となって、異なる身分間の結集も可能となる。たとえば、百姓であり神人・供御人である身分が、百姓の組織と寺社組織とを結合させたり、侍身分と百姓身分を併有する村落上層の土豪（地侍）が惣国一揆と百姓の一揆を結合させるなどである。しかしながら、下人・所従や浪人などは、その身分の特質の故に一揆を構成しえない身分であった。

以上で、身分に関する概観を終わり、以下、侍身分の在地領主の一揆および階級闘争としての百姓の一揆（荘家の一揆・土一揆）について述べていくこととする。

## 二　在地領主の一揆

この節では、在地領主の一揆を扱うが、節末に掲げる「主な一揆契約状等一覧表」を参照にして欲しい。関係の論文については一般の注とは別に表の〔　〕内に番号で示している。

### 1　角違一揆

三木靖「南北朝内乱期の一揆――太平記を中心に」(30)は、内乱期に『太平記』の合戦中に華々しく登場する一揆を詳細に分析している。この中で三木氏が明らかにしたことは次の諸点である。

①内乱の過程で、「一揆同心」などと「一味」と同義で使用された「一揆」の語が、戦闘集団・戦闘組織としての「一揆」に転化する。その時期は、内乱期の第二段階、すなわち幕府権力中枢部の分裂、観応の擾乱の開始される一四世紀の四〇年代以降である。

②一揆は、将軍・鎌倉公方あるいは守護の軍事編成の一環をなす。たとえば、東国の白旗一揆・平一揆は、鎌倉公方（足利基氏）およびその執事（畠山など）の統率下にある。美濃守護土岐氏は桔梗一揆、近江佐々木氏は黄（旗）一揆・中白一揆・赤一揆、伊賀・伊勢の守護仁木義長は桐一揆、河合・服部の一揆（伊賀）、長野氏の蝿払一揆（伊勢）を従えている。越中・若狭の桃井直常は赤旗一揆・扇一揆・鈴付一揆、高師直・師泰は、赤旗一揆・小旗一揆・大旗一揆・三吉一揆（備後）などを従属させている。

③一揆は、大名一族や有力武士とは区別された群小領主層の結集体である。

福田豊彦「国人一揆の一側面」〔2〕によると、三木氏のあげた諸一揆は、「戦陣において軍事指揮者が参陣した武士たちを同一の旗や服装によって一手一手にまとめたものであり、合戦における一時的な集団である」ということになる。福田氏は、国人一揆をこの(a)合戦における一時的な集団と、(b)一族一揆、(c)在地領主の恒常的な地縁的結合体、本来の「国人一揆」、(d)一国規模の国人の結集する「国一揆」「惣国一揆」の四つに分類する。『中世政治社会思想（上）』の解題（石井進氏執筆）〔1〕も(a)と(b)・(c)を区別することに若干の疑問をさしはさみつつも、『太平記』に記された一揆に一揆契約状が残されていないことで、この分類を踏襲している。しかし、この(a)型に属するものが、すべて一揆契約状を作らず一時的な戦闘単位とすることは疑問である。たとえば、上野・武蔵北部の白旗一揆は、下総の結城直光の著作と考えられる『源威集』[31]において、「白旗一揆ハ、児玉、猪俣、村（山）ノ輩」と記され、着到状その他によって、別府・久下・塩谷・高麗・成田・「上野住人利根庄地頭」（『建内記』）がその成員として確認できる。白旗一揆は武蔵七党の一部が地縁的に結集をとげたものと考えられる。そして一四世紀の四〇年代から一五世紀の二〇年代の約一世紀近くにわたって存在している。また平一揆は、「平一揆ニハ、高坂、江戸、古屋、土屋、土肥」（『源威集』）と記され、一四世紀の五・六〇年代にわたって存続している（峰岸純夫「上州一揆と上杉氏守護領国体制」[32]）。

私は、『太平記』に記された一揆の多くは、福田氏が(c)型の国人一揆に分類し検討を加えている豊後国の角違《かくたがえ》一揆（②……一覧表の番号、以下同じ）と同質のものではないかと考えている。角違一揆は、おそらく菱形二つを左右に少しずらして重ねた図案の紋章を一揆の旗印として用いたのでその名があるのであろう。一揆契約状が残され（『編年大友史料』六）、七ヵ条の「契約条々」と成員六七名と組織の役割分担などが知りうる。（第一条）「鎮西安全者、依二当家（大友）御武略一」と豊後国守護大友氏への結集を前提に、「各被レ為二同心一之人数、堅結二一揆一」としている。（第二条）諸方より「御勢仕」（出陣要請）があった場合、「多分之儀」に随って行動する。（第三条）合戦の行動軌範で、一所に張陣し、談合を加え、合戦奉行の意見に随い、戦場において「未練之仁」や「手負以下見棄輩」は、親子兄弟を区別なく衆中に披露し、処罰する。（第四条）戦争遺児の処遇に関してで、戦病死者の幼少の遺児には養育を加え、その幼少の故に所領没収となる場合、異議申し立てをする。（第五条）一揆成員以外の者に対する所務などの争訟においては、一揆の力を憑まず、独力で行なう。（第六条）一揆内の「平和」に関してで、一揆成員が、「異変」なく「水魚之思」をなすことを前提に、内部に争いが発生した場合、暴力発動を制止し、「諷諫」し、「和睦」の取りなしをし、それでも「無理之嗷儀」を張行する者に対しては、一同して「理運之仁」に味方する。（第七条）博奕・酔狂・口論を禁止し、このような者は一度教訓を加え、承引しない場合、「惣衆之辞儀」をもって一揆成員から追放する。

以下、神文（『大友史料』は神名省略）になっている。内容は多岐にわたるが、一・二条は一揆設立趣旨と立場の表明、二・三・四条は合戦および戦後処理、すなわち「戦争」の問題、四・五・六・七条は、他者および内部の「平和」の問題である。すなわち一揆成員と他者との争訟に一揆がまきこまれることは、集団対集団の抗争に発展する故に第五条の規定があり、また第六条内部紛争の処理いかんは、一揆の団結の必須条件であり、第七条の博奕・酔狂・口論の制禁は、一揆内の「平和」を脅かすものであったから、きびしく追放刑をもってのぞんだのである。この「戦争」条項、「平和」条項は、一揆が戦闘集団として高度の能力を発揮するための団結という観点で関連し合っていて、アクセントの置き場所の程度の差こそあれ、一揆契約状には、設立の趣旨と立場、「戦争」、「平和」の三者がおよそ組み込まれているのである。そして、成員の「一味同心」、自立平等、「多分の儀」（多数意見）の尊重などの一揆理念に支えられていることはいうまでもないことである。

角違一揆の六七名構成は、上分二〇名、中分九名、下分三三名（いずれにも属さないもの五名あり）に分かれ、それぞれの部分から三ないし五名が選抜されて「内談衆」（「衆中」一二）という指導部を構成し、このメンバーが御旗役人（三）・合戦奉行（七）・奉行人（二）を分掌している。この上分・中分・下分は、階層区分というよりは、上・中分が、国崎郡・遠見郡、下分が大野郡に多く分布している所から地域的区分と考えられる。

福田氏は、「内談衆」を詳細に分析して、所領規模が小さく地位の低い大友氏の庶族とおおむね鎌倉時代に御家人として登場しない者から構成されているとし、角違一揆が、幕府から直勤御家人として把握されなかったものをもって構成されていると結論している。この指摘は、この一揆の性格を適確に表現していると思う。すなわち大友氏が守護家および有力庶家、あるいは直勤御家人層を除いた中下層の在地領主を一揆として一括編成したことを示しており、『太平記』にあらわれる幕府・鎌倉府あるいは守護の一揆把握と共通するものを持つと思う。

福田氏はまた、この一揆の成立を建武三年（一三三六）から貞和二年（一三四六）の間に求めている。一揆契約状の端書に、「尊氏公西国御下向、大友屋形御落附被ㇾ成、翌春御上洛之時、大友より之人数奉ㇾ附次第」と記し、建武三年二月に足利尊氏の九州下向、翌四月に大挙上洛の際の大友氏よりの派遣軍としている。しかしこれは信じ難いが、足利尊氏の九州下向に際して角違一揆が結成されたことは事実と考えている。この時期、大友氏泰は足利尊氏を支えて三月には多々良浜合戦に菊地氏と戦い勝利し、尊氏東上にも氏泰代官として泰貞が参加している。この間三月に豊後国西南部玖珠郡玖珠城（高勝寺城）に、玖珠郡の清原一族、日田郡の楢原・敷戸・賀来氏らが、大友庶家の一部まで巻き込んで南朝方の菊地氏に与同して楯籠り、三月から一〇月まで攻防戦が展開された。足利尊氏は、一色頼行・今川四郎入道を派遣し軍勢を集め、大友氏に協力させてこれを鎮圧した。一時期大友氏は、尊氏東上と玖珠城の攻撃の両面に軍勢を割かねばならなかった（芥川龍男『豊後大友氏』）。角違一揆は、建武三年にこの玖珠城合戦を契機に、結成されたものと思う。一揆契約状の第一条に、「鎮西安全者、依㆓当（大友）家御武略㆒」と記していることは、この一揆が大友氏による九州の政治情勢の安定を目途としたことを示しており、東上軍のためでなく、玖珠城攻防戦という大友氏の興廃をかけた戦いに対するものであることを示唆している。そして守護大友氏の働きかけによって、守護軍の一翼として国内中小武士勢力を結集して、守護家・有力庶家・有力国人層の軍とは区別された一つの軍事集団として結成されたのである。

貞和二年（一三四六）五月一七日、足利尊氏は佐伯荘（佐伯山城守跡）と北海部郡小佐井郷（草野筑後入道跡）の地

頭職を「角違一揆中」に宛て行なっている（「大友家文書録」）。この一揆の結成を一三三六年（建武三）とすれば、少なくとも一〇年間は一揆が存続したことになる。

一揆が、直勤御家人層を除いた中下層在地領主の編成であるとする福田氏の指摘は重要で、南北朝内乱期に尊氏・直義らが関与・編成した一揆はおおむねそのような性格を持ったと思われる。その伝統は鎌倉府の支配下の東国では生き続ける。「相㆓具白旗一揆・上野国藤家一揆・和田宮内少輔㆒、令㆑発㆓向神餘城㆒」（「正木文書」）、「平山参河入道・梶原美作守・南一揆輩令㆑抑㆓留年貢㆒」（『東福寺文書』）という場合、和田・平山・梶原等は直勤御家人で、併記される一揆衆とは身分的に差異がある。一五世紀中葉に成立した鎌倉府の故実書「成氏朝臣年中行事」に「国人御座ニテ御対面、一揆ハ御縁ニテ御対面、（中略）是モ京都之公方様御対面之御規式也」とあり、「国人」はむしろ直勤御家人を示し、「一揆」はそれとは身分的に区別された、それ以下の層である。「京都公方」の例は未発見であるが、古河公方の書札礼においても「一揆なとへハ何も謹言也」（「喜連川文書」）と他とは区別されている。上野の新田岩松満純が禅秀の乱に与同して誅伐され、一族が解体していく様を、「其間一族被官皆々進退難義之儘、或者執㆑手㆓敵方㆒、或又一揆、各々無㆓正躰㆒成行」（「松陰私語」）と記している。この場合、「一揆」は一族被官の落ちぶれた状態を示す卑称でさえある。国人＝直勤御家人、一揆＝それ以下の層という身分編成を前提にすると、「国人一揆」という概念は、修正を要するように思うが、すでに定着しているので、本章ではそのまま使用している。

## 2　合戦と一揆

足利尊氏の九州下向に関連して結成された一揆に、大隅国祢寝氏の一族一揆がある（①……一覧表番号、以下同じ。本章では、便宜上在地領主の一揆を、国人一揆・一族一揆・党一揆・惣国一揆に分類し、時代順に一貫番号を付け表示している）。建武三年（一三三六）正月一一日に、建部清成・山本道恵・宮原頼純・北清武・池端清種・鳥浜清能の祢寝郡司一族は、「世上騒乱幷諸事」について「一門一身同心之連署」という連署起請文を作成し、「一身同心之思」を成して、いずれも相談し、「衆儀」によるべし、と誓約している。当時、前年の一二月には、新田義貞誅伐のために馳参せよという足利尊氏の御教書が九州各地に発せられており、それを請けて少弐頼尚らの政治工作も行なわれ、一方後醍醐天皇に味方する菊池武敏の勢力も台風の目になっていた。このような状況の中で、一族の結集をはかり、一致した行動をとることを目的として一揆が結成されたのである。一揆結成には、このような政治的契機が多くの場合つきまとっていたのである。

③額田郡一揆は、交名のみで一揆契約状は不明である。三木靖氏の研究〔5〕によれば、額田郡一揆の構成は、鎌倉時代以降地頭職などを持つ者と、南北朝期に新入部した在地領主が混在しており、足利尊氏派の高師直・師泰・師兼（三河守護）に反対し、足利直義方の勢力として結成されたということである。

これは、観応の擾乱という足利尊氏・直義の上部権力の深刻な分裂・相剋が現地にもたらしたものとして、次の山内一族一揆の成立と共通する。④は、備後国地毗庄を本拠地とする山内首藤氏一族（主力として宗俊系＝次子系）が、尊氏・直義の不和によって世上は、「静謐」にならず、「宮方」「将軍家」「錦小路殿方（直義）」など、「国人等所存区《まちまち》」という状況のもとで、足利直義の意志を継いだ足利直冬方として、尊氏方の侍大将岩松頼宥の勢力拡大に対抗して組織したものである。これは、南朝方の「正平六年」でも、北朝方の「観応二年」でもなく、「貞和七年」という直冬勢力の年号を使用している点からうかがえる（佐藤進一『南北朝の動乱』[33]）。

⑨の南九州の国人の一揆契約状の場合は、端裏書には「一揆契約状神水案文」と書かれ、一味神水のなされたことを明示し、前文に、「将軍家御方」として「一味同心」し「可レ致二忠節一」と、幕府の代官としての今川貞世（了俊）側にあるという一揆の立場を明示している。

この一揆は、九州探題今川了俊と嶋津伊久・氏久の対立に起因する。永和元年（一三七五）八月今川了俊は、菊池氏等南朝勢力追討のための肥後国水島陣において、少弐冬資を殺害した。少弐を誘って同陣していた嶋津は怒り今川に叛いた。永和二〜三年の間、今川了俊は息満範を派遣して、霧島山を中心に置いて円弧を画いた地域、肥後・薩摩・大隅・日向の国人に働きかけ、嶋津氏を屈服させた。この一揆契約状は、今川満範のもとに嶋津討伐のために結集した四ヵ国の国人が、嶋津降伏後の事態に対処するために作成したものである。

第一条は、一揆人々の知行分に「競望」をなし、合戦に及ぶ、という所領奪回行動に対しては、公方（今川）の指示を待たずに、その場所に馳寄せ「防戦」するとし、強い姿勢を示している。第二条は、一揆成員の「平和」の問題で衆中の所務相論など発生の場合、「談合」し、「上裁」を仰ぎ、「多分之儀」をもって、「理運」にまかせ「口入」するとしている。第三条は、所領の還補、新恩などで入部する場合、「公方御意」と「談合」に基づき慎重に実施すべきで、「一揆衆中」を憑んで、軽率に行動した場合、一揆の合力が与えられないとしている。

この一揆は、今川氏の指導を受容し、嶋津氏に対抗するものであると同時に、一面では自律的に成員の紛争の調停すなわち「平和」の問題を課題としているのである。

この一揆が形成されたのは、永和二年（一三七六）段階で、六月には「三ヶ国人々多分於㆓御方㆒御志候」（藤野氏文書）という状況があり、今川満頼の求磨の相良館下向を機に、六三人の「三ヶ国御家人企㆓一揆㆒」（『薩藩旧記』前編二）ということになった。その点で、一揆形成（この時点の契約状はない）における上部権力今川了俊の働きかけは明白である。しかし一度形成された一揆が、翌年、戦後処理として嶋津氏に対応するとともに、内部問題の処理を含めて一揆を再組織していることに注目すべきと思う。そこに一揆の軍事組織と「平和」組織という二側面と同時にその内部での発展方向があるように思う。

なお特殊な一揆として、文和四年（一三五五）二月の一揆がある（⑤）。

この一揆は、糟谷了義、はん《(伴カ)》助長、こまさい義員、嶋津忠春・忠兼・範忠、和泉師忠、さすの道幸、松岡盛時、三浦忠連、ふくのへ氏重・貞治、村上貞頼・氏頼、大和氏政・政行、宇津木師重、大草持継、山口氏衡・高衡、山下氏秀・氏郷・政秀、内嶋泰連、小笠原氏長、森本顕景、にへとみ政元、武田信春、小林久信、大屋性善、田崎頼重、市行明・朝明・信明・春明・氏明、かけひ通保、薬師寺義治・義元、三村為成、北村守忠、井上清広、倉沢盛氏、笠原氏匡・匡蓮、松浦持、藤民部盛幸・盛信、こいや経光、志水光宗、中村時光、白井行胤、佐貫宗綱の計五三名で構成されている。契約状の内容は、（第一条）「相互に異儀を存、各別の所存候ハ、、面々けうくん《教訓》をくわふ」、（第二条）「此人数の中に馬にもはなれ一騎もと、まり候ハ、、ともにみはなつ《見放》へからさる事」、（第三条）「大少事、いかなる事も候へ、あいたかいに各々身同事に存候て、就㆓内外㆒みはなつ《見放》事あるへからさる事」などであり、相互協力を誓った軍事的色彩の強いものである。

　この史料は、『薩藩旧記』（前編二）に記載され、嶋津氏が参画していることから、薩摩の国人一揆、あるいは播磨の国人一揆ともいわれ、性格不明のまま放置されていた。最近湯山賢一氏が、原文書「越前島津家文書」として、関連の嶋津忠兼関係文書（文書五七点、系図三点）を含めて紹介している〔8〕。その中で湯山氏は、「必ずしも島津一族、或は播磨の国人とは限らず、（中略）この時期『太平記』にみえる黄旗一揆の如く、義詮配下の赤松則祐軍に属した国人領主級の人々の、一時的戦闘集団の一揆契状と理解される」としている。

　この文書を伝存した嶋津忠兼・範忠は、薩摩嶋津氏の庶家、播磨国下揖保荘の地頭で、その祖父の兄弟の子は、鎌倉末期に播磨の寺田悪党の一人「周防孫三郎」（行重）としてあらわれる（「東寺百合文書」ヲ一―一三、「播磨国下揖保庄相伝系図」）。そして播磨において赤松則祐と協力して足利尊氏方として活躍している。この文和四年（一三五五）の時期は、京都を占拠する南朝方の足利直冬・桃井直常らに対し、足利尊氏・義詮らの反攻・奪回の戦いが行なわれている最中であり、とりわけ足利義詮は赤松則祐とともに播磨で軍勢を結集し、京都に進撃して、近江から追った尊氏軍と南朝方を挟撃している。この一揆契約状が、「正平一〇年」を退け、「文和四年」という北朝年号が記載されていることから、足利尊氏・義詮側に立つものであることは明白である。播磨国人嶋津忠兼の存在から、この一揆を赤松氏麾下の播磨国人一揆、すなわち「赤旗一旗」(安積文書)と考えることもできるが、湯山氏の指摘のごとく、この一揆構成員の出身地は多様で、嶋津氏は播磨であるが、市氏は近江、佐貫氏は上野、松浦氏(持は、峯=平戸松浦氏か)は肥前など多様である。しかし湯山氏の文和合戦において赤松則祐の陣に参集した臨時戦闘集団という理解が正しいであろうか。

この一揆成員を検討してみると、次のようなことが判明する。同人および同姓が、①『太平記』の中で、尊氏・義詮あるいは執事の高師直らの軍勢ならびに随兵として記される場合が多い。②幕府の行事である「御的」の射手として記載されている者がある。たとえば小笠原又六(氏長)・嶋津忠兼、その他佐貫・中村氏など。③武田・小笠原・三浦・嶋津など守護家の出身者もいる。④その過半は、「後の康正段銭引付」や文安・永享などの番帳に記され、時代はずれるが官途名の一致するものが多い。詳細は別の機会に譲るが、以上の特徴からこの一揆構成員は、将軍家(尊氏・義詮)の御馬廻衆(直轄軍)と推定する。この場合、文和合戦において、尊氏・義詮のどちらに属したかは今後の検討に委ねたい。彼らは、各国守護や国人の庶子として、足利氏の奉公衆として選抜され、その直轄軍を構成したものである。京都争奪の合戦最中、おそらくは八幡大菩薩と並んで神文に記されている天満天神(北野社)の社前で一味神水をしたものと推定する。このように考えると、この一揆は、守護による国人編成とは性格を異にする奉公衆=馬廻衆の一揆で、『太平記』中に出現する「二引両ノ旗ノ下ニ将軍ヲ守護シ奉テ、御内ノ長者・国大名(34)」という「御所一揆」や「花一揆」に相当するものと考えられる。

### 3 地域支配と政治的結集

以上、主として上部権力の分裂・抗争および上部権力との対応を直接の契機として成立し、どちらかといえば軍事的色彩の濃い南北朝内乱期の一揆について述べた。次に、一面では上部権力に対する「忠節」を問題にしながらも、一揆による地域支配を目指す権力という性格の強い一五世紀以降の一揆について触れる。

東国の新たな政治情勢の中で、陸奥に成立する三つの傘連判の一揆をまず取りあげてみよう。応永一一年（一四〇四）七月、陸奥南部の仙道といわれる内陸部の安積郡を中心とする国人二〇名が一揆契約状⑭を作成し、a「各致二味方一」、b「応二上意一同心可レ致二忠節一」、c「於二私大小事一申談」と誓約している。この一揆は、幕府の命によって、鎌倉府より奥羽の鎮めとして、応永六年（一三九九）分置された篠川（足利満直）・稲村（足利満貞）の両公方の「上意」に応ずるとともに、国人の地域連合としての結束を固めたものである。

一方、これに対抗するかのように岩城・岩崎・楢葉・標葉・行方の海道五郡の国人一〇名（標葉・楢葉・相馬・諸根・好島・白土・岩城氏ら）が、「五郡一揆」⑯を結び、a「大小事について、堅く相互に見□（継）ぎ見継がれ」、b「公方之事においては、五郡談合之儀をもって沙汰せられ」、c「所務相論は、理非に任せその沙汰あるべし」の三つの内容をもった一揆契状を作成している。すなわち、相互協力と上部権力との対応、および所務相論など内部紛争の処理という「平和条項」の三者が的確に表現されている。「公方之事」すなわち両公方への対応は、地域性もあって前者より表現の上では冷淡である。またこの五郡一揆では、岩崎氏を欠いており、半年後には岩城氏が岩崎隆綱を「退治」し将軍足利義持から感状が与えられ、引両の旗と紋の使用および岩崎郡の所領の知行が与えられている。このことから五郡一揆は、岩崎氏に対する岩城一族（岩城・白土・好島氏ら）を中心とした結集の性格が強いように思われる。

三番目の一揆㉑は、性格が不明であるが、岩崎氏の庶家と考えられる清基・清隆・隆重・道光の四名が、a「就二何事大小事一、見捨被二見捨一申間敷候」という相互協力と、b「雑夫事」といわれる所務相論の解決、およびc「岩崎殿所領」の保全を誓約している。

陸奥の一揆を例証に、ここで一揆契状の内容分類に即して、一応のまとめをしておく。一揆契状にはおおよそ次の四つの条項が内容として含まれている。

(A)対外条項――上部権力ないしは他勢力に対して、どのように対応するか、一方の権力の「応㆓上意㆒」じて、対立する権力や勢力と戦闘を交えたり、排除したりする。

(B)相互協力条項――結集のあり方を示し、「一味同心」、「水魚之思」、「見継被㆓見継㆒」、「見捨被㆓見捨㆒間敷」といった抽象的な表現から、戦闘における具体的な行為に触れるものもある。

(C)「平和」条項――一揆が組織として結集し、その目的を遂行するために、内部矛盾の除去が必要であり、対立の要因および現に発生した対立をどのようなルールのもとで集団的に解決するかということを記してある。「談合」と「多分之儀」による「理運」にまかせた口入（仲裁）が記され、しかしそれを許容せず、平和を乱す者への追放も規定される。

(D)所務立法条項――これは(C)から分岐して発達したもので、「平和」の阻害要因として、領主―農民関係の問題が提起される。とりわけここでは、百姓および下人の逃散・欠落のことが問題になる。今まで述べた一揆では、この条項はほとんど見出せず、陸奥の一揆にいたって、「所務相論」として抽象的に登場する。

この(A)～(D)を一揆（契約状）の構成要素とすると、一揆は、上（外）部(A)、内部(B)(C)、下部(D)にそれぞれ対応する自立的権力でもあり、一揆成立の事情、歴史的経過によって、重点の置き方に多大の差異が生ずる。ここに一揆の成立および本質にかかわる見解の対立が、内的契機を重視する佐藤進一「守護領国制の展開」[35]・佐藤和彦氏〔3〕と上部権力との関係を重視する福田豊彦氏〔2〕・瀬野精一郎氏〔12〕の間にある。また両者の関連を領主支配の観点から統一的に把握しようとする石母田正氏（『中世政治社会思想』上、解説）・村井章介氏〔14〕の見解があり、これらを念頭に置きつつ、一五世紀以降の一揆の推移を見ていきたい。

党一揆を国人一揆・一族一揆から区別して範疇として立てる理由は、党的結合が一般の一族結合とは若干異なり、地域の在地領主を血縁ないし擬制的血縁関係で包摂し、党という共和的性格の強い支配者集団に作りあげていることである。それ故、一族一揆の素型を党に求めて先述したように、党自体が初発から一揆的性格を持っていたということである。それ故、党を基礎にした不断の一揆結合のくり返しが党の維持にとって必須条件であった。その意味では党は恒常化された一揆である。

紀伊国隅田荘を中心とした隅田党は、荘鎮守隅田八幡宮への信仰を結合の紐帯にし、八幡宮の俗別当職と荘の下司・公文ないしは地頭代職を有する隅田氏を中心に、上田・葛原・堺原・芋生などの諸家が連合していた。そして党組織が、隅田八幡宮の神事組織や百姓・下人の支配組織として機能し続けた。隅田一族連署起請文⑥は、隅田八幡宮供料注文という長帳の末尾に貼布されていて、その付属文書であるという点を見落してはならない。この「注文」は断簡であるが、各構成員ごとの供料田の地積・分米・作人・放生会料などを記した、八幡宮への負担割当を明記した文書である。それに加えて「敬白　天罰起請文事」というタイトルを付けて五ヵ条の誓約を行なっている。（第一条）未進をした場合には、「神宝をふる」、すなわち神宝を奉じて成員が押しかけ屋敷を検封するという処罰を与える。（第二条）作人が逃散ないし死亡した場合は、地主の負担で、地主が未進すれば「神宝をふる」。（第三条）神用米などの検見においては、「会料沙汰人」の寄合で公平に行なう。（第四条）「神宝のひやうちやう《評定》」（神宝をふることの決定）の時、病気・他行などの理由で出られない場合、八幡宮の牛玉宝印に起請文を書いて提出する。（第五条）「神宝をふる」時、馬に乗って行く役割の人が、あれこれを理由に行かない場合、記録に取っておく。以上であるが、「神宝をふる」場合、あるいは検見などの時、親子その他の関係を配慮することなく、「しんそ《親疎》をきら《嫌》ハす」行なわなければならないとしている。連署はまず「次第不同」と記し、署名に序列がなく、成員の平等の立前を示し、了覚（葛原忠長）など二五名が署判している。

このほか、応永二二年（一四一五）と応永三二年（一四二五）にも連署起請文が作成されており、構成員の合議によってその時々の課題が解決されていることを示している。隅田党の場合は、連署起請文（一揆契状）によって一揆が成立するというのではなくて、ここにはむしろ一揆の日常化した姿が見られるのである。

党一揆としては、松浦党一揆があげられる。松浦党は平安末期以降、肥前国松浦郡の松浦荘・宇野御厨を中心に発展をとげてきた党で、血縁分家の創設、非血縁他氏族の婚姻関係による包摂などによって、南北朝時代までには、九州西北端部から平戸島・五島列島に及ぶ地域に勢力範囲が拡大された。そしてこの党を基礎に、a「松浦人々」（一揆契約状は現存せず）、b「下松浦住人等」（⑩⑪⑬㉒）、c「五島住人等」（⑧⑰⑳㉔）、d「宇久・有河・青方住人等」（⑱）ないし「宇久住人等」（⑲）という、大小四つのレベルの一揆を成立させた。松浦党一揆史料の「青方文書」は五島列島の浦部島（現在の中通島）西海岸の青方に本拠を持つ小領主で、この青方氏を通してd→c→b→aという重層的な一揆を見るわけである（瀬野・村井論文）。なお松浦党の一揆契約状などの連署のうち「孔子次第」と記し（⑦⑧⑩）、孔子《くじ》（籤）によって順番をきめていることを示しているものがあり、成員の形式的平等性を示している。

松浦党一揆については、長沼賢海『松浦党の研究――北九州海賊史[36]』以来、多くの論文があり、もっとも論じ尽されているものである。

松浦地方の住民は、漁業や大陸への交流（海賊行為を含む）などの海運業を主としながら、海岸後背地での農業、製塩業、「放牛馬」（牧畜）、「木場」による木材の伐り出しなど多様な生業を営み、そこでは領主の網・船などによる大規模経営と百姓の小規模経営が競合していた。とりわけ五島列島においては、村落共同体（漁村）から分離し、支配者に転じつつある網元的な小領主（青方氏など）が、一揆結合によってその支配を強化しつつあった。また漁業・海運業は、船の漕手など多大の労働力を必要とし、「海夫」、下人・所従などの大量の従属的（奴隷的）労働力の確保が必須であった。このため一揆は、この百姓・下人支配、すなわち逃亡問題への対処に大きな関心が払われ、それらを含めて(D)所務立法条項が大きな比重を占めている。

百姓については、⑩では、「地頭得分」（年貢・公事）・「負物」（借銭・借物）を「抑留」したり、あるいは「無㆑故」逃散した者は相互に領内に「扶持置」ことを禁じ、⑪では、「百姓逃散」について相互に「扶持」すべきかどうかの判断として、「本地頭」に「不忠」なく、負物・年貢などの「怠勘」のない場合は、扶持してよく、これらの弁済がない限り扶持を加えてはいけないとしている。⑬では、「百姓逃散」の場合、領主よりの「訴訟物」があるときは是非を論ずることなく領主が「弁」「返付」すべし、と記している。この条文も新領主より元領主へ逃散百姓の「訴訟物」すなわち年貢・負物の返弁を規定したもので、逃散百姓の扶持の条件に重点が置かれている。⑳では、「百姓・下部逃散」と一括され、「理非おたた（正）され、りやうしゆ（領主）・主人ニつけられ候へく候」としている。この「理非」とは、百姓の場合は、おもに年貢・負物の抑留、「下部」（下人）の場合は「相伝之理」と考えられ、そのいずれもが存在する場合、百姓は領主へ、下人は主人へ返付されることになる、というのである。

下人の場合は、⑩「主人を捨て、他村に居住せしむる」時、主人方が訴訟した場合には直ちに主人方に引き渡すことを定め、異議のある場合、「一揆中之沙汰」として、「理非」（「相伝」の有無など）の糺明が行なわれるとしている。⑩では、「相伝下人」が「衆中之領内」に隠れ住み、それを主人が訴えた場合、「支証」（証拠）や「近所人々」に相尋ねて、その下人であることが明らかな場合、主人方に渡すと規定している。

同じ逃散・人返でも、百姓と下人は、「理非」の判断が、年貢・負物の有無、「相伝」の事実という異なった観点から行なわれている。ここに両者の身分的差異が明確にされている。

(C)「平和」条項は、当然のことながら、条数の上でももっとも多く、松浦党の一揆契状の主調をなしている。「網代」や漁場、「放牛馬」「開田畠」などをめぐる具体的な領域・境界相論の処理（⑦⑩⑲㉒㉔）、あるいは「所務・弓箭・境相論幷市町路頭喧嘩・闘諍」といわれる内部対立の激発の場合の措置（⑧⑩⑪）、あるいは、「大犯三ヵ条」「夜討・強盗・山賊・海賊その他盗人」の処置（⑩⑪）などの規定がある。対立の激発、闘諍に際しては、近所の成員が参集し、教訓を加え、和解させ、「道理」や「理非」にまかせて成敗することを定めている。

(C)(D)の条項は、一揆中が、所務・雑務・検断等を「一揆之沙汰」として行使し、一揆内「平和」を実現し、また、百姓・下人に対しての領主支配を集団として行なう権力として自立していることを示している。もちろん、個別領主支配は、それぞれの内部で行なわれているが、各浦々ごとに領主が割拠する状況のもとで、領主間対立および個別領主支配権をはみ出した百姓・下人支配（逃散―人返）の問題は、領主間協定として一揆中に委ねられたのである。この点で松浦党一揆は、構成員の「平和」の問題を通して地域の政治的支配を実現するという性格を色濃く持っているのである。

一方、(A)対外条項、(B)相互協力条項は、一ヵ条にまとめられ、⑧では「君御大事の時は、一味同心之思を成し、一所において軍忠を抽んずべし」と記され、⑩では「公私において一味同心之思を成し、忠節を致すべし」とある。⑪になると、「火急之御大事」は例外としながらも「公方御大事においては、分限大小をいわず、会合せしめ、中途談合を加へて、多分之儀に随ひ、急速に馳参すべし」と上部権力の軍勢催促に対して、多数意見による一揆の自立的行動を重視する立場に変化している。松浦党一揆の成員が、在地領主である以上、将軍あるいは鎮西における将軍の代官（今川了俊）ないしは肥前守護の軍勢催促に応じ、恩賞を受け所領の拡大を指向することは当然である。その点で、この条項は冒頭に記されてはいるが、多分に形式的である。南北朝内乱の本格的な段階を過ぎた時代の趨勢を反映してか、一揆の軍事的色彩は著しく稀薄である。なお下位のレベルの一揆には、全くこの対外条項はなく、在地の問題に密着した条項のみが立てられている。

松浦党一揆と同時期に中国地方でもいくつかの一揆契状が残されており、この場合は、松浦党とかなり性格が異なり、恒常的な地域支配の性格よりも、政治情況のインパクトによって生じた国人領主層の政治的結集の色合いが濃い。⑮安芸国人一揆については、石井進氏〔1〕、岸田裕之氏〔16〕の研究があり、とりわけ一揆の成立・崩壊に関する岸田氏の詳細な研究でほとんど尽されていると思う。

応永六年（一三九九）幕府に反抗して大内義弘が堺に敗北すると（応永の乱）、安芸の守護職は九州探題大内氏の兼帯であった故、安芸国人は大内氏に与同し堺で戦死したり、その後も義弘の弟盛見を擁して反幕府の行動に出る者が多かった。応永一〇年（一四〇三）幕府は守護を渋川満頼から山名氏（満氏）に改め、山名氏は守護国備後・石見を足場に、安芸国人の懐柔と鎮圧に着手した。応永一一年（一四〇四）六月、国内地頭御家人の当知行・本新所領の支証の提出を命ずる御教書が下されると、これが国人層を刺戟し、同年九月二三日に一揆契状が作成され、国人の結束が強まった。その後両派の勢力争いが続き、応永一三年（一四〇六）閏六月中旬、幕府が国人の討伐を決定すると、一揆の構成員毛利光房・平賀妙章ら七名が降伏し、一揆は分裂・解体し発向は停止された。一揆解体後、一揆に属した品川実久の所領可部荘の一部が没収され、守護方に属した熊谷在直に与えられた。

以上が、岸田氏の研究による一揆の経過である。この一揆は、将軍足利義満の大名抑圧策と守護大名間の抗争（大内―山名）がもたらした国人の反守護闘争として位置づけられる。

「安芸国々人同心条々事次第不同」という一揆契約状は五条から成り、第一条の「故なく本領を召放たるに至りては、一同歎申すべし」というのは、山名氏の領国再編成等、とりわけ応永一一年（一四〇四）六月の幕府御教書への対応であり、第二条の「国役等の事、時宜によって談合あるべし」は、状況によって段銭等国役に関して、一揆談合によって賦課に対応するということであろう。このことは、第五条の「京都様御事は、此人数相共上意を仰ぎ申すべし」という、反抗は将軍家に対してではなく、あくまでも守護山名氏に対してであるという一揆の立場を表している。以上の(A)対外条項に対して、「是非弓矢一大事においては、時尅を廻らせず馳集まり、身々大事として奔走致すべし」という(B)相互協力条項と第四条「此衆中において、相論子細出来せば、共に談合せしめ、理非について合力あるべし」という(C)「平和」条項が配されている。幕府権力との対応に神経を使いながら、押し寄せる守護山名氏の圧力にいかに抗し、国人たちの権益を擁護していくかという一揆の抵抗の姿勢が表現されていると思う。(D)所務立法条項を欠き、地域支配権力の樹立というよりは、むしろ政治的結集に力点を置いた一揆である。

ずっと降って㉙永正九年（一五一二）の同じ安芸国人一揆は、永正四年（一五〇七）の管領細川政元の暗殺に始まる中央権力の分裂という混迷の中で成立した。細川氏は細川澄元と細川高国に分裂し、澄元は足利義澄を擁し、高国は大内義興と結び足利義尹（義稙）を擁し抗争を繰り返し京都の争奪戦を演じた。永正八年（一五一一）八月、義尹・高国は京都を追われ、一時丹波・安芸に遁れ、大内義興と共に兵を集めて京都を回復する。このような流動化する情勢のなかで、安芸国人天野興次・同元貞、毛利興元、平賀弘保、小早川弘平、阿曽沼弘秀、高橋元光、野間興勝、吉川元経の九名が一揆契約状「申合条々」を作成している。

第一条は、(A)対外条項で、「上意」（将軍義尹）あるいは「諸大名」（大内氏・武田氏など）の仰せ（軍勢催促など）を蒙っても、一人として「才覚」せず、衆中相談して「御事請」する、「愁訴」の場合も同前とする、というもので、一味談合、一致のもとで上部権力に対応することを定めている。第三～四条は(C)「平和」条項で、「親類被官已下」が扶持を離れた場合、召し抱えてはならないこと、衆中の「弓矢」（争闘）の場合は、「理非」を正し、「異見」を加え、「背ㇾ理」方は衆中を追放し、「利運方」に味方すること、喧嘩の場合、「返報」（仕返し）をせずに「衆中裁許」を待つ、と規定している。第五条は(B)相互協力条項で、衆中と他方の「弓矢」（合戦）の時、「合力」することを規定している。この盟約は随所に「於㆓衆中合間㆒」という挿入句があり、有期的、一時的な盟約であることをうかがわせる。また第二条「親類被官已下」の已下には下人も含むと考えられ、所務立法的な要素も多分にある。

この盟約成立の契機は、前述の政治状況以外には不明で、この成員の多くは弘や興という政弘―義興二代にわたる大内氏の一字名を持っている者が多く、大内氏との関連は深く、また中央の政争には足利義尹―大内義興のラインで行動したと思われる。また一方では守護武田氏との関連もあり、大内―武田の確執か、あるいは大内氏との不和が原因か、明らかでない。

しかし、この人々は、その前後に、野間と平賀が不和となり、「和睦」したり、野間と阿曾沼が平賀の「助言」により「和談」「和睦」したりしている（『平賀家文書』）。近隣の領主間対立を「平和条項」によって止揚し、上部権力よりのたび重なる軍事動員を場合によっては拒否して、地域の政治勢力としての結集をはかったのが、この一揆の目的と考えられる。

㉗康正三年（一四五七）和泉国日根郡国人一揆の場合も、安芸の場合と類似のケースと考えられるが、詳細は全く不明である。「和泉国日根郡於二国人等一契約状之事」と題する契約状には、「公私万事の儀について水魚之思、一味同心たるべし」、「一人之大事たるといへども相互見放つべからず」と(B)相互協力条項のみ記されている。「子々孫々ニ至リ、此契約破るべからず」と記されているところに特徴がある。そして鳥取道本・同寿春、箱作道春、杒《（樫カ）》井道永・同幸坊丸代慶重、新家影頼、上郷光景、日根野秀盛の八名が連署している。この一揆結成の直接の契機となった情勢については必ずしも明らかでない。しかし、すでに応仁の乱の前提となる畠山氏の内紛は開始されている。畠山持国が養子の政長を排除して、実子義就に家督を譲ったことから、畠山の守護代の神保・遊佐氏らはこれを不満とし、享徳三年（一四五四）には合戦が起こった。政長は細川勝元を頼り、河内・紀伊を中心として各地で戦闘が起こった。その余波が泉南にも及び和泉守護細川氏も出陣している（「細川家文書」）。

在地領主の地域的結集という点では、少し時期は遡るが、明徳二年（一三九一）の安芸国三入荘における熊谷氏の一族一揆（⑫）がそれに当たる。熊谷氏は承久の新補地頭として入部以来、「兄弟分派」という激しい対立を止揚し、結束を固めている。

一方、沼田荘の小早川氏の場合は、永享三年（一四三一）と嘉吉二年（一四四二、㉓）、宝徳三年（一四五一、㉖）の三度にわたる一揆契約状が残されている。これはともに本荘・新荘の対立、あるいは新荘内の対立などに起因し、一方に対する他方の結集を示している。永享三年の場合は、新荘内の嫡流椋梨子氏に対する庶流の結集であり、嘉吉二年の場合、椋梨子氏を中心とする惣領（小早川熙平）の「非力」への対応で、宝徳三年の場合は、椋梨子を中心に新荘のみでなく本荘の庶子を巻き込み、惣領方に対して結束を図っている。いずれも小早川氏内部の抗争が、一揆を成立させているのである。

熊谷氏・小早川氏に見られるように一五世紀の中葉〜後半は各地の有力国人層の内部で分裂の危機を迎える。この危機の性格は、一族体制（惣領—庶子・家臣）の構造上の矛盾によるものであるが、この矛盾を上下二方向から激化させるものがある。一つは分裂・対立した上部権力が、対立をはらむ一族内部のそれぞれに働きかけ亀裂を拡大し、一つは、被支配身分の百姓・下人の逃散や欠落、一方での抱え込みが一族・家臣の対立を惹起させる。

具体的な事例として、㉘明応三年（一四九四）、上野国の新田岩松氏の一族一揆の場合を見よう。この年七月二三日、新田荘新田岩松家純は、金山城に一族家臣一千余人を集めて、「一味同心」の「神水」を行なった。そして一同して、「三ヶ条之御誓詞」を朗読している。その内容は、「都鄙の大途の外、他家合力として、当方之勢衆を出すべからず」とし、京都・鎌倉の「大途」（公方）の命によるほかは、他家の私戦に軍勢動員しないという条項を基本とし、他家に合力した場合は「一子兵庫」（明純）といえども追放すること、家臣の横瀬国繁を家純の代官として、「公私諸沙汰を致すべし」などの二ヵ条を加えている。当時、関東では、管領上杉氏内部の対立、すなわち上杉顕定（山内家）と同定正（扇谷家）の対立が激化し、一〇月には比企郡高見原で両軍が対陣する。その動員要請が新田岩松家に到着し、家純の子明純が、新恩所領の宛行を条件に出陣の密約を交しており、山内・扇谷両家の争いに中立を保とうとする家純—横瀬国繁のラインと対立し分裂の様相を深めていた。そこで家純は、一族の結束をはかり、かつ子明純の行動を制約するため、この一族家臣による「一味神水」の起請を行なったのである。結局明純はこの起請に参加せず、一族は分裂してしまう。

上部権力の分裂抗争を「公戦」と捉えるか、「私戦」と捉えるか、新田岩松家純は、管領上杉家の抗争を「山内屋《おく》裏《り》」の争い（私戦）として捉え、両公方の軍勢催促以外に応じないという原則を嫡子明純を切り捨てることによって確立したのである。このことは新田岩松氏が家臣横瀬氏（後の由良氏）による権力奪取への一歩を築くことになるのではあるが、このような上部権力の軍勢動員にどう対応するかは、一五世紀後半の各地国人や一揆の深刻な課題であったのである。

## 4　在地領主の一揆の本質

以上、個々の一揆の場合について述べたように、一揆は南北朝～戦国時代に出現する在地領主（侍）の連合、すなわち身分的＝階級的結集の一つの形式である。その形成される場（基盤）は、一定範囲の地域の国人、一族・党、あるいは特殊なケースとして将軍馬廻衆（直轄軍）である。その基盤をもとに、かりに国人一揆、一族一揆、党一揆、惣国一揆などに分類した。なお主として一五世紀の一揆⑵地域支配と政治的結集）の到達点としての惣国一揆については、「変革期」の問題として次章で詳細に述べる。

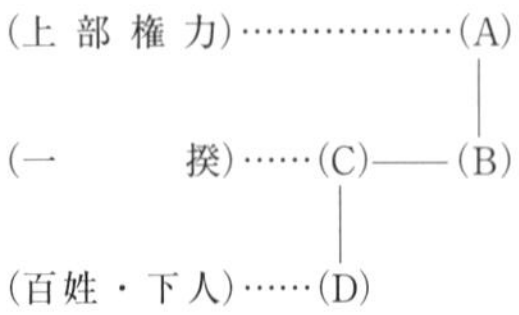

図1

しかし、この分類は歴史的経過の相違による特徴を示しはするが、一揆の本質とは直接関係はない。また、一揆成立の契機は多様であるが、多くの場合、上部権力との対応など、外的契機によると見られる場合が多い。そして一揆形成の主体性の問題としては、没主体的に上部権力からの働きかけによって組織化される場合、上部からの働きかけで作られはしたが、徐々に主体性を持つにいたった場合、あるいは構成員が主体的に作り、上部権力を推戴する形を取るものなど差異がある。

そこで、上部権力の契機を重要視する見解があるが、問題は一揆の作り出される条件を在地の側から捉えて、上部権力との関係を考えてみなくてはならない（石母田論文）。

一揆が、将軍以下の上部権力への対応と百姓・下人など被支配身分への対処との関連で、結集をとげ「一味同心」することは明らかであるが、それは次のような文脈で表現されている。一揆契約状の条項に即していえば、上部は(A)対外条項であり、下部は(D)所務立法条項、そして一揆結合は(B)相互協力条項、(C)「平和」条項で示される。そして契約状の多くは、(A)のために、(B)一同かくかくのごとく結集して、(C)その結集の妨げとなる構成員相互の条件を除去して、(D)その妨げの条件の一つでもある百姓・下人問題なども処理しよう、という形で記載されている。この論理の分脈を図示すれば、図1のようになる。契約状は、場合によっては(B)のみであったり、(A)(B)、(A)(B)(C)、(A)(B)(C)(D)の全部であったり、組合わせはさまざまではあるが、「大小事、見継被㆓見継㆒」といった簡単な(B)条項の中に暗黙に(C)(D)条項が、あるいは(C)条項の中に(D)条項が含まれていると解される。

在地領主は領主である以上、百姓から年貢公事を収奪し、下人を従属させ奴隷的にそれを労働力として使役させる存在である。この問題は基本的には個別の領主―百姓・下人関係の中に包摂され、領主の百姓・下人支配の問題は基本的には在地領主の連合である一揆の直接取り組む課題ではない。しかし、一度、百姓・下人が個別領主の支配のワクを越えてはみ出し、逃散・欠落をした場合、その問題が、領主間の「平和」の問題につながってくる。逃散・欠落―拘惜という、返せ、返さないの問題が領主当事者間の争闘に展開する危険性を秘めている。それ故、「平和」の実現のために、(C)「平和」条項の分岐として、(D)所務立法条項が付加されてくるのである。一揆においては、一揆の「一味同心」（結集）の観点を媒介として、百姓・下人の逃散・欠落が問題とされてくるのである。

したがって一揆の形成は、百姓・下人問題から直接に構想されるのではなく、一揆の結集の妨げの除去、一揆の結集、「平和」の問題を媒介として下から作用するという点で関連し、その限りでは一揆は結果的には、個別領主支配の補完物として、百姓・下人を抑圧する組織たりえるのである。この点では、安芸国人一揆をめぐる佐藤和彦氏〔3〕・

藤木久志氏〔15〕と岸田裕之氏〔16〕の論争、すなわちこの地域の当該段階で、百姓・下人の逃散が個別領主支配のワクを越えて領主相互間の問題となっているか否かという点は興味深い。

一揆の結集の契機は、結局、在地領主そのものの本質に根ざすものである。安定的な支配の維持、所領の拡大の欲求が、所領の保障、軍役―新恩という関係で上部関係と結びつき、周辺領主間の争闘をも生み出す。そこに在地領主間の争闘、報復の繰り返しによる共倒れを抑止するための第三者の役割が発揮され、地域の「平和」の問題が、一定のルールを生み出して来る。そこに「平和」団体として一揆が要請されてくるのである。そして、個々に対応して来た上部権力に対して、一揆として対応するようになり、また一揆は内部矛盾をはらみつつも、一つの地域支配権力として自己を位置づけるようになる。

主な一揆契約状等一覧表（付・参考文献）

| 年月日 | 文書名 | 国名 | 構成員 | 史料名 | 分類 | 備考 |
|---|---|---|---|---|---|---|
| ①一三三六・1・11（建武三） | 祢寝一族連署起請文 | 大隅 | 建部清成ら六名 | 祢寝文書 | 一族 | |
| ②一三三六（建武三） | 角違一揆契約状 | 豊後 | 挟間英直ら六七名 | 大友文書 | 国人 | |
| ③一三五〇・12・10（観応一） | 額田郡一揆交名注文 | 三河 | 粟生為広ら二一名 | 前田家蔵「閲覧筆記」 | 国人 | |
| ④一三五一・10・2（貞和七） | 山内一族一揆契約状 | 備後 | 藤原俊清ら一一名 | 山内首藤家文書 | 一族 | |
| ⑤一三五五・2・25（文和四） | 嶋津忠兼等一揆契約状 | ―― | 嶋津忠兼ら五三名 | 越前島津家文書 | 国人 | 馬廻衆一揆 |
| ⑥一三五五・5・18（正平一〇） | 隅田一族連署起請文 | 紀伊 | 了覚（葛原忠長ら）二五名 | 隅田家文書 | 党 | |

| | | | | | | |
|---|---|---|---|---|---|---|
| ⑦ 一三六六・8・22（正平二一） | 宇久・有河住人等連署置文 | 肥前 | 授ら七名 | 青方文書 | 党 | |
| ⑧ 一三七三・5・6（応安六） | 五島住人等一揆契諾状 | 肥前 | 称ら三二名 | 青方文書 | 党 | |
| ⑨ 一三七七・10・28（永和三） | 肥後・薩摩・大隅・日向国人一揆契約状 | 四ヵ国 | 相良右頼ら六一名 | 祢寝文書 | 国人 | |
| ⑩ 一三八四・2・23（永徳四） | 下松浦住人等一揆契諾状 | 肥前 | 平戸湛ら三四名 | 青方文書 | 党 | |
| ⑪ 一三八八・6・1（嘉慶二） | 下松浦住人等一揆契諾状 | 肥前 | 大河内保園ら三一名 | 青方文書 | 党 | |
| ⑫ 一三九一・3・4（明徳二） | 三入荘一族一揆契約状 | 安芸 | 熊谷重直ら四名 | 熊谷家文書 | 一族 | |
| ⑬ 一三九二・7・5（明徳三） | 下松浦住人等一揆契諾状 | 肥前 | 伊賀守正ら三四名 | 青方文書 | 党 | |
| ⑭ 一四〇四・7（応永一一） | 仙道諸族連署起請文 | 陸奥 | 小峯満政ら二〇名 | 結城古文書写 | 国人 | 傘連判 |
| ⑮ 一四〇四・9・23（応永一一） | 安芸国人連署契約状 | 安芸 | 小河内妙語ら三三名 | 毛利家文書 | 国人 | |
| ⑯ 一四一〇・2・30（応永一七） | 海道五郡諸族一揆契約状 | 陸奥 | 相馬ら一〇名 | 相馬文書 | 国人 | 傘連判 |
| ⑰ 一四一一・5・16（応永一八） | 五島住人等一揆契諾状 | 肥前 | 中野讃ら五名 | 青方文書 | 党 | |
| ⑱ 一四一三・5・10（応永二〇） | 宇久・有河・青方住人等一揆契諾状 | 肥前 | 江道機ら一三名 | 青方文書 | 党 | |
| ⑲ 一四一三・5・10（応永二〇） | 宇久住人等一揆契諾状 | 肥前 | 貞方頼重ら二六名 | 青方文書 | 党 | |
| ⑳ 一四一四・12・11（応永二一） | 五島住人等一揆契約状 | 肥前 | 穏阿ら二四名 | 青方文書 | 党 | |
| ㉑ 一四一七・7・28（応永二四） | 岩崎隆基等四名連署一揆契約状 | 陸奥 | 岩崎ら四名 | 秋田藩家蔵文書 | 国人 | 傘連判 |

| | | | | | | |
|---|---|---|---|---|---|---|
| ㉒（応永二九）一四二二・5・13 | 下松浦住人等連署押書状 | 肥前 | 江道機ら一九名 | 青方文書 | 党 | |
| ㉓（嘉吉二）一四四二・11・16 | 小早川氏庶子一族連署契約状 | 安芸 | 秋光暁秀ら八名 | 小早川家文書 | 一族 | |
| ㉔（文安二）一四四五・11・19 | 五島住人等連署押書状 | 肥前 | 佐ら一二名 | 青方文書 | 党 | |
| ㉕（宝徳一）一四四九・8・15 | 高梨一族置目 | 信濃 | 南条道高ら一五名 | 高梨文書 | 一族 | |
| ㉖（宝徳三）一四五一・9 | 小早川本庄新庄一家中連署契約状 | 安芸 | 乃良景久ら一三名 | 小早川家文書 | 一族 | 傘連判 |
| ㉗（康正三）一四五七・6・26 | 和泉国日根郡国人連署契約状 | 和泉 | 日根野秀盛ら八名 | 日根文書 | 国人 | |
| ㉘（明応三）一四九四・7・2 | 新田岩松氏一族家臣起請文 | 上野 | （署判欠） | 松陰私語 | 一族 | |
| ㉙（永正九）一五一二・3・3 | 安芸国人連署契約状 | 安芸 | 吉川元経ら九名 | 平賀家文書 | 国人 | |
| ㉚（永禄一三）一五七〇・3・24 | 甲賀郡大原同名中与掟書 | 近江 | 同名中「惣」 | 大原勝井文書 | 惣国 | |
| ㉛（年欠）・11・16 | 伊賀惣国一揆掟書 | 伊賀 | （署判欠） | 山中文書 | 惣国 | |

〔注〕1　年月日のカッコ内は原文書に記された年号である。

2　分類は一族一揆・国人一揆・党一揆・惣国一揆のそれぞれを示す。

3　参考文献と一揆番号の対照一覧を次に掲げておく。①〜㉛の番号は扱っている一揆の番号（ただし松浦党は一括）。

〔1〕石井進「家訓・置文・一揆契状」（解題）（『岩波日本思想大系21　中世政治社会思想（上）』）……④⑥⑨⑩⑬⑮⑯⑲⑳㉕㉖㉛

〔2〕福田豊彦「国人一揆の一側面——その上部権力との関係を中心に」（『史学雑誌』七六巻一号）……②

〔3〕佐藤和彦「国人一揆の史的性格——国人一揆の研究視角」（『南北朝内乱史論』東京大学出版会）……②⑨⑩⑫⑮

〔4〕永原慶二「国一揆の史的性格」（『歴史公論』三号）……④⑫⑭㉓㉖㉙㉛

〔5〕三木靖「観応元年十二月十日三河国額田郡一揆」（『鹿児島短期大学研究紀要』二号）……③

〔6〕三木靖「祢寝文書、永和三年十月廿八日、一揆契約状神水案文の問題点」(『中世史研究会会報』二六号)……⑨
〔7〕川添昭二「今川了俊の南九州経営と国人層──永和三年十月一揆神水契状の分析を中心として」(『九州史学』一〇号)……⑨
〔8〕湯山賢一「越前島津家文書について」(『古文書研究』一四・一五号)……⑤
〔9〕三木靖「備後国地毗庄・藤原姓山内氏一族一揆(『鹿児島短期大学研究紀要』一号)……④
〔10〕『福島県史』第一巻(第三章)……⑭⑯
〔11〕小林清治・大石直正編『中世奥羽の世界』(東京大学出版会)……⑭⑯㉑
〔12〕瀬野精一郎「鎮西北西部武士団の研究」(『鎮西御家人の研究』吉川弘文館)……松浦党
〔13〕網野善彦「青方氏と下松浦一揆」(『歴史学研究』二五四号)……松浦党
〔14〕村井章介「在地領主法の誕生──肥前松浦一揆」(『歴史学研究』四一九号)……松浦党
〔15〕藤木久志「在地法と農民支配」(『戦国社会史論』東京大学出版会)⑩⑪⑬
〔16〕岸田裕之「安芸国人一揆の形成とその崩壊」(『史学研究』一四〇号)⑮㉙
〔17〕北爪真佐夫「南北朝─室町期の領主制の発展について」(『歴史学研究』二四六号)㉓㉖
〔18〕田端泰子「室町・戦国期の小早川氏の領主制」(『史林』四九巻五号)……㉓㉖
〔19〕峰岸純夫「室町時代東国における領主の存在形態」(『史学』三四巻三・四号併号)……㉘
〔20〕石田善人「甲賀郡中惣と伊賀惣国一揆」(『史窓』二一号)……㉛
〔21〕石田善人「甲賀郡中惣と大原同名中惣について」(『日本文化史論叢』)……㉚

## 三　百姓の一揆

### 1　備中国上原郷

東寺領荘園として著名な備中国新見荘から流れ下る高梁川《たかはし》が、水島湾の河口に一六キロほどに近づいた地点、岡山県総社市の国鉄西総社駅と川を隔てたちょうど対岸に上原《かんばら》郷は位置している。かつては、原郷といわれた一つの郷が、南北に分割され、その北側が上原郷となり、現在では上原と富原の二つの地字に分かれている。この一見何の変哲もない小さな農村が、たまたま鎌倉時代最末期に摂関家の祈願寺である京都の東福寺の所領となったが故に、その一三〇点ほどの関係文書が残され、今日『図書寮叢刊・九条家文書㈥』『東福寺文書㈡』（『大日本古文書』二〇）として刊行されている。この史料を通してわれわれは、一五世紀の前半を中心とするこの郷の農民の生活とたたかいの跡を知ることができるのである。

この上原郷の歴史を通して、南北朝期における荘園公領制の変質、そしてその結果成立した寺社一円地を舞台として展開される、荘家の一揆の概略を記述してみようと思う。

永仁七年（一二九九）東福寺は淡路国志筑荘の一部と上原郷を相博（交換）した。上原郷は、幕府口入（地頭の任免権を有す）の「地頭請所」（地頭の年貢請負制）の地で、地頭の手許から三五貫文の国衙年貢が納められたという、半分公領の性格を持っていた。上原郷が上原荘といわれない理由はそこにある。東福寺が取得したのはこの地頭職で、この権利は室町幕府体制下にも引き継がれた。やがて、南北朝期末に万里小路家より領家職が寄進され、領家職・地頭職を兼帯する寺社一円地が出現する。この頃、軍事費調達のため荘園・公領の年貢の半分を守護が取得する半済制度が実施され、上原郷も年貢半分は守護へ納められていた。しかし半済を解消させるねばり強い交渉の末、上原郷が最終的に完全な東福寺領となったのは明徳四年（一三九三）である。上原郷の百姓が史料に登場するのはこの時点からである。

このような主として寺社一円地に年貢・公事の収取や代官の非法などの問題をめぐって展開される農民闘争を荘家の一揆と名づけている。しかしそれ以前も以後も、荘郷ごとの領主に対するそれぞれの農民の闘争は常に存在したわけであるから、広義の荘家の一揆は荘園公領制の成立から解体まで存続したことになる。しかし、南北朝内乱は、職《しき》の体系によって本家職・領家職・地頭職といった職を所有する異なった領主が重層的に一つの荘園・公領を支配・収奪する体制を克服し、武家領・公家寺社一円地といった単一領主による支配体制が確立する段階を画すものである。

東福寺が上原郷を実質的に一円支配できたのは、この時から一五世紀末の文明一二年（一四八〇）頃までであり、この間も、文安五年（一四四八）を中心に、三年間守護の支配下に入ってしまったこともある。東福寺は寺僧のうちから、庄主《しょうす》（寺家の代官）を現地に派遣して支配に当らせている。

この間に、百姓が申状（訴状）を提出したのは次の場合である。

①明徳四年（一三九三）九月

桑代（銭）の半分免除と田数を「往古大検注」に戻せと要求。百姓申状には名主二五名が連署しており、上原郷の名編成は二五名であることがわかる。桑代については「動乱」によって「用木伐失」され、以前に要求を提出し、百姓が「逃散」し、庄主が解決を約し、「還住」した。その後、庄主の交替によって実施が延引されている。

②明徳五年（一三九四）五月

「国中一同」の皆損を理由に、夏麦年貢の免除を要求。

③文安元年（一四四四）一二月五日

庄主光心の罷免を要求、一揆に発展する。（後述）

④（年未詳、享徳年代・一四五二〜五四年か）八月二八日

井手（用水）に転化した土地に年貢賦課する問題で訴訟、この件では以前に「宝印を飜へし、惣地下人等歎申」という牛玉宝印による連署起請文による申状が提出されたことがあった。

⑤長禄元年（一四五七）八月二八日

「当作日焼」（炎旱）による損免の要求。今年は五月二四日より八月二六日の百日間、日照が続き作物に大被害があり、「輩半分余他国仕」という百姓の流亡化が始まっている、と訴えている。これは寛正の大飢饉（一四六一年）

の前段の早ばつで、東福寺は、上使を派遣して一〇月二六日に「内検」を行ない被害状況の査定の上で年貢の確定をしている。ちなみに、上使と給主（東福寺側の管理担当者）が、「田頭」（現地の耕地）で、庄主とともに行なった「内検帳」による被害率は、米七〇％、秋畠大豆三三％、そば三〇％、銭貨で取得する部分三三％である。田方が損害が大きく三〇％しか収穫できないということである。

農民闘争は、①百姓申状（訴訟）—②逃散—③解決—④還住のサイクルで行なわれるが、百姓の「一味神水」は①ないし②の段階で行なわれ、一揆という組織が形成される。しかし、申状提出と交渉の段階で問題が解決され、一揆の蜂起、具体的には逃散という実力行使にいたらない場合も多い。長禄元年（一四五七）のように誰が見ても明らかな状況の場合は、上使派遣・内検による結着がつけられる。

## 2　文安元年の荘家の一揆

文安元年（一四四四）一一月二八日から翌月二日にかけて、上原郷の百姓は逃散し、ことごとく「登レ山」、「御領中ニ百姓一人も無」という状況となった。この荘家の一揆の百姓の要求は、庄主光心の罷免の一点につきていた。

すでに一〇月の段階で、庄主光心と百姓の紛争の情報は東福寺に達していたと思われる。史料は残存しないが、百姓申状が提出されていたことと思う。そして光心の動きが、守護と結びついているのではないかという疑い、および光心の目に余る非法などの調査の必要が東福寺において議論された。一〇月三〇日の評定において、住持玄厳以下四九三人の僧が、「就二寺領一山中連判」として、「寺領官方に預置くべからざるの事」ということを盟約し、連署している（『東福寺文書』）。この「官方」というのは守護方のことで、寺領を守護方に渡してはいけないと一般論で述べているが、この決議は上原郷の事態に対応するもので、苦心して獲得した一円地の上原郷が守護領に併呑されるという危機感をみなぎらせていた。この決議にもとづき、翌日上使として源致と玄作の二人が現地へ下向した。この間、現地からは、守護方および光心の弁明があり、「事をさう《左右》をよせ《寄》、百姓年貢ふさた《不沙汰》」という点を強調し、上使の突然の下向に衝撃と非難の意を表明している。

現地に着いた源致・玄作の見たものは、庄主・守護・百姓の三者が入り乱れての混乱した状勢で、守護代石川昌秀・庄貞光の使節は、「両庄主（先代栄松と光心）事ハ、為二守護一扶持仕候」と公然と光心が守護被官であることを表明し、光心は、もし自分を処罰すれば、「国方《守護》を引入、守護領ニ成」と威嚇し、守護方の者が毎日五人、十人と光心のもとに出入りしている。そして光心は、守護方の手をかりて「御百姓を土一き《揆》と号、きうめい《糺明》」と弾圧を強化し、一方百姓は、「度々及、惣郷之御百姓神水仕候て、庄主をうつた《訴》へ候」と緊迫している。そして、一一月末〜一二月初頭に、百姓の逃散が行なわれ、一二月八日には光心糾弾の百姓申状が上使のもとに届けられる。重要な史料なので全文掲げ、直接百姓の要求に原文（返点、筆者）で接してみようと思う。

「謹上《包紙ウワ書》　東福寺　　備中国上原郷御百性等《姓、以下同じ》」

目安　東福寺御領備中国上原郷御百性等謹言上

①一、ゆゑ《故》なき事ニ名田畠被レ上レ召候事、

②一、無二先例一御手作大勢被レ召候て、牛馬女男子ニ至まて、のうさく《農作》のさかりにわ、御手作を本ニ朝くらき《暗》より夕去まて、たいはん《代飯》をも不レ給候上ニ馬牛をむちにて使候様に、さん〱のはうこん《亡魂》候て、めし《召》使候事、

③一、御手作を本ニ仕候間、牛馬人足ひまなきにより、田畠をそく《遅》作、霜雪ニそんしつ《損失》候間、そんまう《損毛》事中候へハ、公方の御手作ハ吉候により、一向御百性のくわんたい《緩怠》とて、御しよういん《御承引》なく候て、寺家へも御申なく候事、

④一、秦之井手御ほらせ候て、水上候ハんすれはとて、かわらけ河の井手《并仁》田中池をは、手作の田ニめされ候ハんとて、水なきニより当年も皆々地下の田共かんそん《(干損)》仕候、殊ニ適々上候井河の水をも、御手作を本ニ被レ入候て、御公田にわ一てきの用水をも不レ給候間、弥々御百性のなけき《(歎)》に候事、

⑤一、毎日入申番衆、よい《(宵)》にぬかわら《(額藁)》もちて参、朝ぬかつき候て、御馬ニかい《(飼)》候て、罷帰候を、いまわ夜ふけ候までこゑはい《(肥灰)》を待せ、万に御使候事、

⑥一、井手河せき家作、公方わたくし内外を不レ憚、太刀、刀をぬき、人をくゝりしはり、名主百性共御はうこんせられ候事、

⑦一、去年御内検之時、上使・庄主皆々其かくれな《(き脱カ)》御内検被レ召候て、結句ひきちがゐ《(引違)》候とて、しんぱん《(神判)》をさせられ候て、罷御馬二疋一夜ニしに《(死)》候し、又当年ひきちかゐの下地明境に候由《(ママ)》人申候とて、本年貢をおもいのまゝに無二下地一《お》ひきめされ《(引召)》候処ニ、又御馬一疋しに《(死)》候、なき下地を末代名ニむすひあけ候ハんすると仰候処ニ、加様之御公事寺家より仰候か、是又しち《(実)》にてなく候哉、

⑧一、ひらう《(疲労)》人、物を借申ハならい《(習)》にて候に、見門《(権)》御使をあなた此方を御かたらい候て、かせき《(苛責)》を被レ至《(致)》候間、日やくそく《(約束)》を仕候沙汰申候処ニ、文書御出なく候て、重守護殿の御使を御申候て、かせき《(苛責)》をいたし、いきに《(異議)》をよひ候ハゝ、くひ《(首)》をきり候ハんすると仰事、をそろしく候、

⑨一、計会之御百性のならいにて、御年貢を未進を仕候利分を加被レ召候事、せん《(もカ)》候なき次第候、

⑩一、寺家より御下候上使に出会、御礼不レ申候とて、上使御ふくりう《(腹立)》候間、はるか以後出会御礼申候《候へハ》を、是さへひか事とうんきをはねらるへき由被レ仰候事、

⑪一、山田長脇《ゝゝ》殿のこけ上郎《(後家上臈)》にも、地下の百性の下女にも、御目をミせられ候間、夜よ中田中のしやうけん方、まなこ方、其外中間共めしくせられ候て、うわなりうち《(後妻打)》ニこけしやうらう《(後家上臈)》御入候て、百性の下女めしとり、

うしなわれ候事、言語道たん之事候、

⑫一、御百性ぬしある女をも、御中間御こ物《（小）》なんとを御使《（遣）》わし候てめされ候を、御意にしたかわす候へハ、御きうめい《（糾明）》候間、にけうせ《（逃失）》候事、

⑬一、百性の分のむすめなんとめされ候て、不レ参候へハ、をやひか《（親）》事と仰候て、とか《（科）》人をとちられ候事、

⑭一、なかわき殿のこけしやうらう《（後家上臈）》の御方へ御かよい候道にて、かわうそをきりころし、政所にしてしこくき《（至極）》こしめされ候て、あいのこり候を、しをから《（塩辛）》にめされ候、幷ニかわ《（皮）》をはりをかれ候、是我ら申事なく候へ共、寺家の御領になり候て、此方か様御庄主御入なく候、

⑮一、上原郷守護不入之御教書代ニ御申候とて、一こんの御料足御百性等仕候間、御心安存候処ニ、さわなく候て、当庄主の御代ニ成候て、守護方之御領のことく、国方より御せいはい《（成敗）》之事、寺家の御ため殊ニ我等かため末代之きす《（疵）》になり候間、以外なけかしく候、

⑯一、当庄主御あやまり候て、寺家より御代官識《（職）》御かゑ候へハ、まことに我年き《（期）》の間、もたせられ候ハす候ハヽ、寺家の御あてかい無二面目一候間、守護領ニなすへき由度々ニ及被レ申候間、不思儀無二勿躰一題目候、此由御心得可レ有候、

⑰一、か様之条々きこしめし依下被レ及候上、上使庄主《両人》御下候処ニ、御上なく候て、結句百性共御せつかん《（折檻）》候間、弥々計会仕罷出候、如レ此世にもひれい《（比例）》にもなきふるまいの地頭殿御入候ハんする間ハ、五年十年にても候へ、さき〱へハ罷出、他国ハ仕候共、庄主御かへ候ハす候ハヽ、末代けんちう《（還住）》仕ましく候、いそき〱御せいはい候て給候者、畏入へく候、

右彼条々申上ハ寺家の御せいはい《（成敗）》幷ニ守護殿の御奉書をめされ候て、しか〱と御定候て、新庄主御しつけ候ハす候ハヽ、永代けんちう《（還住）》仕ましく候、仍目安状如レ件、

文安元年十弐月五日　上原之名主御百性等謹言上

謹上　東福寺まいる

百姓の糾弾する庄主光心の非法の内容は多岐にわたるが、およそ次の五項目にまとめられる。

1田畠、年貢・借物に関して（①名田畠の故なき没収、⑦内検の不正、⑧借物の苛責をする、⑨未進年貢に利子を付ける）

2労働力の恣意的徴発（②手作地経営に使役、③手作地が原因の損免を許さず、⑤馬飼などに使役、⑥公私に使役）

3用水問題（④手作地への用水の奪取）

4非行（⑪⑫⑬女性関係、⑭カワウソ殺生、⑩挨拶をせぬと譴責、⑰百姓を折檻）

5守護関係（⑮守護領のごとく国方成敗、⑯守護領にすると言明）

農民の再生産にかかわる問題としては、労働力の徴発が大きな問題で、光心が先例のない手作地を作って、百姓・牛馬を徴発し、この場合に「たいはん」（代飯）すなわち食料を給しないことが問題とされている（②）、手作地への徴発によって自作地への農作業がおくれ、それが原因で不作になっても損免を認めず（③）、手作地への用水を優先的に奪取し、百姓の田地が干損になってしまう（④）、など深刻である。この手作地＝直営田経営の問題が農民要求の最大の問題であろう。なぜなら労働力といい用水といい植付時期には需要は同時であるから、手作地が拡大すればするほど問題は深刻となる。しかも光心の場合、下人などの奴隷的労働力に依存せず、専ら百姓の夫役によっているからなおさらである。

次に注目すべきは、百姓が「ひらう《(疲労)》人、物を借申ハなら《(習)》いにて候」とか「計会之御百性《(姓)》のならい《(習)》にて、御年貢を未進を仕候」という意識を持っていることで、「疲労人」「計会之御百性」という困窮者が、借銭・借米をしたり、年貢未進をしたりするのは「習」（ならい、ならわし）で当然なのだ、と堂々と言い切っていることである。だから、守護の手を借りて責め立てたり、未進年貢に利子をつけてこれまた借物に転化させて責め立てたりするのは不当だと主張している。これは、年貢収奪およびその過程に吸着した高利貸資本に対する抵抗を示し、徳政一揆へと発展する百姓の階級意識としてきわめて注目すべきものと思う。

光心の非行に関しては、僧の身でありながらよくもこれだけの悪業をと感心させられるが、一つ興味深いのは⑪条である。好色な光心がなかわき殿（地侍か）の後家（上﨟）のもとに通う（通い婚）一方で、地下の百姓の下女とも「御目をミせられ」（目くばせする、通ずる）た結果、後家が下女のもとに、おそらく一族や友人と考えられる者を引率して、「うわなりうち」（後妻打）を懸け、下女を「うしなわれ」（殺害）てしまったというのである。先妻（こなみ）が後妻（うわなり）に制裁を加え、ある意味では愛情関係を女性同士で結着をつける習俗としての後妻打ちが、百姓申状のなかに登場するのは興味深い。もちろん、後妻の行為もさることながら、ここではその原因を作った光心にもっぱら非難が向けられている。

守護との関係では、荘園領主の直務支配を望む百姓が、光心と結んだ守護の荘園侵略の野望を鋭く見抜いているとともに、守護の進出を非常に警戒している寺家への巧みな布石としてこの二ヵ条はある。この二ヵ条で、光心の罷免は十分なのである。守護代の使者も、光心も明言しているように、両者の結びつきは明白である。京都から遠く離れた備中の地で、光心が寺領経営を円滑に推進していこうとすれば、国方＝守護と協調もし、協力も仰がなければならない。上使の下向に対して光心が「田舎之趣も御存知なく」と不満を述べていることもこのこととかかわる。いつしか癒着が生じ、被官関係も生じてくる。現に、百姓の未進や債務の催促には守護の武力が使われている。百姓にとっては、一面では守護方＝光心との闘争なのである。しかし、本質的には領主階級の対立・矛盾を衝いての、自己の生活と権利を防衛する闘争なのである。

この闘争ではあくまでも表面的には東福寺権力そのものへは敵対せず、百姓申状―逃散の「作法」に則り、合法闘争を展開しているのであるが、守護方＝光心が、百姓の「年貢未進」を強調し、不法な「土一揆」ときめつけて、百姓を折檻し、またその行動を合理化している。寺家・守護＝光心・百姓の思惑と行動は三者三様である。

結局、百姓の闘争は、ただちに光心を罷免するにはいたらなかった。光心がまだ任期途中であるという守護方の主張もあり、「不法の段すでに露顕の間、改易致すべき」ではあるが、「今年事は是非に及ばず」「明年別人に申付くべし」ということで、上使たちは現地で結着をつけて守護もこれを了承した。しかし上使たちが「この仁明年中在庄候はば、難儀たるべし」と苦渋に満ちた報告をしているように、間もなく上原郷は、文安四年（一四四七）から三年間一時守護領となってしまう。光心時代の多額の借銭という名目で守護方から差し押えられてしまうようである。この間光心がどのように策動し、一度還住した百姓が、どう対応したかは明らかでない。

東福寺の支配は、宝徳元年（一四四九）から再開され、文明一三年（一四八一）頃まで続く。

以上、農民の要求と闘争、それを取り巻く状況を含めて具体的に叙述したが、中間地域の寺社一円地がたどる一般的な傾向をこの上原郷に代表させたまでである。

## 3　土一揆（徳政一揆）への視点

荘家の一揆が一つの荘郷ごとの領主に対する闘争であるのに比べて、土一揆（徳政一揆）は、より広域に展開される闘争である。その広域化の原因は一荘一郷を越えて、共通に問題となる徳政要求そのものの中にある。徳政要求は、簡単にいえば貸借関係破棄の要求であり、借銭・借物の引き当てに行なわれる年期売・本銭返などの売買も含めて、多様な形をとる貸借関係・債務関係が農村や都市の中に普遍化すればするほど、その要求は強く、闘争の連帯の輪が広がることになる。ここでは当時の農民が置かれていた年貢収奪と債務との関係を示す状況の一端を上原郷の事例をとって述べて、徳政一揆の基盤を考えておきたい。なお上原郷の史料は時期的な偏差が著しく、正長・嘉吉あるいは享徳の土一揆（徳政一揆）の年次の史料が全く欠如しているのは残念である。

上原郷で、東福寺が採用した年貢未進への対応策に、引田（引地）という方法がある。

同甲戌（享徳三年）歳米銭雑穀以下未進
　合四貫四百五十文　無（ママ）請状これ無し
都合拾五貫二百六十七文
寺家御年貢未進銭米方雑穀以下引田事
合　恒平名内在坪平畔壱段半てへり
　友吉名内在坪こんてん壱段半てへり
右件御年貢未進銭米方雑穀以下の事、源兵衛未進仕候て、難渋仕り候間、請人として引渡申し候処実なり。然間来年丙子歳より三ヶ年の間、御知行あるべく候、若旱水風損の事候はば、年記（期）を延し候て、御知行あるべく候、その間寺家御年貢の事は、本名主として沙汰申すべく候、縦ひ天下一同御徳政行候とも、兎角緩怠の儀申すべからず候もののなり、万一異儀申す子細候はば、守護殿御成敗として、御罪科に預るべきものなり、全く其時一言申すべからず候、聊も彼の下地について万雑御公事あるべからず候、仍って後証として引渡件のごとし、
康正元年（一四五五）乙亥十月十日　友吉二郎三郎在判
　（利末）五郎左衛門在判

この文書は、頭書の年貢未進をした友吉源兵衛の一族（子か）二郎三郎が三ヵ年間、旱水風損などの場合は年期を引き延ばすことを条件に田地を寺へ引き渡し、その間の年貢を友吉が支払うことを約しているのである。このような「引文」「引渡状」「上状」などと称している文書は、五点あり、これらによると、「何様共御散田候て、御年貢等納召るべく候」などとあり、寺家はこの田地を他の者に小作させて、未進分を回収する仕組になっていた。おそらく、未

進分に利子を加えた額に数年間分の年貢が引き当てられるようになっていたので、それ故に災害による不作の場合の年期の延長が規定されたと思われる。文安元年（一四四四）の百姓申状に記してあるような未進年貢に利分を加えることは、光心の恣意ではなく、東福寺の方針だったのである。そして、この田地に関する以後の通常本年貢については、他の収入で負担し続けるのであり、その未進については、「御領中を払申さるへし」（追放）とか、「惣寺領ヲ押さへられ申すべし」（郷内の他の田地の没収）を約している。さらに徳政文言とともに「守護殿御成敗」という保証が配されている。以上の点で、この引田は、未進年貢を債務に転化し、その引き当てに、年期売の形を取って寺家が一時預った田地なのである。しかし、未進が更に累積し、この田地を寺家が売却する場合もあり、家正名引地七段は、打ち続く旱損によって、家正方から本年貢が納まらず、寺家は長禄三年（一四五九）に永代沽却している。

この未進年貢→債務→年期売の引田（引地）は、徳政令の対象となり徳政令によって債務破棄が実現するであろうか。この問題を提起した男が上原郷にいた。友吉名の白賀源七有友である。

畏り申し候
備中上原庄主御持分
友吉名未進について、六文子ニ利分加へられ、年忌田六反卅代を七年毛に引申し候所ニ、去年徳政行はれ候間、其分佗言仕り候へども、御承引候ハす候、不便の子細にて候、さ候上ハ　公方様より御せいは《(成敗)》い候て、御扶持候はば畏り入るべく候、もし御ふしん候ハヽ、地下へ御尋候へく候、仍上申所件のごとし、

享徳四年二月十二日　白賀源七 有友判在

江月殿御中

有友の友吉名年忌田六反卅代は、未進によって六文子（月歩六％）の利子が付けられ七年間の引田となっていた。

ところが享徳三年（一四五四）に土一揆が起こり、徳政令が発令された。そこで有友はこの田地の返還を寺家に要求したが却下されたので、江月（備中守護家の奉行人か）に訴え、「公方……御成敗」を請求しているのである。

この結末については不明であるが、農村の中にある年貢未進にからむ有期的没収田地の返還が、徳政によって期待されたことは明らかである。

年貢収納と債務は分かち難い関連を有している。この引田の場合に見られるような問題が、一五世紀の徳政状況を生み出し、畿内近国の農民の心を燃え上がらせた正長・嘉吉などの土一揆（徳政一揆）の基礎過程にあったと考える。

## むすび

以上、寺社勢力の一揆、在地領主の一揆、百姓の一揆の三者を中心に述べてきた。前二者は支配身分の一揆、後者は基本的には被支配身分の一揆であり、相互に直接に交わるところはない。むしろ前者は、後者を一揆の結集、構成員の「平和」の問題を媒介に支配し抑圧する権力機構であった。

しかし、すでに見たように、在地領主の一揆が南北朝の戦闘集団としての一揆から出発し、徐々に地域の政治勢力として階級的結集をとげながら変容していくにつれ、両者は接点を持つようになる。

文明一七年（一四八五）一二月、南山城四郡の国人・土豪層は、対立する畠山義就・政長の両軍に対して撤退を要求し、三六人衆を中心に「国一揆」という組織を作り、八年間にわたるこの地域の「自治」的権力を樹立した。この国一揆は、その成立時において「土民群集」という各郷村の農民の蜂起（百姓の一揆）という支援を受けて成立し、また各構成員はその主従関係（被官関係）において、村落上層（指導層）の土豪（名主・地侍）を組織化しており、彼らを通じて、百姓の一揆に転化しうる村落組織をその下部に包摂するに至った。

山城国一揆にはじまり、近江の甲賀郡中惣・大原同名惣、大和の宇陀郡中惣、紀州惣国、伊賀惣国など戦国時代の畿内近国に出現した一揆結合は、いずれも惣国一揆として位置づけられうるもので、それは、本章で述べた在地領主の一揆の発展、在地性の深化であると同時に、百姓の一揆をも内部（下部）に包摂している点で、両者の接点を持つものである。

一方、寺社の一揆の発展した形として、戦国時代には浄土真宗本願寺派の一向一揆、日蓮宗の法華一揆、真言宗根来寺派の根来一揆などの宗教一揆は、惣国一揆的な形態をとる。法華一揆は京都の惣町を基盤としているが、他の二者はいずれも宗教を結集の紐帯にし、惣国一揆そのもの（加賀）、あるいは惣国一揆の一部（紀伊）であったりする。そして村落結合を、他の惣国一揆とは若干異なった形で（必ずしも上下関係ではない）内包し、戦国時代の一大政治勢力として活躍した。これが、一向一揆が加賀で「百姓持チノ国」などといわれる理由である。

惣国一揆、一向一揆などについては、次章「変革期と一揆」で詳しく述べることとして、ここでは在地領主の一揆、百姓の一揆の展開・結合の問題として位置づけられるという見通しを述べて結びとしておきたい。

〔注〕

（1）『本庄栄治郎著作集』一巻、清文堂出版、一九七一年。
（2）『鹿児島短期大学研究紀要』一七号、一九七六年。
（3）岩波書店、一九七五年。
（4）岩波書店（新書）、一九八〇年。
（5）東京大学出版会、一九七八年。
（6）巖南堂書店、一九七七年。
（7）前掲注（4）。

(8) 永村真『日本歴史』三六三号、一九七八年。千々和到『南都仏教』三九号、一九七七年。入間田宣夫『日本中世の政治と文化』(豊田武博士古稀記念)吉川弘文館、一九八〇年、後に『百姓申状と起請文の世界』(東京大学出版会、一九八六年)に収載。
(9) 柏書房、一九八〇年。
(10)『武士団』塙書房、一九六四年。
(11) 吉川弘文館、一九六三年。
(12) 前掲注(8)。
(13) 豊田武編『高野山領庄園の支配と構造』巌南堂書店、一九七七年。
(14) 前掲注(8)。
(15)『資料館紀要』八号、一九八〇年。
(16) 法政大学出版局、一九七一年。
(17)『信濃史料』一一巻、天文四年九月十八日条、「神使御頭之日記」同一二巻、永禄四年二月十四日武田信玄御宝鈴銭定書(守矢文書)、および永禄八年武田信玄諏訪上社湛神事再興次第(諏訪大社文書)。『銅鐸』学生社、一九六四年。
(18)『戦後歴史学の思想』法政大学出版局、一九七七年。
(19)『古代史講座』七巻。
(20)『日本中世の国家と宗教』岩波書店、一九七五年。
(21) 塙書房、一九七二年。
(22)『鎌倉幕府御家人制の研究』吉川弘文館、一九九一年。
(23)『日本中世農村史の研究』岩波書店、一九七八年。
(24)『初期中世社会史の研究』東京大学出版会、一九九一年。

(25)『名古屋大学文学部三十周年記念論集』一九七九年。
(26)『思想』一九八〇年四月・五月号、後に、『日本中世の民衆像――平民と職人』（岩波新書、一九八〇年）に再構成して発表。
(27)『歴史学研究』別冊特集、一九七八年。
(28)竹内理三編『荘園制社会と身分構造』校倉書房、一九八〇年。
(29)『幕藩制社会の構造』（『講座日本近世史』3）有斐閣、一九八〇年。
(30)『日本歴史』二七六号、一九七一年。
(31)矢代和夫・加美宏校注『梅松論・源威集』（新撰日本古典文庫三）現代思潮社、一九七五年。
(32)『歴史学研究』二八四号、一九六四年。
(33)『日本の歴史』⑨、中央公論社、一九六五年。
(34)『太平記』三巻（『日本古典文学大系』岩波書店、一九六二年）。
(35)豊田武編『中世社会』（『新日本史大系3』朝倉書店、一九六四年）。
(36)『九州史学叢書』二（九州大学文学部国史研究室、一九五六年）。

〔付記〕
①関東の国人一揆、平一揆については、「足利尊氏と平一揆」、「鎌倉府基氏政権期の守護政策と平一揆」の二論稿を収載した小国浩寿『鎌倉府体制と東国』（吉川弘文館、二〇〇一年）の労作がある。
②松浦党関係史料の翻刻については、瀬野精一郎校訂『青方文書』一・二（読群書類従完成会、一九七五・一九七六年）、瀬野精一郎編『松浦党関係史料集』一・二・三（読群書類従完成会、一九九六・一九九八・二〇〇四年）、福田以久生・村井章介編『肥前松浦党有浦文書』（清文堂、一九八二年）などがある。

# 第三章　変革期と一揆

## 一　革命と変革

昭和五六年（一九八一）は、暦の上では六〇年に一度の辛酉《しんゆう》《かのととり》の年にあたる。前近代の中国では、この年は「革命」年といわれ、この年になると天命が革《あら》たまり変わり（変革）、内乱や災害が発生し、異なった姓を称する内乱指導者によって、時の王朝が打倒され新王朝が樹立される、すなわち「姓を易《か》え、命を革《あらた》める」（易姓革命）の年と信ぜられていた。また辛酉に次ぐものとして甲子《かっし》《きのえね》も「革令」年として位置づけられていた。これらの「革命」「革令」年になると、権力維持を願う現支配者は、内乱や災害をあらかじめ避けるための改元を行ない、元号の呪術的役割によってこの「災厄」を除去しようとつとめた。この考えは、天皇制が一貫して存続し、王朝交替のない日本にも継承されて、建仁（辛酉＝一二〇一）、元久（甲子＝一二〇四）の鎌倉時代一三世紀初頭を初例として幕末までおおむね実施された。

東洋思想のうえでは、内乱の発生、王朝の交替は天命の「変革」ないし「革命」と観念されていた。しかし、社会科学のうえでは、これらは決して天から降りて来るものではなく、地上の社会構造の変化に根ざし、諸階級・諸階層による支配・被支配階級間の階級闘争と支配階級内部の権力闘争のからみ合った内乱の帰結として古い政治権力が打倒され、新しい政治権力が樹立される過程として理論化されてきた。これは、マルクス・エンゲルス・レーニン等によって提起され、その後に発展させられてきたところの社会構成体の移行、階級闘争、革命・変革の理論であり、これは約一世紀にわたる豊富な蓄積をもっている。

歴史研究に即した成果としては、社会構成体に関する理論的構築のうえに立って、日本近代国家成立の政治過程と資本主義の構造変化とを対応させて分析した星野惇『社会構成体移行論序説』[1]、社会構成体概念およびその移行と時代区分の問題を再整理し、とりわけ前近代史に適用する場合の問題点を論じた松木栄三「社会構成体と時代区分」[2]、社会構成史と階級闘争史の関連を、幕藩制研究のなかで具体的に例示して論じた深谷克己「階級闘争と変革主体」[3]などがある。

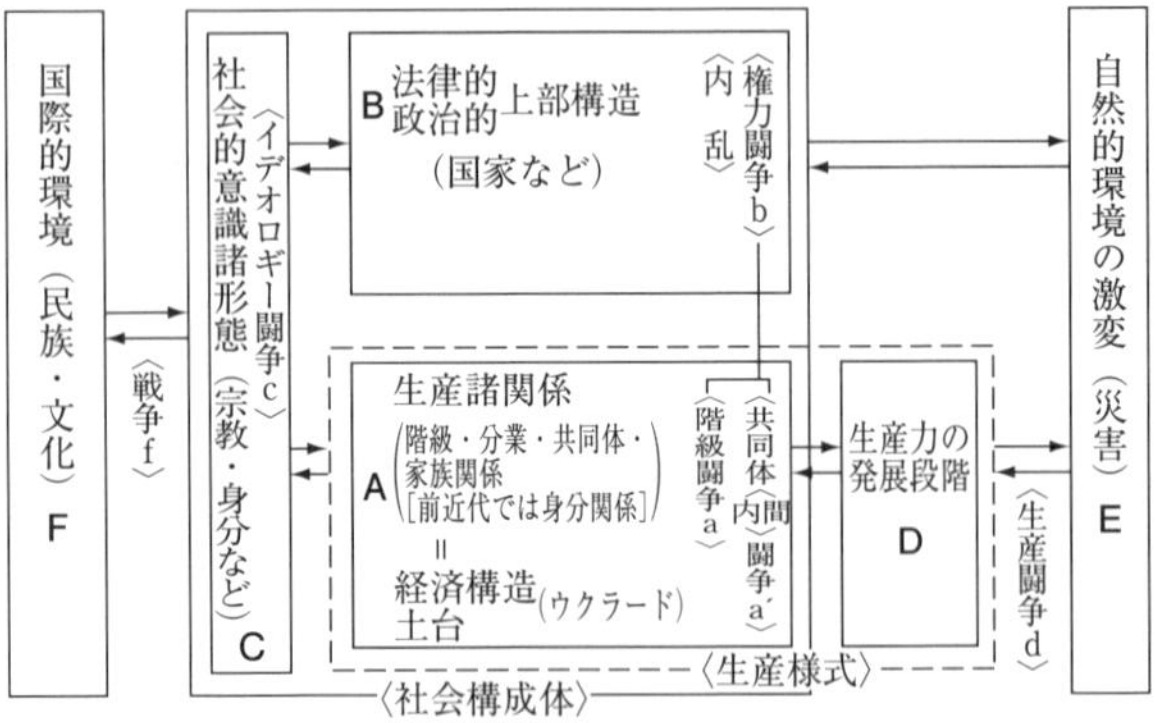


**図１　社会構成体と諸闘争**

これらの研究に依拠しながら、私なりの工夫も加えて一つの図を提示し、これを中心に述べることにする。

元来、抽象的でかつ立体的・時間的に複雑に構成されている諸関連を同一平面に図示すること自体、冒険であり、固定化された型を印象づけ誤解を生みやすいことではあるが、説明の便宜上用いてみることにする。

図1は、社会の全体構造を示す社会構成体の内部の構成要素とそれを取り巻く諸関係（生産力の発展段階、自然的・国際的環境など）の関連を示したものである。社会構成体は、社会の全体構造を建造物になぞらえて概念化したもので、生産諸関係の総体を土台（A）として構成されている。この土台は、生産・流通などの経済的活動を遂行するための人間相互の関係、すなわち階級関係、分業関係、あるいは共同体関係などさまざまな生産諸関係の総体であり、経済構

造（ウクラード）ともいわれる。前近代では身分関係をもって区分された人間集団の諸関係で構成されている。また人間そのものの生産（生殖と教育）の場である家族もここに内包されている。生産諸関係の総体は、ある時代、ある段階の特定の生産力の発展段階（D）に照応して、独特の面貌をもっている。AとDを含めて生産様式といわれ、土台Aに対してDは土台の乗っている「敷地」にあたると思う。

社会構成体は、この土台Aを中核にして、その上部構造（家屋）（B）である法律的・政治的（国家的）関係や当該社会が生み出した社会的意識諸形態（宗教・身分などの意識、立木や垣根にあたる）（C）と相互の深い関連をもって構成されている。またこの社会構成体は、独自に存在するのではなく、自然的環境（E）および民族や文化の諸関係をなす国際的環境（F）に囲まれ、その強い影響を受けている。

一国の歴史の展開は、D・E・Fによって規定づけられた社会構成体のあり方とその変化によって表現され、また社会構成体自身も相互に関連し合いながらもそれぞれ独自性をもつA・B・Cを内的要素として、特定の状態を存続したり、また変化・発展したりする。

以上の社会構成体の形態上の問題を、人間の主体的な営みである闘争（たたかい）の側面から見てみよう。人間の闘争には、第一に、自然に順応・克服しながら、それを人間の生産手段に改変し、生産技術を進歩させ、生産力の発展段階をより高次に推進する生産闘争（d）がある。第二に生産諸関係の中で、支配・被支配両階級間の矛盾にもとづく階級闘争（a）と共同体内部あるいは共同体相互間の闘争（a′）がある。後者は聞きなれない用語と思うが、たとえば、村落や宗教集団などの内部あるいは相互の闘争などを念頭に置いている。第三に、上部構造の支配構造を形成する支配階級および支配集団の内部（相互）の権力闘争（b）がある。第四に宗教や意識面におけるイデオロギー闘争（c）が社会的意識諸形態の矛盾から発生する。第五には民族間あるいは国家間の矛盾が戦争（f）という形で激発する。以上のa～fはいずれも、それがよって立つ基盤（A～F）の矛盾から発生するもので、それが矛盾→闘争→変革という形をとって展開され、また相互に関連し合っている。すなわちdはDを推進し、生産力と生産諸関係（A—D）の矛盾はa・a′を惹起し、これは常にbに影響を与える。またa・a′、bはcを随伴する場合も多く、とりわけbはfのインパクトを受けやすい。また自然的環境（D）の激変すなわち災害などは、直接にa・a′、bに作用する。

以上の諸矛盾と諸闘争は常に発生するものであるが、諸矛盾が深刻化し、a・a′、bの闘争がcとからんで激発し、旧来の社会構成体の要素A・B・Cそれぞれに破壊的に作用し、それを崩壊させ、新しい社会構成体を形成し直すこと、すなわち社会構成体の異なった段階への移行を実現させることを革命ないし変革という。この場合、A・B・Cそれぞれの変革は、関連し合いながらも時間的にズレを生ずる。また革命と変革の相違は、後者は支配階級内部の新旧の交替によって政治構造（国家関係）が改変されるのに対して、前者は被支配階級の権力奪取という点に特徴がある（安良城盛昭『歴史学における理論と実証』Ⅰ、はしがき[4]）。

革命および変革が想定される動乱・内乱情況を革命情勢ないし変革情勢といい、この場合には、その他の諸闘争と関連しながらも、権力闘争（b）と階級闘争（a）がからみ合い、激しく闘われる。そして社会構成体の移行（革命・変革）が実現するわけである。人類の歴史が階級闘争の歴史であると表現される理由は、この社会構成体の移行およびその前提の矛盾の形成に果たした階級闘争の中核的役割を評価しているからである。しかし、階級闘争も、その他の諸闘争や社会構成体との諸関連の中でとらえなければならないのである。このような研究を目指して一九六〇年代後半に「人民闘争史」という提起がなされた。これは、以上の諸関連の中で、階級闘争と権力闘争がからみ合い、政治構造が変革される過程を広義の（真の）政治史研究の対象に据えるべきだという石母田正「政治史の対象について」[5]の提言に端を発している。

人類史ないし日本社会が継時的に経験した社会構成体の類型については、ここでは深入りを避けるが、理論的に未解決の問題や、見解の相違がある。前近代の日本社会に限定していえば、原始社会から、アジア的生産様式・総体的奴隷制・専制主義など論者によって規定の相違する古代社会（首長制的・共同体的関係を内包する最初の階級社会）に、いつ、どのように移行したのか、この古代社会から農奴制（封建制）への移行は奴隷制（家父長制的奴隷制）社会を経過したのかしなかったのか、これは中世社会の構造をめぐって大きな対立点がある（峰岸純夫「中世社会の構造と国家」[(6)]、安良城盛昭「法則認識と時代区分論」[(7)]）。したがって社会構成体の移行（変革・革命）に関しては、農奴制（封建制）から近代資本主義社会への移行を幕末・維新期に始まる一定の時期に求める点では大筋の一致を見るが、それ以前については大きな見解の相違があり、「世界史の基本法則」とはいうものの、未だ仮説の域を出ていない。

日本中世の変革期としては、古代社会から封建社会への移行をどの時期に求めるかという点で、(1)中世成立期、(2)南北朝内乱、(3)戦国の動乱の三つがあげられている。これらは農奴制（封建制）の成立をめぐる論争において、それぞれ提起されてきた見解（学説）であり、どれか一つを変革期として承認すれば、他は歴史上の大きな画期（転換点）ではあっても、真の変革期ではないとすることになる。封建制成立をめぐる論争は現在も進行中であり、学界としての一応の結着がつけられない今日の段階では、三説併記して、それぞれの変革ないし変革情勢の特徴を、社会構成体の三要素（A・B・C）とこれを改変させていくところの諸闘争との関連で略述し、とりわけ一揆の活躍する戦国動乱期を一揆との関連で詳しくみていきたいと思う。

## 二　日本中世の変革期

### 1　中世成立期

一一～一二世紀は、全国的に荘園公領制という土地制度が確立していき、その動向を各地で推進してきた在地領主たちが、治承・寿永内乱を通して、既往の国家権力機構の一角に、鎌倉幕府という政治権力を成立させていった過程である。この過程を、古代から中世への変革期ととらえ、ここに領主制を基軸として封建制の成立を認める論者は多い（石母田正『中世的世界の形成』(8)・『古代末期政治史序説』(9)、戸田芳実『日本領主制成立史の研究』(10)、河音能平『中世封建制成立史論』(11)など）。そして、社会の基礎構造（生産様式）の変化などについての研究が著しく進展したが、それと関連しての諸階級諸階層の階級闘争の展開とその役割、イデオロギー的変革の様相、政治権力構造の変革などを総体として明らかにしていく作業は、六〇年代以降著しく進捗しつつあるが、この変革の前提となる古代の政治・経済的構造の特質をどう抑えるかという問題ともからんで多くの解明すべき課題を今後に持ち越している。ここでは、論争および研究内容に深入りせず、私なりの以下の素描に留めておきたい。

古代社会においては、生産・流通・消費および祭祀など人々の生活全般にわたって共同性が強固に存在し、それを温存利用しながら、そのうえに律令国家の支配組織が形成されていた。河川の自然堤防上、あるいは台地の縁辺部、あるいは山間の盆地などに形成される自然村落ごとにムラ共同体があり、この共同体の内部は血縁的紐帯で結ばれた世帯共同体（郷戸）のいくつかによって構成されていた。またムラ共同体のいくつかが五〇戸を一単位として束ねられ、郷共同体が形成されて、律令国家の国・郡を通じての支配と収奪の単位となっていた。律令国家は「公地公民」の理念のもとに、以上の三重の共同体を媒介にして、人民（公民）支配を行なった。主要な生産手段である土地をすべて国家の管轄下に置き（国家的土地所有）、既成の共同体を媒介にしてではあるが、土地の分配権を国家が掌握する班田収授制を実施し、各地域住民の剰余労働を租・調・庸の形で中央に貢進させ、各官僚がその地位に応じて分配を受ける体制を作りあげた。また雑傜という形で共同体労働を国単位に編成し、国司の差発によって、年六〇日の範囲で人民を使役できるようにした。

以上のような律令体制は七世紀の後半に確立するが、これは八世紀後半以降徐々に崩壊していく。この崩壊の基礎過程には、浮浪・逃亡という形をとった人民の抵抗・闘争、その反面には、公地公民原則に反する私的土地所有の展開があり、また同時にそれは、郷およびムラ共同体と世帯共同体が徐々に変質解体し、その長い過程を通して個別経営体である中世的なイエ（在家）が成立し、それらが新たな村落共同体を形成する過程であった。

公地公民制（国家的土地所有）を基礎とする律令体制をつき崩していく私的土地所有の進展は、墾田と畠（陸田）の展開を基軸に行なわれた。すでに班田収授制の全国的実施過程でつき当った壁は口分田の絶対量の不足であり、その解決のため律令国家は墾田と陸田の開発を推進し、それらを律令制の田制の中に包摂しようとしたが、同時に七四三年（天平一五）の墾田永代私有令に見られるように、私的土地所有の展開にはずみを与えてしまう結果となる。陸田は園宅地の延長上として当初から私有性の強い耕地であり、「霊亀・養老年間の農政改革」（畑井弘『律令・荘園体制と農民の研究』[12]）といわれる八世紀初頭の一連の律令制の改革（手直し）によって、陸田の開墾と畠作（雑穀栽培）の奨励および陸田の給付が、浮浪・逃亡者の現住地把握（土断法）の方針と並行してうち出された。農民経営の比重が墾田と陸田に傾斜するようになり、私的土地所有の展開が、重層的な共同体からの農民の個別経営体の自立を同時に促進していったと思われる。

律令国家は中央政府、官僚および大寺社の財源確保のため、官田、公営田、荘田（初期荘園）の開発と経営に乗り出すが、いずれも長続きするものではなかった。一方各地域では開発私領を開発および買得によって集積した富豪層が現れる。彼らは班田農民の中から出現したもの、郡郷司層あるいは貴族（国司）の土着化したものなどその出身は多様であるが、営田と私出挙などによって富を貯え、耕地を集積し、あるいは牧を経営して私財を貯え中央とのネットワークを形成し、また武力を蓄えていき武士（在地領主）化していった。そして一一〜一二世紀には、これらの在地領主は、その開発私領を中央の皇族（女院、御願寺）、貴族（摂関家など）および大寺社に寄進し、政府および国衙の免判を得て、荘園として成立させ、自ら下司（荘官）としてひき続き現地の支配者となった。このように私的大土地所有にもとづく荘園が成立し、荘園領主―在地領主による荘園村落ごとの百姓を支配する体制が成立してくる。これは荘園以外の公領にも変質をひきおこし、知行国制のもとに、類似の支配構造が実現する。これを荘園公領制と称している（網野善彦「荘園公領制の形成と構造」[13]）。各地の荘園の成立により旧村落住民および浮浪人の定着が行なわれることによって、個別経営の自立、中世的イエ（在家）の成立の動向がさらに促進され、その経営体は領主に一定の年貢公事を収める身分の百姓として自己を確立していった。

古代末・中世成立期の農民闘争は、これらの事態を反映し、また創出していく役割を果たした。九〜一一世紀中葉にいたる国司苛政上訴闘争は、永延二年（九八八）の「尾張国郡司百姓等解」に見られるごとく、中央政府の収奪に抵抗する地域住民が結束して「解文」（訴状）を中央政府に提出して国司を告発するという形をとって展開された。ところが一一世紀中葉から一二世紀中葉にかけて、「住人百姓等解」という形の訴状が数多く荘園領主に提出されるようになり、領主支配に対する「住民」結合を基盤とした闘争に転換してくる（島田次郎「百姓愁訴闘争の歴史的性格――中世社会成立期の人民闘争史について」[14]、斎藤利男「『住人・百姓等』と荘園制の形成――高野山領紀伊国官省符荘住人等解の検討を通じて」[15]）。この律令制的支配に抵抗しその支配をつき崩していく闘争と、成立しつつある新たな荘園公領制支配に対する闘争の転換点が一一世紀中葉にあり、後者はそれから中世を通じて展開する領主―農民関係の基本的な骨組を形成する重要な動きをなした。

各地に勢力を張る在地領主は、血縁と主従の原理で系列化し、政治的・階級的結集をとげていった。現象的には源氏―平氏という武士団の棟梁同士の対立と見られる治承・寿永内乱は、前述の荘園公領制の支配構造の一環に在地領主が確固たる地位を占め、その政治的階級的結集の帰結として鎌倉幕府という政治権力を樹立させる権力闘争であった。

治承・寿永内乱の収束期文治元年（一一八五）に源頼朝が地頭職の設置の必要を朝廷に要請する書状のなかで、謀反人と結托して抵抗する「土民」が、周辺の武士と結びついて不穏な情勢を作り出す状態が述べられている（『玉葉』、義江彰夫『鎌倉幕府地頭職成立史の研究』[16]）。各地に国地頭、荘郷地頭などを配置することは、単に武家政権（幕府）の勢力伸張のみでなく、当時の支配者の言葉で「土民」と表現された民衆の抵抗を抑圧する役割をもっていたのである。この「土民」の抵抗は、一一世紀中葉から顕著になる「住民百姓等解」という訴訟闘争の延長上に据えられると思う。地頭を媒介にして諸国の検断権（軍事・警察権）を行使する幕府という国家機関を内包することによって、中世国家は朝廷・幕府の結合（「朝幕国家」）として再編成された。

一一〜一二世紀は、以上の意味において、古代から中世への変革期と見ることができる。

## 2　南北朝内乱

松本新八郎氏は、治承・寿永内乱を武士階級が封建的土地所有を通じて自己の政権をうちたてるための不完全な第一次の封建革命とみて、南北朝内乱を古代社会と封建社会とを区切る「最終的な革命」と規定した（「南北朝の内乱」[17]）。これは二段革命説ともいうべきものであるが、この説は後段に重点が置かれているため南北朝封建革命説といわれた。この考え方は、基本的には永原慶二「日本における封建国家の形態」[18]に引き継がれ、永原氏は、鎌倉時代を古代的な公家政権と封建的な幕府権力の二重政権の時期とみなし、南北朝内乱によって成立する室町幕府は、封建国家としての性格のより強いものとしている。

松本・永原説は、その後、奴隷制的な要素ももちながらも農奴制的な関係に展開するとした「名田経営」の実態について、下人（奴隷）が自立し農奴化すること、古代的とする荘園制が解体されない、二重政権の長期にわたる並存、などへの批判が行なわれ、そのなかから封建制の成立を太閤検地に求める安良城盛昭氏（「太閤検地の歴史的前提」[19]）、平安時代末期に求める戸田芳実・河音能平氏（前掲書）の学説があらわれた。現在では、その評価はさまざまであるが、中世社会を一括した社会構成として捉える考え方が強い。

しかし、あの長期にわたる南北朝内乱が何であったのか、ただ単に政治上の権力闘争にすぎなかったのかという問題が残されている。これに関して網野善彦氏により、社会構成史的次元では必ずしも変革期とはいえないが、呪術性の稀薄化、感性より理性への転換、私有の本格的な社会内部への浸透、差別の固定化、貨幣流通の増大と価値認識の転換など、歴史を二分する民族の体質にかかわる民族史的な次元での転換点という提起がなされている（『日本中世の民衆像』[20]、『シンポジウム日本歴史8　南北朝の内乱』[21]）。これは中世成立期の生産様式の変革と時期的にズレて出現するところの社会的意識諸形態の変革と捉えるべきなのか、あるいは全く別の次元の問題として立てるべきなのか、網野氏の本格的研究が期待されたが、網野氏はそれを果たすことなく逝去された。

また佐藤和彦氏は、悪党の発生、国人一揆の成立、農民闘争の激化などの諸階級・諸階層の矛盾の視点から南北朝の内乱を追究しているが（『南北朝内乱史論』[22]）、網野氏の提起とともにさらに深化されるべき問題である。

二章「中世社会と一揆」で述べたように、南北朝内乱は、武士・宗教集団・農民がともに「一揆」を成立させる時期である。そこには人間結合の原理と結集の形態の変化が見られる。その点で一揆史の画期であることはまちがいないと思う。また農民闘争としての一揆（荘家の一揆）が、荘園公領制の変質をもたらす。すなわち本家・領家（預所）・地頭という重層的な職体系にもとづく支配を掘り崩し、寺社公家一円地と武家領という二つの排他的な一円地支配を実現し、やがて寺社公家一円地における荘家の一揆が、その支配を崩壊させていく。その点では、南北朝内乱は荘園公領制のシステムの転換点ということができる。

社会構成体の移行を、生産様式・国家形態・社会的意識諸形態の三要素で考えるとき、その関連とズレの問題を理論的・実証的に解明する素材を南北朝内乱の中に見出すことができるように思う。

## 3　戦国の動乱

東国における享徳の乱（一四五四～七八）、京都を中心にした応仁・文明の乱（一四六七～七七）を発端として、日本列島は一五世紀末には全国的な動乱状況に入る。文明一七年（一四八五）山城国一揆の成立、長享二年（一四八八）加賀一向一揆の蜂起、延徳三年（一四九一）北条早雲の伊豆征圧などが本格的な戦国動乱の幕明けとなる。そして天正一八年（一五九〇）の豊臣秀吉の天下統一までの約一世紀の間、中央国家権力のアナーキー状態と各地に形成された戦国大名領国、その争覇と下剋上を特徴とする未曾有の動乱状況が出現する。それは中世社会を総括し、近世社会を生み出す動乱である。

この動乱の基底的要因として、安良城盛昭「太閤検地の歴史的前提」[23]は、下人・所従（奴隷）や作人の封建小農（農奴）への進化をおき、同時に彼らを従属させていた名主（家父長的奴隷主）が領主化する過程（下剋上）と把握する。中世の荘園体制社会は、荘園領主―名主―下人・所従という二重の生産関係を基本構造としており、とりわけ名主（奴隷主）―下人・所従（奴隷）の関係が中世の社会構成を規定し、これは家父長的奴隷制社会と規定すべきであり、これが小農民の自立をテコに農奴制（封建制社会）に転化するドラスティックな変革（当初は「革命」と規定した）過程として戦国時代を把握した。

安良城説を継承する佐々木潤之介氏は、戦国動乱期を「奴隷解放・奴隷の農奴化の波瀾に富んだ時代」とし、「奴隷より農奴へと自らを歴史的に押しあげていくところの、階級闘争こそが、いっさいの、この時期の、政治的・社会的諸事件の根源である」との観点で、戦国動乱・幕藩制成立過程を叙述している（「統一権力の形成過程」[24]）。

安良城説に対しては、次のような批判点がある。①中世に広汎に出現する百姓を名主で代表させ、これを家父長的奴隷主と規定し、その他の中～下層の百姓はすべて奴隷から農奴への自立過程として処理してしまう。②下人・所従の所有主体は基本的には在地領主であり、安良城説ではこの在地領主の位置づけが不明確で、在地領主を名主と等置してしまう。③二重の生産関係の荘園領主—名主関係の性格規定が不明確で、中世史料では多くの場合荘園領主・在地領主⟷百姓の間に年貢・公事という形での剰余労働の収奪関係があり、これをめぐって農民闘争（階級闘争）が展開される。ここに基本的な階級関係があるのではないか（峰岸「中世社会の構造と国家」[25]）。

しかし、中世農民の家族構成を直接に示す史料がないことなどと相まって、理論的・実証的に安良城説に対置される学説は必ずしも提出されていないのが現状である。

安良城氏とは若干異なった視点から戦国動乱を位置づけた作業は、藤木久志「戦国の動乱」[26]である。藤木氏は黒川直則氏の提起（「徳政一揆の評価をめぐって」[27]）を受けて、戦国動乱を中世後期の農村に生み出された農民的剰余のゆくえをめぐる諸階層の激突と把握し、剰余を在地に確保しようとする農村の動向と、これにむかって加えられた権力の武力的＝暴力的対応という図式をえがく。そこでは権力による統一的な収奪体系とは真っ向から対立する剰余の在地留保をめざす土着化動向の追究が必要と述べる。そして下剋上の動向を名主・地侍の領主化、大名への被官化を必然的過程と把握する通説に批判を加えている。たしかに、一五世紀の生産力発展と農民闘争の激化の帰結として、農村に剰余の蓄積を可能にする条件ができてきた。また戦国時代の常時臨戦体制下の大名領国にあって、自己保有地の知行地化にもとづく軍役負担（被官化）は自然的な発展とは必ずしも見られない。この点で藤木説は、戦国動乱を下剋上の一面で把握する傾向へのアンティテーゼとなり、一向一揆や惣国一揆など村落に依拠した権力構築のあり方を理解し、戦国動乱の過程をより豊かに描き出す道を開いたといえる。しかし藤木説は、戦国の動乱をどのような質の変革として把えるかという点では、まだ十分な解答を出しておらず、安良城説といかに切り結ぶかは今後の課題となると思う。また、中世後期の農民的剰余の問題は、この時期の自然条件の悪化との関係で疑問視されている。

一方、永原慶二氏は、中世社会を在地領主制の成立・展開を基軸に据えて、大名領国制の段階を在地領主制の最高の発展段階として把握し、土地制度の面で荘園制はすでに大名領国制によって克服されているとする点が、安良城・

藤木説とは異なっている。永原氏は、戦国動乱を惹起させる大名領国制の矛盾を次の三つとする。①絶えざる封建分解過程の中で展開する農民闘争と農民上層の転化した小領主層の権力闘争が結合し、土一揆・一向一揆などの反権力闘争が展開する。②大名支配下の自立性をもった家臣団相互の対立抗争、家臣の大名に対する反乱。③畿内―中間―辺境それぞれの社会発展の地域的偏差と畿内のもつ小農経営の発展、鉄砲・木綿などを含む手工業の優位性が、大名の中央志向（「上洛」）と他領侵略の動機となった。以上の矛盾止揚は次のような筋道をとる。①中世後期に分化してきた本年貢と加地子を分米として統一し、「一職支配」と「作合否定」を原則とする石高制が成立し、百姓の封建分解を阻止し、兵農分離によって小領主層のある部分を権力側に編成する。②石高制にもとづく統一軍役、城下町集住によって領主層を編成し、在地領主制を否定・克服する。③畿内・近国を統一した豊臣秀吉は後進地域の大名領に対して、征服戦を遂行する。以上によって大名領国制の構造矛盾が止揚されるとする（「大名領国制の史的位置」[28]）。戦国動乱はこのような意味での変革期ということになる。

以上、三つの学説のあらましを紹介したが、戦国動乱という中世～近世の移行期の変革の質を確定する理論的・実証的作業の多くは今後に持ちこされている。その後、戦国社会研究の著しい深化（勝俣鎮夫『戦国法成立史論』[29]、永原慶二編『戦国期の権力と社会』[30]など）がなされており、安良城説の再検討を含めて、その解明に期待がもたれる。

## 三　戦国動乱と一揆

### 1　徳政状況と徳政一揆

一九六〇年代後半の徳政一揆研究は、徳政一揆や徳政令の前提となった徳政状況やそれとの関連で徳政を主張する論理の解明に力点が置かれている。瀬田勝哉「中世末期の在地徳政」[31]は、幕府・守護・戦国大名以外の「在地徳政」

とその組織を解明した。村田修三「惣と土一揆」[32]は、戦前・戦後の徳政一揆研究を総括し、また「地発《じおこし》」に着目し、「農村内部に日常的に潜在する徳政状況」の解明をはかった。勝俣鎮夫「地発と徳政一揆」[33]は、村田氏の視点を在地意識の解明の面で発展させて、「土一揆と号する」場合の土地所有の観念、すなわち土地と本主（本来の所有主）の一体感、売却地は本主のもとへもどすべきであるという観念を引き出し、本主から切り離された土地に対する本主の取戻し行為を「地発」として位置づけた。網野善彦「徳政雑考」[34]は、「徳政」「地発」を、幕末・維新期の「世直し」問題にまで射程に入れたうえで、天皇・将軍の代替り、領主の交替、あるいは天変地異などを契機に、再生・復活などの意識に支えられて、貸借の破棄、土地の請戻しの要求が生じたと論じている。これらの研究により、徳政一揆研究は新たな課題と展望を与えられ、新しい段階に立ちいたった。

瀬田氏が明らかにしたことであるが、当時の売券ないし借用証文の末尾に記された徳政文言、たとえば「縦へ天下一同、又は国次《くになみ》、又私の徳政入り来り候とも、祠堂銭たるの上は、少も違乱申す間敷候」（弘治二年〔一五五六〕四月勝楽寺隆俊借銭証文、龍潭寺文書）とあるように、徳政は天下一同（幕府）、国次（守護ないし戦国大名）の公的な徳政に対して、一地域の「私の徳政」というものが重層的に存在していた。この私徳政は、在地の領主や伊勢国一志郡小倭郷の場合のように惣国一揆（郡中惣）の「徳政衆」によって「在地の沙汰」として処理される場合などがあり、これを瀬田氏は「在地徳政」と名づけた。在地徳政は、このような在地の共同体的関係において施行される場合と、一地域ごとの在地の領主が施行する場合などがあり、これらの在地徳政＝私徳政は、「天下一同」とか「国次」といわれる、幕府・守護（大名）の「公」的な徳政と重層性をなして存在していた。

以上のように、重層的に存在する徳政は、前述の「地発」に象徴される土地取戻し要求とその観念に支えられて存在していた。すなわち「徳政の海」（笠松宏至「中世の政治・社会思想」[35]）といわれる広範な徳政状況の中で、徳政一揆の蜂起や、各レベルの徳政令ないし徳政実施が行なわれているということである。

**表1　下総国香取社領における土地売買**

| | | ①永代売 | ②本銭返 | ③年期売 | ④借銭 | ⑤出挙麦 | ⑥人身売買 | 計 |
|---|---|---|---|---|---|---|---|---|
| A | 1330（元徳２） | 2 | | | | | | 2 |
| B | 1331（元弘元）〜1380（康暦２） | 2 | | | | | 1 | 3 |
| C | 1381（永徳元）〜1430（永享２） | | 1 | 4 | 2 | 1 | | 8 |
| D | 1431（永享３）〜1480（文明12） | 5 | 12 | 18 | 5 | 1 | 1 | 42 |
| E | 1481（文明13）〜1530（享禄３） | 3 | 3 | 17 | 2 | | | 25 |
| F | 1531（享禄４）〜1580（天正８） | 1 | 3 | 8 | | | | 12 |
| | 計 | 13 | 19 | 47 | 9 | 2 | 2 | 92 |

資料）香取文書一『千葉県史料中世編』.

そこで、以上の研究から次の点が問題として浮かびあがってくる。第一は、土地と本主の一体観念が一般化できるか、第二は、土地と本主の一体観念がいつどのように「地発」や「徳政」と結びつきをもってくるのか、第三は、「公」の徳政と意識される公家・武家（朝廷や幕府・守護＝大名）の徳政に対して、私徳政（在地徳政）がどのような関係で成立してくるのか、第四は、「徳政と号する」徳政一揆（土一揆）が、一五世紀中葉以降なぜ畿内近国に集中するのか、などの問題である。

第一の土地と本主の一体観念については、勝俣氏が「農民においては、買戻し権を留保した売買形態こそが、土地売買の本来の姿であるという観念が根強く存在していた」としているが、この点について、比較的豊富な史料を残している下総国香取社領について若干検討をしてみよう。表1は、九二通の土地・人の売券、借用証文を種類別・時期別に整理してみたものである。この証文は、録司代・案主等の社家に伝わる案文（写し）で、必ずしも社家の土地集積を表わすものではなく、土地支配の必要上から記録に残しておいたものが、本証文の消滅にもかかわらず、今日に伝えられたもので、当時の土地売買の状況をある程度正確に表現しているものと考えられる。すなわち、一般的にはより請戻し可能な本銭返・年期売の売券は、請戻し後には破棄されてしまい、永代売のみが多く残存しがちである。しかし、表1でみるかぎり、③年期売、②本銭返の比重は高く、①永代売をはるかに上まわっていることが確認できる。③は、年期（五年とか一〇年といった一定の契約期間）を経過すると売却地は本主の請求にもとづき、無償で本主の元に戻るもので、②は年期の後、「本銭」（売却の値の銭）を支払って請戻すものである。両者とも年期中の請戻しは困難で、本銭の「一倍」（二倍のこと）を支払うというきびしい条件がつけられている場合が多い。両者とも、本主の請戻しを前提に置いた売買で、現代の感覚からいったら土地の用益権の売買に当り、請戻しに銭貨が必要か否かが異なる。これに対し、①永代売は、年期のつかない、たて前としては請戻しは前提とされていないものであるが、この土地に「違乱」の場合、「一倍」の保障文言がつくものもあり、裏を返せば本銭の二倍を支払えば請戻し可能なことが示されている。このことは、勝俣氏の紹介した、康永四年（一三四五）の永代売券に「何時ナリトいへども、買返すと思ふ時は、本直銭にて買返すべし、もし此地違乱出来の時は、本直物を返すべし」（紀伊「柏原区有文書」二四）という文言が付記されていることを考え合わせると、永代売買地といえども、本主の請戻し権を認めることができる。以上の点で、本主の請戻し権が温存され、合法的に本銭支払による請戻しが行なわれるとともに、一方非法とされる「違乱」という形で、本主およびその子孫による土地取戻し行為は続いたと思う。開発という形での労働力の投入、長期にわたる所有と用益の事実は、所有者・耕作者をして自己の土地に対する限りない愛着心を生ぜしめ、これが土地と本主の一体感、土地は本主に返さるべきものとする観念を生ぜしめたと思われる。

第二に、以上の土地と本主の一体観念は、どのような時期に、どのような論理によって具体的な要求なり行動となるのであろうか。その観念が、「地発」および「徳政」の論理といつどのように結びつき、その合理性の主張を獲得していくのかという問題である。「地発」の〝発《おこし》〟は「興・熾・起」などとも記され、傾いたものをもとに直し、衰えたものを盛んにすることで、「地発」は、土地の再興・再建であり、本来的な土地所有権の恢復である。それが本銭を返却することなく、貸借関係・売買関係を破棄し、契約以前の状態に戻す「徳政」とどのように結びつくのであろうか。この点に関して、勝俣氏は、「地発」は徳政に先行して成立してきたものであり、地発→地徳政→徳政の順序で、一五世紀に結びつきをもってくるとしている。その場合、どちらかといえば、「地発」は要求主体の側の表現であり、使用される地域も、大和・山城・伊勢・尾張（伊勢湾側）に限定されるが、「徳政」の用語は全国的に流通し、その発生の性格からいって、為政者の側の撫民的な色彩をもった用語である。その両者が、一五世紀の段階で結合し、すなわち下からの「地発」が上からの「徳政」の合法性の論理と結合することによって、強力な農民闘争の論理とそれに支えられた要求と闘争を構築することができるようになる。この時点では、「依二天下一同之徳政一、雖レ有二地興《（発）》之沙汰一、不レ可レ有二改動一」（文明一七年（一四八五）五月廿五日年預英祐売券「春日神社文書」）とあるように、予想される幕府徳政令の中に、「地発」（土地請戻し）規定があっても、それには従わないという誓約文言となっている。「地発」は徳政と結びつき、その一部をなしている。しかし、徳政と結びつく以前の「地発」については、現在のところ史料の制約から立証が困難であり、「違乱・煩」という非法とされる表現のなかに埋没させられているようである。また「地発」「徳政」が要求される時期として、不作や災害と結びついて、農民等が高利貸資本（土倉・酒屋、寺庵、土豪など）の収奪にさらされ、その生活が著しく困難となり、年貢未進や借銭・借米によって土地が奪取されている状況が前提である。それが正長・嘉吉の二つの徳政一揆に代表されるように天皇・将軍・執権の代替り（改元）、領主・代官の交替などをきっかけに、一挙に爆発するのである。

　第三は「天下一同之徳政」「公家・武家之徳政」といわれる公徳政と「私徳政」（在地徳政）との関係である。すでに笠松・勝俣氏などによって、私徳政（土地請戻しという点では「地発」）が先行し、徳政状況（「徳政の海」）が形成され、そのうえに公徳政の「島」が浮かぶという提起がなされており、従来の公徳政の下降・発展として私徳政を理解した通説に対する疑問が提出されている。実質的な公徳政は、幕府側では、文永四年（一二六七）、弘安七年（一二八四）、永仁五年（一二九七）、永仁六年（一二九八）など、神仏興行・御家人保護を目的として出され、朝廷側でも弘安八年（一二八五）、正安四年（一三〇二）などに神仏興行を目的として出され、いずれも一三世紀末〜一四世紀初頭に集中している。これと相前後して、売券に徳政文言が現れ（勝尾寺文書、東寺百合文書）、また麻生五郎入道等の「悪党」が、「御家人と称し」、「事を御徳政に掠し」て天野社領近木荘に乱入している（正安二年〔一三〇〇〕閏七月良海言上状「高野山文書」二）。そして売券中に徳政文言が飛躍的に増加し、一般化するのは一五世紀の初頭、応永年代である。この頃、近江では応永一一年（一四〇四）の徳政文言に、「天下一同、又ハ公家・武家之、土一揆等御徳政」（朽木文書）という表現が現れ、公家・武家の徳政と並んで土一揆による徳政が想定されている。南北朝内乱期における農民結合の強化、荘家の一揆の頻発などが、農民の「地発」「徳政」要求に発展して、公武の国家権力の徳政令を逆手《さかて》取りにして、在地で領主などに迫って徳政を実施させる状況が出現していたと考えられる。そして、その延長上で、かつ最大の爆発として、正長・嘉吉の二つの徳政一揆の蜂起を位置づけることができると思う。畿内近国においては、一五世紀前半に徳政状況（「徳政の海」）が出現し、さまざまな在地徳政（「地発」）をふまえて、正長元年（一四二八）に、天皇・将軍の代替り（改元）に飢饉が重なり、近江に始まった徳政一揆の波は、数ヵ月の間に畿内近国に波及し、各地で在地徳政を行ない、また守護の徳政令を引き出した。そして嘉吉元年（一四四一）には、飢饉などの条件はないが、辛酉革命の年と、将軍足利義教の暗殺事件が重なり、京都近郊農民は代替り徳政を要求して、京都を包囲し、幕府に迫って徳政令を出させ、それに依拠して地域ごとの在地徳政を実施した。ここに嘉吉徳政令に準拠して、以後の徳政一揆→徳政令→在地徳政の型ができあがった。

　戦国時代に入ると、幕府徳政と在地徳政は分離して二本立てとなり、その間に戦国大名の徳政令が入り、また大名・領主などが寺社や都市に「徳政免許」（徳政除外）の特権を与えたり、農民の闘争や要求に対して徳政を施行して、撫民政策を行なった。

戦国動乱の変革期の基礎に、債務関係と収奪関係がからみ合い、その矛盾の激発および対応として徳政一揆と徳政の問題があった。

第四の徳政一揆の時期と地域の問題であるが、主として一五世紀以降の畿内近国で行なわれるということは、この段階の当該地域が背負っている条件に規定されている。すなわち分業・流通の発展に伴う高利貸資本の成長、「代官請」という形での年貢請負制による荘郷の支配が、高利貸の収奪機構への吸着をもたらしたこと、そして、重要なことは、中下層農民を中心に農民的土地所有が進展して、農民が土地に対する関係を強め、同時に「惣」という形を取って村落共同体結合が強化され、これを基礎にした農民闘争が行なわれるなど、民衆の力量が他地域と比較して強力であったことなどがあげられよう。

## 2　惣国一揆

ここでは、戦国動乱期に各地域ごとに、国人および小領主（土豪）層の政治的結集形態として、山城国一揆、乙訓郡中惣（山城）、甲賀郡中惣（近江）、伊賀惣国、小倭郷同名惣（伊勢）、宇陀郡中惣（大和）、紀州惣国など、主として畿内近国に出現し、「国一揆」「惣国」「郡中惣」などさまざまに呼称される一揆を〝惣国一揆〟として扱う。

惣国一揆については、その構成員の性格の検討から、これを南北朝・室町時代に主として中間・辺境地域に成立する国人一揆（国一揆）が、その延長上に時期的・地域的偏差をもって畿内・近国に成立したものとして把握し、農民の要求をふまえた在地領主層の反守護闘争として位置づける見解がある（稲垣泰彦「土一揆をめぐって」）。また惣国一揆を在地領主の地域的一揆の一類型（小武士団の連合体）として捉える石井進氏の見解（「家訓・置文・一揆契状」）も、この見解に近い。これに対して、その構成員を、村落共同体の惣村内部から成長してきた小領主層として把握し、この小領主層が、農村内部に発生する剰余である加地子の収奪を保障するための小領主連合が惣国一揆であるとする見解がある（村田修三「戦国時代の小領主」[36]、宮嶋敬一「荘園体制と『地域的一揆体制』」[37]など）。また永原慶二氏も、村田氏らの説を支持し、惣国一揆を国人一揆と峻別して、国人が参加してはいるものの、基本的には惣村を基盤とする小領主と農民の連合体（「統一戦線」）としての一揆であるとしている（「国一揆の史的性格」[38]）。このように現在では、惣国一揆は小領主を基軸にした組織であるとする見解が多くの論者から出されているが、しかしこの説においては、以下のような問題点がある。

一は、惣国一揆の構成主体をどうみるか、という点である。多くの論者が小領主としてあげている甲賀郡中惣（柏木三方）の山中氏、あるいは山城国一揆の狛氏などの成員は、南北朝・室町時代においては、地頭職（地頭代職）・公文職など荘園公領制の諸職を所有し、すでに領主権を獲得しており、また幕府の奉公衆、あるいは管領・守護被官など権力編成の中に包摂され、幕府や守護の軍事動員に参加している存在である。したがって農村内部から成長してきた小領主と把握することが困難で、むしろ国人領主と考えるべき存在である。しかし、一五世紀後半以降、国人領主も「地主化」といわれる在地への下降現象を示し、自己の所領の内外において、買得などによる土地集積を行なっており、その面では土豪（地主）の面貌も呈している。しかし惣国一揆は、このような旧来の国人層のみで構成されるのではなく、広範に村落の中から上昇転化してきて、国人や守護・大名との関係をもって、領主化を達成しつつある小領主層の存在も確認できる。したがって惣国一揆は、国人と小領主の両者が一定の編成のもとに一揆を構成していると考える。

二は、以上のように考えた場合、国人と小領主がいかなる関連のもとに編成されているかという問題である。小領主は次の二つの方法で、新たな武士（侍）身分を獲得している。一つは直接守護や戦国大名と結びつき、知行地を与えられて軍役を負担する存在となり、国人領主なみの地位を獲得すること、二つには、婚姻や養子縁組関係を通じて、国人領主の同名中（姓を同じくする親類）となることである。このようにして旧来の国人領主と上昇転化した小領主が地域的結集をとげ、同名中（「〜方」といわれる方集団）を単位とする惣国一揆を形成するのである。

三は、村落共同組織である惣村との関連である。土一揆の基盤をなす惣村は、その指導層の土豪（名主・地侍）と一般農民（百姓）から成る結合体である。前述の小領主は土豪の領主化したものである。惣国一揆と惣村は「惣」という同じ名称をもっていても、別個の組織であり、前者は共同支配組織で、後者は村落共同組織であり、また後者は前者の単なる下部組織ではなく両者を峻別する必要がある。そして国人・小領主が土豪層のある部分を被官化しており、これら被官と国人・小領主の領主権の二つの側面を通じて、両者の結合が成立していると思われる。必ずしも対等な関係とはいいがたく、山城国一揆や伊賀惣国の場合のように、外部勢力の侵入などに対して共通の要求にもとづく共同行動が組まれる場合があるが、後者の場合は、国一揆の軍勢徴発権にもとづく村落共同体ぐるみの動員の強制という面も見落してはならない。

四は、惣国一揆と上部権力との関係である。惣国一揆は、地域の支配者集団によって構成され、成員内部の紛争を解決し、外部からの侵攻に対しては、在地の権益を擁護して闘う組織でもある。しかし上部権力に対する反抗（反守護・反大名権力）に一面化できず、集団として上部権力との一定の結びつきをもっている場合も多く、またある特定の権力と結びつき、他の権力に敵対するという場合もあり、全く独立の自立的集団的権力とのみ規定することはできない。

以上の四点を念頭に置きながら、具体的な事例を検討してみよう。

〔山城国一揆〕　惣国一揆の初見として著名なこの一揆は、文明一七年（一四八五）から明応二年（一四九三）まで、八年間にわたって南山城の宇治川以南の久世郡・綴喜郡・相楽郡の三郡地域を支配下に置いた。発端は、この地域を戦場とする畠山政長と畠山義就両軍の対立で、木津・田辺・宇治大路・狛・別所・槇島氏ら国人三六人衆が一揆を結び、総決起して両軍に迫って撤退を実現し、①寺社本所所領の直務支配の実現、②他国勢力の代官支配の排除、③新関の撤廃、④荘民の年貢未進の禁止などを内容とする「国掟」（一揆盟約か）を作成し、輪番制の月行事を立てて、半済の徴集や免除権、検断権（警察権）など守護権限を行使して地域の集団的支配を実現した。

三六人衆は、宇治大路・槇島氏などは幕府奉公衆であり、その他管領家細川政元の被官も多く、畿内型の国人領主で、それぞれが同名・被官を付属構成させていたと考えられるが詳細は不明である。このような国人の総決起の「集会」と同時に、「一国中土民等群集」がなされ、畠山両軍の撤退問題の申定が行なわれている（「大乗院寺社雑事記」）。「国人集会」は一ヵ所で行なわれ、おそらく神前で一揆盟約がなされたと考えられる。しかし、「土民等群衆」は「国人集会」の周囲に群集したのか、各郷村ごとに決起して気勢をあげたのか不明であるが、惣国一揆と土一揆の二つの組織の要求の一致にもとづく連帯行動を認めることができる。

明応二年（一四九三）、細川政元はクーデターを起こして、将軍足利義材を追放し、政敵畠山政長を河内正覚寺に滅亡させると、その軍事行動の恩賞として、大和の古市澄胤に、相楽・綴喜の二郡を与えた。国一揆は分断され、古市代官井上はこの地に入部して、国一揆を制圧解体させた。山城国一揆の成立と消滅には、幕府権力をめぐる細川・畠山両氏の対立抗争が深くかかわりをもっており、細川と一脈通じた国一揆は、南山城からの畠山勢力排除の役割をになって登場し、畠山政長の滅亡、細川政元の奪権後は、細川氏にとっての役割を了えて圧殺されてしまった。しかし、このなかに国人・小領主層の地域「民族主義」的要求や土一揆の闘争が内包されていることを忘れてはならない。

〔乙訓郡中惣〕　長享元年（一四八七）、南山城での国一揆の成立と並行して、北山城でも乙訓郡（西岡地域）を中心に国人層の一揆への動きがあった。細川政元の被官上田林某が、西岡地域で畠山義就に味方した者の没収所領を与えられて入部したところ、小野・鶏冠井《かでい》・竹田・物集女《もずめ》・平・神足《こうたり》・野田ら「国衆」が、惣国一揆を結んで、幕府に迫って上田林の入部を阻止した。そして、その所領を一揆成員のものとするための礼銭（工作資金）の調達のため、東寺領上久世荘などの西国地域の荘園に郷別に銭貨を徴収するという事態が発生した（「東寺百合文書」）。この国人層は、「西岡中脈被官衆」と称される幕府直属の家臣であるが、所領問題で一揆として地域的結集をはかったものである。

降って、一四九八年（明応七）には、山城守護代香西元長が、山城国の愛宕・宇治・紀伊・葛野・乙訓五郡内の寺社本所領などに五分一済（年貢公事の五分の一を徴収する）の権限を与えられた時、乙訓郡の国衆は向日宮で「国之寄合」を行なって談合を加え、乙訓郡を「国持」（惣国一揆の支配）にせよと幕府に要請している。なおこの一四九八年の一件は、従来一四八七年（長享元）の事件と混同されているが、武田修氏の研究によって、この年次のものと確定された（「寒川家光の花押について」[39]）。乙訓郡の惣国一揆は、上部権力への対応として、その折々にその機能を発現したのである。

〔甲賀郡中惣〕　近江国の東南部、鈴鹿山脈の西北麓に広がる甲賀郡の諸地域には、国人・小領主が血縁ないし養子・婚姻などの擬制的血縁関係によって形成された同名中（方集団）を単位として、それらがいくつか連合した地域ブロック集団、そしてその上部に甲賀郡中惣という惣国一揆が形成されていた。すなわち惣国一揆の組織が三重に構成されていたのである（表2参照）。

甲賀郡中惣の研究は、柏木御厨を中心とする柏木三方、とりわけその中心の山中同名中の研究（村田修三「戦国時代の小領主」[40]、高木昭作「甲賀郡山中氏と郡中惣」[41]など）、あるいは南方六家（六方）の中の大原同名中の研究が延宝年間成立の「万海集海」に収められた掟書をもとに行なわれ（石田善人「甲賀郡中惣と大原同名中惣

**表2　甲賀郡中惣の構成**

| ブロック集団 | 方集団 | 地域 |
|---|---|---|
| A　柏木三家（三方） | 山中・伴・美濃部 | 横田川の北，水口町，柏木御厨. |
| B　荘内三家 | 鵜飼・服部・内貴（望月・芥川を加えて杣五家） | 横田川の中流，甲南町，森尻荘. |
| C　南山六家 | 大原・和田・上野・高嶺・多喜（滝）・池田（隠岐を加えて山南七家） | 杣川の上流，甲賀町，大原荘，大原上野荘，和田荘など. |
| D　北山九家 | 黒川・頓官・大野・大河原・岩室・佐治・神保・隠岐・芥川（＿＿を除いて山北六家） | 横田川の上流の大野・土山地区（土山町）および甲賀町の北部. |

注）石田善人「甲賀郡中惣と大原同名中惣について」により作成.

について」(42)、その内部構造が明らかにされつつある。この上部組織である甲賀郡中惣は、一六世紀後半の永禄～天正期には存在し、その執行機関として一〇人の奉行人を選出し、郡内諸勢力中あるいは後述する伊賀惣国一揆との間の紛争の調停や六角氏に味方して織田信長の侵攻に備えるなどの軍事行動を行なっている。

大原同名中は、大原太郎右衛門尉を惣領として、大原広森・大原繁見・大原向山・大原勝井・大原大口など複姓の諸氏、および大原宗玉坊・大原宗清房などの寺庵より成っており、永禄一〇年（一五六七）に成立した三二ヵ条から成る大原同名中惣の「一揆与掟《くみ》」（大原勝井文書）は、同名中の構造をよく示してくれる。この掟は「他所」と同名中、あるいは同名中内部の紛争の処理方法に関して、多くの条数が割かれているが、この中に「同名中」「同名衆」とともに、「地下中」「地下一揆」「惣庄之百姓」など、同名中と区別されてはいるが、同名中の組織の中に包摂されている村落共同組織（惣荘〔郷〕・惣村）の記述が見られる。すなわち、「地下一揆衆」と「他所」の「弓矢喧嘩」の際には、同名中の合力を規定し（一条）、逆に同名中と「他所」との合戦の際には、鐘を鳴らした場合には「惣庄之百姓等」、堂僧にいたるまで、武器を持って参加すべきことを規定している（三条）。その他「地下中」で、「毒」（蝮《まむし》か）を飼うことを禁止したり（一四条）、田の畔《くろ》の採草（一三条）、荒地での採草・放牛馬（一二条）の許可などにいたるまで、村落農民に対する法規制も含まれている。

甲賀郡中惣の下部組織である同名中が、成員相互の規定とともにその集団的支配の客体としての村落にまで掟の適用範囲を拡大していることに注目しておきたい。

〔伊賀惣国〕　霜月一六日の日付で、一一ヵ条から成る伊賀惣国一揆掟書（神宮文庫蔵山中文書）は、その内容から天文二一年（一五五二）から永禄一〇年（一五六七）の間のものと推定され（石田善人「甲賀郡中惣と伊賀惣国一揆」(43)）、軍事的色彩の濃いものであり、甲賀郡中惣と同盟し他国よりの侵略から伊賀を防衛するという観点で貫かれている。すなわち、虎口《こぐち》（出入口の要所）より危急の報のあった場合、「里々鐘を鳴」らし、一五～五〇歳の成員は武装して在陣する（二・三条）、他国の人数を引き入れたり、三好方（長慶か、義継か、康長か不明）に諸侍・足軽が奉公に出ることを禁ずる（七条）などの規定がある。ここに見られる惣国の構成員は「惣国諸侍」で、被官、足軽、百姓と区別された存在で、国境に作った他国衆の城を攻める場合、忠節を尽した足軽・百姓は侍身分に取り立てる（五条）、「諸侍之被官中」に対しては、惣国一揆の危難に際しては、主人と行動を共にする旨の起請文を村ごとに書かせる（四条）などの規定を設けている。

〔小倭郷同名中〕　瀬田勝哉「中世末期の在地徳政(44)」によって明らかにされた伊勢国一志郡小倭郷の「小倭衆」は、「一族七人衆」とか「一族衆侍」などと称され、小倭谷に勢力を張る同名中と考えられる。小倭衆は、天台宗西教寺派真盛上人開基の成願寺や小倭白山社を信仰紐帯として結集し、一揆結合を行なっていた。そして一四九四年（明応三）に成願寺の建立に際し、「一家中」（小倭同名中）と「小倭百姓衆」がそれぞれ別個の起請文を作成している。前者は、「真盛上人様江中上候条々事」という事書のもとに、五ヵ条から成り、①衆中内の公事（争訟）の取扱い、②衆中で一味同心しない者の追放、③衆中被官の悪党行動の誅罰、④相互に「水魚の思」（親睦）をなす、⑤質取行為は、本主か在所で取る、などを規定し、四五名が名を連ねている。

後者は、「百姓衆以二起請一定中条々事」とあり、①田畠山林広野の境をごまかし、「他人作職」を奪い、作物を盗むなどの行為の禁、②土を取って「大道」を損壊することの禁止、③盗財・悪党・博奕の禁止、④質取行為は、本主か在所で取る、などを規定している。そして三五〇名の百姓衆は、寺庵・諸侍の被官、および「佐田村衆」といった形で九ヵ村の村ごと、という二つの形式に区分されて記されている。前者は諸侍の相互盟約の形をとっているが、後者は、真盛上人の「御教化」を引き合いに出して、非行の誓約を強制されているもので、百姓衆の相互関係や主体性は見られない。ここには下部機構に「百姓衆」の組織を組みこんだ、小倭同名中の支配組織としての姿を見ることができる。

〔宇陀郡中惣〕　大和国の東端、伊賀・伊勢と接する宇陀郡の地には、一六世紀前半の享禄・天文期に沢・秋山・芳野・小川の四つの同名中から成る郡中惣が成立している。宇陀郡中惣の研究は、松山宏「戦国時代の北畠氏の支配と大河内」[45]、村田修三「戦国期の宇陀郡の在地構造」[46]、西山克「戦国大名北畠氏の権力構造――特に大和宇陀郡内一揆との関係から」[47]などの研究があり、著しく解明が進んだ。享禄五年（一五三二）に「宮本」（宇太水分社）において、沢・秋山・芳野・小川四氏の方集団による「郡掟」（沢氏古文書）が作成され、郡中惣が成立した。この掟の内容は、①「郡内一揆」のメンバーの申立てで犯科の事実が明白ならば、その成員またはその被官は一揆の「申談」によって処分される、②喧嘩刃傷事件の場合は、応援に駆けつけることをせず、「条理」によって「申談」べきこと、③殺害人の場合は、法にまかせて、「放状」によって追放し、相手方に通告すること、④一揆メンバーやその被官が非法を行ない、「走入」をした場合は、それを受け容れてはならない、⑤方質（方集団を単位とした質権の差押行為）を取り合わないこと、という五ヵ条であった。同名中（方集団）相互の紛争の除去のため、相互の平和団体として郡中惣（一揆）が成立したのであるが、天文六年（一五三七）には秋山同名中が盟約違反し、一揆を離脱している。またこの郡中惣は戦国大名北畠氏の外様勢力として編成され、北畠氏も秋山・沢氏らの郡中惣を基軸にして宇陀郡の間接的支配を実現しているのである。

宇陀郡中惣の内部構造は、甲賀郡中惣の場合と類似し、四つの同名中は惣村内の一部を被官として編成し、それぞれの支配組織を構築し、郡中惣という形で内部の対立矛盾を調停し、北畠氏への軍役奉仕を行なっていたのである。

〔紀州惣国〕　紀州惣国については、石田晴男「守護畠山氏と紀州『惣国一揆』」[48]が、湯川文書という新史料の紹介を含めて、研究を著しく進捗させた。紀州惣国は天文三年（一五三四）頃、守護畠山植長を擁立して、幕府奉公衆で有田・日高・牟婁の三郡に勢力を張る湯川氏の一族一揆、紀ノ川河口の名草・海部両郡地域の雑賀五組という郡中惣的な組織、それに熊野（牟婁郡）や粉河寺・根来寺（以上那珂郡）などの寺社勢力が結集して惣国を形成した（表3）。

**表３　紀州惣国の構成**

- 熊野衆（牟婁郡）
- 粉河寺（那賀郡）
- 根来寺（那賀郡）
- 湯川一族（日高郡）
  - 湯川直光（惣領）
  - 湯川左近大夫
  - 湯川右馬允
  - 湯川治郎大輔
  - 湯川源衛門尉
  - 湯川掃部助
  - 湯川久兵衛
  - 湊新五郎
  - 津村式部丞
- 雑賀五組（名草・海部郡）
  - 雑　賀……本郷・岡・湊・宇治・市場・三日市・中島・土橋・福島・孤島・梶取
  - 十ヶ郷……賀太・木本・坂井谷・松江・平井（鈴木）・楠見
  - 社家郷……中島・神崎
  - 中　郷……加納・栗栖・岩橋・和佐・岡崎
  - 南　郷……三葛・吉原・安原・吉礼・大野・本渡・多田・旦木

この中で、湯川氏と雑賀五組との関係と内部構成が永禄五年（一五六二）に相互に交換した起請文などによって明らかになる。これは、直光より直春へという湯川惣領の代替りに際して、以前の盟約関係に変化のない旨の誓紙を交換したり、湯川氏の被官の犯罪に対しての惣国の処置に委ねる旨の書簡である。その差出書に雑賀五組や湯川一族の全構成員が記されている。

湯川一族は惣領と同名・被官の一族一揆的構成であるが、雑賀五組は、地域的に五つのブロックに分かれ、各ブロックは数家から十数家で構成されている。これで見るかぎり同名関係は不明である。この構成員は、栗栖・和佐氏のように地頭職を有するもの、日前国造家の代官である田所氏など国人的性格のものから雑賀の小領主的性格のものまで多様であり、地域ブロックごとの重層的な国人・小領主連合と考えられる。

紀州惣国は、天文一一年（一五四二）以来、河内に進出したり、元亀元年（一五七〇）の織田信長の石山本願寺攻めに参加したりして統一行動を行なっている。しかしその後分裂の様相を深め、雑賀五組も、雑賀・十ヶ郷と社家郷・中郷・南郷に分裂し、前者は真宗門徒の主導権のもとに、非門徒とも糾合し、石山本願寺に雑賀鉄砲隊として籠城したり、海上補給戦において活躍している。この雑賀・十ヶ郷連合は、紀州惣国の下部組織が、一向一揆に転化した事例を示している。

以上、惣国一揆はさまざまな地域的偏差・特色を含みながら、その内部に同名中という一族・被官の組織を内包した国人・小領主連合（一種の共同体）として規定しうるものであり、被官や百姓をもって構成する村落共同体（惣村）とは別個のものであり、そしてそれを支配する支配共同団体として位置づけることができる。また、以上述べた特定の地域にのみ成立するものではなく、勝俣鎮夫氏が肥後の相良氏の権力を下から規制するものとして三郡（求摩・八代・芦北）の郡中惣の存在を検証したごとく（「相良氏法度についての一考察」）(49)、かなり広範な地域に一時的あるいは長期的に存在しうるものである。同時に、一般的には戦国大名領国制の縁辺部に存在し、大名権力を規制すると同時に、大名権力によって解体ないし変容せしめられる性格のものである。そして惣国一揆自体も、その下に包摂している被官・百姓の村落共同組織（惣村）との対抗関係によって規定されている歴史的存在であった。

最後に、「惣国」「国一揆」の「国」について述べておきたい。この「国」は、近代以降における、国家とか中央政府権力とかを意味するものではなく、それらを表現する言葉は、「公方」とか「公《おおやけ》」である。伊賀とか伊勢とかいう律令制の行政区域の国に起源をもちながらも、「国」は、「公方」「公」に対置するところの「土着」「郷土」「在地」という観念をこめており、強烈な在地主義に根ざしている。それ故、「惣国」は上部から権限を付与された権力機構ではなく、在地から積み上げられてきた権力機構を意味するのである。

### 3　宗教一揆

中世の宗教一揆としては、興福寺・比叡山・高野山などの旧仏教勢力も広い意味では該当する。寺院勢力という形をとって、宗教的な教団組織と経済的な所領支配の組織が統一され、本寺が巨大権門であり、末寺は一種の宗教的な在地領主として、僧俗を含めた広範な人々を糾合し、一つの大きな宗教的政治勢力と化していた。中世後期に入って、これらの勢力の相対的地位の低下とともに、浄土真宗本願寺派・真言宗根来寺・天台宗の粉川寺・日蓮宗などが、各地に教線を拡大し、宗教＝政治勢力として台頭してきた。とりわけ本願寺派の一向一揆、日蓮宗の法華一揆など著名である。

すでに紀州惣国の場合において見たように、真宗門徒の強力な地域において、門徒勢力が惣国の主導権を掌握する場合には、惣国一揆が一向一揆として立ち現れるのである。その場合、一向一揆は、門徒の主導権のもとに門徒・非門徒の連合が成立している存在なのである。加賀を中心とする北国の一向一揆（長享一揆など）、三河一向一揆などその例である。元亀・天正の争乱（石山戦争）の場合のように、反信長戦線の紐帯として、将軍足利義昭がその役割をにない、各地に発せられた義昭の指令が、本願寺法主（顕如）の末寺・道場の門徒組織宛の護法のための動員指令と重複し合って、各地の反信長戦線への結集に有利な条件を作りあげた。各地の本願寺末寺・道場・門徒組織を含めた惣国一揆が一向一揆に転化するのである。

中世の寺院自体は宗教的在地領主といってよい。元亀・天正の争乱の中で、近江で形成された湖北十ヶ寺連合は、浅井氏と結んで強力に織田信長に対抗する一大勢力であった。

この争乱終息後も、湖北十ヶ寺連合は解体することなく存続し、天正二〇年（一五九二）、次のような盟約を作成している。(50)

一、今度□（喜右門殿）一味□（之）衆へ、向後出相之儀、堅停止之事、

一、彼衆死去之時勿論参候事、一切有レ之間敷候、付、志被レ下、少も取申間敷候事、

一、下坊主、同ひら（平）の衆□□（等も）さ様之事、可レ為二同前一、各□□（より）具可二申渡一事、

右之旨、万一破申候ハヽ、彼衆可レ為二同罪一候、此上共相背候者、忝茂　如来上人様可レ蒙レ罷二御罰一者也、仍如レ件、

天正廿年九月四日

福田寺覚芸　　順慶寺珎宗（花押）

福勝寺覚宗（花押）　全光寺教通（花押）

真宗寺祐忍（花押）　中道場願心（花押）
浄願寺勝理（花押）　誓宗（花押）
称名寺性慶（花押）　誓願寺代《ミノウラ》超宗（花押）
誓願寺了乗

これは、「喜右門殿」に一味したものを連合より追放し、交際を全く止め、葬儀にも参らず、志も一切取ってはならないとし、十ヶ寺の末寺の僧・門徒にまで、申し渡すべしとしている。事件の具体的な内容は不明だが、これは十ヶ寺の一揆契状にあたるもので、少し時代は下るが、全く残っていない戦国時代の一向一揆の一揆契状を推察する手がかりにしたい。

## 4　戦国動乱がもたらしたもの

戦国動乱の基礎に、社会が内包していた主要な対立矛盾はおよそ次のようなものである。

Ⅰは、階級関係の矛盾である。これは大名・領主―百姓間の年貢・公事・反銭の収奪、田畠の借耕関係による地主（在地領主・土豪）―作人（主に小百姓）間の加地子（小作料）の収奪、および主人（在地領主・有力百姓）―下人間の生身の労働力の搾取など多様な諸側面において見られる。これらの諸矛盾に起因する階級闘争は、年貢・公事、反銭、加地子などの増徴に反対し、あるいは不作の年に対捍する闘争が、惣村を基盤にして行なわれたり（荘家の一揆）、あるいは個別に「欠落」という形をとって行なわれた。また最下層身分に位置し、在地領主や有力百姓に人身を所有され、保護・給養と引きかえに恣意的に酷使されていた下人も、しばしば「欠落」などして人身の解放を求める闘争を行なった。

以上の百姓や下人の闘争は、領主支配を不安定なものにし、また「欠落」した百姓・下人の年貢や負物（借財）の弁済、人身の帰属をめぐって、在地領主間の対立抗争に発展し、それを抑止し、相互の「平和」を実現する機能をしばしば惣国一揆が果たした。

必ずしも単純に階級関係とはいえないが、高利貸資本の問題が、戦国期の農村に深刻な影を落していた。農業生産や生活の必要性、あるいは商工業の取引行為によって発生したところの米・麦・銭などの貸借関係が、各階層間に広範に形成されていた。戦国時代には、中世の到達点として、農・工・商業の各部門での一定の生産力の発展を実現しながらも、基本の農業部門が自然災害による豊凶に左右され、しばしば深刻な不作・飢饉に見舞われた。このような中で、貸借関係は増大し、土倉・寺庵・土豪などの高利貸資本が社会の必要悪として肥大化していき、貸借の保障としての質権の設定によって、生産手段である田畠あるいは人身が喪失される場合が多く見うけられた。また土地売買そのものも、年期売や本銭返のように有期的性格が強いものが多く、貸借関係と類似しており、また年貢・公事の収奪関係も、貸借関係に癒着し、未済の場合それに転化する事情もあって、高利貸資本の収奪は、社会の全面に重苦しくのしかかっていた。それ故、債権者と債務者の関係は、二次的な階級関係ともいえるものであった。このような状況下で、債務者による貸借関係破棄を要求する徳政要求や行動が、土一揆（徳政一揆）という形でしばしば激発した。また逆に債権者の債務者に対する質取り行為（動産・不動産の差押え行為）がしばしば発生した。勝俣鎮夫「国質・郷質についての考察」が明らかにした、国質・方質・郷質・所質などの質取り行為は、債権者が債務者当人を差押えるのではなく、債務者の属する集団の中の第三者を、その同一集団に属する故をもって、差押える行為であった。この場合の集団、「国」「方」「郷」「所」などは、惣国一揆の「国」や「方」集団、居住する郷や在所などそれぞれの集団のレベルを意味していた。

成員の「平和」の実現を課題とする惣国一揆は、徳政問題や質取り行為による対立矛盾を、在地において解決する役割をにない、一揆盟約にはしばしばこの条目がかかげられている。

Ⅱは、共同体関係の矛盾である。この場合共同体とは中世に存続している社会集団を意味し、村落組織である惣村、村落組織を下部に組みこんだ国人・土豪の支配組織である惣国一揆、僧や信者の宗教組織として寺社、商工業者の同業集団としての座などを念頭においている。これら共同体内部に、あるいは共同体相互間に矛盾対立が生じ、闘争が行なわれる。隣接する惣村相互の対立抗争は、山野の境、あるいは用水相論などにおいて顕著である。近江国菅浦荘は、西北に接する大浦荘と鎌倉期以来、堺にある日差・諸河の田地の帰属をめぐって争い、大浦側は、「大浦百姓ハ古敵・当敵」という積年の敵として認識されていた。寛正二年（一四六一）には、菅浦住民の殺害事件を発端に、両荘間で合戦が行なわれている（菅浦文書）。京都近郊の伏見荘は、一五世紀中葉に近隣の炭山・木幡・下三栖などの村々と柴草刈に端を発する堺相論をおこし、武力衝突している（「看聞御記」）。用水相論としては、一五世紀に西岡十一ヵ荘の連合村が用水の取水口をめぐって上野荘や松尾社と激しく対立している（宝月圭吾『中世灌漑史の研究』[51]）。このような相論は、全国各地に日常的に発生する事態であり、共同体相互間の闘争はしばしば領主権力相互間の対立に発展した。

また逆に領主権力相互間の対立が共同体間の対立をひき起こす場合もあった。たとえば、文亀元年（一五〇一）、和泉国日根野荘に、守護被官日根野氏らの武士に率いられて、熊取・上郷らの隣郷の人々が武装侵入してきた。これに対して、日根野荘側は領主の九条政基と家臣・郷民で防衛して撃退した。この場合、日根野荘と熊取・上郷などは「クミの郷」として友好関係をもつ村々であったが、彼らを戦闘に動員する守護方の口実は、対立する根来寺勢力の侵攻であった（「政基公旅引付」）。根来寺対守護方の和泉国南部の抗争は、このように地域住民を両軍に分かれさせて合戦させることとなったのである。

共同体間の闘争は、共同体の内部矛盾を一時的に抑止して、外に対して排他性を発揮して地域ぐるみの闘争を展開させることになる。

共同体内の矛盾は、惣国一揆成員間の対立、寺院内部の学侶と行人・堂衆の対立などを意味しているが、ここでは深入りしない。

以上の共同体関係の矛盾、それに起因する共同体間、あるいは共同体内の闘争は、Ⅰで述べた階級関係、階級闘争とは異なるものである。もちろん、共同体が異質の階層を含みこんでいる場合、階級闘争の要素をもつこともあるが、ここでは論理的に区別して考えたい。

Ⅲは、権力関係の矛盾である。この場合、支配権力内部、支配権力相互、上位の支配権力と下位の支配権力、中央支配権力と地方支配権力などの間の矛盾対立である。これらの支配権力は、戦国時代には、戦国大名、惣国一揆、宗教勢力それぞれに支配領域をもち、それを基盤に軍事力と経済力をもつ政治集団である。それらが、支配領域と権益の拡張という形をとって権力闘争を展開するのである。

以上のⅠ・Ⅱ・Ⅲのそれぞれの矛盾、そこから発生する闘争を階級闘争、共同体内あるいは共同体間闘争、権力闘争とそれぞれ規定した。この三者は、Ⅰ→Ⅱ→Ⅲの論理序列で関連し合う。すなわち、相互に影響を与えながら、矛盾が拡大され、闘争の起点になったり闘争のいっそうの拡大がもたらされるのである。

内乱過程は、一般的には階級闘争と権力闘争のからみ合いとして説明されるが、その両者を媒介するものは共同体間（内）闘争である。戦国動乱が一世紀近くにわたって展開され、単に支配層のみの参加にとどまらず、全人民的な規模の深みにおいて行なわれたことは、このような諸関連の中において理解できるのである。

惣国一揆は、地域の階級矛盾や共同体矛盾を一定の範囲で解決をはかり、中央や他勢力の介入を拒絶しつつ地域の国人・土豪共同体的な権力として自立していった。また惣村をもその下部に包摂しているので、その軍事動員は地域ぐるみの様相を帯びた。一向一揆や根来一揆もその主導権を僧侶・寺院が掌握しているが、惣国一揆と類似の組織形態であった。戦国動乱がかつてないほど長期にわたり、また戦闘要員を飛躍的に増大させたのは、このような一揆集団が争乱の舞台に登場したことと無関係ではない。

戦国動乱の過程で、室町幕府守護制という政治体制とそれが支えられているところの荘園公領制の最後の支配・収奪のシステムが崩壊し、戦国大名の領国制、これに内包されたり対立したりする関係で惣国一揆の支配体制、ないしは一向一揆・根来一揆などの宗教一揆の支配体制が出現し、その争覇（征服・被征服）のなかで、畿内の統一政権の主導性のもとに石高制に基礎を置く幕藩体制が成立していく。

この過程で、明確に克服・止揚されるものは、平安時代末期以来展開を遂げてきたところの在地領主制と、惣国一揆と土一揆という支配・被支配二重の一揆である。在地領主制の止揚は、それが内部に抱えていた下人制度の廃絶をもたらした。戦国大名とりわけ畿内に成立した統一政権は、在地領主や惣国一揆の果たしてきた機能・役割を吸収し、その一方で農民の一揆を弾圧しながら、新しい支配体制を構築していった。しかし、それは新しい権力の強大さ、進歩性のみに帰せられるのではなく、在地領主制や惣国一揆がその歴史的使命を終えて、新しい権力にとっても、郷村において耕作権を確立して成長しつつある百姓にとっても、不要のものに転化しつつあったことを意味している。そして国人・土豪層を、戦国の争覇というドラスティックな方法によって、勝者は武士に、敗者は農民にと兵農分離しつつ、石高知行制による領主階級の再結集がはかられ、農民を中心とする被支配階級を支配・収奪する幕藩体制が成立する。

当然のことながら、惣国一揆の面貌を呈していた宗教勢力も、解体・再編させられ、天正八年（一五八〇）石山本願寺の織田信長への降伏を画期として、基本的には宗教一揆は消失する。

〔注〕

（1）未来社、一九六九年。
（2）『講座マルクス主義研究入門4　歴史学』、（青木書店、一九七四年）。
（3）前掲注（2）。
（4）御茶の水書房、一九六九年。
（5）『思想』三九五号（一九五七年、後に『戦後歴史学の思想』法政大学出版局、一九七七年に収載）。
（6）『大系日本国家史2　中世』（東京大学出版会、一九七五年）。
（7）『岩波講座日本歴史24　別巻1』（岩波書店、一九七七年）。
（8）伊藤書店、一九四六年、増補版一九五〇年、東京大学出版会、一九五七年再刊。
（9）未来社、一九五六年。
（10）岩波書店、一九六七年。
（11）東京大学出版会、一九七一年。
（12）吉川弘文館、一九八一年。
（13）竹内理三編『体系日本史叢書6　土地制度史』（山川出版社、一九七三年）。網野善彦『日本中世土地制度史』塙書房、一九九一年に収載）。
（14）中央大学経済研究所編『歴史研究と階級的契機』（中央大学出版部、一九八〇年）。
（15）『高野山史研究』二号（一九八〇年）。
（16）東京大学出版会、一九七八年。
（17）『中世社会の研究』（東京大学出版会、一九五六年）。
（18）『戦国期の権力と社会』（東京大学出版会、一九七六年）。

(19)『歴史学研究』一六三・一六四号（一九五三年。『日本封建社会成立史論』上、岩波書店、一九八四年に収載）。
(20)岩波書店、一九八〇年。
(21)学生社、一九七四年。
(22)東京大学出版会、一九七九年。
(23)安良城前掲注（19）。
(24)北島正元編『体系日本史叢書2　政治史Ⅱ』（山川出版社、一九六五年）。
(25)峰岸前掲注（6）。
(26)『講座日本史3』（東京大学出版会、一九七〇年）。
(27)『日本史研究』八八号（一九六七年）。
(28)『歴史評論』三〇〇号（一九七五年）。
(29)東京大学出版会、一九七九年。
(30)東京大学出版会、一九七六年。
(31)『史学雑誌』七七巻九号（一九六八年）。
(32)『岩波講座日本歴史7　中世3』（岩波書店、一九七六年）。
(33)『戦国法成立史論』（東京大学出版会、一九七九年）。
(34)『本と批判』一九八〇年六月号。
(35)『岩波講座日本歴史7　中世3』（岩波書店、一九七六年。後に『中世法成立史論』東京大学出版会、一九七九年に収載）。
(36)『日本史研究』一三四号（一九七三年）。
(37)『歴史学研究・別冊』（一九七五年）。

(38)『歴史公論』四号（一九七六年、後に『中世内乱期の社会と民衆』吉川弘文館、一九七七年に収載）。
(39)『資料館紀要』（京都府立総合資料館）八号（一九八〇年）。
(40)『日本史研究』一三四号（一九七三年）。
(41)『歴史学研究』三二五号（一九六七年）。
(42)『柴田実先生古稀記念日本文化論叢』（同記念会、一九七六年）。
(43)『史窓』二一号（一九六二年）。
(44)瀬田前掲注(31)。
(45)『日本中世都市の研究』（大学堂書店、一九七三年）。
(46)『奈良歴史通信』一一号（一九七八年）。
(47)『史林』六二巻二号（一九七九年）。
(48)『歴史学研究』四四八号（一九七七年）。
(49)宝月圭吾先生還暦記念会編『日本経済史研究』中世篇（吉川弘文館、一九六七年、後に前掲注(33)に収載）。
(50)内保（湯次）誓願寺文書、欠字は戊亥福勝寺文書によって補う。
(51)畝傍書房、一九四三年。

# 第四章　中世後期人民闘争の再検討
## ――正長・嘉吉の徳政一揆を中心に

### はじめに

中世史研究の分野では、一九六〇年代後半から一九七〇年代にかけて、土一揆（主として徳政一揆）に関する研究成果が、あいついで出され、第二次土一揆論争の時期ともいえる状況にあった。その成果の一は四〇年代後半～五〇年代の第一次土一揆論争（鈴木―石母田論争を発端とする）の未解決の問題をすくいあげた村田修三氏の理論的提起である(1)。その二は稲垣泰彦・永原慶二・黒川直則・北爪真佐夫氏の論争で(2)、それは徳政一揆は農民闘争として評価しうるのか、という論点をめぐって展開されている。その三は、この間徳政一揆の背景になる政治的・経済的諸関係の理論的・実証的な研究の著しい深化があり、たとえば村落史の視点からの上島有・太田順三・田端泰子氏の研究(3)、正長の徳政一揆に関する永島福太郎・桑山浩然氏の研究(4)、商業史に関する脇田晴子・佐々木銀弥氏の研究(5)、高利貸資本や在地徳政に関する新田英治・瀬田勝哉・須磨千穎・北爪真佐夫氏の研究(6)、国家論・幕府論に関する佐藤進一・田沼睦氏の研究(7)等々がある。

以上の諸成果を一九六六・六七・六九年の歴史学研究会大会報告の階級構成論、身分論（百姓―下人論）(8)および六八年歴史科学協議会大会、七〇・七一年の歴史学研究会大会報告の人民闘争論、イデオロギー論(9)といかに結合させ発展・深化させるか、ということが当面の課題と考えられる。さらには、徳政一揆を出発点として、国一揆・一向一揆、戦国動乱と続く中世後期政治史（人民闘争史）の総過程、この過程はとりもなおさず、中世荘園公領社会から幕藩体制社会への移行過程であるが、その政治過程を中世社会の総括としていかに解明するかが、長期的な目標にすえられねばならない。それには当然のことながら国家権力の移行を問題にせざるをえないことになる。この点に関して最近、永原慶二氏が「階級闘争が権力闘争と絡み合いつつ国家の在り方の変化をみちびきだすに至る複雑な過程の理論化こそ、封建国家論の深化のための重要な焦点」と述べているが、これを私なりの課題に引きつけて表現すれば、「人民闘争が支配階級内部の抗争を媒介にして、国家を変質させていく過程」の理論的・実証的究明ということになる。この観点から中世～近世への移行過程をねばり強く解明していきたく思う。このような作業は今後あらゆる場面で集団的・個人的になされなければならない。本章では、その出発点である正長・嘉吉の徳政一揆に限定し、自分なりにその手がかりを模索するということにとどまらざるをえない。(10) 再検討としたのは、一九六八年歴史学研究会大会の北爪真佐夫報告(11)の意図を継承・発展させることをめざすからである。

## 一　前近代の人民、人民闘争の特質

一九六七年に提起された当初から存在し、かつ解決されずにその後に持ちこされた前近代の人民闘争史研究に対する疑問・批判の要点は、人民闘争と階級闘争の関連、近現代に対比して前近代人民闘争の特質、の二点につきると思う。(12) これに関して私の見解をまず示しておきたい。

戸田芳実氏は前近代における人民闘争概念の設定に関して次のように述べている。(13)

……封建社会の生成から没落までに政治史的発展の諸段階があり、そこでの変革・改革・反動をもたらす諸階級・

諸身分の政治的分裂と結合によって展開する政治闘争の中で、「人民闘争」が問題になるであろう。……前近代史では、もちろん文字通りの人民の連合や統一戦線を問題にすることはできない。しかし、そこにおいて勤労人民の利害と運動・蜂起に結びついた諸階級・諸身分の政治的な「連合」が、支配者連合（あるいは国家権力）と対立・闘争し、政治史の諸段階をひらく歴史的事実は存在する。

……政治史的変革過程の一定段階に人民勢力を構成するような階級配置が実現し、国家権力に対して勤労人民が他の諸階級・諸身分と一種の政治的「連合」をもって闘争を展開することは前近代史の特殊な諸条件のもとでも存在するのであって、普遍的な農民闘争および階級闘争と相対的に区別される人民闘争概念はそのような場合に意味をもつであろう。

戸田氏は勤労人民の側の一定の「連合」が支配者の連合ないし国家権力と闘争し、新たな政治的局面を切りひらく変革期の政治闘争として人民闘争を把握している。私はこの把握のしかたに賛成し、人民闘争を変革期の政治史把握をめざす概念として使用する。この場合、戸田氏が「諸階級・諸身分」と必ず併置している点に私は前近代史人民闘争を把握する重要な意味を認めたい。すなわち、あらわな階級でなくて、身分を引きずった階級であり、それを前提にした階級配置である、ということである。戸田氏のごとく厳密にいえば「階級配置・身分配置」である。

次に階級闘争と人民闘争との関連であるが、人民闘争は階級闘争にかわる包括概念ではなく、階級闘争の特定の発展の段階を示す表現形態として把握したい。(14)

この場合の階級闘争の発展の段階とは、次の序列を一応念頭においている。

（A）基本的階級闘争(15)→（B）人民闘争→（C）革命闘争

（A）は人民のそれぞれの個別の「階級」（カッコを付した意味は、前述の前近代の特質を念頭に置くからである）の、結果として限定された地域におけるさまざまな闘争である。（B）はその発展として複数の「階級」の一定の結合による政治的「人民」の成立にもとづく闘争で、このような人民闘争が変革期（状況）を現出させる。この段階では、さまざまな諸「階級」・諸階層の連合が進展し、およそ人民の側とそれを抑圧する側（権力側）の二つの陣営の形成が進展する。そして、必然的に人民の前に支配「階級」を擁護して国家権力が姿を現し、この闘争は反国家権力闘争となる。人民闘争が（C）革命闘争に発展するか否かは、客観的条件とそれを有利に切りひらく人民の側の主体的力量によるが、前近代では異民族支配からの解放等の特殊な条件下において、ごくまれに存在するが、一般的には論理的措定はしえても、現実的には可能性はほとんどないとしたほうが、誤解や過大評価を避けるためによいと思う。

日本中世史に即して具体的に述べると、南北朝期以降の荘園ごとに、個別領主権力を対象にして、年貢減免・代官非法の停止等を要求し、「百姓申状」（訴状）を提出し、強訴・逃散を行なう荘家の一揆（惣荘一揆）が各地に展開する。個別領主権力が抑圧し切れなくなると、しばしば国家権力の地方出先機関である国衙（守護）の武力発動も行なわれるが、本来この闘争は国家権力を直接対象にしていない。この闘争は基本的な階級闘争の範囲を出ない(16)。この荘家の一揆がいかなる客観的条件とその中で形成された闘争主体の状況を切りひらく力量によって、人民闘争に転化しうるのか。これは人民闘争史研究の重要な課題である。

前近代において基本的階級闘争が人民闘争に転化する客観的条件にはどのようなものがあろうか。およそ次のようなものがあげられると思う。

①宗教イデオロギーが人民結合の紐帯となる。
②商業・流通の一定の発展とその過程で成長した高利貸資本と権力の癒着、その人民収奪が大きなものとなっている。
③異民族支配とそれに結びついた支配層にたいする抵抗（民族的契機）。
④権力内部に大きな矛盾・対立が発生している。

これらのうち④を共通必要条件とし、(すなわちこの条件がないかぎり、前近代では(A)にとどまらざるをえない)、これに他の条件がからみ合い、凶作・大収奪・政変・戦乱等をきっかけに、客観的条件が主体的条件に転化され人民闘争が惹き起されるものがある。しかし、前近代の人民闘争は、「やっとのことで」「ごくまれで」政治的主体としての人民結合も「ごく大ざっぱ」に行なわれたことは、強く認識する必要がある。

人民闘争の主体の形成の分析においては、人民諸階層の構成を社会的分業と身分構成の両面からとらえ、さらに当該段階における「階級」分化の動態把握をする必要があろう。その上に立って政治的主体としての「人民」の形成、すなわち変革期の「階級」配置論へと進める必要がある。

その場合に前近代の特質として次の二点をふまえることが重要である。

①人民の主力部隊としての農民(百姓)の、近現代のプロレタリアートと異なった「階級」的特質とその指導性の制約性についての認識、これを明確に意識しないと、近現代人民闘争の無媒介な前近代への投影、心情的期待の反映としての闘争への過大評価、結果として裏切り・敗北を一面的に強調することになりかねない。

②前近代人民が身分、共同組織(惣)でおおわれていることが、人民闘争のプラスあるいはマイナスの条件になる。前述の階級＝身分の問題と関連して「階級」分化によって異なった実態にもかかわらず、同一身分ゆえに、「百姓」身分としての結合の条件が存在し、村落共同組織(惣)ぐるみの蜂起が可能となる等、プラスの条件の事例である。もちろんそのような条件に転化させるか否かは、その中核的成員(これは後述するように私としては平百姓＝中農層におく)の主体的力量にかかっている。

## 二　正長・嘉吉の徳政一揆

中世人民諸階層の闘争の一応の到達点を示し、かつまた私の観点からすると、当該段階までのもっとも人民闘争の名にふさわしい闘争が正長・嘉吉の徳政一揆であるとの認識を前提に具体的分析に入りたい。

### 1　一五世紀前半の国家と諸権力

南北朝内乱の過程で、公―武という権力の二重性を克服し、同時にいわゆる将軍権力の二元性というものを止揚しつつ確立してきた[17]一五世紀前半の国家権力機構は、その中央組織の室町幕府と各国守護の結合によって構成され、それゆえに室町幕府・守護体制として把握できる。[18]幕府は京都を中心とした王朝権力の諸機能を吸収し、裁判、所領安堵、一国平均の課役の徴集、商工業支配、日明貿易と輸入貨幣の流通等の諸権限を掌握行使した。[19]各国守護は守護家が同時に有力領主である側面を捨象すると、在来の国衙の諸権限を吸収した地方行政・裁判権と本来の軍事・警察権を併有する国家権力の地方出先機関として機能していた。

この国家機構に結集する公家・寺社・武家（守護・奉公衆＝幕府吏僚・国人）の領主階級は、幕府によって荘園公領制を基本とする土地制度の所領・所職を分割給与され、それぞれ独自の所領支配機構を持ち、人民の分割支配を行なっていた。したがって人民は領主を媒介にして国家権力と接触していた。国家は個別領主では果たしえない部門、すなわち流通関係、領主間の相互矛盾の調停、領主―農民の基本的階級関係の背後からの保障等の役割を果たした。したがって人民が直接国家と接触する局面は、流通政策、反銭（国家的租税）の徴集、荘家の一揆の激発による守護の武力発動等に限定されていた。このことが中世の人民諸階層の闘争が直接国家権力を対象とした人民闘争になかなか発展しえない主要な条件をなすものである。

中央権力（幕府）の所在地中央都市京都は、①公家・寺社や将軍・守護大名とその家臣団が集住し、地方荘園・公領から年貢が集中する巨大な消費都市、②高度で多量の手工業生産の発展と近郊の商品生産地域をかかえた生産都市、③荘園体制の循環構造の中心として流通機構の過度の発達、等の諸特徴を有している。この条件のもとで都市高利貸資本（土倉・酒屋・寺庵）や問屋商人の発展・肥大化とその権力癒着が行なわれていた。すなわち高利貸資本や問屋商人は座を通じて寺社権門や幕府権力と結びつき、特権を付与され保護を与えられるかわりに、巨額の役銭（営業税）を納付して財政的に寄与するという相互寄生関係にあった。この時期に幕府財政は直轄領（御料所）から土倉・酒屋の納銭（営業税）へ重点を転化させていた。この意味で高利貸資本は権力の一角を構成しているといえる。奈良をはじめ地方の都市や港湾・市場等の流通の結節点においても商人・高利貸資本の発展が見られた。

高利貸資本[20]は荘園体制の領主―農民の年貢収取関係に寄生・吸着する。その方法は、①領主（主として公家）への貸付を行ない、これをテコに、荘園の請負代官となる。②代官（主として国人層、武士）に吸着し、その年貢収取過程に介入する。③農民に出挙・借銭を行ない、収穫期に利息とともに回収、質流れ地の集積を行なう[21]、等で、この三者はからみあっていた。

この段階において六代将軍足利義教の専制権力を頂点とする権力内部の矛盾対立は次のように把握できる。

①幕府と関東一〇ヵ国と陸奥・出羽を管轄する地域国家機構の鎌倉府（鎌倉公方足利持氏）との対立は激化し、紆余曲折ののち永享一〇年（一四三八）幕府は、持氏を滅亡させている（永享の乱[22]）。

②細川・畠山氏を頂点とする有力守護大名の対立と将軍権力と守護大名の対立がからみあい、義教自身嘉吉元年（一四四一）有力守護赤松満祐に殺害される（嘉吉の乱[23]）。

③幕府と山門（延暦寺）の対立が激化し、永享五～六年（一四三三～三四）に両者が激突する（山門騒動[24]）。近江（坂

本）の土倉や「山門気風の土倉」といわれる京都の土倉・酒屋は山徒として山門へも営業税を納めていた。このような高利貸資本の支配あるいは経済の大動脈としての近江の流通路支配をめぐる対立がこの事件の根底にあると考えられる。

以上の三点が、正長元年（一四二八）・嘉吉元年（一四四一）の二つの徳政一揆をその発生と終息の両端の年次とする義教政権の主要な権力内部の政治的対立点である。

このような権力内部の抗争と人民闘争がどのように関連するか、次の記録は有力守護大名畠山・山名の家臣四名が使者として、義教の政治顧問満済准后に述べた言で、この点に関して支配層の認識を知るうえで興味深い。

すなわち九州に土一揆が発生し守護大内氏が鎮圧に向かったが大友・菊池・少弐氏等が「内々ハ土一揆同心」と伝えられ、事態が悪化している。……関東でも義教と持氏の対立関係が解消しないと、国々の武士たちの行動も自然と土一揆の動向に左右されて、収まりがつかない事態となったら難儀である……。(25)

九州の土一揆とはおそらく国人一揆であろうが、正長の土一揆を経た後の支配層の認識は、土一揆の動向が権力内部の抗争とからみ国人層の動揺をきたす問題点を的確に指摘していると思う。

## 2　闘争主体の形成

正長・嘉吉の徳政一揆の闘争主体は、（a）農民、（b）土豪、（c）馬借の三階層である。その中心的役割をになう農民は、農村の座を形成し、商品生産者としての性格をも持ち、厳密には平百姓（中農）と小百姓の二階層に分かれる。土豪は小百姓層と借耕関係（地主—小作関係）を持ち地主への転化を示す上層農民で、荘園年貢・公事の負担者であるが、同時に加地子（小作料）を収取しており、荘園領主から代官（三職）に補任されたり、武家被官になる場合もある。これらの点で平百姓らとともに村落共同組織（惣）に結集する村落成員の側面と地主的収奪者、権力の末端という側面を併せ持つ中間層と規定しうる存在である。[26] 馬借については不明な点が多い[27]が、基本的な性格は荘園年貢や商品の輸送を担当する交通業者で、一面では米流通と深く関係する商品的性格やその居住地にあっては零細農民でもあった。その広域の行動力は農民蜂起を触発・伝播する重要な役割をになった。近江の馬借は山門との関係が深く、幕府—山門の対立関係が馬借の行動に一定の影響を与えた。

服部之総氏はその著書『蓮如』[28]のなかで、農民・商人・手工業者・労働者に分化している百姓を「つたかずら」のごとく結合させるものとして近江堅田を例にとり、手工業者の組織性に注目している。さらに、その「つたかずら」に恒常的な手段を与えるものとして、宗教（一向宗）とその講組織を位置づけている。服部氏が、一向一揆の結合の前提として、着目した諸階層の結合の「自主的、経済的つたかずら」の問題は、徳政一揆を考えるうえでも重要な問題である。現在の研究史上の達成点はそれを村落共同組織（惣）に求める見解があり[29]、山野・水利・祭祀の側面からその説明がなされている。しかし惣に結集する諸階層の共通の基礎は何かという点では必ずしも十分明らかにしえていないように思う。

この点について私は、（a）百姓身分の問題、（b）農業との未分化の問題、の二点を指摘したい。百姓身分は、下人身分と区別された荘園公領制社会の二つの身分で、百姓は自らを「御百姓」とか「末代の御器」とか称し、荘園体制社会の基本身分とし位置づけている。これは国家にたいする公民の意識の継承されたもので、百姓はアジア的隷属民ともいうべき性格のもので、律令制下の公民を前提にし、荘園公領制（大土地所有制）のなかで再編成された身分である。[30] 領主権力によって公認された土地所持（経営）を前提に、年貢・公事の収納義務を負い、国家ないし領主に直接隷属している。百姓の階層分化は、一方では手工業者・商人・馬借等を生みだし、農民としては、土豪・平百姓、小百姓、あるいは下人をも折出させている。手工業者・商人・馬借等々もその居住村落においては、農業と未分化で、小土地所持を実現しており、農民の側面を併せ持っている。百姓意識に支えられた百姓身分として統合性が、この身分を基礎にした惣（村落共同組織）への結集を可能とし、闘争主体の結合の条件を形づくっていると思う。前近代においては裸の階級は存在せず、身分という現象形態をとっている。あらわな階級の存在と労働者階級を中核にした諸階級の連合による人民闘争というのが、近現代の特質とすると、前近代では身分におおわれ、階級として完全に未分化なるが故に、未分化の階級・階層が、その身分の枠のなかで、それに依拠して結集し人民闘争をたたかいうる。ここに前近代の人民闘争の特質を見ることができる。

闘争の組織としては、京都近郊農村の賀茂六郷・西岡十一郷・鳥羽十三ヶ荘（郷）・山科七郷・伏見九郷といった惣郷（荘）がある。惣郷は水利・山野・祭祀あるいは場合によっては領主を共有する村落共同組織で、その下部にいくつかの自然村落（惣村）を包含している。成員の中核主体は平百姓（中農）であるが、指導層は土豪で、土豪は惣郷の結集や他地域との連合に重要な役割を果たし、蜂起の場合、軍事的・政治的指導者（張本）としてその闘争に組織性を与える。土豪層のなかには守護被官もいる。たとえば伏見荘下司三木《そぎ》氏は畠山氏の、政所の小川氏は山名氏の被官である[31]。しかし一揆の過程ではその被官関係は埋没して、惣規制が前面に出ると考えられる。

ここで「徳政」について触れておきたい。徳政は鎌倉期まで、災害・異変の場合為政者の徳の不足にその因を求め、徳の施しとして救済・減刑あるいは寺社興行策がとられ、寺社領の確保のために売却地の返還が命ぜられた。それが永仁の徳政令によって御家人救済として意味の転換が行なわれたが支配層内部の利益擁護の形式としては変化はない[32]。徳政一揆はこのような伝統的な形式を逆手にとって、「百姓」が国家にたいして「仁政」（徳政）を要求する。具体的には高利貸資本の収奪から自らの生活基盤を守るために、貸借関係の破棄を求め、権力にその政策実施を要求する。平安時代以来行なわれた百姓の中央上訴と徳政という伝統的形式が結合して、徳政一揆という新たな闘争方式を編み出した。それ故に公家は「徳政と号し徳政の実に背く」とか「土民の雅意」であるという非難をあびせている[33]。

### 3　正長の徳政一揆

天下の土民蜂起す。徳政と号し、酒屋・土倉・寺院を破却せしめ、雑物等恣にこれを取る。借銭等悉くこれを取る。管領（畠山満家）これを成敗す。およそ亡国の基これに過ぐべからず、日本開白（闢）以来土民蜂起これ始なり（読み下し文）、

と大乗院日記目録[34]に記された正長の徳政一揆は、正長元年（一四二八）の八月頃に近江から始まる。八月中に近江では比叡山の「山上・山下一国平均御徳政」[35]があったというからおそらく南半国守護六角氏によって徳政令が出されたと考えられる。交通路沿いに京都に波及し、九月中旬に醍醐で地下人が蜂起し、所々の高利貸資本を襲撃し、借書を奪い焼却している[36]。洛中に若干の一揆は侵入したが[37]その主力部隊は出雲路口で、管領軍に撃破されている[38]。一一月二二日に管領畠山満家は「とくせいとかう（号）して土一揆等酒屋土倉において質物をおさへとり、乱入狼藉を致す事」を禁ずる禁制を発布しているが徳政令は出していない[39]。「社頭之諸日記」[40]に、

此程ワウミ（近江）ノ国ヨリ土一揆ノ衆等、御得政ト云事ヲ仕出テ所々ノ倉々ヲヤフル、其ヨリ下京、上モ少シ馬借セメ入テ得政ヲナス、コレヲハシメテ伊賀、伊勢、宇田、吉野、紀国、泉、河内、サカイ（堺）、惣テ日本国ノコリナク御得政ナリ、当国ニモ里別ニ得政ヲカルナリ、

とあり、近江→京都から各地に急速に波及した点に正長の徳政一揆の特徴がある。高利貸資本（土倉・酒屋・寺庵）を襲い、借書を破棄し、質物を奪取する。守護以下の各地の権力に要求して徳政令を出させる。この行動は、交通路にそって、拡大伝播していった。その伝播には、行動半径の広い商工業者や馬借の果たした役割は大きいと思う。次に各地の状況を示そう。

**大和**では徳政一揆は主として馬借の行動として記録されている。しかし馬借の集住地（交通の要衝）から蜂起した故に農民と馬借が一体化していたのでこの認識になったのではないだろうか。一一月に奈良方面に侵入した土民は、

①北からは木津・和束《わつか》等・山城国南部相楽郡附近の一揆が平野・磐若寺を経て奈良市中へ、②西からは鳥見・生駒の一揆が西大寺・法華寺へ、③南部では、東の宇陀郡一揆が泊瀬《はつせ》および奈良盆地南部へ、という三つの大きな動きがある[41]。この圧力に屈して興福寺は現質・利銭・出挙を本銭三分の一での請出し、頼母子、五ヵ年以前の借書、去年以前の年貢未進の破棄等を規定した奈良市中の徳政令を発布した[42]。大和国では、「里別徳政」といわれるごとく、奈良市中の他にも宇田（陀）・吉野・柳生に[43]在地徳政が出されたと考えられる。

**播磨**では正長元年の末から翌年二月にかけて徳政一揆の蜂起があり、徳政令も出されている。東寺領矢野庄では徳政一揆の蜂起鎮圧の後、張本人が隠れているという理由で、守護方の軍勢が駐留し、農民の逃散がおこっている。東寺は守護軍の撤兵のために奔走している[44]。この事態は著名な「薩戒記」（正長二年一月二十九日条）の次の伝聞記事に照応している。

　或人曰、播磨国土民、如二旧冬京辺一蜂起、国中之侍悉攻之間、諸庄園代加レ之、守護方軍兵為二彼等一或失レ命、或被二追落一、一国騒動希代法也云々、凡土民所レ不レ可レ令三侍在二国中一云々、乱世之至也、仍赤松入道発向了者。

この記事については、多様な解釈がなされているが、蜂起した土民軍に「諸庄園代」（三職・土豪層）も参加し、「侍国中にあらしむべからず」というスローガンのもとに彼らの攻撃が国人や守護方等に加えられたと解しておきたい[45]。ここでは徳政一揆が事態の発展のなかで、反守護闘争として展開していることがうかがえる[46]。また揖保川中流域の播磨一宮の伊和神社文書に、正長元年一一月一九日に徳政と号して土一揆が押しかけ、文書が焼失したことが記されている[47]。

**丹波**では、正長二年二月に、大山庄一井谷の百姓が、政所を焼き、中間を殺害したことを謝罪する請文が書かれている[48]。これは「満済准后日記」（正長二年二月五日条）丹波国土一揆に照応すると思われる。

　丹波国土一揆以外蜂起之間、守護明日可レ遣レ人。仍寺社権門領等之領内ニ専此一揆在レ之、厳密ニ可レ致二其沙汰一

処、自二方々一被二歎申一時、被レ閣者不レ可レ有二正体一也、此由可レ得二上意一、次如二播磨国諸権門領等一可レ致二其沙汰一旨、可レ被レ下二御教書一旨同申入了。

丹波国の土一揆の蜂起とその鎮圧のために、守護が軍勢派遣を行なっている。この場合に寺社権門領が弱い環として土一揆の多発地域となり、その鎮圧入部に向かうと荘園領主の側から、苦情が出される。放置しておくとどうにもならない事態に陥るという、土一揆をめぐる荘園領主と守護の矛盾、ジレンマが表明されている。ここで播磨と同様に守護が土一揆鎮圧を行なうよう御教書を下さるべき旨が上申されている。

**伊勢**では、正長二年七月に伊勢神宮の山田の地下人が神人を攻撃し、多数の死傷者を出しているが、その原因が「先山田神人ト地下人ト徳政ノ事に付テ」であり、[49] おそらく祠堂銭をもとに高利貸的行為を行なう神人に対し、地下人の蜂起（徳政一揆）となったと考えられる。

その他、**摂津**や**河内**でも、[50] 徳政一揆ないし徳政令を示唆する史料が残されている。

以上、正長の徳政一揆は、近江・京都を出発点にして、各地方に急速に波及・拡大していき各地域の高利貸資本に攻撃をかけ、その地域の守護あるいは諸権力から徳政令を引きだすという闘争が展開された。

## 4　嘉吉の徳政一揆

嘉吉元年（一四四一）、辛酉の年という支配層の不安のなか、赤松満祐の将軍義教暗殺、山名氏の赤松討伐という最大の政治的危機のなかで、徳政一揆の蜂起が行なわれた。土一揆は「代始此沙汰先例」[51] と称して、正長の徳政一揆が義教の就任、代始であったのを例に引いて蜂起した。八月に近江では各地で一揆の蜂起があり、在地徳政が出され、[52] 八月末には京都に及んでいる。九月三日、京都周辺の郷村で、蜂起が行なわれ、その台風の眼の地域として、坂本・三井寺・鳥羽・竹田・伏見・嵯峨・仁和寺・賀茂辺があげられている。蜂起した土民軍は惣郷ごとに移動を開始

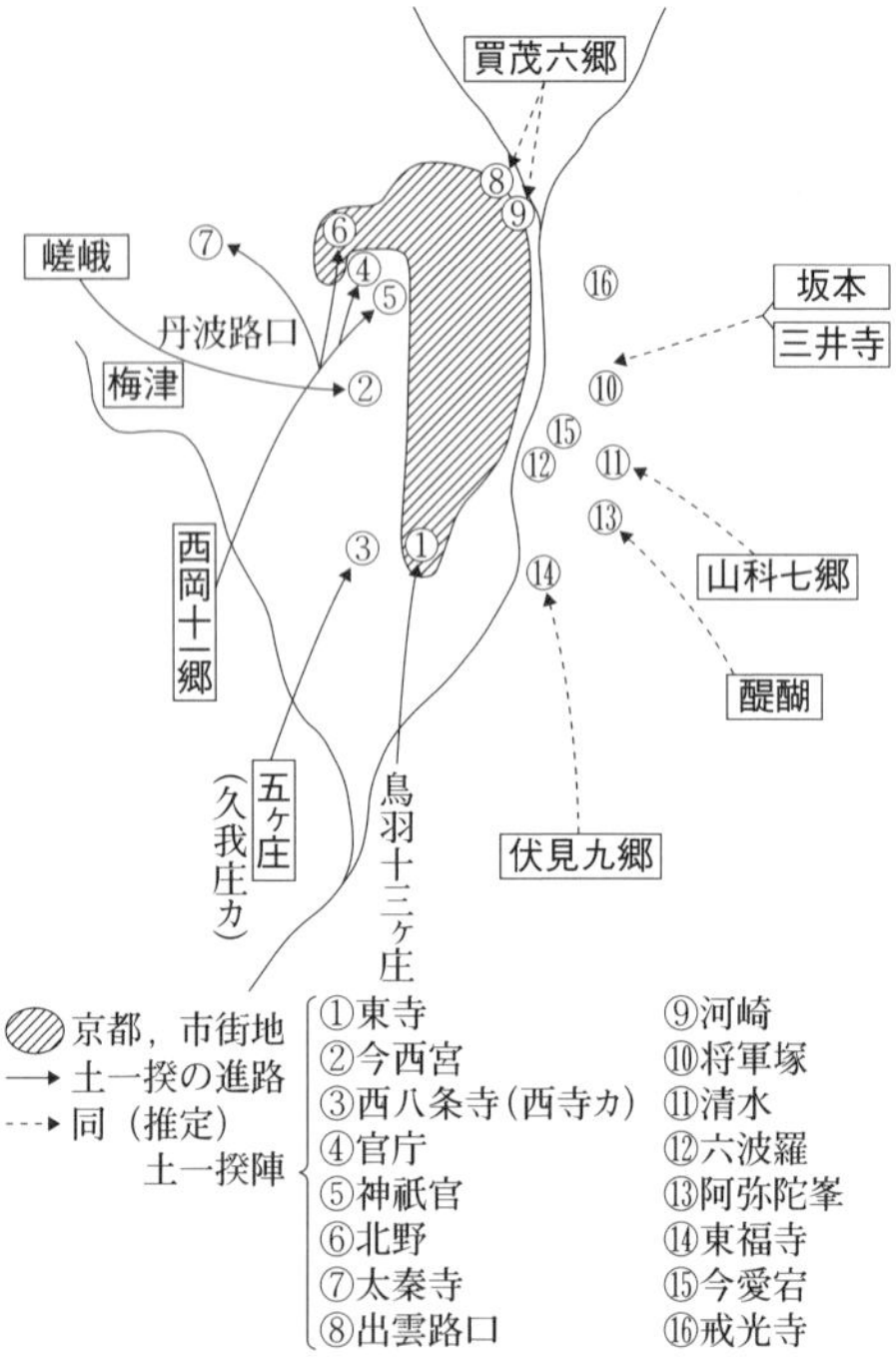


**図１　嘉吉の徳政土一揆**

し、京都縁辺の要地・寺社等を押えて一六ヵ所の陣をしいて、都市を包囲した(53)。そしてその周辺の高利貸資本（土倉・酒屋・寺庵）に圧力をかけ、借書破棄・質物奪取を行ない、洛中に侵入して、著名な土倉等を襲った。正長の徳政一揆の場合と異なり、幕府に要求をつきつけ徳政令を引きだす戦術をとった。

管領（細川）・山城守護（京極）等はこの状況のなかで武力発動を有効に行なえなかった。その原因は、①土民の蜂起がいっせいであり、「土民数万之間不㆓防得㆒」という状態であった。②細川―畠山等守護大名間の対立があり、山名は赤松攻めに行き、六角は山門（延暦寺）と対立の余波をうけ馬借に攻撃されて近江に没落するという状況であった。③守護の山城各地の在郷被官が、惣規制で土一揆に組織されていた。以上の状況のなかで、管領・守護の武力発動はできず、結果的には中立的な立場をとらされてしまった。そのなかで徳政令発布をめぐって人民の側（「土民」）と幕府との訴――法令公布という形での交渉は次の順序を追って行なわれた(54)。

①当初幕府は徳政令の適用範囲を「土民」に限定しようとしたが、「土民」は、全階層への適用を要求し、要求がいれられないと、寺社に放火すると威嚇した。これは公家は後日の罪科を恐れての主張だ、と評しているが(55)、全体の貸借関係の破棄のなかでしか、個別階層の破棄は事実上実現しないということにたいする鋭い人民の側の洞察による

ものであろう。

②九月十二日令。山城守護京極持清の名で、「一国平均の徳政令」が、京都周辺の街道の六口に制札として立てられた(56)。これは人民の要求に屈して、布告をするという画期的なものである。

③「土民」の側から、布告にしたがい貸借関係の破棄を銭主に要求すると、永代沽却地、年期契約の取返しが実現しない。永代沽却地を含めて、委しく制札に載せよ、という要求が出される(57)。

④閏九月十日令。永代沽却地への適用を「領主のはからい」という限定つきで認める内容の九項目の徳政令条目の発布(58)。

⑤この条目について山門（延暦寺）側が永代沽却地を破棄されると多くの売得地をかかえた山門は「一山滅亡」になるとして強訴(59)。

⑥閏九月十八日令。永代沽却地を適用除外とした九項目の徳政令条目の発布(60)（最終決定）。

この間幕府は人民と高利貸資本のあいだに立って、支配層の利益を擁護しつつ、第三者的なよそおいをもって、諸階級の利害の調整という国家機能の行使を行なった。最大の争点は永代沽却地の適用の問題であったが、「土民」の側が、その壁を破ることはできなかった。しかし法令のうえでの結着にもかかわらず事実上在地では永代沽却地の取戻しの運動は継続された。嘉吉三年（一四四三）西園寺家領鳥羽十三ヵ荘のうちの塔森船渡代官山本弥次郎は「徳政張本人」として、徳政と号して永代沽却地を取戻したことが罪科に問われ、管領から処断されている。これを聞いた鳥羽附近の「徳政張本輩」がいっせいに逐電したということから(61)、徳政令の条文を越えて、運動が進展していたと考えられる。

次に注目さるべきは、九月十二日令から閏九月十日令の発布されるあいだに、徳政令が「一国平均」（山城一国）から「天下一同」（全国）へと変化していることである。従来、この変化については十分着目されず、これに注目した永原慶二氏にあっても、この変化の過大評価をいましめている。[62] しかし嘉吉の徳政一揆が、正長の場合のごとく、地方各地へ波及をせずに京都に収斂してしまったのはなぜかと考える時、嘉吉の徳政令の他地域への効力の過小評価は再考の余地があるように思われる。すなわち、正長の徳政一揆のごとく、徳政令の引きだしのための闘争はする必要はない。そのうえのつみ重ねが課題となっているということである。嘉吉の徳政令にもとづく、貸借関係破棄の事実は、山城以外の地で摂津・丹波・豊前等に認められる。[63] 京都周辺地帯住民の蜂起が獲得したこの成果を基礎条件に、その他の地域の人民が、具体的に貸借関係を破棄し、自らの生活破壊を阻止し、ないしは生活条件を向上させる行動をおこない荘園体制からの解放をめざしたものと考える。[64]

## 5　二つの一揆の評価

①正長で守護ないし在地徳政令を引きだし、それを足がかりに「代始先例と号して」嘉吉では幕府徳政令を引きだすことに成功した。徳政令は貸借関係を破棄し、高利貸資本の収奪に組み込まれた剰余労働の搾取の一定部分を奪回する生活要求の権利の法的形式を獲得したことになる。もちろん法的形式だけで、スムーズに貸借関係破棄が実現したとはいえない。[65] しかし実現のための一つの大きな壁を突破した点は認めうると思う。

②権力内部の矛盾を衝いて、人民闘争がおこり、これはさらに権力内部の矛盾を激化させる。正長・嘉吉の徳政一揆は、幕府・守護体制の強力な守り手（最後の輝き）であった足利義教専制政権を実質的に崩壊させた。この点は土一揆多発地帯での権力分裂の著しいことから間接的に証明できる。そして応仁・文明の乱という権力内部の矛盾の爆発（内乱）に結果させる。以後の幕府権力は、国家権力であるかぎり、全領主階級に認定した各地域の散在的所領知行権の擁護者でなければならず、実体は、この知行権は地方の守護や国人によってふみにじられ、あるいは土一揆の抵抗にあって空洞化している、この矛盾のなかに没落の道を歩む。

③荘園公領制の解体の推進と最終段階への移行を実現する。すなわち高利貸資本が国家権力と領主階級に癒着し、その相互依存によって支えられている体制に一定の打撃が与えられ、一方では都市高利貸資本の一定の切断によって、その成果をより多く取得した在地における土豪層の成長（土地集積）が著しく、地主的土地所有の進展をみ、農民は領主的収奪と地主的収奪の二重の規定性をうけるようになる。

④人民の側からみると、荘園公領制からの一定の解放を実現するも、農民層分解は促進され百姓結合は分裂の方向にむかい、土豪の地主化に伴う新たな隷属関係に包摂される危機をはらむ。この点では人民闘争の成果は主体の人民の豊かな発展に帰結するとは単純にいえず、それは、幕藩制の成立に向けて、全社会体制と権力形態を変質させていく点に人民闘争の評価の視点がもっと与えられるべきと思う。(66)

## 結　び――中世後期人民闘争への展望

正長・嘉吉徳政一揆は中世後期人民闘争の出発点である。これから応仁・文明の乱を経て、国一揆・一向一揆・戦国の動乱の総過程を、人民闘争が権力内部の矛盾・対立とからみあいながら国家権力が変質・移行していく過程として解き明かす必要があろう。この過程は、国一揆（たとえば山城国一揆）を媒介にして、百姓結合をイデオロギー的に再編強化した一向一揆と、脱百姓化、土豪政権の面をさらに強化して大名領国制と、二つの方向で、中世後期の在地の変化に適合的な権力編成の模索を行なうと考える。そして具体的な方向での結着を与えるのは人民闘争のあり方であると考える。以上の見通しを述べ、粗雑な論考を閉じたいと思う。

〔注〕

（1）村田修三「土一揆論の再検討」（『新しい歴史学のために』一二二号、一九六七年）。

（2）稲垣泰彦「応仁・文明の乱」（『岩波講座日本歴史　中世三』岩波書店、一九六三年）、「土一揆をめぐって」（『歴史学研究』三〇五号、一九六五年）、永原慶二『下剋上の時代』（『日本の歴史一〇』中央公論社、一九七四年）、「嘉吉徳政一揆の性格について」（『一橋論叢』六四編五号、一九七〇年、『日本中世社会構造の研究』岩波書店、一九七三年に収載）、黒川直則「徳政一揆の評価をめぐって」（『日本史研究』八八号、一九六七年）、「中世後期の農民一揆と徳政令」（『日本史研究』一〇八号、一九六九年）、「中世後期の農民闘争――土一揆・国一揆」（『講座日本史3』東京大学出版会、一九七〇年）、北爪真佐夫「中世後期における国家と人民――徳政一揆を中心として」（『歴史学研究』三三九号、一九六八年）。

（3）上島有『京郊庄園村落の研究』（塙書房、一九七〇年）、太田順三「播磨に於ける正長―永享の国一揆について」（『民衆史研究』七号、一九六九年）、田端泰子「徳政一揆に関する一考察」（『中世の権力と民衆』創元社、一九六〇年）。

（4）永島福太郎「正長土一揆の過程」（『日本歴史』二〇二号、一九六五年）、桑山浩然「正長元年の徳政令は存在するか」（『中世の窓』九号、一九六一年）、「室町時代の徳政」（『中世の社会と経済』東京大学出版会、一九六二年）、「徳政令断片」（『月刊歴史』一号、一九六八年）。

（5）脇田晴子『日本中世商業発達史の研究』（御茶の水書房、一九六九年）。佐々木銀弥『中世商品流通史の研究』（法政大学出版局、一九七二年）。

（6）新田英治「室町時代の公家領における代官請負に関する一考察」（『日本社会経済史研究』中世編、吉川弘文館、一九六七年）、瀬田勝哉「中世末期の在地徳政」（『史学雑誌』七七編九号、一九六八年）、須磨千穎「土倉の土地集積と徳政」（『史学雑誌』八一編三号、一九七二年）、北爪真佐夫「徳政一揆把握のための一つの視点」（『月刊歴史』二五号、一九七一年）。

（7）佐藤進一「室町幕府論」（『岩波講座日本歴史　中世三』岩波書店、一九六三年）、田沼睦「室町幕府と守護領国」（『講座日本史3』東京大学出版会、一九七〇年)。

(8) 峰岸純夫「室町・戦国時代の階級構成」(『歴史学研究』三一五号、一九六六年)、小山靖憲「日本中世成立期の身分と階級」(同三二八号、一九六七年)、藤木久志「戦国期の権力と諸階層の動向」(同三五一号、一九七〇年)。

(9) 河音能平「前近代の人民闘争」(『歴史評論』二二九号、一九六八年)、義江彰夫「中世移行期における支配イデオロギーと人民闘争」(『歴史学研究』一九七〇年別冊『歴史における国家権力と人民闘争』)、黒田日出男「中世成立期の民衆意識と荘園体制」、戸田芳実「前近代人民闘争論の課題と方法」(以上、『歴史学研究』一九七一年別冊『世界史認識と人民闘争史研究の課題』)。

(10) 本章は「中世後期人民闘争についてのノート(下)」として『歴史評論』の原稿として準備したもので、はからずも大会報告となってしまったが、内容は私自身のノートの域を全く出ていない。

(11) 北爪真佐夫氏前掲注(2)。この報告は鎌倉期の銭貨の流通や京上役にたいする農民の闘争、中世後期の徳政一揆と反銭という二つの時期のそれぞれの問題、換言すれば銭貨流通・収奪と農民闘争を追求することによって国家と人民の関係、そして政治闘争の問題を解明しようと意図した報告であった。そのスケールの大きさが災いしてか、意図が十分説得的でなかったとはいえ、報告と討論において問題点はすべて出尽している。この方向がその後の歴史学研究会の中世史部会の活動のなかで、十分継承されなかったことを反省しつつ本報告を作成した。

(12) 永原慶二「一九七一年度大会報告について」および総合部会討論要旨(とりわけ熊野聡氏の発言)(『歴史学研究』一九七一年別冊『世界史認識と人民闘争史研究の課題』)、神田文人「『人民闘争史』についての感想」(『歴史学研究』三七九号、一九七一年)、上横手雅敬「一九七一年回顧と展望、中世二」(『史学雑誌』八一編五号、一九七一年)、しかし巷に聞く多くの批判の割に意外に文章化された批判は少ない。

(13) 戸田芳実「前近代の人民闘争について」(『歴史学研究』三七二号、一九七一年)。

(14) 「表現形態」の用語は『日本史研究』一〇四号(一九六九年)の大会討論要旨のなかの犬丸義一氏の発言として戸田

氏によって紹介されたものによる。犬丸氏はまた「人民闘争史という場合、マルクス主義的には、階級闘争の現象形態ですから、本質的には階級闘争の歴史としてとらえられるので、この二つのことは変わりないわけです」（傍点峰岸）（「近現代の人民闘争＝階級闘争史の分析方法」『歴史を学ぶ人々のために』）と述べている。「表現形態」「現象形態」のどちらを使用してもよいと思うが、一応前者を使っておく。その理由は犬丸氏にあっては、人民闘争と階級闘争を現象と本質の表裏の関係として把握しているが、これでは、階級闘争史の再把握をめざすという研究史上の要請としてのメリットは認められるが、新たな概念として設定する理由が弱いのではないかと思うからである。研究史上の要請という点に関していえば、当該段階の基本的な階級関係のみを対象にした狭い階級闘争論から脱皮するために、「新しい酒は新しい皮袋に」というのでより高次の階級闘争論構築のために、人民闘争論が提起されたという見解もある。この二つの見解では、何も目先を変えて、人民闘争などといわなくてもよい、という意見を納得させえない。

(15) 戸田芳実氏前掲注（9）において、農民一揆を「基本的階級闘争」としている。この用語を借用したい。

(16) 佐藤和彦「南北朝期の人民闘争——永和三年矢野荘における『惣荘一揆』の検討」（『歴史学研究』三三六号、一九六八年）は、この観点から見ると、人民闘争でなくて農民闘争と規定すべきと思う。人民闘争は国家に対置する人民の闘争として使いたい。

(17) 永原慶二「日本における封建国家の形態」（『国家権力の諸段階』岩波書店、一九五〇年）において鎌倉時代の二重政権論が提起された。公家政権の基礎を古代的ととらえる点は疑問を持つが、権力構築のあり方の異なった両政権の併立でとらえる点は支持しうる。佐藤進一「室町幕府開創期の官制体系」（『中世の法と国家』東京大学出版会、一九六〇年）の提起した将軍権力の二元性の問題は、この二重政権の克服過程で、必然的に持たざるをえない問題と考える。南北朝内乱は権力構造にのみ関していえば、この二つの問題の同時解決を課題としたと考える。現象的にも足利氏の南朝政権の打倒と観応の擾乱以後の足利氏の内紛とその克服の二重の過程をとっていることでも理解できよう。

(18) 田沼睦「室町幕府と守護領国」（『講座日本史3』東京大学出版会、一九七〇年）によって、守護を地域的封建権力ととらえる「守護領国制論」の総括がくだされ、幕府・守護体制の範疇が定着したかに見える。しかし幕府・守護体制がいかなる基礎構造のうえに構築されている権力かの提起なしには、「守護領国制論」に破産を宣告することはできない。
(19) 佐藤進一「室町幕府論」(『岩波講座日本歴史　中世三』岩波書店、一九六三年)、田沼睦氏前掲注(7)。
(20) 高利貸資本を無前提に持ちだすことは、非歴史的のそしりを免れえないが、ここでは荘園体制の展開の枠のなかで、成長し、機能している存在とのみ規定しておく。
(21) 代官請負については新田英治「室町時代の公家領における代官請負の一考察」(『日本社会経済史研究』吉川弘文館、一九六七年)、須磨千頴「土倉の土地集積と徳政」(『史学雑誌』八一編三号、一九七二年)。高利貸資本の農村収奪の事例については、上島有『京郊庄園村落の研究』第五章。
(22) 渡辺世祐『関東中心足利時代の研究』(雄山閣、一九二六年、復刊、新人物往来社、一九七一年)。
(23) 太田順三「『嘉吉の乱』と山名持豊の播磨進駐」(『民衆史研究』九号、一九七一年)。
(24) 「満済准后日記」、「看聞御記」、太田氏前掲注(3)。
(25) 「満済准后日記」永享三年五月十二日条。
(26) 峰岸純夫「村落と土豪」(『講座日本史3』東京大学出版会、一九七〇年)。
(27) 馬借についての独自の研究が、牧野信之助「初期の馬借集団」(『史林』一五編一号、一九三〇年)、野田只夫「馬借集団の活動とその構造」(『歴史地理学の諸問題』一九五二年)の二編を除いてなく、この二論文も史料の制約上戦国期の馬借に重点を置いている。
(28) 服部之総『蓮如』(福村書店、一九七〇年)六六—六七、二四〇頁。
(29) 石田善人「郷村制の形成」(『岩波講座日本歴史』中世四、一九六三年)、峰岸純夫「一五—一七世紀の人民闘争(ノート)上」(『歴史評論』二五三号、一九七一年)。
(30) これを封建的隷属農民と規定する河音能平『中世封建制成立史論』(東京大学出版会、一九七一年)と、国家的奴隷制として把握せんとする芝原拓自『所有と生産様式の歴史理論』（青木書店、一九七二年）の見解が対立している。

(31) 峰岸前掲注(26)。

(32) 三浦周行「徳政の研究」（『法制史の研究』下、岩波書店、一九四四年）、桑山浩然「徳政令断片——正長の徳政令をめぐって」（『月刊歴史』一号、一九六八年）、なお寺社興行の徳政の例として宝徳二年（一四五〇）の東国における関東公方足利成氏の徳政があげられる。すなわち鶴岡八幡宮領武蔵（青木村）、相模（早河庄久富名内、阿久和郷内、桑原郷内、筥根山関所）の沽却地が鶴岡社に「為二徳政一所二返付一」となった（「鶴岡八幡宮文書」宝徳二年十月二十九日足利成氏御教書、大庭文書宝徳二年九月二十一日足利成氏御教書）。このような例は、相模の法華堂領等の沽却地が相承院に返付され（「法華堂文書」宝徳二年十二月二日足利成氏御教書）、常陸でも鹿島社領沽却地の徳政返付が問題となっている（塙不二丸氏所蔵文書、宝徳二年十二月八日前下野守某書状）。これらは宝徳元年関東公方に就任した足利成氏の代始の寺社興行徳政で嘉吉の徳政令の一定の影響のもとで行なわれたものと考えられる（史料について佐々木銀弥氏のご教示を得た）。

(33) 「建内記」嘉吉元年九月十四日条。

(34) 「大乗院日記目録」正長元年九月条、これは尋尊の記した（整理した）ものにちがいないが、尋尊の生年は永享二年（一四三〇）、大乗院門跡には永享一〇年（一四三八）〜永正五年（一五〇八）になっている。尋尊は前任者（おそらく経覚か）の日記を読んで、その地の文をそのまま記したのであろう（黒川直則氏のご教示による）。

(35) 永享五年三月二十八日小二郎左衛門田地売券（『大徳寺文書』四巻—一六八三）、桑山浩然前掲注(32)。

(36) 「満済准后日記」正長元年九月十八日条。

(37) 「社頭之諸日記」正長元年十一月条。

(38) 「建内紀」嘉吉元年九月六日条、「大乗院日記目録」正長元年九月条「管領成二敗之一」はこの事態を示す。

(39) 東寺百合文書キ、桑山浩然「正長元年の徳政令は存在するか」（『中世の窓』九号、一九六四年）。

(40)「社頭之諸日記」正長元年十一月条。
(41)「社頭之諸日記」、「転害会施行日記」、永島福太郎「正長土一揆の経過」(『日本歴史』二〇二、一九六五年)。
(42)正長元年十一月徳政条目(薬師院文書)、これを奈良市中徳政と考える点は黒川直則氏のご教示による。
(43)柳生の徳政碑文、永島福太郎「正長土一揆の経過」(『日本歴史』二〇二号、一九六五年)。
(44)東寺百合文書オ二六—四六、同ち三—三、東寺廿一口方評定引付。
(45)太田順三「播磨に於ける正長——永享の国一揆について」(『民衆史研究』七号、一九六九年)はこの条の解釈についての研究史を整理した後、「加レ之」を「ノミナラズ」と訓ませて、諸荘園代を守護方に加えている。本章はこの新見解をとらない。
(46)播磨の土一揆を徳政一揆、または国一揆のどちらに重点を置いてとらえるかはその性格規定を明らかにするうえで重要である。稲垣泰彦「土一揆をめぐって」(『歴史学研究』三〇五号、一九六五年)は国一揆と評価するが、徳政一揆としてとらえるべきという岸田裕之「守護赤松氏の播磨国支配の発展と国衙」(一)(『史学研究』一〇四号、一九六八年)の(注22)の提言に賛成する。太田順三氏前掲注(45)は内容的には徳政一揆の理解に立ちつつも、表題のうえでは国一揆ととらえ、折衷的である。
(47)永享二年一月二十五日光景売券、桑山浩然氏前掲注(32)。
(48)正長二年二月十九日大山庄百姓等請文案(東寺百合文書ノ三四—四〇)。
(49)「満済准后日記」正長二年七月二十日条。
(50)『大徳寺文書三』、文明三年十月三日道金田畠目録、「叡福寺月行事日記」、桑山浩然氏前掲注(32)。
(51)「建内記」嘉吉元年九月三日条。
(52)大嶋奥津嶋神社所蔵、嘉吉元年八月徳政条目、瀬田勝哉「中世末期の在地徳政」(『史学雑誌』七七編九号、一九六八年)。

(53) ①「建内記」嘉吉元年九月三日条および②東寺執行日記同年九月五日条、永原慶二「嘉吉徳政一揆の性格について」(『一橋論叢』六四巻五号、一九七〇年)はこの二史料にもとづいて、嘉吉の徳政一揆の主力部隊を京都南西郊方面のものとしている。しかし、①も坂本・三井寺、賀茂をあげているし、②は筆者の眼を東寺に置く故に、南西部の状況については蜂起の場所、人数、陣の場所等記述が詳しい。東北部については陣の場所のみ記すという精粗がある。この点を考慮すると氏の結論は引き出しえない。この包囲のなかで六角氏宿所の焼打が近江の馬借の手によってされているところからみて、坂本・三井寺等で蜂起した馬借等も、長駆して洛東の将軍塚あたりに陣したとも考えられる。

包囲の動員人数は、東寺(二〇〇〇~三〇〇〇)、今西宮(一〇〇〇)、西八条寺(一〇〇〇)、官庁・神祇官・北野・太秦の四ヵ陣(二〇〇〇~三〇〇〇)の七陣で六〇〇〇~八〇〇〇人であるから一六ヵ所の陣で推計一万六〇〇〇人前後ということになる。永享六年山門神輿入洛に備えて領主によって動員された伏見庄の郷民の数は、小川・三木・内本・岡・芝等七人の地侍とその下人五〇人六ヵ村百姓三〇〇余人とほぼ四〇〇人前後となっている(「看聞御記」)。一揆の蜂起に際しては、さらに、上まわった動員が可能と考えられるが、一つの惣郷の動員能力の一つの目安になろう。蜂起の場所と一六ヵ所の陣の所在を図にした。五ヶ庄を久我庄に比定した点は、後考にまつ。

(54) この交渉過程の分析は、黒川直則「中世後期の農民一揆と徳政令」(『日本史研究』一〇八号、一九六九年)、永原慶二氏前掲注(53)に詳細な分析がある。

(55)「建内記」嘉吉元年九月十二日条、この時の「土民」の発言「土民等無二殊借物一、無二殊質物一、公家・武家人々切迫之条痛敷相存之間、所二張行一也」を稲垣泰彦「応仁・文明の乱」のごとく、字句どおり「土民」は土倉に借物・質物なしととらえ、土一揆の徳政要求の基礎を武士層に置くという見解を引き出すか、行事を合理化するかなりな政治的発言ととらえるか意見の分かれるところであろう。

(56)「建内記」嘉吉元年九月十四日条。

(57)「建内記」嘉吉元年閏九月三日条。

(58)「建内記」嘉吉元年閏九月十二日条。

(59)「公名公記」嘉吉元年閏九月二日条。

(60) 室町幕府法追加、嘉吉元年徳政条目（『中世法制史料集』二巻、岩波書店、一九五七年）。

(61)「公名公記」嘉吉三年二月九日条。

(62) 永原慶二前掲注(53)。

(63) 摂津国垣庄氏代官福家次郎から領家中原康富は年貢を引きあてに借銭したが、「御徳政御大法」によって破棄された（「康富記」嘉吉二年六月十二日条、黒川直則「中世後期の農民一揆と徳政令」『日本史研究』一〇八号、一九六九年）。しかし在京領主と現地の代官との関係なので純粋な徳政令の地方適用の事例とはいい難い。次に丹波国隼人保の場合は、畠一反が穴太道法から次のように伝領された場合の徳政令適用の事例である。

道法 ─(A)（年紀質流れ）→ 玄成（父）……→ 三郎次郎（子）─(B)（永享八年永代沽却）→ 願法（父）……→ 三郎九郎（子）

「去々年（嘉吉元）九月徳政之大法」によって、(A)が徳政令の対象となり、この時点の所持者三郎九郎は道法への返却を履行せず、結局、「国之大法」（徳政令）に本役公事の対捍と隠田の科が附加され、領主は下地を没収し、道法に与えた（「康富記」嘉吉三年五月十五日条、黒川直則「徳政一揆の評価をめぐって」『日本史研究』八八号、一九六七年）。

豊前国の場合は、本物返の宇佐郡向野郷内の畠四反の例で、「御徳政大法」によって、宇佐宮社家幡手房佐から社家永弘光世より権利を相続した円通寺住持方へ返却し改めて、下作職を請負っている（永弘文書、嘉吉三年五月二十一日幡手房佐下作職請状）。

(64) この点は、一つの想定にとどまらざるをえなかったが、報告直後、川崎千鶴氏のご教示により若狭国太良庄の好事例を知った。これは網野善彦『中世荘園の様相』（第二版、塙書房、一九七一年）において、初版において文安の徳政一揆の史料としたものを第二版では嘉吉の徳政一揆に訂正したものである。

(A)（嘉吉元年）十一月二日為然（岡弘経）書状（東寺百合文書ヌ一—一二）……御奉加借米事、総も地下趣雖可申候、地下人無沙汰に候間責伏処ニ申候様ハ徳政事ハ日本国平きんに行候、取わけ当国事ハなにと様なる借物にても候へさた申へからす候由つちいつき置定候之間、引かけ一大事候、沙汰申始候ハヽ、此庄之難儀にて候へき間、計会此事にて候、可然様に申候て預御扶持候ハ可畏入候……

(B)（嘉吉元年）十一月太良庄百姓申状（東寺百合文書ツ三五—三八）……一、宝蔵御造栄米之事、蒙仰候、京都ニハさやうニ御座候共、田舎の大法者、神社仏物ときらわす徳政ニやふり候、此御米ニかきり候て沙汰仕候ハヽ、又とくせいをあらたむるにて候、さやうニ候ハヽ、御領もわつらい候ハんと存候、別而御奉加にハまいり候共、此御米者沙汰仕候ハん事難儀と存候、平ニ御扶持可蒙候、……

嘉吉の徳政令の配布にともないこの地域では、「土一揆の置定」（田舎の大法）を作って、いかなる借物でも沙汰しないことを決めた。したがって、これを理由に東寺の宝蔵御造営米（臨時賦課）を拒否しているのである。徳政令をのり越えて、京都ではそうであっても田舎では……という在地の論理で拡張解釈し、事を行なっているのである。網野氏の新たな年代比定によって新たな意味づけを与えられたこの二つの史料は、嘉吉の徳政令の効力をおよそ山城の範囲に限定しようとする考え方に反省を求めるものと考える。

(65) この点は黒川氏前掲註(63)が、くり返し述べているところである。

(66) 宮原武夫「新しい『土一揆』学習の試み」（第三回千葉県歴教協研究集会報告、一九七〇年、『歴史教育と民衆』吉川弘文館、一九七四年に収載）に見られるごとく歴史教育の側から、敗北史観をいかに克服し、勤労人民がいかに歴史を前進させていくのか、そして、その問題を歴史具体的にいかに明らかにしていくかという提起がされている。

# 第五章　中世百姓の「去留の自由」をめぐって

## はじめに

鎌倉幕府の基本法として、幕府の裁判の規範を示すために、貞永元年（一二三二）に北条泰時によって編纂された『御成敗式目』の条文のなかで、「百姓逃散の時、逃毀と称して、損亡せしむる事」と題する式目四二条ほど、研究者の熱い眼差しが注がれ、激しい論争になった条文はほかにはないであろう。この条文は次のようなものである。

一、百姓逃散時、称二逃毀一令二損亡一事
右諸国住民逃脱之時、其領主等称二逃毀一、抑二留妻子一奪二取資財一、所行之企甚背二仁政一、若被二召決一之処、有二年貢所当之未済一者、可レ致二其償一、不レ然者、早可レ被レ糺二返損物一、但於二去留一者宜レ任二民意一也、

（一、百姓逃散の時、逃毀と称して、損亡せしむる事
右、諸国の住民逃脱《ちょうだつ》の時、その領主ら逃毀《ちょうき》と称して、妻子を抑留《よくりゅう》し、資財を奪い取る。所行《しょぎょう》の企てははなはだ仁政に背く。もし召し決《けつ》せらるゝの処《ところ》、年貢所当《しょとう》の未済あらば、その償いを致すべし。然《しか》らずば、早く損物を糺《ただ》し返さるべし。但し去留《きょりゅう》においてはよろしく民の意《こころ》に任すべきなり。）

この一〇〇字足らずの条文をどのように解釈するかという問題は、中世百姓の法的地位や百姓の逃散のあり方に関

連し、中世社会論の中心問題といっても過言ではない。本章ではこの条文解釈の問題を中心に据えて研究史を概括し、合わせて私見を述べたいと思う。

## 一　中世社会と式目四二条

### 1　戦前の研究

式目四二条については、戦前に鈴木良一氏が注目し、(1)「去留民意文言」（但し書きの部分、後述する黒田弘子氏の命名による）について植木直一郎氏が「居住の自由を保障したるは、注目すべき立法と謂《い》はねばならぬ(2)」とした点を批判的に検討する。そして逃散と逃毀が区別され、逃毀は「民意」に任せていない。その両者の区分は「御成敗式目注」に、「逃散トハ、地頭ニ退屈シテ、逃散ノ人也、是ハ地頭ニ有過也、逃毀、年貢所当ヲ無沙汰逃散ス、コレハ百姓ニ有過也」とあるのを妥当な解釈とする。式目四二条では年貢所当の納付いかんに重点があり（逃毀）、農民の移動（逃散）には重点を置いていない。ここで禁じられた行為（妻子抑留、資財没収）は、たとえそれが非合法であるとしても領主の逃散防止の一手段として用いられ、事実上逃散は禁止され防止されたとして、法と実態の乖離を指摘している。なお鈴木氏はこの論文で、『法隆寺文書』大永七年（一五二七）「契定博奕《ちぎりさだむばくち》以下政道規式条々」の、

一、諸公物下地作スル百姓逃亡事、往古掟旨而罪科之上、高札被レ載レ之者也、但少未進而令二逃毀一之族者、非二沙汰之限一、又全未済而逃亡中仁依二員数多少一高札事、宜レ可レ被レ相二計之一者歟、

（一、諸公物下地《しょくもつしたじ》作スル百姓逃亡の事、往古掟《おきて》旨にて罪科の上、高札にこれを載せらるもの也。但し少し未進して逃毀せしむるの族《やから》は、沙汰の限りに非《あら》ず。また全く未済にて逃亡中の仁、員数の多少によって高札の事、宜《よろ》しくこれを相計らわるべきもの歟《か》。）

という一か条を紹介し、後述する黒田弘子・柳原敏昭両氏の「逃毀」文言の研究に寄与している。

戦後の研究では、永原慶二氏が、「百姓逃散の場合も、年貢の滞納がない限り去留は自由なのであり、移動の自由はここではまだ法的に制限されていない」とし、この規定は地頭領主制の展開がまだ不十分な段階で、荘園法・幕府法のもとで農民—名主に対する領主裁判権が体制的・法的に認められていない農奴制の未成熟の段階と位置づけ、この後に移動の自由はしだいに奪われていくとしている。(3)

## 2　一九六〇〜七〇年代の百姓論

この時期は、百姓論・下人論が盛行するなかで、藤木久志氏は、式目四二条の「奴婢雑人条」とこの四二条を関連づけて把握し、その後の在地領主法・戦国法を丹念に追究して、下人とは峻別された百姓が年貢未済がないという条件つきで去留の自由をもつという特質はその後も引きつがれ、中世を通じて領主層は百姓の人身・土地緊縛を体制的に実現しえなかったと結論づけている。(4)

一九七〇年代に入ると『中世政治社会思想（上）』が刊行され、編者の一人である笠松宏至氏はその注記のなかで「逃毀と称して」の語句を解読し、「逃毀」は逃亡者の残した財物を破壊し奪取する行為で、「称して」は「号して」と同じく、そこに合法的な根拠を求めていることとしている。(5) そして刑事事件では、いわゆる逃亡跡として警察権行使者の当然の権利として「逃毀」が行なわれた。この条で領主（主として地頭であろう）が「逃毀」と称してこの行為に出ているのは、刑事事件においては合法的な行為を、たんなる逃散（経済的な原因からの）にまで拡大適用せんとしている状態を反映しているのであろうと記している。この逃毀—領主による財物の破壊・奪取という説は、後に述べる入間田宣夫説が登場するまで多くの研究者によって支持され、農民逃散における在家の検封の問題と関連して研究された。

去留民意文言について、工藤敬一氏の「在地領主による農民の土地緊縛を一定限度以上認めることは、荘園領主との対立を激化させ、荘園制的秩序を前提とする幕府の統治権的支配の拡大を困難とするという観点からこの条文を理解すべき」という見解、[6]上横手雅敬氏の「この文言は、荘園領主側の抗議を回避するためのもので、この文言だけによって封建的緊縛の有無を論じたり、幕府論におよびその性格は古代的だとか封建的だとか議論するのは無意味である」などの指摘があり、[7]これを受けて笠松宏至氏はこれらの見解に同意し、また但し書きが「片言」「蛇足」であってもこれが記載されることによって、この文言が式目四二条を離れて一人歩きし始める可能性もまた否定しえないとしている。

磯貝富士男氏は藤木批判という形をとって、幕府による禁止の事実を支配的・現実的とするよりも、禁止の対象であった領主の行為を支配的・現実的とすることが妥当であるとし、この法令は百姓に対する土地緊縛とは次元が異なるとしている。そのうえで、年貢・公事の未進がある場合、百姓の家族または自身が奴隷（下人）となって償わねばならない実態（奴隷分解を随伴する社会体制）に関連して説明されなければならないと主張する。式目四二条の「可レ致二其償一」という規定の内容を、追加法二八七号「取流土民身代《みのしろ》事」などと関連づけて明確にすべきだと主張している。[8]

## 3　網野・永原・安良城論争

一九七〇年代に精力的に研究活動を展開した網野善彦氏は、平民（百姓）は武装の自由とともにこの式目四二条などによって移動の自由を与えられていたとし、このような平民（百姓）は自由民と規定すべきであると主張した。またこの去留民意文言において土民・平民（百姓）の移動の自由が保証されていることは明らかであるが、鎌倉時代を通じて地頭はこうした平民の自由を絶えず脅かし続けた。平民を下人化し、自己の隷属下に組み込もうとする地頭非法は各地で頻発したが、平民の抵抗も頑強に行なわれ、領家の力に頼り幕府に訴えてその自由を貫いた点も強調しておかねばならないと主張し、この自由の根拠を平民の共同体や「原始の自由」の残存に求めている。(9)

この見解に対し、永原慶二・安良城盛昭両氏が厳しい批判を加えている。永原氏は、去留の自由は地頭の不当な百姓身柄搦取等の行為の抑制に関しての規定であり、年貢・公事納入以前の百姓の移動は犯罪規定に該当するとされている以上、この百姓を一面的に自由民とするわけにはいかないとしている。(10) 安良城氏は、「年貢所当の未済」がなければという事態を鎌倉期農村の実態に即して検討されなければならないとし、中世農村では一年契約で年貢・所当が百姓に請け負われたとは考えられず、この去留民意文言は国衙領と荘園、同じ荘園のなかでも領家方と地頭方というように領主権が錯綜していて「諸方兼作《けんさく》の土民」となっている状況で、地頭方のみへの居住強制をしてはならないという百姓の居住権の保護条項と理解されるとしている。(11) これらに対して網野氏はその後、反批判を行なっている。(12)

一九七〇〜八〇年代前半は、この式目四二条の社会的背景をめぐって、百姓のもつ去留の自由（移動の自由）を強調する藤木・網野氏（とりわけ網野氏は百姓の自由民説を主張）に対して、「年貢・公事の未済を償わせる」側面を強調し、藤木・網野説を批判する磯貝・永原・安良城氏によって論争が行なわれた。しかし、「逃毀」の解釈についてはほぼ笠松説が共通の前提とされていた。

## 二　逃散と式目四二条

### 1　逃散の作法

一九八〇年に発表された入間田宣夫氏の論文は、この式目四二条論争に決定的な転回をもたらすこととなった。入間田氏は集団的な農民闘争である逃散を個別的な逃亡と峻別し、逃散は一味神水→連署申状・連署起請文→逃散と定式化し、農民はこのように一定の手続き（「逃散の作法」）を踏んで闘争を行なったことを実証し、このような手続きを踏むかぎり合法的な闘争として位置づけられていたと主張する。この「逃散の作法」の背景には、式目四二条において年貢・所当の未済がないという条件のもとで百姓の去留の自由が認められており、年貢・公事を進済のうえならば逃散が正当化されるという当時の法意識が存在していたと主張する。さらに「逃毀」については、これを領主側の百姓経営の破壊行為とする笠松説を史料的根拠がないと批判し、これは年貢未進などの緩怠をして逃散をする農民の行為と規定し、後の研究に大きな影響を与えた(13)。

この入間田説に対しては、田村憲美氏の批判がある。田村氏は年貢完納のうえで逃散するということはどういうことか、逃散時には年貢・公事をめぐる争点があるはずで、未進があるかどうかは客観的に明らかにしえないとし、この法令は年貢未進の有無にかかわらず、百姓逃散時の留守宅に対する強制執行（「追捕」）を非法としているものであると主張している(14)。

## 2　安良城氏の新説とその批判

安良城盛昭氏は、この入間田説の「逃毀」解釈を採用したうえで、去留民意文言を百姓の移動の自由と解釈する網野善彦氏などの説を全面的に批判する。その方法は式目四二条と仁治三年（一二四二）の式目追加一八二条および建長五年（一二五三）の同二八九条というほぼ類似の内容をもつ二つの条文を比較検討し（一七三頁、表1参照）、去留民意文言は百姓の去留の自由（移動の自由）とは無関係で、逃散によって地頭館に抑留されている妻子・所従《しょじゅう》などのその場からの去留を問題としている条項である、との新説を打ち出している(15)。

安良城論文の発表直後に黒田弘子氏は、徹底した研究史のうえに立って自説を展開している。黒田氏は、入間田論文の提起した「逃毀」は年貢・公事を未進して逃散する農民の行為という仮説を諸史料を駆使して立証し、また逃散と逃亡を区別する説を援用している。そして去留民意文言を妻子・所従の地頭館からの去留問題とする安良城氏の見解を批判し、この去留を従来は所領や地頭館などの場所からの去留としていたことに対して領主からの去留としたうえで、債務を理由とする領主非法（百姓の下人化）を禁じたものと位置づけている。この点では去留民意文言を移動の自由とする説を批判する安良城説と、結論のうえでは同一の線上に立つことになる。なお、黒田説では農民の逃散の場合、妻子は家に留まり留守宅を守るという注目に値する位置づけを与えている(16)。

鈴木哲雄氏は、去留の自由が中世農民に認められた前提を探るため、一一世紀中葉の東大寺領越後《えちご》国石井荘の百姓の逃散事例を検討し、百姓の「逃去」自体は問題にはされず、地子の弁済がなされないことが不当なものとして荘司によって主張されているとしている。そしてこのような去留の自由が認められている社会的前提を、浪人を招き据えて開発が行なわれるという社会構造に求めている(17)。

柳原敏昭氏は以上の諸研究を総括したうえで、基本的には入間田説に立って論を展開する。柳原氏は冒頭に記した鈴木論文で引用された『法隆寺文書』の「逃毀」史料に着目し、新たに「法隆寺衆分成敗引付」という史料中から戦国時代の「逃毀」関係史料を発見し、この分析を通じて「逃毀」という行為は年貢を未進して在所を離れるという意味に使用されていることを述べ、入間田・黒田両氏が展開した説を確定した意義は大きい。なお、黒田氏の逃散時に妻子は家に留まるという見解は、上記史料によって成立しがたいとしている。去留民意文言については、百姓逃散という事態に即して立法されたものとし、この場合、妻子が抑留された状況で裁判が行なわれており、「去留」の主体は逃散している百姓自身でなければならないから、領主（地頭）が逃散した百姓を強制的に連れもどすことを禁じており、逃散・還住（元の居住地に帰る）は百姓の意志によるべきであると解釈している。換言すれば、逃散中の百姓を召し捕るような行為を禁じているとしているのである(18)。なお、柳原氏は安良城氏の論文を収載した著書の書評において(19)、逃散と逃亡の相違が意識されていないこと、去留民意文言を地頭館からの妻子の去留と解釈し、四二条が百姓逃散に関して立法されている意義を矮少化して評価していること、などを批判している。[20]

以上のように、八〇年代後半の研究は入間田論文を起点とした百姓逃散のあり方と関連させて、式目四二条の解釈を検討してきたところに特徴がある。それぞれの論者は若干のニュアンスの相違をみせながら、中世農民が自由民であるとする網野氏の見解に限定をつけ、また「逃毀」を年貢未進のまま逃散する行為とする解釈に確定していったとまとめることができる。

## 三　式目四二条解釈についての私見

### 1　「逃毀」について

以上の論争史を踏まえて、私見を述べてむすびにしたいと思う。まず、「逃毀」についてである。これまでの「年貢・公事の未進のまま逃散する事」という解釈ではまだ十全でないと思われる。それは「毀」が説明されていないからである。「逃毀」はニゲコボツ、チョウキなどの訓・音の両読みがあり、これでもよいが、「御成敗式目唯浄裏書」[21]に「ニゲソコナヒ歟」および「ニゲソコナヒ」とあり、毀＝損とするこの理解がより適当であると思う。

古代史研究者山本行彦氏の研究によれば、八世紀中葉の売券《ばいけん》の表面に「毀」の文字を国・郡などの公的機関によって記入されたものがあり、これはこの文書記載内容を失効させ券文の機能も否定するものであるという。[22]山本氏はこれを中世売券の一部記載を抹消したり裏書きをしたりする、「面ヲ毀《こぼ》ツ」「裏ヲ毀ツ」という行為と関連させて解明している。この「毀」は契約文書を廃棄・破却し、その効力を否定・失効させるものであるという。

「逃毀」の場合、いったい何を廃棄・破却させたのか。これは百姓が逃散（逃亡）することによって、二重の意味で領主（地頭）に打撃を与えたのである。すなわち領主―百姓関係における契約の破棄で、同時に領主の権益への侵害である。百姓は「東作」（春の勧農）時に、領主との間で「西収」（秋の収穫）期に年貢・公事を納入するという契約をむすぶ。これは勧農帳など文書に明示されるか、あるいは慣習的な観念となっているかはここでは問わない。その契約が破棄されたのである。同時に領主の年貢・公事の収取という権益を侵害することである。それゆえ、領主の側はその損害を償わせるために、身代取りとして百姓の妻子を拘禁し資財を奪取するなどの補償行為をしたのである。「逃毀」とはたんに年貢・公事を未進して逃亡するという百姓の行為ではなく、その行為によって領主（地頭）の権益を侵害したことなのである。式目四二条の場合は、逃散の場合に関連しての「逃毀」であるが、「逃毀」は逃亡の場合も起こりうる。むしろ逃亡の場合の「逃毀」を合法的な逃散に適用し、「逃毀と称し」百姓妻子の抑留を行なったのであろう。

**表1　式目四二条・追加法一八二条・同二八九条の対照表**

| 条＼内容 | タイトル | 領主非法 | 幕府の判断 | 幕府の判決・指示 |
|---|---|---|---|---|
| 式目四二条（貞永元・一二三二年） | 百姓逃散時称逃毀令損毛事 | a 一　百姓逃散時、称逃毀令損亡事、右、諸国住民逃脱之時、其領主等称逃毀、抑留妻子、奪取資財、 | 所行之企、甚背仁政、 | 若被召決之処、$c_1$有年貢所当之未済者、可致其償、$c_2$不然者、早可被糺返損物、$c_3$但、於去留者、宜任民意也、 |
| 追加法一八二条（仁治三・一二四二年） | 百姓逃散時事 | 右、或抑留資財、或召取其身之条、 | 頗無謂平、 | $c_2$自本至于去留者、可任土民之意、$c_1$但、有年貢所当之未済者、可令致其沙汰矣、 |
| 追加法二八九条（建長五・一二五三年） | 土民去留事 | $a_1$而或称逃毀、抑留妻子・資財、$a_2$或号有負累、以強縁沙汰、取其身之後、如相伝令進退之由、有其聞、 | 事実者、甚以無道也、 | $c_1$若有負物者、遂結解、無所遁者、任員数致其弁、$c_2$不可成其身以下妻子・所従等煩焉、 |

注）黒田弘子論文〈注16〉の表を一部補訂.

## 2　去留民意文言について

去留民意文言については、安良城説のように地頭館からの妻子の去留を問題にしていると解することはできない。去留の主体はあくまでも百姓・住民・民（土民）であり、この場合は逃散した本人

について で、当然これに準じて妻子も含むと思われる。地頭館に拘禁された妻子の意志を問うこと、ないしは妻子の去留について夫（父）の意志を問うとは常識的には考えられず、この解釈は網野氏の主張する百姓の移動の自由や百姓自由民説の否定に急なあまり、但し書きの去留民意文言を「早く損物を糾し返さるべし」に対する但し書きに矮小化してしまったために生じた誤りと考えられる。これは、「若《も》し召し決せらるるの処……」以下の全体の裁定基準にかかるのであり、黒田氏が批判するように妻子は「損物」のなかに含まれるのである。

一般論として述べれば、この文言は百姓は理由なく拘束してはならないという「百姓不拘束文言」であると思う。この法意に基づき妻子の拘束も批判されているのである。式目四二条の「百姓逃散」の場合、去留民意文言をどのような状況下にあるものと幕府が想定しているか、判断に迷うところである。おそらく、裁定が下された後に百姓は逃散先に仮住まいしているか、あるいは領内に拘束されているかどちらかであろう。妻子については、差押えられて地頭に拘禁されている可能性が強い。このときに年貢未進のない百姓（妻子を含む）は当然無実なのであるが、地頭と事を構えて争った以上、その後の地頭からの報復・嫌がらせが予想されるので地頭の支配領域外に去るか、それともその下で引き続いて居住するかという選択をせまられる。その時点で百姓が逃散先に留まっているならば、還住するか引き続いて逃散先に留まるか、またはそこから放浪の旅に出るか、その選択権は百姓に委ねられるというのが法意と考えられる。

地頭の行為として、この百姓を強制的に連れもどしたり（還住）、あるいは追放したりしてはならず、百姓の意志を尊重すべきであるということである。去るといっても村落共同体と住人・百姓身分を棄てて浪人化するわけであるから、近代的な移転の自由などとはほど遠い。移動の自由とする網野説には疑問をもつ。黒田氏は、地頭の支配領域という場ではなく、地頭という人からの去留の自由であるという説を述べているが、支配の場と支配者、地頭の場合は一体化しており、これを分けて考える必要はないと思う。

年貢・公事の未進の百姓の処置は、「その償いを致すべし」とあるのみで、具体的処置が明示されていないが、この百姓に対しては去留の自由は保証されなかったと考えられる。年貢・公事の返済まで領内に留まらざるをえなかったと思われる。しかし、年貢・公事の繰り延べの処置がとられても、その百姓・妻子の人身をただちに拘束し下人化することは法意のうえからは許容されていないと思われる。しかし、返済の手段として最終的には下人化の道があったことも事実であろう。

この去留民意文言の背景には、鈴木氏が指摘するように「浪人招据」という開発構造があったこと、あるいは当時の生産力の低水準に規制され、あるいは飢饉の頻発などによって荒廃―再開発のくり返しによる百姓定住の不安定な状況などがあったと想定される。それに関連して、全領主階級が依拠するところの年貢・公事の基盤としての百姓経営の安定化という撫民的要請が幕府にあり、目先の利益で百姓をとりこみ下人化しようとする地頭の恣意を抑制しようとする意図が働いたと思われる。これは地頭・領家相論の主要な論点でもあったゆえ、幕府はこれに対し一定の判断を下さざるをえなかったと思われる。

百姓逃散後の去留の選択権が百姓の意志に委ねられるということの背景には、逃散とはかかわりなく、年貢・公事を弁済した百姓が領内を去るということが許容される社会的慣習があったと想定される。すなわち個別に逃亡した場合でも、年貢・公事の未済その他の違法がなければ領主はこれを追及することをしない、ないしはできないという慣行があったのであろう。これは前述の中世の社会状況から説明がつくと思う。しかし、そうだからといって、これから百姓に移動の自由があり、自由民であるという規定を直接導き出すことはできない。百姓は人身的従属下にある下人・所従に比較して相対的には自由民の色彩が強いが、田畠を耕作して年貢・公事を納入する身分（百姓）として位置づけられている以上、封建的隷属農民と規定する以外にないと思う。それゆえに年貢・公事納入があくまでも追及されるのであり、そのうえでの去留選択の自由なのである。この点で一揆・逃散が非法とされ、強い土地緊縛下にある近世の百姓とは異なると思う。

以上を踏まえて、式目四二条を解読すると次のようになると思う。

①諸国の住民が逃散したとき、領主がこの百姓の行為を一方的に「逃毀」(年貢・公事を未進して逃げ、領主に損害を与えた行為)と称して妻子を拘禁し、資財を奪取するなどして百姓の経営を破壊すること(領主の非法)。

②この行為ははなはだ仁政に背く(幕府の判断)。

③このことが訴訟になった場合(幕府の判決・指示)、

a．年貢・所当の未進があったならば(「逃毀」と認定)、百姓にその弁済をさせる。

b．年貢・所当の未進がないならば、没収した損物(妻子・資財)は早急に返却すべきである。

④(但し書き、その後の処置)年貢未進のない百姓(妻子も含む)の去留は百姓の意向によるべきものである(地頭が強制的に領内から追放したり、逆に領内への拘束、あるいは強制的還住をさせてはならない)。

これをもって、読者および北条泰時さんの判断を仰ぎたいと思う。

〔注〕

(1) 鈴木良一「中世に於ける農民の逃散」(『社会経済史学』四—六号、一九三四年、のち『日本中世の農民問題』校倉書房、一九七一年に収録)。

(2) 植木直一郎『御成敗式目の研究』(岩波書店、一九三〇年)。

(3) 永原慶二「封建時代前期の民衆生活」(『新日本史講座』中央公論社、一九五〇年、のち「中世農民の存在形態とその推移」と改題して『日本封建制成立過程の研究』岩波書店、一九七一年に再録)。

(4) 藤木久志「室町・戦国期における在地法の一形態——人返法を中心として」(『聖心女子大学論叢』三一・三二合併号、一九六九年、のち「在地法と農民支配」と改題して『戦国社会史論』東京大学出版会、一九七四年に収録)、同「戦国期の権力と諸階層の動向――『百姓』の地位をめぐって」(『歴史学研究』三五一号、一九六九年、のち「『百姓』の法的地位と『御百姓』意識」と改題して『戦国社会史論』〈前掲書〉に収録)。
(5) 笠松宏至校注「御成敗式目」(『日本思想大系21』岩波書店、一九七二年)。
(6) 工藤敬一「鎌倉幕府と公家政権」(『講座日本史2』東京大学出版会、一九七〇年)。
(7) 上横手雅敬「主従結合と鎌倉幕府」(『法制史研究』二〇号、一九七一年)。
(8) 磯貝富士男「百姓身分の特質と奴隷への転落をめぐって」(『歴史学研究』一九七七年大会別冊)。
(9) 網野善彦『無縁・公界・楽――日本中世の自由と平和』(平凡社、一九七八年)、同「日本中世における『平民』について」(『名古屋大学文学部三十周年記念論集』一九七九年)、同『日本中世の民衆像――平民と職人』(岩波書店、一九八〇年)。
(10) 永原慶二「(書評) 網野善彦著『日本中世の非農業民と天皇』」(『史学雑誌』九三編一二号、一九八四年)。
(11) 安良城盛昭「網野善彦氏の近業についての批判的検討」(『歴史学研究』五三八号、一九八五年)。
(12) 網野善彦「日本中世の自由について」(『中世史研究』一〇号、一九八五年)、同「中世の負担体系」(『中世・近世の国家と社会』東京大学出版会、一九八六年)。
(13) 入間田宣夫「逃散の作法」(『日本中世の政治と文化』吉川弘文館、一九八〇年、のち『百姓申状と起請文の世界――中世民衆の自立と連帯』東京大学出版会、一九八六年に再録)。
(14) 田村憲美「『追捕』覚書――平安末~鎌倉期の百姓・イエ・逃散」(『民衆史研究会・会報』二〇号、一九八三年)。
(15) 安良城盛昭「式目四二条解釈と『移動の自由』」(大阪府立大学院総合科学研究所『文化学研究論集』二、一九八七年、のち『天皇・天皇制・百姓・沖縄』吉川弘文館、一九八九年に収録)。
(16) 黒田弘子「逃散・逃亡そして『去留』の自由――御成敗式目四二条の解釈」(『民衆史研究』三三、一九八七年)。
(17) 鈴木哲雄「『開発』の構造と日本中世の百姓――『去留の自由』の存立構造と逃散の意義をめぐって」(『歴史学研究』

五八四号、一九八八年)。
(18) 柳原敏昭「百姓の逃散と式目四二条」(『歴史学研究』五八八号、一九八八年)。
(19) 安良城前掲『天皇・天皇制・百姓・沖縄』(注15)。
(20) 柳原敏昭「(書評) 安良城盛昭『天皇・天皇制・百姓・沖縄』」(『歴史学研究』六一〇号、一九九〇年)。
(21) 『中世法制史料集』別巻 (岩波書店、一九七八年)。
(22) 山本行彦「日本古代における国家的土地支配の特質――土地売券の判と『毀』をめぐって」(『古代国家の支配と構造』東京堂出版、一九八六年)。

【参考文献】

佐藤進一・池内義資編『中世法制史料集1』(岩波書店、一九五五年)。

石井進・石母田正・笠松宏至・勝俣鎮夫・佐藤進一校注『中世政治社会思想』上 (『日本思想大系21』岩波書店、一九七二年)。

# 第六章　「篠を引く」
## ――室町・戦国時代の農民の逃散

### 一　「篠を引く」研究をめぐって

一九九二年に刊行された『日本の歴史』の第一〇巻、池上裕子『戦国の群像』(1)は、一九〇頁に「篠を引く逃散」という見出しで戦国期百姓の逃散をおよそ次のように叙述している。すなわち、法隆寺領播磨国鵤《いかるがの》荘、和泉国日根野荘などの事例を引用しながら、戦国時代には、「柴を引く」とか「篠を引く」とかいう表現で示される農民の逃散（闘争）が行なわれ、これは領主に抵抗するために、柴や篠で家を囲み、自ら家の中に閉じ籠る逃げない逃散が広く見られた。中世後期には、惣村の成立のなかで本来の逃げる逃散から逃げない逃散へと比重が移っていくとし、逃散の一つの段階を画する事態と評価している。

このa「篠を引く」、b「柴を引く」、c「柴を懸ける」（以下、aで代表させる）と表現される農民闘争の形態に、最初に着目したのは黒田日出男「中世の開発と自然」(2)という論考である。黒田氏は、逃散の場としての山野とともに村落の中の家に着目し、「柴を引」いて閉じ籠る逃散、すなわち家への逃散を想定した。家のまわりに柴（篠）を引くことによって百姓の家を山林化し、アジール性をもった聖なる空間にして領主側の立ち入りを拒絶することが出来たとした。ここでは、その前提に戸田芳実氏の宅の不可侵性(3)、勝俣鎮夫氏の家のアジール性(4)、大山喬平氏の百姓の「イエ」の自立性[5]、網野善彦氏の無縁の原理[6]などが援用される。黒田氏はまた、逃散の際に男たちは山野に入り、妻子は家に籠ったのではないかともいう。

この黒田氏の所論は、勝俣鎮夫『一揆』[7]に継承される。勝俣氏は黒田氏の説を大筋で承認した上で、「篠を引く」は領主に対する百姓の縁切り行為で、百姓の意図としては逃散中の屋敷・家財・作毛・田畠などの保全を目的としたものであり、財産保全のための農民的点定の作法だとしている。勝俣氏は、民俗学の成果に依拠しながら、篠・柴が聖なる依代としての呪術性を持ち、祭祀などに利用される事例を傍証として援用している。勝俣氏の研究成果を凝縮させて作られた印象深い絵本『戦国時代の村の生活——和泉国いりやまだ村の一年』[8]では、子どもの目で中世村落の一年の生活を画くという設定で、その一コマに家のまわりにびっしりと篠（竹）で囲まれた絵を掲げ、領主の年貢徴集に抵抗した父が逃散して山に籠り、母と子どもが篠に守られて家の中で父の帰りを待つという説明が付けられている。領主の家来も山の神の罰を恐れて篠の中に入れず、やがて農民の要求を認めることになったとしている。

この黒田・勝俣説を継承して、黒田弘子「中世の逃散と女性」[9]は、黒田日出男氏が示唆している逃散の際の家籠りと御成敗式目四二条の領主による妻子抑留規定の問題を関連させつつ全面的に発展させて、農民闘争（逃散）の際の妻の家に籠るたたかいを積極的に評価し、すぐれた問題提起を行なっている。

以上の諸研究は、大筋で「篠を引く」＝家に籠る逃散と定式化して、入間田宣夫氏の提唱した「逃散の作法」[10]すなわち、百姓申状—逃散—還住というサイクルの中での領主—農民関係の合法的闘争の中に位置づけられ、一九八〇年代研究の達成として中世史研究者の大方の支持を得られているかのように思われた。その線上で冒頭の池上裕子氏の叙述となったと思われる。

ところが、これら諸研究の農民闘争の原点となる「篠を引く」という農民の行為の実態が、私にとって必ずしも明確になっているとは思われず、一つの仮説の上に積み上げられたものが、他の仮説と相互に支え合って一連の歴史像

（イメージ）を形成しているように思われてならない。その仮説が一つでも崩れたら、すべて一挙に崩壊してしまうのではないかという懸念を拭い去ることが出来ないでいるというのが、卒直な私の感想である。

これらの研究に対して、まったく批判がなかったわけではない。民俗学研究者の勝田至「中世史研究と民俗学」(11)は、民俗学と歴史学（ここでは中世史研究）の関係を考える上で、民俗資料による中世史料解釈、民俗学的方法による中世との対応の設定などの技術的側面から発言し、その中で一つの事例として「篠を引く」の問題を取り上げている。すなわち、勝俣氏が柴の依代《よりしろ》として援用した小野重朗氏の研究（『豊耕儀礼の研究』(12)）は、死霊的性格を示す山の神が、生活神的な要素に転化し、さらに山の神が田の神（温和な農耕神）になるという変遷を跡づけたもので、小野氏の扱った儀礼の「柴」と、勝俣氏の扱った農民の行為としての「柴を引く」とは共通点が得られず、構成要素の一部が共通しているという連想的判断によって対応を設定するのは確実性に乏しいと批判する。これに対して、石井進「中世を旅する二冊の絵本から――歴史学と民俗学」(13)は、勝俣氏の所論の主要部分が、おもに当時の文献史料によりつつ、十分に論理的に組立てられており、民俗学の成果のみの上に立てられたのでなく、民族資料援用の一点からのみ批判するのは妥当でないとしつつも、民俗資料や民俗学の成果を中世史のなかにどう位置づけるかが大きな問題であると提起している。

森田恭二「共同研究『政基公旅引付』に見る生活と文芸」(14)のなかで、勝俣説と「篠を引く」行為について詳述し、それが逃散の一形態としての農民の一揆行為である点までは言えるとしても、まだ完全に解明された行為とは言えない謎の行為であるとして、黒田・勝俣説についての評価を留保している。

『政基公旅引付』とともに、「篠を引く」史料として重要な「鵤庄政所引付」を綿密に分析した藤木久志「領主政所と村寄舎」(15)は、後述する応永二五年（一四一八）の鵤荘の逃散を、いっせいに家の面《おもて》を囲って家に閉じ籠り、政所にも出仕せず、もし要求が容れられれば還住しようといったもので、家のおもてを柴で囲い家の中に隠れるといった

「地下作法」（逃散の作法）を示したものとし、これは「籠る」ことで抗議の意を表し要求を貫くという寺社の「閉門」の作法と類似していると評価し、黒田・勝俣説を補強している。

ところが、その後に執筆された「村の隠物・預物」[16]では、小山雅之「中世における寺社の閉門」[17]に依拠しながら、寺社で堂塔の門戸を閉ざして仏事をやめるのは、「逐電」「退散」の抗議行動の前段階なのであって、閉門を籠りの作法と見たのは即断に過ぎ、前稿で柴で家を閉ざして家内に籠る逃散とみたのも、再検討が必要である。「面ヲバカコヰ」ながら「家内ニハ住ス」というのはむしろ例外的な逃散ぶりを特記したもので、一般的には家を閉じてよそに逃散したとみるのが自然で、「柴を引く」「篠を引く」というのも、「杖を曳く」（旅をする）とか「山林に交わる」という言葉と同じように、もとは家を閉ざして山入りをする逃散の所作のことであったにちがいないからである、として前稿を修正している。

以上、「篠を引く」研究を概括してみた。そこで感じられるのは、「篠を引く」史料の根本的検討の必要性と、そこから導き出される評価を中世後期の農民闘争の中でどう位置づけるかという問題である。前者について、本章では特定の史料部分のみを抜き出すのではなくて、史料全体を提示した上で、その中から「篠を引く」の意味を確定する努力を注ぐこととし、後者については稿を改めて論じてみたいと思う。

## 二　「篠を引く」史料の検討

「篠を引く」史料は、自分なりに努力はしたが勝俣氏の提示したもの以外に多くを発見することはできなかった。以下順次に史料別に検討を進めたい。

1 播磨国鵤荘の場合（「鵤庄政所引付」(18)）

① 同(応永二五年)九月十五日夕部(べ)、蕀田集会ヨリ地下名主百姓等悉ニ逃散畢、乍去逃散様、面ヲハカコキテ家内ニハ住ス、五人沙汰所・寺庵・神子・神人ハ隠レス、（中略）然間、福井両使、同九月十三(十カ)日地下エ入部ス、仏性院入レテ一献アリ、サウメン以下地下エ両使問答アリ、百姓三分一、名主地上検断二ヶ条ヲ付ラレハ可還住由返答申ス、三分一ノ事ハ無其謂トテ、両使腹立シテ帰エリ畢、次日十四日、両公文地下ヲ様々ナタメ(宥)テ、名主地上検断一ヶ条ハカリニテ落居アリ、名主百姓等両公文同道シテ政所エ出仕アリ、目出シ々々、

② 同(永正)十五年戊寅八月日、去年冬、平方吉平・吉永名之事、寺家借銭為返弁、平井助九郎方へ被沽却処仁、彼下百姓迷惑之由申シテ、惣庄名主百姓等ヲ引催、六ヶ村分名主百姓悉以柴ヲ引逃散畢、前後卅余日政所エ出入無之、雖然役人三人者柴ヲハ不引也、如此アッテ種々佗言申間、則又自寺家如元買返之、百姓等仁被宛行畢、

③ 同(永正)十八年正月廿八日、御屋形義村様(赤松)、東方賀古マテ御出帳(張)、同二月二日下野守村秀(赤松)・広岡殿已下大田ノ城マテ御出帳(張)、（中略）然ハ既当庄近辺一円可為合戦巷由必定ノ間、色々制札已下其計略ヲ成処ニ、（中略）其間ノ政所ノ支配十三貫六百九十二文也、此支配ノ儀、可為如何由地下エ相談ル処ニ、名主百姓□(等)由事ニ、幸今度忩劇仁付、当庄名主・寺庵・百姓、其外隣郷(隣)・隣庄(隣)ヨリ縁々ニ、城ノ内ニ少屋(小)ヲ懸、構ヲ仕在之事候、俵物ヲ被註、任彼員数ニ可打賦由申間、令同心、筆取・沙汰人・中間衆已下両人等少屋(小)エ入テ算合シテ、石別八十文ツヽ、打賦、政所エ請取畢、

④ 大永二年壬午（中略）、庄家衆百性(姓)等ハ、大寺之内政所之内ニ籠屋ヲカケ、悉以籠居畢ヌ、兵粮米垣屋新介・五郎殿幷右馬助・田公方足軽田中北村各々被申間、過分失墜、悉以籠屋ニ申懸、俵別取集支配畢、

①は、黒田・勝俣両氏によって、籠る逃散の論拠となっている史料である。領主側と名主・百姓の相論の原因は、名主地二ヵ所と「集百姓」（三人の百姓地）の内一人分の検断にかかわることで、六月と八月二七日の二度にわたり、

「目安三ヶ条」（三ヵ条の百姓申状）を持った代表が上洛して寺屋に訴えたが、拒否されると薭田神社に集会（寄合）をもっていっせいに逃散した。問題はそれに続く記述で、逃散をしたにもかかわらず、「面ヲハカコヰテ家内ニハ住ス」ということで、どうも完全な逃散ではなかったらしい。黒田・勝俣説では、ちょうど一〇〇年後の②の史料の「柴を引く」と結びつけて、家の周囲を柴・篠で囲んで、領主との関係を切断して「籠る」逃散を行なったとしている。「沙汰所」（沙汰人、村落の代表）二人と寺庵・神子・神人の寺社関係者の計五人は「隠レス」（逃散しない）ということで、領主と村落の折衝係の役割を果している。②の「役人三人者柴ヲハ不引」というのと同様で、当時の逃散においては、このように逃散する者としない者との役割分担がなされていた。約一ヵ月後、折衝の末に名主地上検断の部分のみ要求が容れられて落着し、荘民の「還住」「政所出仕」が行なわれるのである。

　問題は、この「面ヲハカコヰテ……」という章句の解釈である。私は、その前の「乍去」という語句に着目したい。すなわち「悉ニ逃散畢、乍去……」とある点に寺家政所の認識の仕方が表現され、逃散したにもかかわらず、家内に隠れている者が認められ、不思議な状況だと感想を述べていると思われる。これを一般化して「籠る逃散」として規定することには躊躇せざるを得ない。「面ヲハカコ《囲》ヰテ」を必ずしも柴・篠で家を全面的に囲むと解する必要もなく、門口の木戸や柴戸を閉じ、戸口に戸を立て、蔀戸を下すなどして、家を閉じた状況を示すものと考えられる。その時に、戸口は門口に篠竹を斜めに交叉させて立てたのではないかと思う。五人の代表者が「隠レス」と言っているのは、家の中に閉じ隠らないというのではなく、折衝役として残り、逃散して山林に隠れないといっているのだと思う。また長期にわたる逃散の中で、住民がこっそりと家財を取りになど帰宅することもあり、この状況が、政所方に探知されている者もあったのである。

　②において、永正一五年（一五一八）に「柴を引く」が見られる。寺家が借銭返済のために名田を売却したところ、「下百姓」（下作人）が反対し、これに鵤荘六ヵ村の名主・百姓が同調して、「柴ヲ引逃散」ということになり、一ヵ

月余、役人三人以外の政所との関係は断たれた。やがて、寺家側は折れて名田を買い戻すことで逃散は終了した。この場合、「柴を引く」という行為は、逃散と対句になり逃散と連動する行為であることは明らかであるが、その実態は不明である。家を閉ざし逃散する行為と考えておきたい。

③④は、永正一八年（一五二一）・大永二年（一五二二）に細川澄元・同高国の対立とからみながら展開する播磨における赤松義村と浦上村宗の戦闘の際、鵤荘での寺家政所や荘民の対応である。③においては、両軍勢力の激突によって「当庄近辺一円」が「合戦巷」になることを必定とみた寺家政所は、両軍に働きかけて軍勢の乱暴狼藉禁止の制札を獲得した。その間の「支配」（出費）一三貫余を地下に相談したところ、荘民は、隣郷・隣庄の縁ある人々を含めて「城ノ内」(19)という所に小屋懸けをして、「構ヲ仕」り（防禦施設を作り）、俵物（穀物）などを貯蔵していた。この穀物に石別八〇文を賦課して、出費の補塡に充てたという。動乱の際の避難所としての「村の城」(20)へ、荘民が食糧をかつき上げて逃散している状況がうかがえる。

④では、同様な事態のなかで、「庄家衆」（名主）「百性」らは、「大寺（斑鳩寺）之内政所之内」(21)という場所（斑鳩寺の東南に接する一角）に「籠屋ヲカケ」（避難小屋を懸け）逃散している。しかし、侵攻して来た軍勢の兵糧米徴発にあい、「過分失墜」（多くの浪費・出費）に直面した寺家政所は、その穴埋めのため「籠屋」の俵別に賦課してやりくりしたという。③④ともに、戦乱の際に食糧を確保して「籠屋」に逃散する農民の姿が示されている。この「籠屋ヲカケ」という表現に注目しておきたい。戦国時代にはこのように山野の「籠屋」に逃散する事例は多く見受けられる。

①は応永二五年（一四一八）のことで、ここでは「篠を引く」の記載はない。「篠を引く」が記載されるのは②の永正一五年（一五一八）のことで、「柴ヲ引逃散」として、逃散の前提として「柴ヲ引」という行為があったことを示している。この間一世紀の隔たりがあり、①の「面ヲハカコキテ家内ニハ住ス」と、②の「柴ヲ引」をストレートに結びつけてよいか否かは前述のごとく慎重な検討を要するところである。むしろ、鵤荘の場合は、③④で示したように

住居を立ち退き「籠屋」への逃散をしたと考えるべきであろう。

2和泉国日根野荘の場合（『政基公旅引付』[22]）

①文亀二年六月五日条

此条西方地下之趣委尋聞之処、去年ハ召籠番頭之宿老、悉此方へ収納了、然共国方又不止催促之間、両へ収納了、仍於当年者地下叶之条、国方之儀をは広瀬参川守ニ仰合半済ニ落居了、仍此方之儀又可半済之処、無承引者、地下引篠而国へ計ハ出テ可在之支度也云々、

②文亀四年正月十二日条

今日立春也、仰西方自去年就反銭之事引篠了、仍例年今日之吉書、番頭衆ト寺庵衆ト計所参也云々、

③永正元年四月四日条

西方ハ自去年引篠、至于今不及成物也、然而百姓中ヨリ捧申状子細尤不審也、依迷惑不及前後之是非欤、又自然及放火事出来せハ、一向当村之事ハ以申状雖申入被弃指之条、不可存本所之号由、後日可申心中欤、乍引篠捧申状条、両端之御訴如何と可返事哉、□(思カ)案不決、去年以来引篠上者不可及返事欤、但自然放火以後地下江可仰も不可有辞哉、今ハ一大事也、所詮時ニ随儀也、

④永正元年七月十九日条

根来寺与国方和平之儀一定畢、今日下和泉分日根郷へ根来衆入部、国と半済申合、下泉之給人等参会云々、不可説々々、仍先代官筒井坊扁知院西方へ入人訖、旁弥次郎ヲ京都ニ差上仰遣俊通卿彼西方有子細□依為給入也、予同遣状、先代官申状幷返答等案文写遣了、番頭衆各参申条々儀、彼先代官之事不可用之由地下一味令神水畢、明日辰剋ヨリ可引篠也、是対本所非自由、仍日役・入(八カ)木・諸成物ハ不可緩怠、先代官ニ敵対也、仍内々啓案内云々、

⑤永正元年七月二十日条

抑去辰剋入山田四ヶ村一味ニ引篠了、筒井・遍知院等代官職事不可用之由申故也、

⑥永正元年七月二十一日条

去十九日ヨリ扁知院之代在法泉庵、然而今夕来テ申云、地下引篠之間矢面目畢、且何之子細哉、仍明旦先可帰寺仕之条、参御暇乞之由申之、返答云、帰寺先以可然也、地下事号両守護代官職、神於寺ノ五大院ト奥坊ト以両判入折紙了、其後及数度雖入申状、兎角返答ヲ沙汰シ一行ヲ可取入者ヲハ可処厳科由依御成敗之折節、又自其方如此被申候、御本所又是ニテ御直務候、旁地下迷惑之由令言上、仍自昨日引篠了、抑地下へ可引篠之由為御下知ハ何事ニ可仰付候哉、聊尓之御申之由仰之処、可曳篠□（之カ）由仰哉之由言上ハ尤自由之申候、一向可有御免也、我々も如何様ニ雖引篠、所務之比ハ入部仕リ可収納心中之由申而退出云々、

⑦永正元年十一月二十四日条

長法寺及晩帰来返答云、反銭之事ハ今国方之違乱無其儀、然上者依何事半分可出哉、縦一端地下雖引篠他国へハ久不可陸沈歟、堅涯分可申付之由申之、神妙之返事也、将又補任銭五百疋進折紙、其次極以下以岩坊進之、

前関白九条政基が、根来寺と守護細川方両勢力が相争っている泉南の地に、家領の和泉国日根野荘を確保するため、文亀元年（一五〇一）三月から、永正元年（一五〇四）一二月までの約四年間、家臣を従えて現地に下り同庄内入山田村に入部して直務支配を行なった。この間、日根野荘西方・東方と入山田村で「篠を引く」（「引篠」「曳篠」）という農民（百姓）の行動がおこっている。

①は、西方の年貢収納をめぐって、国方（守護方）と政基側のトラブルがおこり、両方から徴収されることに困惑した農民は、まず国方と半済（年貢折半）の約束をとりつけた上で半分納入を政基方が承引しないならば国方にだけ年貢を納め「篠を引く」準備をしているという記事である。

②は、去年（文亀三年）以来反銭徴収をめぐって西方農民は「篠ヲ引キ」、正月恒例の吉書行事に一般農民は参会せず、番頭衆と寺庵衆ばかりがやって来たという記事である。「篠を引く」の場合、番頭・寺庵は領主との折衝役として残っていることが判明する。

③は、去年以来農民が「篠を引く」という事態の中で、農民から申状が提出されたことに対する政基の判断が示されている記述である。すなわち、根来寺衆が日根野荘方面に出陣することが予想される中で、日根野「百姓中」は、寺家側と折衝して荘内の無為を図るよう要請しているのである。これに対し、政基は、「篠を引く」という年貢を納めない状況（領主—農民関係の切断）にありながら、その一方で領主に保護をのみ依頼することは「両端之御訴」（虫のいい考え）であるとしつつも、その対応には苦慮している。

④⑤⑥は、入山田村に関する一連の事態である。すなわち、政基の在荘の一因である根来寺と守護方の和平が成立し、日根野庄に根来寺代官の筒井坊と遍知院が下向すること（政基も退去を合意）になった時、この代官の入部に反対する農民が、「一味神水」して「篠ヲ引ク」行動に出ているのである。遍知院の代理として現地にやって来た者は「面目」を失い、政基が農民をそそのかしているのではないかと述べたことに対し、政基はその意見を撤回させたが、代理者は、農民が「篠を引く」ことを続けても、「所務」（年貢収納）の時期には入部して徴収するということを明言して一旦は帰っている。

⑦は東方農民から、反銭徴収問題に関する申状が提出された時の対応である。農民は、政基入部の時に五ヵ年間は五〇文ずつ（半分）と約束していたのに、今年になって以前のように納めようと命ずるのは不当だと要請している。この申状をもって来た東方代官長法寺は、守護方の違乱のない現状において、反銭半分の納入は理屈に合わず、もしこれに不満で農民が一旦は「篠を引く」としても、他国へは長い期間「陸沈」する（隠れ住む）ことは出来ないであろうから、堅く申しつけるという返事をしているというのである。

以上、日根野荘の「篠を引く」史料を取り出し、若干の説明を加えた。これらの史料は①文亀二年六月五日を例外として、文亀四年以降に集中している。それ以前は①の例外を除いて、類似の事態の表現として「逃散」という用語が頻出しているにもかかわらず、文亀四年以降は「逃散」の語はまったく登場しないのである。すなわち、『政基公旅引付』では、文亀三・四年を境として、「逃散」という用語が「引篠」（「曳篠」）という表現におおむね置き換わっているのである。現地に在住してしばらくの後、政基は、この用語を習得し、これを多用するようになったと考えられるのである。このような点で、逃散＝「篠を引く」という解釈はまず動かし難いところである。

なお文亀元～三年の間では、逃散の表現とともに、「散在」「山入」「山中に引退」「藪山にかくれ」、といった表現が次のように併用されている。

a　地下堪忍仕かたく候て、皆々散在仕候、（文亀元年九月二十八日条）
b　東方ヨリ捧一行云、庄内ニ被居人者、諸成物可収納、無其儀者百姓等可散在之由申之了、（文亀三年八月九日条）
c　地下人等成退屈之思、可山入申、（文亀元年七月二十一日条）
d　日根野村東方分、悉開地下引退山中之間、（文亀二年六月二十六日条）
e　東方ハ交山林不能還住、（文亀二年十月三十日条）
f　及数年候て、御百姓藪山にかくれ候て、（文亀二年十月三十日条）

逃散・散在・山入・藪山にかくれといった表現がすべて文亀四年以降には「篠を引く」表現に転化していくようである。それゆえ、「篠を引く」は『政基公旅引付』に関する限り、農民が戦乱の避難のため、あるいは領主権力との闘争において、家を閉鎖して立ち退くことを意味していると思われる。退去先は、周辺の山野ないしは国境を越えた紀州側とも考えられる。⑦で示した政基の東方代官長法寺の発言に、「たとえ一旦は篠を引いても、他国へは久しく隠れ住むことは出来ない」とあるごとく、逃散＝「篠を引く」は在所を立ち退く行為であって、篠を引いて屋敷内に籠る闘争形態とは考えられないのである。また妻子・資材を置いて夫（男親）が在所を立ち退くことを示す史料は見出すことが出来ない。文亀元年九月五日に、守護方が入山田村に発向するという情報があった時、村内の槌丸口は、「悉運私財牛馬往反以外物忩」という状態であったというから、穀物を含む資材をもって安全な山中に避難したものと考えられ、妻子を家に残して危険にさらさせたとは考え難い。

なお、文亀元年一〇月初旬の場合、日根野村西方の農民は守護方・政基方両者の年貢追求によって逃散していたが、逃散先から「麦種《まき》」にやって来て巡視の政基家人によって発見され、鍬や唐鋤を奪取されたりして追い上げられている（三・五・六・七日条）。このような時、百姓が領主の目を盗んでこっそりと自家に戻ることはあったかも知れない。

3播磨国田原荘の場合（九条家文書(23)）

一　田原庄事、一昨日矢野罷上候、国之時宜、本所分ハ、赤松兵粮等申候、妙徳寺・福寿院・在数《（唐橋）》自名とハ、南坊知人之薬師四郎さ衛門と申者、兵粮ニ取レ之候て、乱入仕候、是ハ爰元より案内者候かと存候、貞久名等事ハ、浦上寄子青田助太郎と申者兵粮を申候、さ候間、各下野入道《（赤松政秀）》憑候て、一具御代官之地候間、兵粮ならハ、入道給候ハんすると問答候なる、両方譴責候間、御百性等先さゝを引候、矢野在庄候へハ、下野色々申候て、本所へ可レ進用ニて候、其ため矢野在庄候、不審ならハ湯起請なと、、青田と申者歎候なり、

（文明十八年十一月九日　唐橋在数書状）

播磨国田原荘では、赤松氏の兵粮徴発のため関係者が入部し、九条家の年貢徴収の両方の譴責に耐えかねた農民が「さゝを引」という行為に出ている。これは、日根野荘で見たような本所・守護方二つの権力にはさまれた農民の逃散とみてよいであろう。

4遠江国村櫛荘堀江郷の場合（中村文書(24)）

定□（朱印・印文「如律令」）

一　当郷年貢納所以前、借米銭不可催促之事、

一　年貢納所以前、俵物他所へ不可出事、

一　百姓小作年貢引負、或篠お懸、或闕落之上、号山林不入地、雖令徘徊、一返相断、以公方人令譴責、年貢可

請取之事、

右条々、毎年堅可申付、若於違背之輩者、重可加下知、幷雖有狼藉之族、他所より一切手を入へからさる者也、

仍如件、

永禄六年

九月九日

この文書は今川氏真印判状で、宛所はないが堀江郷(25)（ないしは地侍中村氏など）宛のものと推定される。ここでは第三条が問題となる。小作年貢を未進した百姓が、「篠お懸」あるいは「闕落」した上で、逃げ入った先が山林不入地だと号して、「徘徊」（うろつく）している場合、一度は催促をして、（聞き入れない場合は）「公方人」（今川氏の遣責使）を入部させて年貢徴集をすることを定めている。(26)この場合、「篠お懸」と「闕落」が、「或は〜」「或は〜」と対照的に併記されている。前者が組織的で公然たる逃散、後者は個別的・散発的な逃亡で、その行動形態のいずれかの場合でも小作年貢を未進して在所を立ち退き、山林に逃げ込んだ者に対し、地主である中村氏や今川氏給人が今川氏に訴えたことに対して、今川氏の譴責使の入部という処置が示されたのである。

この文書は、天文一九年（一五五〇）一一月一三日今川義元が遠江国周智郡犬居郷を本拠地とする天野景泰に宛てた「犬居三ヶ村定置法度之事」(27)と題する次の判物の第二条目と類似している。

百姓等年貢引負、或隣郷山林不入之地就令徘徊者、相届、任法度可加成敗、并山中寺庵等、小寺領屋敷以下、無相違処、背地頭直可支配之旨、判形等雖申上不可許容事、

百姓が年貢を未進して隣郷の「山林不入之地」に逃げこみ「徘徊」している場合、法度に従い成敗するという大名権力の厳しい姿勢が示されている。(28) この「山林不入地」は、堀江郷の場合も含めて、不入権を獲得している寺社領という意味で、必ずしも現実の山林でなくてもよいであろう。「山林」は逃散するという意味と寺院を懸けた用語法である。堀江郷は浜名湖に突き出た村櫛荘内北庄内・南庄内といわれる半島部分の西海岸、舘山寺周辺に立地する。この郷の農民の場合は、浜名湖周辺にある井伊谷の竜潭寺、三ヶ日の大福寺、鴨江の鴨江寺などの寺領の山野に逃散・徘徊していたと考えられる。この場合の「篠を引く」は、自己の住居に籠る闘争（逃散）ではないと考えられる。

## 三　「篠を引く」の意味

以上の検討の結果、「篠を引く」という行為は、農民が抵抗の手段として、在所（住居）を閉鎖し立ち退く行為すなわち逃散と同義であるとの推論に達した。そうであるならば、何故に逃散が「篠を引く」という象徴的表現を採っているのか、次に考えてみようと思う。

すでに勝俣氏は、篠や柴が神の依代としての機能をもち、中世においてこれを引く（立てる）ことによって「標《しめ》を立てる」「作毛を点札する」などの点定行為が行なわれていたことを例証に、「篠を引く」行為は逃散中の農民が、自己の家屋・田畠・作毛などの財産保全を目的とした農民的点定《てんじょう》の作法であったという説を提出している。(29)

勝俣氏がその例証の一つにあげているのが、北関東（群馬県）で行なわれていた葬儀の時に神棚に「笹を引く」（笹引き）といわれる作法である。(30) 死者が出た場合、親類以外の第三者が素早く神棚の前に小さな笹の先を二本斜めに交

叉させて置き、葬式が終ってこれを取り払うのである。これは、神に不浄を見せてはならない、死の穢れに触れさせてはならないと人々に意識化されている。勝俣氏は、神霊をけがさせないために、呪力をもった笹で対象（神棚）をおおう行為であるとしている。また、「篠を引く」の「引く」（あるいは「懸ける」）を張りめぐらせる・おおう・囲むという意味で把握している。そこから、家の中に籠居する、ないしは家や田畠を保全することに重点を置いた作法として位置づけているのである。この勝俣氏の所論は興味深いものであるが、私はむしろ「閉じる」「締める」「閉鎖する」作法ではないかと思う。もちろん、内部の保全は当然念頭にあっての上のことだと思う。

「篠を引く」の用例は、この群馬県の葬儀の時の神棚の扱いの他に、次の史料を見つけることができた。

（表紙）「御代官方御条目写」

例年被仰付御定目写

一、当納所以前ニ脇借相済申儀不及申、其外銀米少も取散申間敷事、

一、当納皆済仕兼可申与存候百姓之分者、庄屋長百姓立合令吟味、立毛ニ笹を引、皆済可仕由之請人を取為苅可申事、

一、一作売之田地并抔申田畑ニ笹を引、請人を取無滞様ニ仕からせ可申事候、若指延置出入ニ成候ハヽ、可為越度事、

右之通庄屋長百姓小百姓等ニも急度被申渡、判形を取置可申候、以上、

奉行中印

（一通の定目省略）

右被仰渡御定目之趣、奉得其意毛頭無相違可相守、若違背之者有之候ハヽ、急度曲事ニ可申付者也、

元禄六年酉九月日

これは、元禄六年（一六九三）越前福井藩の奉行人から代官に下された年貢収納に関する条目である(31)。三ヵ条とも年貢収納時の紛争抑止のための方策で、第二条・三条に「笹を引」が記載されている。第二条は年貢皆納が困難となった百姓の田畑について、庄屋・長百姓が立合いのもとに吟味を加え、「立毛ニ笹を引」、皆済する旨の請人を立てた上で作毛の苅入れをするというのである。おそらく、債務関係その他で作毛が第三者の手元に渡り、領主への収納が困難となることを未然に抑止する措置であろう。この「立毛に笹を引」は、具体的には庄屋・長百姓あるいは請人といった形で村落に責任をもたせて、年貢皆済困難な百姓の作毛を点定させる行為で、田畠に笹が立てられているのであろう。

第三条は、「作売之田地」ないしは「抒シ申田畑」に「笹を引」という事例で、前条同様に請人を取って苅らせて年貢収納を確実なものにする措置である。「抒シ」は「おろし」と訓み、「貸与する」あるいは「小作に出す」の意味である(32)。すなわち、一作売りや貸与した田畑を対象としたものである。

江戸時代中期の福井藩では、点定ないし検封するという差押え行為を「篠を引く」と公的に称していたことが知られる。田畑の作毛に「篠を引く」ことによって、名請人百姓の権利を制限して他から介入を阻止（立入禁止）したのである。

「篠を引く」行為は、標（注連）を結う（引く）ことから出発していることは間違いないことと思う。標を引くことで、立入りを禁止させ、ある特定者の権益を確保することに目的がある。神棚に「篠を引く」場合は、神に穢を触れさせないために、福井藩の「篠を引く」の場合は、領主の年貢収納権確保のために、村落の責任で「篠を引き」作毛を第三者（債権者など）に渡さない措置が講ぜられたのである。

しからば、この標（点定）がなぜ逃散の義に転化してきたのであろうか。主として、この場合住居の標（点定）が問題となるが、これは勝俣氏の主張するように、住居の保全と立入禁止の標識として機能したと思われる。そして、標（注連）は「締」「〆」に通じ、閉鎖するということに重点が置かれ、その標識として篠竹を斜めに交叉させて戸口や門口に立てたのではないだろうか。これが、門戸を閉《とざ》し（閉鎖する）作法として各地で行なわれたのではないだろうか。

しかし、このことが黒田氏や勝俣氏が主張するように、家の中に籠る逃散を意味するとは思えない。むしろ一般的には家屋を閉鎖して在所を立ち退く逃散の意味として中世において流通していたと考えたい。家の中にその権益（当知行）を主張する人がいないゆえに、「篠を引く」ことでその権益を主張したのであり、別の言い方をすれば不在証明でもあったのである。

領主—農民関係の厳しい状況のもとで、「篠を引く」ことは、この関係を切断して農民がいっせい退去して一時的にせよこの領主—農民関係を切断し、非日常性の世界に入る意志表示・表現形態だったのである。それゆえに、「篠を引く」ことをしながら、住居に立ち戻っていた農民については鵤荘の政所は訝《いぶか》り、麦の種蒔きに戻ったり別件で申状を提出したりすることについて日根野荘の九条政基は、両天秤にかけた行為と非難しているのである。「篠を引く」が、本来は住居・田畠などの点定の標を出発点にし、逃散の義に使用されていく時、閉鎖（閉門）および退散ということに力点が置かれるようになったと考えられる。

山伏の着する柿色の上衣が、「篠懸《すずかけ》の衣(33)」と称され、旅衣を象徴しているが、これが在所を閉し旅立ちをし、非日常性の世界に入る意味を有し、「篠を引く」と関連するものではないかと思う。

以上で蕪雑な論考を閉じたいと思う。この問題の解明については、さらに民俗学・国語学（語史）の研究者の方々の協力も仰がねばならないと思い、敢えて筆を起した。黒田日出男・勝俣鎮夫両氏等先学の方に非礼な点が多々あったかと思われるが御寛恕を乞いたい。

〔注〕

（1）集英社、一九九二年。
（2）『一揆4　生活・文化・思想』（東京大学出版会、一九八一年、後に『境界の中世・象徴の中世』東京大学出版会、一九八六年に再録）。
（3）「農民の労働と意識」（『日本民衆の歴史』『土一揆と内乱』三省堂、一九七五年）。
（4）「中世武家密懐法の展開」（『史学雑誌』八一編六号、一九七六年、後に『戦国法成立史論』東京大学出版会、一九七九年に再録）。
（5）「中世社会のイエと百姓」（『日本史研究』一七六号、一九七七年、後に『日本中世農村史の研究』岩波書店、一九七九年に再録）。
（6）『無縁・公界・楽』（平凡社、一九七八年）。
（7）岩波新書、一九八四年。
（8）『歴史を旅する絵本』（岩波書店、一九八八年）。
（9）『歴史評論』四六七号、一九八九年。
（10）豊田武博士古稀記念『日本中世の政治と文化』（吉川弘文館、一九八〇年、後に『百姓申状と起請文の世界』東京大学出版会、一九八六年に再録。なお、この時に五頁にわたる長大なコメントを付け、論文発表以後の研究の流れを総括し、その中で「家に籠る逃散」についても評価している）。
（11）『新しい歴史学のために』一八七号、一九八七年。
（12）弘文堂、一九七〇年。
（13）『中世史を考える——社会論・史料論・都市論』（校倉書房、一九九一年）。
（14）『帝塚山学院短期大学研究年報』三九号、一九九一年。

(15)『戦国の作法――村の紛争解決』(平凡社、一九八七年)。
(16)『ことばの文化史1』(平凡社、一九八八年)。
(17)『常民文化』一一号、一九八八年。
(18)いくつかの刊本はあるが、ここでは『太子町史』第三巻資料編Ⅰ(一九八九年)を用いた。
(19)④の「政所之内」とも考えられるが、斑鳩寺(大寺)の北の城山を指すと思われる。
(20)藤木氏前掲書、注(16)。
(21)政所の所在地は「西方条久安名」にあり、斑鳩寺に東南に接する堀に囲まれた地域と想定されている(小林基伸「播磨国鵤荘」シンポジウム『中世のムラと現代』大分県立宇佐風土記の丘歴史民族資料館、一九九一年)。
(22)『図書寮叢刊・政基公旅引付』(養徳社、一九六二年)。
(23)『福崎町史』第三巻資料編Ⅰ(一九九一年)。
(24)『静岡市史』中世近世史料二(一九八三年)。
(25)浜名湖に北から突出した半島の西岸に立地する。村櫛荘内と推定。
(26)勝俣氏は、「百姓たちが小作米や年貢を滞納し、自分の家や田畑などに篠を懸け、逃散し、その篠を懸けたところを、ここは山林不入地であると号して、領主側の強制執行をおこなわせず、近辺を徘徊しているようなことがあっても、領主はその追及をあきらめることなく、今川氏の譴責使にその取り立てをゆだね、きちんと年貢をとらなくてはいけない」と解釈している(『一揆』一四七・一四八頁)。ここでは、自己の家や田畠を「篠を引く」ことで山林化(変相)させているると解している。興味深い解釈であるが、私は現実的に山林不入地に逃げこみ、それを理由にして(号して)小作年貢未進を続けている者に対する処置と見たい。
(27)天野文書『静岡市史』前掲注(24)。
(28)今川氏領国の不入権の問題については、有光友学「戦国大名今川氏と不入権」『歴史上における世界帝国と周辺民族』

文部省科学研究成果報告書（一九八八年）、に詳しい。有光氏はこの二文書を取り上げて、これらが未進年貢の百姓が逃散した場合に限定した不入権の制限と解している。

(29) 勝俣氏前掲書、注（7）。

(30) 『群馬県史』資料編二六民俗二、一九八二年の一二四四・一二四五頁、「笹引き」の見出しのもとに各地の事例が紹介されている。

(31) 元禄六年九月代官方への条目写、福井市片岡五郎兵衛家文書『福井県史』資料編三中近世一の四八六・四八七頁。この史料については、藤木久志氏の御教示を得た。その他、『福井県史』資料編七中近世五の八四九頁の上田重兵衛家文書に、延宝五年（一六七七）一〇月二三日「給人へ非礼ニ付村々庄屋請書」に、「地頭より立毛に笹を引せ候者、其所与頭・村庄や立合致詮義、相立請人納所不難渋様ニ可被啄、若村人不相扱打捨置、地頭より御郡所へ断於有之ハ急度可被仰付事」という条文がある。この場合、「笹を引」かせる主体が地頭と明記され、福井藩直轄領以外の家臣所領において使用されていることが知られる。そして、請文を出しているのは、東天田・西天田・小わ清水・朝谷・小宇坂・蔵作・杉谷・品ヶ瀬・福島・大谷・高田・宿布・奈瀬など足羽郡の足羽川流域（一乗谷の東、現在の美山町）の一三ヵ村の庄屋などである。一七世紀後半のこの地域で確実に「笹を引く」という語が使用されていたことは確実である。この史料については、福井県史編さん課藤野立恵氏の御教示を得た。

(32) 大修館『大漢和辞典』巻五、一〇六頁に「⿰扌下カ義未詳。（字彙浦）⿰扌下、音下」とあり「音」は「カ」であるが「訓」は明らかでないとしている。福井県史編さん課藤野立恵氏の御教示によると、「⿰扌下シ」は「おろし」と訓み、田畑・山などを小作人や他村の者に作らせたり利用させる場合に使用される言葉であるという。

(33) 謡曲「安宅《あたか》」に、「旅の衣は篠懸《すずかけ》の、〳〵、露けき袖やしほるらん」とある（『謡曲全集』上、国民文庫刊行会、一九一〇年）。

〔付記〕　脱稿後、前橋市の近藤義雄氏より「篠を引く」の用例について次の御教示を得た。

①新井村太郎左衛門（総社町植野字新井）の留書（平井トリ氏所蔵文書、『総社町誌』一九五六年、六五頁）に、「慶長六年辛丑年、御殿様（秋元長朝）御縄入有、此時御領分村々笹引役に召連られ候」とあり、「御縄入」（検地）の際に「笹引役」という仕事があったことが知られる。

②近年ほとんど消滅したが、a話の中に割って入り、話題を横取りしてしまうこと、b皆でやろうとしていることを、邪魔立てしてぶち壊してしまうこと、などを「篠を引く」という。aの場合は、「篠を引くなよ」といって制止し、bの場合は、「誰々が篠を引いたので計画はお流れになった」などと古老の間で用いられたという。

①は検地丈量の際に、篠を立てて土地を区画することであろうか。②は、連続している状態を停止ないし遮断する行為に対して言われたと考えられる。

# 第七章　国質・郷質について

## プロローグ

年をとると、不思議と少年時代のことが思い出される。私は、戦前の昭和一五年（一九四〇）前後に、高崎市郊外の群馬県群馬郡六郷村上小鳥（現在の高崎市上小鳥）という榛名山東南麓の村で過ごした。当時は村落共同体が機能しており、子ども社会も遊びや正月行事のドンド焼きなどで内部の集団性は強固であり、他者に対しては排他的であった。それを示すものとして、北隣に接する同郡長野村浜川（現在は高崎市浜川）との冬季の石合戦（喧嘩）があった。高崎から榛名山の相馬が原にいたる県道が上小鳥と浜川を貫いて走り、この道は高崎十五連隊の兵士が相馬が原における軍事演習に行くための軍用道路であった。この道に面し、村落のはずれに位置するわが家は、通行する兵士たちのひとときの休憩と水呑の場となっていた。

この道路上の村境付近が、しばしば二つの村の子どもたちの石合戦の場となった。どちらともなく、相手に向かって叫び声があげられた。「おーい、浜川（あるいは上小鳥）の奴ら、喧嘩で来い。石もってこい」と挑発すると、相手も同様な叫び声を挙げる「言葉戦い」が交わされてから石合戦が始まった。当時の県道は今日のようなアスファルト舗装の道路ではなく砂利道であったから、手頃な石は無数に転がっていた。しばらくすると、小さい村で子どもの数が少ないわが上小鳥はいつも負けて、わが家の裏手にある諏訪神社を「浜川の奴ら」に占領されて戦いが終了するのが常だった。

上小鳥と浜川は小学校区を異にする隣村だったこともあって、ことさら対立関係が厳しく、あたかも敵国のようであった。「浜川の奴ら」「上小鳥の奴ら」というのが相互の集団的呼称であった。浜川の子どもたちは、高崎の町へ使いや遊びに行くのに必ず上小鳥を通過しなければならなかった。通過する子どもたちに対し、男女を問わず道ばたの畑に突き落としたりしていじめた。もっとも泣けばおしまいという程度で、大けがをさせるようなことなどなかった。上小鳥と浜川の両村にともに接する上小塙（上小鳥と同一小学校区）の稲荷神社の秋の夜祭りは近郷近在の人でにぎわった。そこには上小鳥・浜川の子どもたちがしばしば衝突する場でもあった。わが村の子どもたちは、五〜六人ずつ集団となって年長者の子を先頭に電車ゴッコのように前の子の腰帯に捕まり、手を離して迷子になるなよという年長者の叱咤のもとに行動した。ところが運悪く「浜川の奴ら」に遭遇し、最後尾に続いていた私は暗闇のなかで後ろから頭にぽかぽかとげんこつを食らった。しかし私は、必死に前の子の腰帯をつかんで放さずに難を逃れた。家に帰ってみたら頭に三つほどこぶが出来ていた。浜川の子どもたちにとっては、石合戦の相手であり、通行中の仲間が上小鳥地先でいじめられたことのへの報復であったろう。どちらが先に攻撃をしかけたかは定かではないが、両者ともにそれなりに理由のある報復行動であったと思う。

なが〳〵と思い出話を綴って恐縮だが、私はこの戦前の子ども社会のなかに、かつて日本の中世社会がもっており、現在でも暴力団の抗争や、国際社会におけるアメリカの軍事的・経済的報復措置などに見え隠れする、「やったら（やられたら）やりかえす」という自力救済の意識と行動を見る思いがするので紹介した。この話を念頭に置きつつ論を進めたい。

## 一　国質・郷質とはなにか――研究史

中世後期、とりわけ戦国時代の町・市にかかげられた制札につぎのようなものが多く見受けられる。

　　掟

一、当山におひて掟の事
一、喧嘩之事
一、押かい狼せきの事
一、はくち・はくゑきの事
一、国しち・かう（郷）しちの事
右、このむねをそむき候ハんともからにおひてハ、かたくせいはい（成敗）をとく（遂）へき者也、
　永正十一年甲戌四月一日　（花押）（上杉憲房）

これは、上野国の榛名山上に鎮座する榛名山神社にかかげられた関東管領・上野守護上杉憲房の制札（「榛名神社文書」）である。榛名神社は、プロローグに記した上小鳥から西北約一八キロメートルの地にある上野国の三宮で、山岳信仰の霊地であったから社を中心に宿坊が形成され、祭礼の時などには市が立ち多くの人が群参し賑わいを見せていたと考えられる。ここで、喧嘩・押買（強制買付）・博打とならんで国質・郷質が禁制の対象となっているのである。

この国質・郷質についての研究は、戦前より、三浦周行・石井良助・豊田武氏らの研究に見られるが、これらを批判的に検討して一九六九年に画期的な説を確立したのが勝俣鎮夫氏で、それ以後三〇年近くにわたりこの勝俣説をめぐって承認と批判のさまざまな見解が提出されてきた。次に勝俣論文に始まるこの間の主要論文をかかげる。

①勝俣鎮夫「国質・郷質についての考察」『岐阜史学』五六号、一九六九年（『戦国法成立史論』東京大学出版会、一九七九年に再録）。
②山中恭子「『政基公旅引付』よりエチュード二題」『遥かなる中世』二号、一九七七年。
③神田千里「国質・郷質と領主間交渉」『日本歴史』三八二号、一九八〇年。
④島田次郎「郷質と中世共同体――高質と郷質をめぐって」中央大学『経済学論纂』二一巻一・二合併号、一九九〇年。
⑤村岡幹生「『所質』『国質』考異説――中世の自力救済と上位暴力依存」『歴史の理論と教育』八七号、一九九三年。
⑥桜井英治「所質考」『遥かなる中世』一四号、一九九五年（『日本中世の経済構造』岩波書店、一九九六年に再録）。
⑦村田修三「中世後期大和国の『当質』について」奈良女子大学文学部『研究年報』三九号、一九九五年。
⑧田中克行「全国『郷質』『所質』分布考――中世の質取と地域・集団概念」『虹の記憶――田中克行遺稿集』田中克行遺稿集編集委員会、一九九七年。

①勝俣論文は、先行研究が債権債務関係をアプリオリに近代的発想にもとづき個対個の関係において把握したことを誤りであると指摘し、郷村制すなわち惣の成立、守護領国体制の完成などを背景に、個対個の関係が、直ちに個体集団、集団対集団の関係に転化するという社会状況の中で国質・郷質が行なわれたとし、「国質・郷質とは、債務者の属する国・郷という政治的社会的結合体を一つのユニットにして、その動産に対する債権者の質取行為」、「国質とは、債権・債務関係において、債務者が債権者の負債返済要求に応じなかった際、債権者がその損害賠償を求めて、債務者の同国人又は同国人の動産を私的に差押える行為で、郷質とは、同じく債務者の同郷の者又は同郷の者の動産を私的に差押える行為」と規定した。すなわち、債権者の債務者に対する質取（差押え）を集団主義的な関係に拡大し、

債務者と集団を共有する郷・所・国の第三者への質取行為とした。この勝俣説は大きな衝撃をもって受け止められ、その後の研究はこの説の当否をめぐって展開された。

②山中論文は、『政基公旅引付』による和泉国日根野荘に生起する問題などを取り上げつつ、勝俣説への疑問を提起する。すなわち国質・郷質は、債権・債務関係の中に閉じこめておく必要はなく、また個対個の関係が集団対集団の関係に転化するというより、最初から商業上の特権をめぐる商人団（座）間の実力行使という集団の関係として争われたのではないかとしている。

③神田論文は、国質・郷質を報復手段の側面より解決手段の領主間交渉の側面から解明し、国質・郷質は、自分に被害を与えた他領の者におとしまえをつけさせるべく、その領主・支配者の支配権の発動を要請する手段であり、その領主・支配者の領民又はその所有物を質にとることであるとしている。

④島田論文は、債権者の債務者に対する質取行為である高質に関する史料を蒐集して検討を加え、これと国質・郷質を区別すべきことを主張した。とりわけ、国質は、国方といわれる守護権力による百姓などの年貢未進に対する質取行為と規定した。

⑤村岡論文は、勝俣・島田両氏の見解を検討し、所質を取るとは、「一定の経済圏」、すなわち「所」にプライオリティ（優先権）を有する者ないし集団が、その権益を侵す行為をしたと見なした相手に対して、その所持物（ないし身柄）を、自らの保護・補償されるべきプライオリティの「あて」、すなわち「質」として押さえ取る行為を意味する、と規定する。また、国質については、「付沙汰」（「請取沙汰」「付公事」ともいう）と関連させて、「国方」と称される地侍・国人が「付沙汰」としてその取り立てに関与する所質であるとしている。

⑥桜井論文は、島田・村岡両氏が勝俣氏の第三者への質取という点を認めない点を批判し、国質・郷質が同一集団の第三者への質取であることの立証に精力を注ぐ。その上で、所質については、その質取対象が共通の集団の第三者

と認められない点を考慮し、所質を国質・郷質と区別して「所」を質取の場所、あるいは特定の場所において請求される債権ではないかという試論を提起する。

⑦村田論文は、大和国における国質・郷質・所質の類似行為が「当質」と表現されていることに着目し、これが国質・郷質・所質などの包括概念であるとし、その具体的な事件を丹念に追跡し、櫻井氏の所質の理解を批判する。

⑧田中論文は国質・郷質の全面的考察の準備作業として関係諸史料を地域別・国別に整理する中で、国質は全国的に分布するが、三河・尾張・美濃・近江の混在地域を境界として、東は郷質、西は所質と区分され、両者は同一内容の地域的呼称の相違と結論づける。

さらに、国質・郷質・所質を次のように定義する。

Aという人物・集団が、Bという人物から傷害・殺害、借銭借米の滞納、権利の侵害などの損害を被ったときに、B本人ではなく、Bの属する集団・地域の人物を殺害・傷害または身柄を拘束したり、あるいはBの属する集団・地域の人物の所持物、妻子、下人、家畜等を奪い取ることを、国質・郷質・所質という。質の前に付された国・所・郷等の語は、Bの属する集団・地域を指す名称であるが、行政区画としての国・郷とは一致せず、漠然と「地方」「故郷」「在所」を表しているに過ぎない。禁制において、国・所・郷・方のいずれかの語を用いるかは、もっぱら地域性に由来する。

ここにおいて田中氏は、基本的には勝俣説の共同体を同じくする第三者への質取という論点を継承しつつ、質取の内容を債権者・債務者の関係に限定せず、殺害・傷害、権利の侵害などに拡大し、国質・郷質・所質などの国・郷・所を共通のものとして把握している。

以上の研究史から、次の研究課題が引き出されると思う。

a 研究史上に大きな位置をもつ勝俣氏の、同一共同体に属する第三者への質取という規定は正しいか。

b多くの批判のある勝俣説の債権・債務関係への限定は正しいか。

c国質と郷質・所質の相違と連関をどう捉えるか。また当質との関係はどうか。

これらの検討のため、二つの史料の考察と『日葡辞書』の訳語の検討を行なう。なお、国質・郷質の組み合わせについては、郷質にかわって所質その他の呼称があるが、便宜上タイトルに示したように、国質・郷質で代表させて記すことにする。

## 二　伊勢国小倭郷の国質・郷質

国質・郷質について語る多くの論者が取り上げながら、必ずしも解釈の一致を見ない史料があり、この史料を分析しながら国質・郷質解明の糸口を探りたい。

a明応三年（一四九四）九月十五日伊勢国小倭百姓衆起請文（成願寺文書）
一、当質可レ取事ありとも、本主か可《（不カ）》レ然ハ可レ取二其在所一、

b明応三年（一四九四）九月二十一日伊勢国小倭衆一揆起請文（成願寺文書）
一、雖レ有下可レ取二当質一事上、就二国質一無レ謂方不レ可レ取レ之、本主不レ然者可レ取二其在所一事、

このa・bの史料は、一五世紀末に伊勢国一志郡小倭郷の地侍（一揆衆）と百姓衆が相次いで領主である現地の寺院成願寺にそれぞれの起請文（連判状）を提出して開祖の親盛上人の教化に感謝し、将来にわたって成願寺を疎かにしないことと合わせて誓約を行なった。a・bはそれぞれの条目の中の一ヵ条である[1]。

この史料aの解釈について、多くの論者が難解としつつ以下のように解釈している。

［勝俣氏］（史料bを援用して）少なくとも「就国質無謂方不可取之」なる文言は独立句と考えてよいと思う。これ

によれば、国質とはまさにいわれなき方を取る行為で、債権者〔がカ〕、債務者当人の動産〔又は当人〕を取る行為ではないことが確認されるのである。そこで、かかる観点より、この点に関する諸先学の史料を吟味すると、多くの例証があげられているにもかかわらず、国質・荘質・郷質などの話が、史料的にも債権者が債務者当人の動産を差押さえる行為と断定しうる例証が一例もないことが確認されるのである。

〔神田氏〕「無謂」き「国質」ではなく、「其在所」よりとるべしとの規定は、いわれなき質取と道理に適った質取の二つがあったことを示し、質取行為が何らかの解決を意図したものであることを感じさせるのである。

〔島田氏〕この条項だけを取るとその（a）後半部分の理解がむずかしいが、当質〔当所質又は在所質のことか〕は許容するが、国質は禁断していると見てよいだろう。

〔村岡氏〕「不可取之」の「之」が「当質」を指すのか（この場合は「無謂方」は「取る」の主語）或いは「無謂方」を指すのか、また「本主」・「其在所」が具体的に何を指すのか釈然としない。しかし、当質の取立てを〝国質に就くる〟と表現していることは確かであり、以上に得た「付沙汰」としての国質という、私の推論の傍証になるかと思う。

〔桜井氏〕（島田氏の解釈を引用して）後半部の理解がむずかしくなった原因は史料自体の難解さにあるのではなく、「第三者」は介在しないものと最初から決めてかかった島田氏の先入主にある。なお村岡氏が正しく指摘しているように、この史料は島田氏の国質論にとって致命傷になる。なぜなら国質を取る主体が島田氏の説かれるごとく守護であったならば、それを一揆集団として禁断するということはありえないからであるとする。

次に村岡氏の解釈を引用し、この史料の解読ができていないのに、この史料が氏の国質論の傍証になるとはどういうことか、前後の解釈が未定なのに「就国質」の部分だけ躊躇なく「国質に就くる」と読まれるのは問題であるとし、島田氏・村岡氏の読みが粗雑であると批判する〔この批判は勇み足〕。そして勝俣氏の解釈を引用し、両者ともこれへの言及がなく、勝俣説の「第三者」の有無を決定する「無謂方」について勝俣氏に代わる解釈を用意すべきであるとしている。次に「当質」について、今堀日吉神社文書の「質物取日記」の「当取」の語に着目してこれが返報としての質取り行為であるとした上で、同義のものとしている。

この「当質」の取り方にはいくつかの選択肢があった。そのひとつが国質という手段だが、これは勝俣氏がいわれるように本来の債務者でない「第三者」、すなわち「無謂方」より質を取ることである。これは紛争を招く原因になるので本条ではこの手段を禁じているのである。なお、「就国質」の部分は「国質に就いて」と読んで、「国質という手段に則って」と解釈するのが適当だろう。もうひとつの選択肢は「本主」かそれがかなわなければ、「其在所」から取るという手段である。「本主」から取るのがもっとも穏当な手段と位置づけられているから、「本主」は加害者（債務者）当人と解することができる。またその次善の策としてあげられた「其在所」から取るというのは、「其在所」の範囲にもよるが、いわゆる国質・郷質ともに「第三者」からの質取りであることにちがいないが、このばあい、個人が日常的なレベルで連帯感情を抱きうる集団の範囲はどの程度までかという問題になる。（中略）国質を不可とし、郷質を可とする判断の背景にはこのような論理がはたらいていたとみてまちがいあるまい。

［村田氏］　まず「当質」を取ることは、小倭郷の一揆的秩序の下で容認されていることが確かめられる。その「当質」の諸形態のうち、国質の如く謂れのない取り方は禁じ、在所の範囲でとることとしている。そして「本主不然者」というくだりは「当質」の意味のくり返しとみてよいので、本主から取ることのできない質取り、つまり本主の代わりに当座の代人（当主）に申しかけて取る質取りを「当質」と表現していたことがわかる。「当質」の語は他の史料には見えないが、この小倭郷の事例は「当質」なる用語の意味と論理を見事に表現している。他の史料では、これにあたる語を「当取」とか「相当」などと表記しているが、用語の整合性を考慮して、私は「当質」を国質・郷質等々の総称として使いたいとしている。

次に、以上の諸見解を検討の上、私の見解を示したい。

［bの解読］「当質を取るべき事有りといえども、国質について（は）、謂なき方これを取るべからず、本主然らずんば其の在所をとるべき事」とする。

［bの解釈］「当質」（被害相当の質）を取ることがあっても、国質（他国への質取）については、「無謂人」（関係ない人）から取ってはいけない。「本主」（加害の当人）を対象にするか、そうでない場合には「本主」の在所（の人）に限定して質取りをすべきである。

解読については、大方の異論はないと思うが、解釈については多様である。「当質」については、「当取」と同義で、国質・郷質・所質などの質取行為を含めた包括的名称であるという村田氏の見解に従う。しかし、「当質」のうち国質のような謂れのない取り方は禁止し、在所の範囲で取るもの（所質）は許容されたとする解釈は下記の理由で納得できない。「就国質無謂方不可取之」の句については、勝俣氏およびこれを支持する桜井氏は、「謂われなき方」（本来の債務がないにもかかわらず共同体を同じくするだけの第三者）への質取り（国質）が行なわれ、これが禁止されていると説いている。しかし、これに続く最後の句で「本主」とその「在所」の人への質取りは許容されていると読めるから、「謂われなき方」は、「本主」と「在所」以外に求めねばならない。すなわち、当質＝国質における質取りの対象は、イ「本主」、ロ「在所」の人、ハそれ以外の人（＝「無謂方」）の三ランクに区分し、小倭一揆衆はその盟約において、イを上策とし、ロを次善の策とするが、ハは禁止しているのである。イ・ロが本来の国質のあり方であり、これが当質＝国質と解せられるのである。この点で、国質・郷質を共同体を同じくする第三者への質取りと厳密に規定した勝俣氏の見解（桜井・村田・田中の諸氏も基本的に継承）はこの史料による限り修正されなければならない。すなわち、郷質・国質とは、「本主」か「本主」と「在所」を同じくする人に対する質取り行為であると思う。

勝俣説は、中世後期社会における集団的自力救済を問題にした点に画期的な意義を有する。そして、現実には「本主」か「在所」を越えて「無謂方」に対して、国質・所質と号して行なわれる質取行為が社会の混乱を招き、紛争の原因となることへの注目を喚起した意義は大きい。しかし、勝俣説は、そのままでは維持し難く修正の必要があると思う。

aは、国質とも郷質ともなく両者を含む「当質」と記され、bと同じく「本主」か「在所」に質取りを限定し許容する文面となっている。裏を読めばbと同じくそれ以外の「無謂方」への質取りは禁じられていると解せられる。なぜ一揆衆の場合に国質が問題になり、百姓衆の場合にその文言がないか不明であるが、一揆衆の場合には、より広域の地域への対応が問題となることが多かったからであろう。

## 三　細川政元式条の国質・郷質

文亀元年（一五〇一）六月、管領細川政元は家臣団統制のために、喧嘩・盗人・請取沙汰・強入部・新関など五ヵ条にわたる条目（細川政元式条）を制定し（『政基公旅引付』文亀二年八月二十二日条）、大名領国形成への道を歩き始めた[2]。この第三条のなかに、国質・所質がみられる。

一、請取沙汰事
或死レ於レ人、或国質・所質と号し荷物を留メ、又ハ以二不知行之地一、他人ニ契約シ令二物忩一、其他口説以下、与力被官たりと云共、一切被二停止一了、若不二承引一輩ハ准二先条一可レ有二成敗一事、

これについては、村岡氏が「請取沙汰」（「付沙汰」ともいう）を、国人・地侍らの武力的実力者がその暴力を背景に、他人の紛争に対して一方の当事者の意を受け（すなわちトラブルの請取り）介入解決をはかってやる用心棒的請負稼業と規定し、人を殺す、国質・所質と号して荷物の抑留、不知行地を他人に契約して紛争を惹起、「口舌」（口先だけの

弁舌、詐欺か）などを代行することを禁じているとしている。おおむね妥当な見解であるが、「口舌」は、訴訟などにおける弁論活動ではないかと思われる。なお、桜井氏は「荷物を留メ」は前の二項目を受けるのではないか、「死於人」は、「宛於人」（〜に懸かりての意）の誤記で、第三者への質取り行為なのではないかと主張しているが、これは国質・所質が第三者への質取り行為という主張の先入観に災いされた誤読で、「人を殺す」と読むべきであろう。

この史料などを中心に、「付沙汰」と所質を結合させて、国質は地侍・国人による所質の請負という村岡氏の説が登場するわけである。しかし、所質の請負を地侍・国人がすることが国質であるならば、上記史料で国質・所質の請負が併記されて記される点が矛盾してくる。細川政元被官の地侍・国人が、国質も所質も「請取沙汰」として徴収していると理解されるところから、国質についての村岡説は成立しがたいと思われる。

## 四　国質の郷質（所質）との一括性と寄生性

田中氏の国質と郷質・所質の地域別整理によれば、中間地域（三河・尾張・美濃・近江）の混在を境界にして、東に郷質、西に所質が分布するということから、郷質と所質はほぼ同内容の地域的呼称の違いであるとする見解は動かし難い。これによって両者を区別する桜井氏などの見解は成立し難くなった。

ところが、田中氏の整理のもう一つの面は、東の国質・郷質の組み合わせ（一七例）、西の国質・所質の組み合わせ（六一例）と圧倒的な出方をしていることがわかる。中間地域を中心に郷質・所質（七例）、他に国質・方質、郡質・所質、国質・相伝、当質・国質などの組み合わせ（各一例）がある。単独では、所質（二二例）、郷質（八例）、他に国質、方質、庄質、里質、単に質、（各一例）となっている。

このことから、国質は他の在所名を冠した質と結びついた形で表現されていて、単独ではほとんど出現しないことがわかる。ここに国質の他のものとの一括性と寄生性とも言うべき性格が表されているように思われる。
このことから導き出される私なりの推論は、国質は郷質・所質などの特殊形態でその本質は郷質・所質と変わらないものではないかということである。結論を先取りして言えば、郷・所などの在所同士の紛争において、集団的な質取り行為が国境や領国を越えたときに、他国からの（または他国への）質取りということで国質とも称せられたのではないかと思う。国境や領国を越えても郷質や所質と称して一向に差し支えなく、そのような史料も存在するのである。

## 五　『日葡辞書』の訳語問題

国質・郷質・所質が当時の人々によってどのようなものとして理解されたかということは、慶長八年（一六〇三）にキリシタン宣教師によって長崎で刊行出版されたVOCABVLARIO DA LINNGOA DE IAPAN（『日葡辞書』）によってある程度知ることができ、国質・所質などについて次のように記している。(3)

Cunijchi（国質）　ある国の側から差し出す人質。

Tocorojichi トコロジチ（所質）　何か負債のかたとして他国のものとなった所領とか、何か危害・損害を加えたために他国に拘留された人間とか、このように他国に取り上げられる抵当［質］のこと。

Xichi シチ（質）　質物・抵当、あるいは人質。（下略）

Cunijchi, tocorojichi（国質、所質）　ある国、または、土地の債務者や殺害者などの代わりに、その国や土地から取る人質。

国質・郷質を検討するとき、この訳語がいつも多くの人の念頭にあった。村岡論文は、勝俣論文批判に引用し、国質・所質をとくに区別して説明する必要がなかったのではないかと述べ、桜井論文も村岡論文批判に援用した。しかし、訳文に理解の苦しむところもあり、その引用には慎重さが必要とされた。この点を懸念した田中氏は、前掲論文の中で柳田利夫氏の訳(4)を参照にして、次のような訳文に補正し直した。

Cunijichi（国質）　ある reino（国）の側から代わりに差し出す refens（質）。

Tocorojichi（所質）　他の terra（土地・地上）において、ある divida（負債・借金）または agaravo（傷害・損害）の代償として抑留される fazenda（財産）またはある peoa（人・人物）、すなわち penhor のこと。

Xichi（質）　penhor（質・質草・抵当）、または refens（人質・身代金）（下略）

Cunijichi, Tocorojichi（国質・所質）　ある reino（国）、またはある lugar（所・場所・町・地域）の devedor（貸主・債務者）や homicida（殺害者・殺人者）などの代わりに reino や lugar から取る refens。

ここにおいて、前者の文意が著しく明確になった。とりわけ、前者において所質のところで「他国」と記された箇所が「土地・地上」と訳し直された。当時の人々によって近似した行為と認識されていたが故に、国質と所質の記述が混同されているという桜井氏の指摘は、訳語の混同であることが判明した。すなわち、『日葡辞書』は国質の場合に reino（国）を用い、所質に関しては terra（土地・地上）を用いているのである。terra には多義性があり、地域から政治領域（国）におよぶ語意をもつ故、「国」と訳されても間違いではないが、原文が両者の使い分けをしている点で意味内容に差異があると考えるのが自然であり、田中氏の訳語補正の意味は今後の研究にとって大きい。

なお、桜井氏は「債務者や殺害者などの代わりに」とはっきり書かれている以上、「第三者」が介在した余地はほとんど疑う余地がない、として島田氏がこの記述に触れず、村岡氏が国質と所質の記述の相違から勝俣氏批判を引き出そうとしていることを批判している。しかし、「〜の代わりに」は、債務者・加害者当人に代わって、妻子・下人などを抑留する場合も考えられるから、すぐに第三者への質取りとのみ解せられないのである。

『日葡辞書』は一六三〇年にマニラでスペイン語版になり、その後一八六二年にパリでフランス語に翻訳・刊行された『日仏辞書』(DICTIONNARE JAPONAIS・FRANNCAIS)となった。次に参考までにこの所質の項を解読文とともに引用しておく。

Tocorojitchi トコロジチ　Gage, garantie qui se prend dans une autre terre du domaine, ou la pers onne qui y est allé résider, a cause d'un préjudice, ou d'une dette.

所質　荘園の他の所領(荘園)に取られた質、あるいは負債または危害が理由でそこに(荘園の他の所領)滞在させられた人。

ここでは、『日葡辞書』で用いられたterraと同様にterreが使用されている。

## エピローグ

最後に、国質・郷質に関して私なりのまとめを箇条書きにして結びとする。

①国質・郷質は、取る側の集団Aと取られる側の集団(または個人)Bの間に存在する質(人・物など)ないし質取行為である。質取りの対象は、「本主」(問題の原因者)と「本主」の属する共同体の第三者である。すなわち、「本主」の償いを引き出すために第三者を質取りする場合もある。

②国質・郷質を取るということは、債権・債務関係の質取行為(高質)というよりは(これをも含むと思われるが)、損害・被害に対するそれ相当の償い(「当質」)を集団の実力で押し取る自力救済行為の発動である。

③集団A・Bは、郷・所・荘・方などの在地の共同体を意味し、これによって~質と称されるが、多くは郷質と所質で代表される。田中論文⑧で明らかにされたように、郷質は東国で用いられ、所質は西国で用いられる。

④国質は、制札などではすべてセットになって記載され、その内容において郷質・所質と何ら異なるところはないが、A・Bが国（領国）を異にする場合に特にそのように呼称される。国質だからといって質取の範囲が国全体に拡大されることはなく、基本的には国の中の特定の郷・所に対して行なわれるのである。
⑤Aには、加害に対する正当の行為という主張があり、Bには「国質・所質と号し」といういわれなき加害と主張する場合が対立する。
⑥国質・郷質は、付沙汰（請取沙汰）によって上部権力間の抗争に発展することがある。
⑦国質・郷質は、正当な場合は社会的慣行として認められていたが、質取りの範囲を不当に拡大した場合や、多くの人の集まる場（市・町など）では制禁された。

さて、プロローグの話に立ち返って、私の見解の一部をまとめておきたい。私の住んでいた上小鳥は六郷村小学校の学区に属し、お祭りの行なわれた上小塙も同様である。ところが、北に接する浜川は長野村小学校の学区であった。仮に、この明治の行政村（学校区でもある）を子ども世界の国にたとえるならば、上小鳥と浜川の間の報復攻撃は二つの共同体間の郷質であるとともに、国を異にしている故に国質とも称されたのである。もし、上小鳥・上小塙の間に同様な事態が発生していたならば、これは郷質（所質）なのである。質取行為（報復攻撃）の場はどこであってもよいのである。

国質・郷質は、われわれの共同体（郷）が「どこそこ（郷）の奴ら」に対して行なう質取（報復）行為なのである。この二つの郷が国を異にする場合は、国質とも称した。この国は、国郡制の国か、国一揆の国か、また大名領国の国かは一般論としては問えない。それは、当時の地域の状況の中で、文書作成者が国をどう意識し把握したかにかかっているからである。

本章は、国質・郷質の内容の解明を主として、このような現象が発生する社会状況についてはほとんど触れえなかった。この点については他日を期したいと思う。

〔注〕

（1）瀬田勝哉「中世末期の在地徳政」（『史学雑誌』七七編八号、一九六八年）。
（2）峰岸純夫「大名領国と本願寺教団」（『総合講座日本の社会文化史』講談社、一九七四年）。
（3）土井忠生等訳『邦訳・日葡辞書』（岩波書店、一九八〇年）。
（4）柳田利夫「勉強会・勝俣鎮夫『国質・郷質についての考察』」（『国史研究会年報』一号、一九八九年）。

# 第II部　本願寺教団と一向一揆

# 第一章　大名領国と本願寺教団
## ――とくに畿内を中心に

## 一　戦国動乱と一向一揆

### 1　戦国動乱の過程と一向一揆の歴史

戦国時代は、享徳三年（一四五四）の関東における享徳の乱、応仁元年（一四六七）に始まる畿内における応仁の乱をもって一般的にはその開始とされている。しかし、その本格的な展開は、延徳三年（一四九一）の関東での伊勢長氏（北条早雲）の蜂起、中央における明応二年（一四九三）の細川政元のクーデター以後であって、一五世紀末には全国的に戦国動乱にはいっていった。そして終末は、天正八年（一五八〇）の石山本願寺の屈伏による信長の畿内統一と、天正一八年（一五九〇）の後北条氏の豊臣秀吉への屈伏（全国統一）の二段階が画される。このように、中央と地方では動乱の終息が一〇年ずれている。

一向一揆の歴史は、若干の前史の後、文明六年（一四七四）の文明の一揆、長享二年（一四八八）の長享の一揆という、ともに加賀国における守護富樫氏の権力の打倒に始まる。その終末は石山本願寺の屈伏であるから、畿内・近国では、戦国動乱の過程は、一向一揆の歴史と一致する。しかも、一向一揆は戦国動乱の主役であった。その理由は次のとおりである。

戦国時代の特徴点を列挙すると、

①下剋上、すなわち下位者の権力奪取（権力闘争）

②荘園公領制の解体

③階級闘争の激化

④地域権力（大名領国）の成立とその相互の武力闘争（戦争）

⑤都市の成立

であるが、このうちのどれをとっても一向一揆が主体的にかかわっている。富樫権力を打倒して、加賀に門徒領国（「百姓持チノ国」）を実現したのは、下剋上の最たるものである。中央の支配層にとって重要な経済的基盤である北陸の荘園公領を事実上解体してしまったのは一向一揆である。北陸に限らず、一向一揆の活動の結果、荘園公領の年貢を抑留して、その役割を停止させた場合も多い。

この時期の階級闘争（農民闘争）は、一向一揆という形をとる場合が多かった。真宗という宗教イデオロギーを媒介にした民衆の結合は、地域的にも階層的にも大きな広がりを与える。大名領国の一角に、一向一揆を基盤にした本願寺自身が加賀の領国を形成して加わった。加賀を含む北陸・畿内・東海の本願寺教団の教線の伸展した地域を基礎に、京都山科、のちに大坂石山を拠点として本願寺法王国（仏法領）を形成し、その支配は、諸大名と競合しながら、巨大な権力を構築した。

本願寺や、各地の拠点であるその末寺を中心に形成される寺内町には、門徒を中心とした商・職人が集住した。そこには、当時の進んだ技術と富が蓄積されて、強大な経済力をもつにいたった。矢作《やはぎ》川・木曾川・大和川・淀川などの大河川の下流デルタ地域は門徒によって開発され、陸上・水上交通の結節点として、全国的流通のなかで大きな地歩を占めた。

以上の点から、戦国時代の分析を本願寺教団・一向一揆と畿内諸権力との関係を軸にすえて行なうことが要請されてくる。本章は、そのためのささやかな試みである。

## 2　本願寺教団・一向一揆研究の概略

本願寺教団・一向一揆の研究は、長い豊富な蓄積をもっている。くわしくは井上鋭夫『一向一揆の研究』[1]巻末の文献目録、黒川直則・柳千鶴編「中世農民闘争関係論文目録」[2]によられたい。現時点で、研究史を問題視角別に大まかに整理すると次のようになる。

①真宗史プラス社会経済史

歴史研究として、やや限界をもつ本願寺教団側の教団史や、宗教史研究から一向一揆研究を自立させ、社会経済史的方法で地方史料の徹底的発掘を行ない、一向一揆研究を再構築した。それらには笠原一男『一向一揆の研究』[3]、井上鋭夫『一向一揆の研究』[4]に代表される数多くの業績がある。

笠原氏の研究は、北陸荘園の坪江・河口両荘の研究から始まり、荘園公領制（解体史）研究が基礎になっている。すなわち、荘園公領制の解体と真宗教団（一向一揆）の展開との関連をどう解くか、という問題意識に支えられて、「一向一揆は本願寺教団に組織された国一揆」という、今日の主流的位置を占める見解に到達する。

これに対して井上氏の研究は、「太子《たいし》」「渡《わた》り」に代表される山・河・海民（移動性をもった非農業民）の信仰と、その階層への真宗の滲透を追究し、また守護領国制の研究と結合して、守護領国制を解体させた一向一揆という視点を貫く。本願寺の支配は、守護領国制から大名領国制への過渡期として位置づける。

②農民闘争史＝政治史

服部之総『蓮如』[5]や、鈴木良一氏の一連の業績、「戦国の争乱」[6]『織田信長』[7]『戦国の動乱』[8]がこの系列の仕事にはいる。

服部氏は、日本における宗教的ヴェールをかぶった農民戦争として一向一揆をとらえ、封建的抑圧から自己を解放しようとする農民に、真宗が組織（講）とエネルギーを与えたとし、一向一揆を階級闘争史（＝政治史）の視点から追究している。鈴木氏は、服部氏と同一の視点に立ちつつも、権力としての本願寺と一向一揆の対立・矛盾点の解明に力点を置いている。

③幕藩制成立史

近来、近世史研究の側からの一向一揆についての関心が高まっている。佐々木潤之介「統一政権の歴史的前提」(9)は、戦国時代に小農自立の展開度の差による三つの地域の三つの権力構成、すなわち先進地域の畿内小領主・中間地域の一向一揆・辺境地域の戦国大名から、その克服として統一政権の成立をみる仮説を提示している。朝尾直弘「将軍権力の創出」(10)は、幕藩制国家論における権威の問題を追究し、その創出過程における一向一揆の克服の問題を重要視している。

脇田修「寺内町の構造と展開」(11)は、幕藩制的流通の展開の解明を、寺内町から在郷町（江戸時代における農村地帯の中心都市）への変化のなかにとらえようとしている。

以上の研究史の整理をふまえて、私自身は次のような問題を設定したい。

①中世社会の総括（しめくくり）としての戦国の動乱とはいかなる変革過程か、を解明する。

②戦国時代の階級闘争と権力闘争がからみ合って進行し、その過程で国家構造が変革されるというダイナミックスを階級闘争史（政治史）として解明する。

③畿内統一政権成立の前に立ちはだかった本願寺教団・一向一揆を軸にして、①②を解明する。その場合一向一揆の基盤である村落や都市との関係の解明は重要である。

## 3　一向一揆の段階区分と本章の対象

一世紀にもわたる間のさまざまな一向一揆は決して一筋の縄でくくれるようなものではない。一向一揆がなにを課題とし、なにと対決したか、また一揆側の内部はいかなる構成となっていたか等々において多様性を示している。その研究の手続きとして、一向一揆の課題・闘争対象などから、次のように段階区分する。

①荘園公領制からの解放闘争（一五世紀後半、法主は蓮如）

この時期は荘園公領制の解体期で、国人・土倉（高利貸資本）による代官請負制をその特徴としている。したがって、一揆は荘園領主・守護・国人などに対する反抗という形をとる（この場合、国人は情勢の変化にしたがい一揆の側に立つ場合もあり、その時は国一揆的な様相を帯びる）。門徒と非門徒の結合が村落共同組織「惣」を基礎に行なわれ、荘家の一揆（荘園公領ごとの領主に対する農民闘争）の展開したものとなる。

(a)近江の寛正・応仁の一揆＝この場合は延暦寺（山門）の圧迫に対する抵抗。

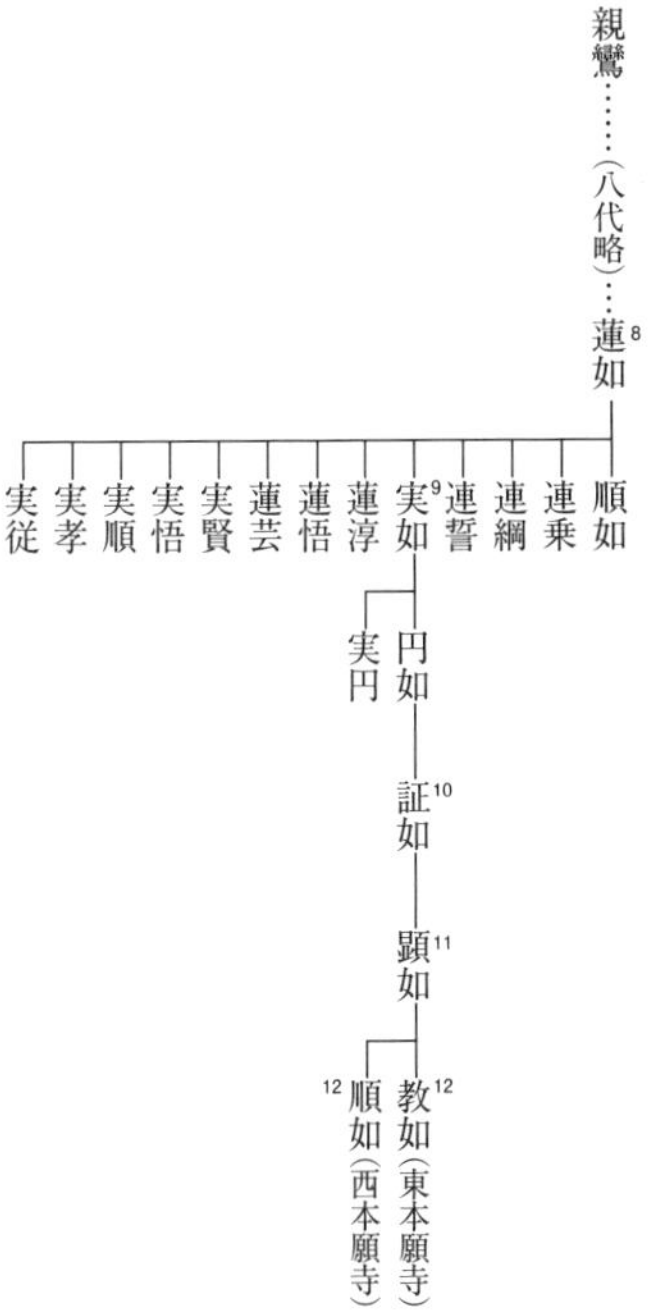


**系図1　本願寺略系図**

(b)文明の一揆
(c)長享の一揆
＝加賀を中心に、越中・能登・飛騨などで行なわれた。

②大名領国化をめざす諸勢力との闘争（一六世紀前半、法主は実如《じつによ》・証如《しょうによ》）

国人領を基礎に、各地に戦国大名領国が形成されてくる。これと一向一揆は対決する。この場合、寺内町の掌握などの流通支配が争点となることが多い。

(a)永正の一揆＝北陸における長尾・畠山・朝倉氏

らの、加賀の隣国の諸権力との対決と、畿内における細川政元への軍事援助。
(b)美濃の一揆＝土岐・斎藤氏との対決。
(c)天文の一揆＝畿内において、細川晴元・木沢長政・法華宗門徒・奈良興福寺などとの対決。
(d)三河の一向一揆＝松平氏との対決。
③畿内統一政権に対する闘争（一六世紀後半、法主は顕如）。
元亀・天正の争乱（石山合戦）。

本章では具体的には、永正の乱・天文の乱を扱う。理由は、一向一揆の既往の研究が北陸および三河に集中していて、畿内一向一揆の研究が石田善人「畿内の一向一揆について」(12)などわずかしかなく、著しく立ちおくれていて、一向一揆の全体把握を困難にしているからである。

また、織田信長の畿内統一政権の前提として、細川政元政権・細川晴元政権を位置づけ、これを畿内における大名領国の一つの形態と考える。この三者と本願寺教団の歴史的関連性を考えてみたいからである。したがって本願寺教団内部の矛盾、すなわち教団と一向一揆との関連、一向一揆の内部構造については別の機会に譲りたい。

## 二　細川政元政権と永正の一揆

### 1　細川政元のクーデター

明応二年（一四九三）二月、細川政元と並ぶ足利幕府内の権力者畠山政長は、一〇代将軍足利義稙《よしたね》を擁して河内に出陣し、正覚寺（平野の北）に張陣した。畠山政長にとって、応仁の乱以来の宿敵畠山義就《よしなり》がその三年前に死去し、嗣子畠山義豊が河内誉田《こんだ》城を拠点に活動していたので、これを一挙に掃滅することを企図したのである。政長軍は翌三月に高屋城・誉田城を攻め落とし、作戦は順調に進んだかにみえた。

ところが四月、京都では、遠征軍にとって予想もしない事態が進行していた。すなわち、将軍義稙や政長の留守をねらって、政長と並ぶ権力者の細川政元がクーデターを起こしたのである。政元は関東の堀越公方足利政知の子香厳院清晃（還俗して義遐、のち義高、さらに義澄と改名）を将軍に擁立し、畠山方の宿所を襲い、一瞬にして完全に京都を制圧した。

出陣先で解任された将軍足利義稙・畠山政長らは、赤松政則ら従軍した将士に相次いで離反され、翌閏四月に正覚寺で、細川の家臣上原・安富らの総攻撃を受け、政長やその家臣遊佐・神保ら多くが討死し、政長の子尚順《ひさより》は逋走、元将軍義稙は捕えられた（のち、越中に逃走）。

二〇年前、文明五年（一四七三）に細川政元の父、勝元の死去ののち、畠山政長が管領に就任し、文明一八年（一四八六）までその任にあって実権を掌握していた。同年、政元は二一歳の若さで、管領に就任した。しかし、翌長享元年（一四八七）に「管領還補」という記録もあるので、一四八六年には就任したが、まもなく辞任したのかもしれない。

しかしともかく幕政の中心は、政長と政元の二頭立てであったと考えられる。その政長を将軍もろとも権力の座から完全に放逐したのが、右の明応二年のクーデターである。このクーデターによる政元政権の成立と、永正四年（一五〇七）家臣による政元暗殺で生じた政権の崩壊は、戦国時代の実質的開幕を意味している。

政元は政長らの河内出陣中に、敵方の大和の豪族古市澄胤《ふるいちすみたね》を、南山城の相楽・綴喜二郡の支配権を与えることを予約して味方に引き入れた。この二郡は一四八五年以来、畠山氏の支配を排除して山城国一揆による支配が続いていた所である。国一揆のメンバーの多くは細川氏の被官であることから、この国一揆の成立の背後には、細川氏の畠山氏追い落とし策があったと考えられる。畠山政長を攻め滅ぼしたのちは、その役割を終了した南山城国一揆の希望を無視して、古市氏を南山城に進駐させて、国一揆を強制的に解体させるということまであえてした。

また、クーデターに先立って、播磨守護赤松政則を味方に引きつけるため、政元の別腹の姉、三三歳の「トウセン院比丘尼」を還俗させて、その妻に与えたりしている（『後法興院記』）。古市や赤松を味方に引き入れることが、畠山政長追い落としのための必要条件であったのだ。

## 2　下剋上の代表

管領が出陣中の将軍を解任し、同時に政敵を攻殺するという、足利将軍家の歴史にかってないこの行為は、政元を「下剋上」の代表者の座に押し上げるのに充分であった。また、政元が下剋上思想の持ち主であったことは、政元の次の発言によって判明する。すなわち、文亀二年（一五〇二）、後柏原天皇の即位が議せられ、拝賀のため将軍の官位昇進と即位大礼が問題となったとき、政元は、将軍については「いかに御昇進あるといえども、人が御下知に応じなければ、その甲斐なし」といい、天皇については「即位大礼を行なっても、その実質を備えないものは、王とも思われない」と主張し、将軍の昇進・拝賀も即位大礼の儀式も取りやめとなり、そのための諸国への反銭の賦課も中止した（『大乗院寺社雑事記』）。

ここには、実質をともなわない天皇や将軍の権威をまっこうから否定する政元の面目躍如たるものがある。この点でも、戦国時代の開幕にふさわしい人物といえよう。このことを大乗院尋尊は、「末代滅亡の趣なり」と慨歎している。

細川氏という名望家の出身にあっては、政元はたいへん異色の人物である。父勝元は、その臨終のとき、家臣の秋庭《あきば》に、観音に祈願したところ聖徳太子が妻の口に飛び入りて懐妊したゆえ、政元は聖徳太子の化身だと語り、「われ死すとも、小法師（聡明丸・政元）があるほどに、家はくるしかるまじきぞ」と語ったという。また、一二歳のときに神かくし（誘拐）にあって丹波に連れ去られたが、愛宕権現の示現によって発見される（『空善記』）など、神がかり的な生い立ちをしている。そのことがあってか、政元は愛宕社をことのほか崇敬し、しばしば大規模な法楽和歌の催しをしている（『宣胤卿記』）。

京管領細川右京大夫政元ハ四十歳ノ比マデ女人禁制ニテ魔法飯縄ノ法、アタゴ（愛宕）ノ法ヲ行ヒ、サナガラ出家ノ如ク山伏ノ如シ、或時ハ経ヲヨミ多（陀）羅尼ヲヘンジケレバ見ル人身ノ毛モヨダチケル、

……政元魔法ヲ行ヒ給ヒ空エ飛上リ、空中ニ立ナドシテ不思議ヲ顕シ、後ニハ御心モ乱、ウツ、ナキ事ナド宣ヒケル、　（『足利季世記』）

『細川両家記』『細川大心院記』などの伝える政元像も同様で、女を近づけず、魔法（修験道）に凝り、舟遊びを好んだと述べ、「常にまほうをおこなひて近国他国をうごかし」（『細川両家記』）などと、その権謀術策ぶりをつけ加えている。永正四年（一五〇七）六月二三日、行水中の政元が、家臣の香西《こうさい》・薬師寺らに教唆された近臣福井・竹田らによって暗殺されるが、その行水は魔法を使うためのものとも、愛宕社の縁日に備えてのものとも言われている。また、月待供養の潔斎のためとも記録されている。

政元は神出鬼没の迅速な行動を身上としている。舟遊びもたんなる遊興ではなく、淀川や瀬戸内海の水系を利用しての山城―摂津―讃岐などの往反であり、領国への下向はもとより、丹後、若狭から北陸旅行を試みるなど、旺盛な行動力の持ち主で、しばしば、他出によって政務を放棄するとの理由で、政元の旅行は将軍の抑止にあっている。

### 3　細川政元政権の基盤

去夜半細川右京大夫源政元朝臣、四十二歳、天下無双の権威、丹波・摂津・大和・河内・山城・讃岐・土佐等の守護なり、被官竹田孫七のために殺害せられ、京中騒動。　（『宣胤卿記』、永正四年六月二十四日）

細川政元の死を伝えるこの記録は、政元が丹波・摂津など合わせて七ヵ国守護であると記している。しかし、大和・

河内・山城については、守護職補任の明確な徴証がない。山城国は伊勢貞陸が守護であったが、明応六年（一四九七）に守護代として政元被官の香西又六元長が入国し、支配の任にあたっている。したがって、実質的には細川氏の支配権が貫徹しているとみてよい。

大和国については、興福寺を実質上の守護にみたてて、守護は不設置の国であった。明応八年（一四九九）、政元の河内進撃（畠山尚順討伐）に際して、筒井・越智ら、古市澄胤をのぞく大和国人三十余人が、中立を申し合わせて他勢力の大和進入排撃の盟約を行なった（『奈良県の歴史』山川出版社）。これに怒った政元は、家臣の赤沢朝経（沢蔵軒宗益）、古市澄胤に命じて大和に進攻させ、筒井・越智らを撃破した。それ以後、赤沢は奈良に駐留して、実質上の守護代の役割を果たした。河内国は政元方の畠山義豊が守護であるが、非力で、畠山尚順の勢力に脅やかされ続け、それをバックアップする政元が実質的には守護の役割を果たした。

したがって、これら三国を含めて、政元が七ヵ国守護であるという中御門宣胤の記載は、実質的な支配を問題にした当時の世間一般の認識として正しいと考える。

他に細川氏一門の守護領国は、和泉国（半国守護、上は元有、下は政春）・阿波（義春）・淡路（尚春）・備中（勝久）などで、総領家を中心にした細川一門の結束は他氏に比べて著しく強固であるので、総領家政元の七ヵ国と合わせた一一ヵ国の支配領域は、畿内近国と四国を結ぶ広大なベルトを形成しており、他の追随を許さぬ強力なものであった。

各国には有力家臣を守護代として配置している。摂津の薬師寺元長、丹波の上原元秀（のちに内藤貞正）、山城の香西元長、讃岐の安富元家らがそれで、守護代は委託された権限を通じて管国の被官や国人層を掌握した。政元の家臣団の中核は、年寄衆と称される有力家臣団で、前記の守護代に補任された者以外に、上原賢家・薬師寺長盛・斎藤元右・香川元景・波々伯部盛郷・秋庭元重・長塩元親・寺町通定らがいた。政元家臣団は、上原・波々伯部が丹波、秋庭が備中、香西が讃岐というように、それぞれ本貫地に所領をもつが、同時に畿内に散在所領・所職多数をもち、それらに、さらに自己の一族や家臣を配置して軍事力の基盤とした。

畿内周辺地帯においては、多くの寺社・公家領の代官請負をやり、定額の年貢貢進と引きかえに、荘郷の現地支配を実現した。北野社領の代官職についてのみ述べると、香川元景は摂津国富田鵜飼瀬、香西元長は同国榎並荘、薬師寺長盛は同国蘆屋荘、薬師寺元長は同国石井荘、その寄子矢野八郎左衛門は同国豊嶋郡簾料、赤沢朝経は河内国八所、上原元秀は丹波国舟井荘などのごとくである（『北野社家日記』四）。また香西元能は、九条家領山城国小塩荘の代官職に補任されている（『九条家文書』二）。このように細川政元は、代官職という形を通じて、家臣団の経済的基盤を造成したのである。

香西元長の山城、赤沢朝経の大和での支配は、半済（兵糧米現地調達の制度）や押領を通じて寺社・公家の荘園を蚕食していったので、旧支配層の動揺は著しいものがあった。政元政権は、畠山政長・尚順とその与同者の打倒を通じ、荘園の代官請負を軸にして、寺社・公家の基盤を掘り崩し、畿内近国の広大な領国化をめざしていたとみてよい。政元の死が「天下大慶珍事なり」（『大乗院寺社雑事記』）と、当時の支配層から歓迎されたことは、このようなラディカルな荘園侵略や慣例無視が、当時の支配層から大きな反発を受けていたことを裏書きしている。

## 4　細川政元式条

細川政元は文亀元年（一五〇一）六月に、「細川政元式条」という五ヵ条の家法を制定している。これは養子聡明丸（澄之、九条政基の子）を後継者とし、宿老安富元家と薬師寺元長を補佐役に命じたことと合わせて制定されたものである。次にその全文を記す（『政基公旅引付』読み下し文）。

右京兆（細川政元）之判也

判

定め置かる条々

一、喧嘩の事

既に先年、これを仰せ出さる。事ふるといへども、や、もすれば各々ゆるがせの働らき、言語道断の次第なり。所詮向後においては、他家に対し、傍輩によらず、親誅せらる、といへども、其子卒爾ニ馳懸けなば、御被官を放たれ、所帯を没収せらるべし。もし所帯なき族においては、生涯（害）をさせらるべきものなり。其外の儀にいたりては、与力・親類・従類の境界をいはず、いか様の段これあるといへども、先もつて使者これを相届け、大法の成敗有るべきの由、もし其あい手難渋の時、くだんの子細を申上ぐれば、それに就いて、成敗を加へらるべきものなり。万一御意を加へらるといへども、なお大法の沙汰を致さざれば、是又被官を放たれ、所帯を召さるべきものなり。次いで合力の輩の事、寄手の方におきては同罪たるべし。かくの如く相定めらる旨を背き、其意を得ず、差懸け、相防ぐによせくる方は、たとひ御被官なにがしによるべからず。いくたり討死せしむといふとも、沙汰に及ばず損たるべきの事。　付、相撲停止の事

一、盗人の事

たしかに其証跡ある時、ひそかに其主に対し相届け有る者を成敗を加へざる者、許容の上は、先段のごとく罪科に処せらるべきなり。又主も持たざる族盗人せしめば、其町として注進せしめ、則ち大法の沙汰あるべし。存知ながら注進致さざるもの同意たるべきの事。　付、ばくち停止の事

一、請取沙汰の事

或は人を死《ころ》し、或は国質・所質と号して荷物を留め、又は不知行の地をもつて他人に契約し物忩せしめ、其外口舌以下、与力・被官たりといふとも、一切停止せられおはんぬ。もし承引せざる輩は、先条に准じ成敗あるべきの事。

一、強入部の事
或は守護代、郡代、或は由緒と号し、又は権門御公事と称し、停止の時分を守り、御成敗を帯びざる輩、他人当知行の地へ使者を入れ、此間に至り、其沙汰を知らず、公事・課役をかけ当知行を押へ、人を妨ぐることこれあらば、併せ始めて其咎を招く上は、是も先条に准じ、成敗あるべきの事。
一、新関の事
往古の由緒あると号し、所々に立置く条、上下の煩、人民のなやみ一にあらず、所詮、堅く停止せられおはんぬ但し除在所これ有り。もし本所の語を得、なほもつて立置く族においては、御成敗同前の事。

右条々堅く禁制せられおはんぬ。自今以後この旨を守り、聊、越度あるべからざるものなり。定め置かる所くだんのごとし。

文亀元年六月　日

## 5　「式条」のねらい

この式条は、和泉国日根野荘に下向していた元関白九条政基の所へ、細川方から送付されてきたもので、「諸守護代、宿老衆皆もつて其意を得るの由、一味せしむと云々」とあるから、諸守護代、宿老衆の同意・承認のもとに制定されたことがうかがわれ、戦国大名家法の先駆をなすものである。

第一条の喧嘩については、他家や傍輩（家臣の同僚）に対し、たとえ親が殺されるとも喧嘩を仕かけることを厳禁し、仕かけた者については、被官をやめさせ、所領を没収し、所領のない者は、切腹させるという重罰に処し、それに合力したものも同罪としている。そして親殺害以下の被害については、「大法」（幕府法）の成敗に任せるべきだ、として報復を厳禁している。

第二条の盗人については、証拠のある盗人をその主人は許容してはならないこと、主人なしの盗人については、居住する町が注進すべきことを規定している。また第一、第二条の付則として、相撲と博奕の禁止がある。

第三条は、諸係争における請取沙汰（当事者に代わって訴訟を行なうこと）を禁じている。

第四条は、守護代、郡代その他が他人知行地への「強入部」（暴力的に入部〈進駐〉し、年貢課役を徴集すること）を禁止している。

第五条は、関が人々の煩であるからとして、新関を立てることを禁止している。

この式条の具体的な発効として、次の史料が存する。

定め置かる御方条々儀、御一書をもつて、仰せ出され候、畏入存じ候。此内新関の事、重ねて御意を得べく候。丹波口、摂津口事は、守護代とも注し申すべく候、其外当国所々の儀は、奉行人を相定められ、仰付らるべきの由、御披露に預かるべく候。恐惶謹言。

七月四日

長塩　備前守　元親
秋庭　備中守　元重
薬師寺　与一　元一
安富　筑後守　元家
内藤　備前守　元貞
香川五郎次郎満景
上野　三　郎　政益

（山城）
岩栖院御報

（『一乗院文書』読み下し文）

長塩以下七人の細川政元の宿老が連署して京都南禅寺塔頭岩栖院に、新関の問題で通達を出している。「定め置かる御方条々儀」……「此内新関の事」とは、この式条の布達をさしている。この文書は無年号であるが、文亀四年（一五〇四）九月に、政元に反抗し、淀合戦で切腹した薬師寺与一元一がいるところから、文亀四年以前とされるが、内容から推して、文亀元年とみられる。式条の制定にともなって、関について撤去のための調査が進行し、丹波口・摂津口の関は守護代が注進し、その他については奉行人を定めて、調査が進行していることがうかがえる。

関撤去の問題は細川氏の流通路支配の問題である。街道や川筋に関を設けて、それぞれの権門領主が関銭を徴集し、収入を得る。しかし、その数の増大は流通の渋滞、物価の上昇の因をなした。新関の停止は、山城国一揆の要求項目の一つでもあった。政元政権は、新関停止という流通政策を積極的に打ち出したとみてよい。強入部停止の問題は、実力者による村落における生産物や労働の不当の強奪の抑止である。武士の濫妨を停止し、寺社公家の知行権を保護し、一方農民に対しては撫民的な政策でもある。政権の合法性のためには、このような支配領域における秩序維持が必須のものであった。喧嘩・盗人・請取沙汰の問題はいずれも、家臣団（与力・親類・従類と区分される）相互の間の紛争の解決のための干与と介入である。紛争処理の合法性を樹立して、家臣団を統制する役割をになうものであった。

以上述べたごとく、この式条は、簡単なものではあるが、確立した細川政元政権の領国法的なもので、これは畿内における大名領国の成立を見定める一つの手がかりを与えるものと思う。

## 6　反細川戦線の結成と一向一揆

当年永正三丙寅中、諸国大和・河内・丹後・越中・越後・能登・越前・加賀・美濃・参河等在々所々において、或は京都より発向し、或は土民等一向宗蜂起について、合戦せしむるの間、夭亡の輩幾千万の数を知らざる条、これ

によって総じて諸国の死人、廻向として入ると云々。（「東寺過去帳」読み下し文）

永正三年（一五〇六）は、反細川戦線の結果・反攻と、北陸を中心とした一向一揆の蜂起がからみ合って、中央地帯の広域にわたって戦乱がくりひろげられた。

それに先立って、永正元年に細川氏の内紛が起こる。政元は狂気の様相が昂じ、高野山にこもるなどのことがあり、摂津半国守護代薬師寺元一は赤沢朝経と謀り、政元の養子澄元（阿波守護細川成之の子）擁立を策して蜂起し、寺町・四宮らとともに摂津の淀城に立てこもった。結局、薬師寺らは鎮圧される。赤沢はのちに復帰を許され、一五〇五年山城守護代に任ぜられるが、前山城守護代香西元長は、半済問題にからんで、京都郊外の焼き討ちなど郷民との対立激化を理由に、政元から追放され、一時讃岐に下る。この時に政元政権の崩壊の徴候が現われてきた。

長年の宿敵であった畠山尚順と畠山義英（義豊の子）は永正元年に和睦し、ここに長年の対立関係を清算して両畠山氏の連合が成立し、北国に逃れ、あるいは大内氏を頼った前将軍義稙を中心に、西国の大内氏、越前の統一成った朝倉氏、和睦をかちとった両畠山氏、近江の六角氏らの反細川戦線結成の機は熟した。丹後では、一色氏がその戦線に連なり、細川氏と結ぶ武田氏を攻撃した。政元政権にとっての危機は迫った。

長享の一揆で守護富樫政親を攻め殺し、事実上加賀を制圧した一向一揆は、能登・越中・越前での教線の拡大をめざした。当然、大名領国支配の確立をめざす能登の畠山義元、越中の畠山尚順、これらを支援する越後の長尾能景、越前の朝倉貞景らと激烈な闘争を展開する。北陸本願寺教団の最高指導者、加賀の若松本泉寺蓮悟は傘下の各組織に宛てて、長尾・畠山氏の、能登における「仏法をたやし《(絶)》候へき」（「乗誓寺文書」）企図に対して防衛の闘争を呼びかける檄文を発した。

越中では、東郡を椎名氏、中郡を神保氏、西郡を遊佐氏の各守護代が支配していたが、西郡から中郡にかけては一向一揆の勢力が滲透し、隣国の長尾能景が畠山氏の要請によって出陣したが、越後勢は大敗し、長尾能景は討死してしまう。こうして能登・越中は一向一揆の確保するところとなった。一方越前では、これに反して加賀からの一揆側増援部隊が九頭竜川の戦闘で敗北し、越前国内の本覚寺・超勝寺などの大坊主は加賀に逃亡して、多くの末寺は壊滅的な打撃を受けた（以上、井上鋭夫『一向一揆の研究』第五章第二節）。

細川政元と本願寺教団の関係は深い。長享の一揆において、加賀守護富樫政親を一向一揆が攻殺したとき、加賀の門徒の破門を迫る九代将軍義尚の怒りをなだめ、蓮如から門徒に宛てた「お叱りの書」で、決着をつけさせたのは政元である。本願寺は政元を聖徳太子の化身と称し、本願寺の外護者として破格の厚遇をした。加賀の寺社権門領荘園の年貢未進のとき、政元―本願寺のルートで解決をみる場合がしばしばあった。

## 7　政元政権と本願寺教団の同盟

政元政権と本願寺教団は相互に利用し合う関係に立っていた。長享の一揆の加賀制圧直後、延徳三年（一四九一）三月初旬から四月下旬にかけて、政元は上原元秀以下の家臣を引き連れ、越前府中から越後まで赴き、越中を経て帰洛している（『蔭涼軒日録』）。当然、加賀へも滞在したはずで、北陸の有力な真宗寺院・門徒による政元歓迎と結びつきの強化は、想像に難くない。

永正三年（一五〇六）七月、政元は山科本願寺に滞在し、そこから直接、北陸に下向しようとした。その時はまさに越前の戦線が急迫をとげていた段階で、本願寺法主実如は、政元の出陣を要請したものと考えられる。しかし、政元の家臣はこれを抑え、将軍みずから本願寺へ赴いて押しとどめたために、この北陸下向は実現しなかった（『宣胤卿記』）。

一方政元は、これに先んじて本願寺に対して、兵力の動員を要請している。すなわち、半年前の永正二年一月、河内誉田城の畠山上総守（義英）を攻めるにあたって、再三にわたって実如に対し、本願寺門徒の坊主達ならびに惣門徒に出陣を要請した。

実如はこれを拒否しがたく、摂津・河内の門徒に動員をかけたところ、両国衆は「いまだ左様の事は不レ仕レ付候へば、兵具もなし、如何して俄に仕るべく候哉、元より開山上人（親鸞）以来左様の事当宗になき御事候、いかに右京兆（政元）御申候共、御承引あるべからざる事候由、申され候」と拒絶した。困惑した実如は、加賀国四郡より一〇〇〇人の門徒を調達した。これを不満とする大坂御坊の実如の兄実賢・蓮能尼らは実如排斥を決議し、畠山尚順や畠山義元（蓮能実家）と結ぶ動きを示したので、実如は実賢を破門し、大坂御坊から退去せしめ、大坂を直接支配下に置いた（『実悟記』）。

政元への応援がこのような教団の内部分裂の犠牲を払ってまで強行されたことは、本願寺と政元の強い連帯関係と、永正三年（一五〇六）の北陸と畿内の一貫した政治状況を示すものである。政元にとっても、本願寺にとっても、存立にかかわる事態であったのである。しかし本願寺教団は、政元政権と結びつくことによってなにを獲得したか。

一つは、加賀を中心とする北陸の領国の安定である。それは越前においては失敗に終わったが、加賀・越中・能登においてはいちおうの成功をみた。

その二は、中央政界における地位の上昇である。この時期にはいって、公家・武家・寺社などの接触が深まる。それは、北陸の領国の完成ということによって、好むと好まざるとにかかわらず、北陸の荘園年貢の確保のためには、本願寺との交渉抜きでは問題が解決しない状況が作り出されたことによる。

その三は、畿内における教線の伸張である。摂津・河内の拠点として、大坂の石山御坊の設立が明応五年（一四九六）であり、政元政権下に多くの寺院・道場が設立され、また既設のそれらは、さらに寺内町特権などを獲得していった。

畿内政権が本格的に本願寺と対決するのは、つぎの天文期の細川晴元政権においてであるが、この段階では、むしろ両者の連携が特徴をなしている。これは、両者がかかえた共通の敵への対応ということと同時に、政元政権の大名領国の未成熟、また本願寺の側では、北陸に比べて、教線の拡大が未発展、という事情によると考えられる。

## 三　細川晴元政権と天文の一揆

### 1　細川晴元政権の成立

永正四年（一五〇七）、細川政元の暗殺以後、その遺産は澄之・澄元・高国の三人の養子と、その背後勢力による争奪となった。まず、前関白九条政基の実子で、確固とした基盤のない澄之が、摂津に基盤をもつ高国に攻殺され、阿波勢力をバックとした澄元も、やがて高国に逐われ、永正五年には高国の覇権が確立した。高国は、以後大永七年（一五二七）まで約二〇年間、将軍義稙を復活させ、不安定ながら政権の座にあった。

永正一七年（一五二〇）、一時的に京都を奪回した澄元は、まもなく阿波に敗走し、その地に没した。澄元の嗣子晴元は、阿波の三好元長に擁されて反攻を開始し、大永七年（一五二七）、堺に進出して、ここを足場に、一二代将軍義晴と管領高国を近江に追放し、その四年後の享禄四年（一五三一）に高国を敗死させて、完全に政権を掌握した。以上の争覇の過程を通じて、伝統的な細川氏の重臣の多くは没落し、かわって柳本賢治・三好政長・木沢長政らの戦国乱世にふさわしい実力派の武将が登場してくる。

細川晴元政権については不明な点が多いが、今谷明氏の最近の研究（「天文期の京都支配——晴元政権に関する一考察」『京都市史編さん通信』41～43号）は次の諸点を明らかにしている。

①細川晴元政権に先行して、大永七年（一五二七）—享禄五年（一五三二）の間に、晴元・三好元長に擁立された足利義維（一一代将軍義澄の子）の「堺幕府」が存在した。

②晴元政権下にあっては、管領奉行人として茨木長隆が権限を掌握し、山城五郡の郡代高畠長信を通じて京都の支

配を実現していた。

以上の点を、多量の発給文書の検討を通じて明らかにされた功績は大きい。

今谷氏も指摘されるように、晴元政権が堺の地域権力から畿内統一政権に発展するためには、①細川高国の打倒、②細川氏内部の摂津派（茨木長隆に代表される）と、阿波派（三好元長に代表される）の対立の止揚が必須であった。このために、本願寺教団・一向一揆との連合と闘争の過程を通じて、晴元政権は確立してきた。そのなかで、晴元の畿内恢復の最大の功労者、三好元長は失脚するのである。

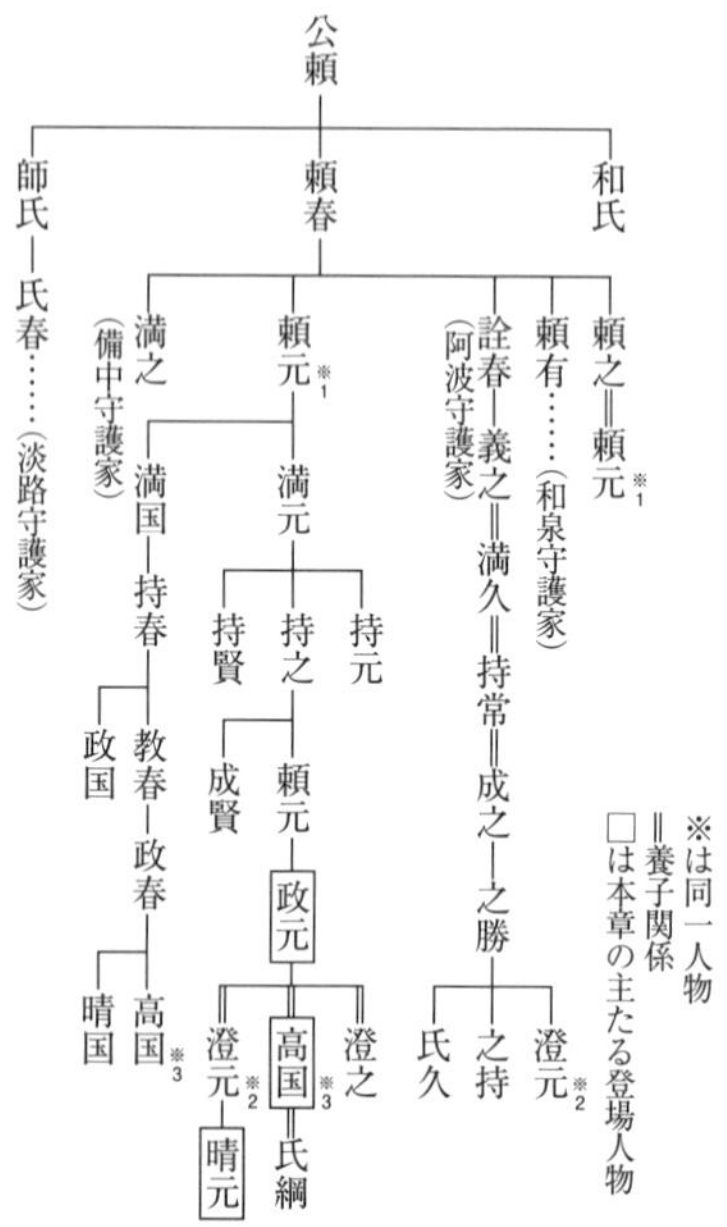


系図2　細川氏略系図

## 2　畿内本願寺教団の発展

畿内五ヵ国（大和・山城・摂津・河内・和泉）における本願寺教団の発展のあとをみておこう。

大和では、長禄二年（一四五八）、奈良市中南北郷や長谷寺において一向宗門徒の検断が行なわれ、南北郷では門徒二八軒との記録がみられる。寛正元年（一四六〇）に「藤原道場」（添上郡藤原）が出現している（永島福太郎『奈良文化の伝流』中央公論社）。しかし、奈良周辺の教団の発展は興福寺などの旧勢力に抑止されがちであり、むしろ吉野川流域の飯貝・下市などに吉野門徒の拠点が形成され、発展がみられる。明応七年（一四九八）には、すでに飯貝本善寺が成立し、蓮如一三男の実孝が住持となっており、下市願行寺も、まもなく創建されたと考えられる。

和泉では、文明二年（一四七〇）に、すでに堺南荘に紺屋円浄による道場（後の慈光寺）が設立されており、堺北荘山口中町には、明船の旅館兼薬種商の道顕によって樫木屋道場（後の真宗寺）が作られている。道顕は、中国商人堅致と堺の富豪万代屋の娘木ノ花との子どもで、蓮如に帰依し、熱心な門徒となった。文明八〜九年のころ、道顕の援助によって堺御坊（信証院）が建立され、蓮如はここに滞在して布教につとめた。

堺に赴く前、文明八年（一四七六）には、蓮如は河内の出口坊（光善寺）を拠点とした。出口はのちにその長子順如が住持となった。河内一七ヵ所の門真の古橋御坊（願得寺）は、永正六年（一五〇九）に、実如の本尊裏書が下附されている。蓮如一〇男の実悟は、のちにここの住持となっている。また、淀川をはさんで対岸の富田坊（教行寺）は一四七六年に創設され、明応七年（一四九八）、蓮如八男の蓮芸を住持としている。この出口・富田は、ともに河内・摂津の北部の中核的寺院である。また、河内久宝寺の坊（顕証寺）は、寛正三年（一四六二）にはすでに設立されており、蓮如から本尊の裏書を得ている。明応五年（一四九六）には、摂津国生玉《いくたま》荘大坂に大坂御坊が創設され、のちの本願寺教団の総本山石山本願寺となった。

山城では、寛正六年（一四六五）に山門によって破壊された本願寺の再建として、文明一〇年（一四七八）、山科に本願寺の寺地が選定され、堺の信証院の建物がここに移され、四年にわたる工事ののちに堂舎を完成させた。中心の本願寺、内寺内、外寺内などの三つの廓から成る山科寺内は「寺中広大無辺、荘厳ただ仏国のごとしと云々、在家又洛中の居住に異ならざるなり」（『二水記』）とその豪奢と繁栄の様が記録されている。

畿内諸地域の布教は、蓮如が出口—堺—山科を転々とした時期を中心に精力的に行なわれ、畿内教団の基礎はこのころに形成された。加えて一四七六年のころ、畿内に大勢力をもっていた真宗の仏光寺派が、その指導者経豪に率いられて本願寺に帰服した意味は大きい。

### 3　真宗寺院・道場・門徒の畿内分布状況

以上の発展の帰結を示すものとして、一六世紀前半、天文期の摂・河・泉門徒の状況を示してみた（第Ⅱ部第三章地図参照。証如の『天文日記』を中心に構成）。すなわち、真宗寺院・道場・門徒組織の分布は、ほぼ次の四つに区分される。

(a)武庫川・猪名川筋——塚口御坊、大物道場を中心とした西摂津門徒で、両河川下流の間に展開し、また、中流にも分布している。

(b)淀川・神崎川筋——両河川の流域に分布する摂・河門徒、富田・枚方・出口・門真といった中流域と乱流するデルタ地帯に分けられる。後者には、河内一七ヵ所・榎並一七ヵ所・中島五ヵ所といった村落連合の地域に、それぞれ門真の願得寺、野田の正琳寺、三番の定専坊など真宗寺院を中心として門徒の組織が集中している。

(c)大和川筋——大和川は江戸時代、宝永元年（一七〇四）に、幕府の水害防止直営事業として、河内国丹南郡舟橋村の所でせきとめ、西流させて堺へ落とす、いわゆる大和川附替工事を行なった。これによって河内平野の様相は一変した。それ以前の河内平野は、大和川の乱流によって、水郷的な低湿地帯を形成しており、河川交通の発達した地域であった。

ここに河内八所（八里衆）といわれる門徒の密集地域がある。久宝寺（顕証寺）・八尾（慈願寺）・萱振《かやぶり》（恵光寺）・若江（光連寺）などを中心に寺内町が形成され、摂津分に入るが、平野（光永寺）もそれに連なる。大和川上流では、西ノ浦・古市などの河内五ヵ所があり、さらに上流には、寺内町として著名な富田林がある。

(d)堺および泉南海岸地域——堺御坊（信証院）を中心として、堺の南・北荘に真宗の寺院が密集し、強力な門徒組織がある。さらに貝塚・嘉祥寺など教線は泉南地域に伸びている。

### 4　富と技術の集積

以上のように、本願寺教団の教線の発展は、河川・海上の流通路と密接に関連していることがわかる。水運は中世の主要な交通形態であったから、これと関連する水運業者・労働者（船頭）・商人・手工業者などが、その処々に集住し、彼らの間に真宗の信仰が広まり、門徒組織（講）が形成されていったと考えられる。もちろん農民の参加もみられたと思うが、それは、畿内の特殊条件に支えられた流通過程に、なんらかの形で参加をしている農民であろう。都市（寺内町）と村落のなかに、真宗の門徒組織である「講」が組織され、これが本願寺教団の基盤となったのである。

畿内および全国の門徒を組織掌握する総本山としての大坂石山本願寺（石山寺内）は、前述の(b)(c)の接点に構築され、それが瀬戸内海を前にして全国的な流通の結節点となる位置に立地している意味は大きい。天文期、石山寺内は発展をとげ、現在の大坂の基礎を作った。畿内商工業の先進的にない手である摂・河・泉門徒を掌握した本願寺教団は、まさに、日本の富と技術の集積者となっていく。

### 5　天文の一揆の奔流とその背景

享禄四年（一五三一）六月、細川晴元・三好元長は、摂津天王寺合戦で細川高国を撃破し、尼崎に追い自刃させ、政権の座を確実なものにした。しかし、晴元は阿波から彼を擁立した多年にわたる功労者三好元長と不和になっていた。元長は、京都の支配をめぐって対立していた柳本伸二郎（晴元の武将、賢治の子）を、弟康長や山城郡代塩田らに命じて攻殺した。そのことが晴元の怒りにふれた。また、晴元の属将木沢長政は、以前に畠山義宣の被官であったので、その背信を怒った義宣は、大和の筒井順興や三好元長と結んで、木沢を河内の飯盛山城に攻めた。その報を受けた晴元は、畠山義宣と三好元長を一挙に討滅せんと策し、その兵員の不足を補うため本願寺法主証如に助力を求めた。天文元年（一五三二）六月、証如の命によって三万余の摂・河・泉門徒が各地に蜂起し、晴元軍と協同して飯盛山城の囲みを解き、進んで義宣の高屋城を攻略し、義宣を殺し、さらに堺に進撃して、三好元長を自殺させた。すなわち晴元は、本願寺の軍事力を利用して畠山義宣・三好元長を誅殺するとともに、元長の擁立した「堺御所」足利義維を隠退させ、将軍足利義晴との和平の障害物を一挙に除去してしまった。

七月、摂・河・泉門徒の蜂起は大和に波及した。興福寺および畠山と結ぶ筒井・越智への攻撃となった。奈良では、豪商橘屋主殿・蔵屋兵衛・雁金屋民部らに率いられた興福寺南北郷の門徒約一万人が興福寺に乱入して、堂塔坊舎を焼き払い、さらに吉野門徒と合して、越智利基の高取城を包囲した。

越智は、筒井順興と協力して、逆に一揆軍を撃破した。主謀者以下多くの門徒が誅殺され、一向宗の帳本の郷「西脇等四五箇所」は没収され、奈良市中の一向宗は制禁された（永島福太郎『奈良文化の伝流』）。

奈良の一向宗の蜂起は、奈良市中の軍事・警察権を掌握する六方衆（興福寺の直属武装軍団）に対するものである。門徒を中心とした奈良市中の商人・手工業に対する、市場特権をめぐる抑圧・圧制への反発が、蜂起の原因と考えられる。

摂・河・泉門徒も、たんに証如の命令だけで蜂起したとは考えられない。河内における畠山氏の支配・抑圧、堺を中心とした和泉地方における三好元長の日蓮宗徒と結びついた抑圧、流通路・市場・寺内町特権をめぐる権力と一向宗門徒との争い――これらのつもりつもったものが、証如の命令によって一挙に爆発したのである。本願寺法主証如やそのブレーンとしては、成立まもない細川晴元政権を援助し、その見返りとして、かつて細川政元政権との関係がそうであったように、権力に癒着しながら教団の伸張をはかろうと意図した。しかし、一向一揆の勢は、晴元や証如の思惑を越えて奔流した。

### 6　晴元と本願寺教団の対立抗争

奈良の暴動は、京都の公家・寺社支配層の危機感を昂めた。細川晴元も一向一揆のエネルギーに恐怖感をいだいた。日蓮宗の信者であり、かつ保護者であった三好元長を誅殺されたことで、堺・京都の日蓮宗門徒は激昂しており、その怒りは晴元に対してよりも本願寺に向けられていた。こうして細川晴元は、本願寺との関係を断って、日蓮宗門徒と結ぶという一八〇度の方向転換をし、一向宗門徒との対立関係にはいる。

公家鷲尾隆康は、本願寺を論難して次のように記している。

去月は晴元と合力して三好一党を追討し、今日は晴元と相戦う。「不定世界、天魔の所為」で、所々において一向一揆方は討死しているが、「諸国充満の衆」であるので、戦いを止めず「天下一揆の世たるべし」(「二水記」)。

これは三好元長の攻殺、奈良暴動以後の京都政界の本願寺・一向一揆に対する恐怖感を代表する意見と思う。しかし本願寺(証如)自身は、晴元との対決を望んでいたとすることはできない。

本願寺事、別儀なき旨、これを申さるといへども、一揆等恣ままに働らき、造意歴然なり。しかる上は、諸宗滅亡、この時たるべきか、所詮当宗中、この砌、相催され、忠節を抽んぜらるれば、御快然たるべく候なり。よって執達くだんのごとし。

享禄五(天文元)
八月二日　　長隆(花押)
(茨木長隆・管領奉行人)
念仏寺

(「開口神社文書」読み下し文)

これは、晴元の堺南庄の開口神社の宮寺である浄土宗の念仏寺に宛てた軍勢催促状である。本願寺証如は「別儀なき旨」すなわち反抗の意志のないことを申し立てるにもかかわらず、本願寺の思惑を越えて、一向一揆の行動が激しくなっていることがうかがわれ、細川晴元方も一向一揆の強勢を前にして「諸宗滅亡」という危機感をあおり、反本願寺勢力の結集をはかっているようすがうかがえる。

八月四日に堺の市中で、晴元および木沢長政の兵と衝突があり、翌日、木沢軍は郊外の浅香の一向宗道場を焼き討ちにし、これをきっかけとして本願寺門徒の堺攻撃が始まる。戦乱の過程は紙数の関係で深入りは避けるが、特記すべきことは次の諸点である。

①柳本・山村らに指導された京都の日蓮宗門徒が蜂起して山科本願寺を破壊し、以後本願寺は大坂石山に移る。

②日蓮宗門徒の勢力伸張は、延暦寺の反発を招き、六角氏・山門は京都に侵入し、日蓮宗門徒を攻撃する。延暦寺・日蓮宗・本願寺の対立は宗教戦争の様相を帯びる。

③摂・河・泉各地における一向宗門徒の蜂起・奮戦にもかかわらず、戦況は細川晴元・木沢長政側に有利に展開し、各地の一向宗寺院・道場は破却され、大坂石山はしばしば包囲攻撃を受ける。

④本願寺側では、国人門徒三宅出羽守国村を通じて、没落した細川高国の弟晴国を味方につけ、晴国は丹波波多野氏や三好元長残党を糾合して摂津方面から晴元陣営を攻撃する。

以上のような複雑な様相をたどりながら、天文四年（一五三五）まで戦乱が続くが、本願寺内部において指導的地位にあった下間頼盛が失脚し、興正寺蓮秀が主導権を得て、青蓮院尊鎮親王に晴元との講和の斡旋を依頼し、同年一一月末に和議が成立した。

この間、戦闘継続を主張する摂津中島門徒は、細川晴国・下間頼盛を中島に引き入れて抵抗し、証如はこの中島門徒を破門にして、木沢長政の中島鎮圧に協力し、門徒八百余人を見殺しにした。下間頼盛は逃れ、細川晴国は自刃した。

以上のように細川晴元政権は、本願寺との闘争を通じて政権の基礎を固めた。晴元に抵抗する晴国・三好残党はおおむね没落した。

一方、本願寺は最終的には晴元に屈伏した形になった。しかし勢力を温存し、また長期にわたって晴元との争覇に耐え抜くなかで、畿内門徒の統制は強化され、大坂石山本願寺の指導的地位は高まった。本願寺法王国の確立は、天文の一揆によって時期を画する。

## おわりに——元亀・天正の争乱への展望

細川政元政権と細川晴元政権とでは、本願寺との対応関係が著しく異なる。前者は完全に共存共栄・相互利用の関係であったのに反して、後者においては激烈な闘争を展開し、互いに他を打倒しえぬまま講和となった。この相違はなにか。

一つは、権力のあり方が、政元においては幕府・守護体制を完全に脱しきっていないのに反して、晴元においては、大名領国制への移行を完了していると考えられる。

その二は、本願寺教団の側でも、畿内門徒の教線の伸張の度合がまったく異なり、晴元政権下にあっては、諸権力との競合関係がぬきさしならない段階に達していたと考えられる。

本願寺の支配構造、すなわち法主—末寺・道場—門徒の関係は、現実の精神的・物的（貢納・夫役奉仕）に支配する領域（集団）を、阿弥陀如来の功徳の流通する領域ということで「仏法領」と称する。北陸（加賀・越中・能登）においては、本願寺法主は、実質的には守護という世俗の領主的な地位を兼帯していた。しかし畿内においては、世俗の領主権と、この「仏法領」は競合関係にあった。ここに、さまざまな対抗関係が発生する。戦国時代を生き抜いた顕誓（蓮如の四男蓮誓の孫、加賀山田光教寺住持）の回顧録『反古裏書』に次のような記載がある。

実如御円寂の後、又在々所々の新坊建立し、坊主衆にいたるまで、寺内と号して人数をあつめ、地頭領主を軽蔑し、限りある所役をつとめざる風情、定て他家の謗難あるべきものをや。すでに濃州所々の寺内破却せられ、南方にも北方にもその類あまたきこゆ。是によりて前住上人（証如）専ら御掟の旨かたく仰出され、所々の非義あらたまり、御再興の時節到来せしとなり。

この記述は実如死後の事態を述べており、一六世紀の三〇年代（享禄・天文段階）がこれにあたる。一向宗の寺院・寺内町の設立が、各地の権力とのトラブルを惹起したことが推察される。門徒の側では、寺内町の守護不入権を獲得して、一種の治外法権を作り出そうとする。大名権力の側では、不入特権を排除して、一円的な領国支配を実現しようとする。そして、寺内町に商職人が集住し、当時の生産力発展の段階の水準を抜く富と技術の集積が行なわれ、そこが流通の結節点となることを考えるとき、この寺内町が本願寺の基盤をなしていることが、大名権力の支配にとっての最大の障害となる。享禄・天文の段階は、永正段階（一六世紀初頭）とは異なった彼我の関係が形成されたのである。

さて、戦国時代の終末点――元亀・天正の争乱においては、本願寺は織田信長の畿内統一政権との血みどろの死闘の末に、完全に屈伏させられる。信長政権は、政元・晴元両政権の延長上に、その発展として位置づけられうる畿内統一政権である。ここにおいては、本願寺教団との関係はまったくぬきさしならないものになっていた。両者の矛盾は、すでにみた晴元段階のような、一面闘争、一面協調というような様相を許さない状況であった。

織田信長の勝利のみが、必ずしも歴史の必然的な方向ではなく、本願寺法王国の完成形態の実現、すなわち教権主導型の統一国家形成という途も存在したのである。しかし、苛烈な闘争の末の歴史の選択は信長を指名し、やがて世界史上稀にみる強固な封建支配体制・幕藩制国家を実現することになったのである。

〔注〕

（1）吉川弘文館、一九七八年。

（2）『月刊歴史』三号、一九六八年。

（3）山川出版社、一九七二年。

（4）前掲書注（1）。

（5）福村書店、一九七〇年。

（6）『岩波講座日本歴史』中世四、一九六四年。

（7）岩波新書、一九六七年。

（8）文英堂、一九六八年。

（9）『歴史評論』二四一号、一九七〇年。

（10）『歴史評論』二四一号、一九七〇年、朝尾直弘『将軍権力の創出』岩波書店、一九九四年に収載。

（11）『史林』四一巻一号、一九五八年。

（12）『日本史研究』二三号、一九五四年。

〔付記〕　脱稿後、今谷明「細川・三好体制研究序説――室町幕府の解体過程」（『史林』五六巻―五号）の力作に接した。信長の登場以前の畿内政治史をたんに「混迷」と「混乱」で説明するのではなく、室町幕府解体過程に則して明らかにするという提言とその綿密な基礎作業の方向に賛意を表したい。

# 第二章　一向一揆
## ――そのエネルギーの謎

## 一　キリスト教宣教師の真宗観

### 1　日本巡察記

天正七年（一五七九）から天正一〇年にかけて、イエズス会から日本巡察の使命を帯びてやって来たアレシャンドゥロ・ヴァリニャーノは、天正一一年の報告書『日本諸事要録』のなかで、当時の日本の仏教について、次のように記している。

日本人の最大の歓心を得て、自らの宗派がもっとも多く迎えられる為に、彼等（仏僧）は、阿弥陀や釈迦が、人々に対していかに大いなる慈愛を示したかを強調し、（人間の）救済は容易なことであるとし、いかに罪を犯そうとも、阿弥陀や釈迦の名を唱え、その功徳を確信しさえすれば、その罪はことごとく浄められる。したがってその他の贖罪（行為）等はなんらする必要がない。それは阿弥陀や釈迦が人間の為に行なった贖罪を侮辱することになると説いている。これはまさしく（マルティン・）ルーテルの説と同じである。外面では霊魂の救済があることを民衆に説きながら、仏僧達の大部分はその胸中で、来世は無く、万物はこの世限りで終るものと決め、そう信じている。この表面的にきわめて思慮深く導かれている自由で平易な教説と、その生活の偽りの神聖さによって、彼等は日本人の心の中に深く入り込み、傾倒されているので、全諸国には多数の特権を有する立派な寺院が造営され、日本人は多額の布施や封禄を僧侶に与えるので、彼等の数は果しなく増加し、彼等は日本中の最良の場所なり土地を所有し、はなはだ強大な権力を獲得するに至った。しかし前述のように、何年か前から、彼等の勢力は衰微し始めている。

（『日本巡察記』三一頁、松田毅一ほか訳、東洋文庫）

また他の箇所では、日本人が有能で礼節に富んだ国民であることを指摘すると同時に、色欲に耽る、主君に対する忠誠心が欠如している、偽りの教義のなかで生き欺瞞と虚構に満ちている、残忍で軽々しく人間を殺害する、飲酒・祝祭・饗宴に耽溺する、との五つの悪をあげている。そして第一の悪については、

日本人から聖人、または予言者と考えられた一人の邪悪の仏僧が、いまから五、六百年前にこの悪しき教え（僧侶の女性関係を認めること――峰岸注）を宣べ始め、それが今日見るように人々の間に拡がり、やがて、反乱、破壊、戦争が続いて現今に及んでいる。これは我等の主なる神の正義の剣が彼等の上に下されて、この罪が罰せられたものと（言えよう）。なぜなら、打ち続く戦乱により、大多数の男は刃の下に戦死し、都市や家族は連日破滅し、人はみな絶え間なき戦乱と悲惨と苦悩のもとに生活しているからである。

（同書一七頁）

この記述のなかで、ヴァリニャーノは特定の宗派を名ざしてはいない。しかしこれが当時日本の仏教諸宗派中でもっとも大勢力を形成していた浄土真宗（以下「真宗」と略す）本願寺教団を強く意識していることは、その内容から推して明らかである。色欲の罪のもととなった「邪悪な僧」とは親鸞のことであり、ここに記されていることは親鸞・蓮如教団の教説に対し、ある意味では皮相的で、仏教を邪教とみるキリスト教の立場からの評価である。そして、財貨などをもって罪をあがなうこと、すなわち贖罪をしない点では、イエズス会（カトリック教会）が異端として排撃しているプロテスタントのマルティン・ルーテルの教説と同じだとして、敵意を燃やしている点は興味ぶかい。

ただ理由や評価の是非を抜きにして、ヴァリニャーノが次のことを認めていることを確認しておきたい。すなわち、

その教説が①「きわめて思慮深く導かれている自由で平易な」ものであり、②「日本人の心の中に深く入り込み」、③「彼等（僧）は日本中の最良の場所なり土地を所有し、はなはだ強大な権力を獲得」し、④「何年か前から、彼等の勢力は衰微し始めている」と。

## 2　信長とヴァリニャーノ

ヴァリニャーノが来日している期間は、まさに戦国動乱の総仕上げとしての元亀・天正の争乱の最終段階である。圧倒的に優位な織田信長の軍事力の前に、矢つき刀折れた石山本願寺は、勅命講和という頼み綱にすがって、しかし事実上は完全降伏というかたちで、顕如・教如父子が相次いで大坂石山を退去し、石山本願寺は紅蓮の炎をあげて焼失し、輝かしき一向一揆の闘いの幕がおりた時期である。そしてヴァリニャーノが豊後府内（現在の大分市）から瀬戸内海を通って畿内に足を踏み入れたのは、天正九年（一五八一）三月であった。その前年の七月に本願寺を屈伏させ、その結果、畿内近国の統一を完成させて、得意の絶頂にあった信長は、堺から京都に入っていたヴァリニャーノを本能寺に迎え、次いで四月一日の馬ぞろえの式典に彼を招待した。さらに安土に招いて、いたれりつくせりの歓待をした。

ヴァリニャーノの先の文脈によれば、親鸞によってもたらされた色欲の罪に対する神の裁きとして、戦国の動乱が起こり、そのなかで親鸞につらなる本願寺・一向一揆が敗退し、大坂石山寺内という「日本中の最良の場所なり土地を所有し、はなはだ強大な権力を獲得するに至った」「彼等の勢力は衰微し始めている」ことは、信長とともにはなはだ慶賀すべきことであったのである。ヴァリニャーノは、畿内近国において、その衰退の本願寺教団にひきかえて、本願寺を抑圧してキリスト教を保護する信長に、キリシタン発展の幻想をかいま見た。しかし真宗に加えられた権力の弾圧が、やがてキリシタンのうえに加えられることをまったく予知していなかったのである。

もっとも、信長がその翌年六月に本能寺の変で殺害されることはだれにも予想されないことであった。ヴァリニャーノは遣欧少年使節を伴って本国への帰途、中国南部のマカオで信長滅亡の報を聞き、愕然としている。

一向一揆を論ずる本章の冒頭で、ヴァリニャーノの言にすこしだわりすぎたかもしれない。しかし戦国時代において、日本人の心をもっとも深くとらえた宗教は真宗とキリスト教であり、それゆえに、このキリシタン宣教師の真宗観は、私にとってたいへん興味ぶかく感ぜられるのである。本章は、この記事の書かれた一六世紀末から、歴史の歯車を一世紀余まえにもどして、真宗本願寺教団の発展の跡をたどりながら、真宗の信仰と組織によって支えられ、同時に真宗本願寺教団発展のもとを切りひらき、その基盤となった一向一揆のエネルギーの源泉がなんであったのかを考えてみようと思う。それは、なぜ真宗の教えが当時の社会のなかに急速にひろまったのか、そして真宗門徒はなぜ一揆という形態をとって闘ったのか、という問題を当時の政治的、社会的状況とからみ合わせて考察することでもある。

## 二　一向一揆とは何か

### 1　一揆の世

室町・戦国時代の一五〜一六世紀は、「一揆の世」ということばがふさわしい。社会が一揆的状況を呈していたからである。

「一揆」の原義は、「一㆑揆」（揆を一にする）からきている。「揆」は本来、道程や量を測る意であったが、道のりから「道」に転化し、方法や行動規範とかを示す抽象的な語に転化した。古代中国で、「先聖後聖其揆一也」（『孟子』）などと使用された。これを念頭において日本では、『太平記』巻十六で、その子の正行に後事を託して湊川合戦に出陣する楠正成を、中国の春秋・戦国時代の名将になぞらえ、「前聖後聖一揆ニシテ有難カリシ賢佐ナリ」と記している。聖人はいまもむかしも同じような道を歩むという意味である。

中世社会では、行動を一致させるという意味で、「一揆」ということばが寺院での読経や武士の軍事行動の場合に使用されるようになった。南北朝時代以降、個人対個人、個人対集団、集団対集団などが、神にかけて誓う起請文（誓約書）をたがいに交換し合い、あるいはそれぞれが署名捺印することによって、ある共通の目的のための結合関係が成立し、この結合を一揆と称するようになった。一揆はそれに参加する成員の平等性をたてまえとして、横に結合された人間集団である。一揆はその目的とする予想される事態に対する共同行動を前提としているゆえに、戦闘や蜂起《ほうき》などの共同行動も一揆と称された。一揆は結合から行動までをふくめた幅広いことばとして通用するようになった。

このような一揆は、まず武士層からはじまった。前述の『太平記』がつくられた南北朝内乱期には、国人とよばれる中小武士層が足利尊氏・直義などによって組織化され、白旗一揆（上野・武蔵）とか桔梗一揆（美濃）とかいうように、その集団を象徴する旗指物をなびかせて、この国人一揆は戦場を駆けめぐった。室町・戦国時代に入ると、国人一揆は地域ごとに村落上層の土豪など、より広い階層をふくみ込んで地域の政治、経済的な諸問題について相互規定や共同行動を行なう一揆となった。そして一郡ぐらいを基礎単位として形成されたこの一揆を前者と区別して惣国一揆とよんでいる。この惣国一揆は、文明一七年（一四八五）から八年間、南山城を支配した「山城国一揆」、天文二一年（一五五二）～永禄一一年（一五六八）の間に成立したと推定される伊賀惣国一揆、戦国時代に存続しつづけた近江（滋賀県）の甲賀郡中惣（一揆）などがある。

いっぽう、村落を基盤に、土豪と「百姓」の結合である惣結合が形成され、用水や山野の管理、鎮守神の祭祀などを行なった。そして惣村を地域的にいくつか連合させた惣郷の組織ができた。この組織をもとに単一領主に対する闘争としての荘家の一揆、より広域に各地の権力や幕府などに貸借関係の破棄の徳政令を求めて蜂起する徳政一揆（土

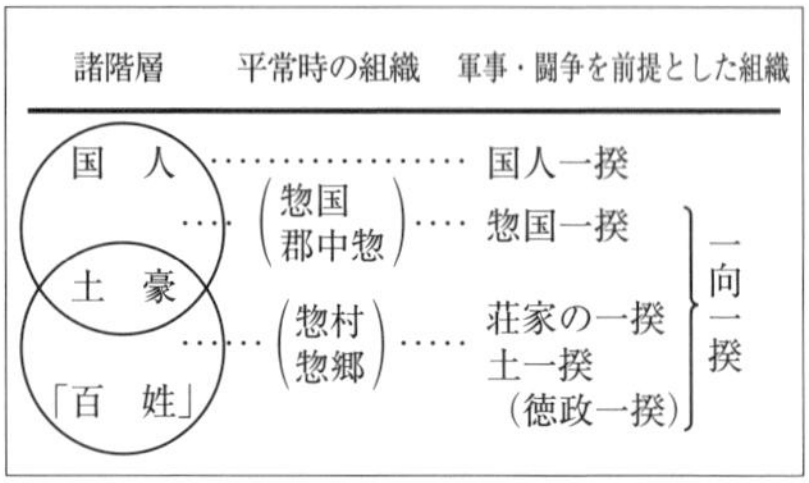


**図1　一揆を構成した諸階層と組織**

一揆）などが行なわれた。この場合、惣村、惣郷は農村のみを意味せず、漁村や商工業者の集住する町場的な集落もふくんでいる。そしてここでいう土豪は、かならずしも有力農民のみを意味せず、土着の有力者という意味で使用している。「百姓」ということばは、領主に対して年貢・公事をおさめる身分を意味し、原理的には農民以外の職種をふくんでいる。「百姓」＝農民となったのは近世以降のことで、中世ではその範囲は広い。

以上のように武士が行なった一揆が、下層に浸透して土豪・農民の民衆レベルでも行なわれるようになったのである。この関係を図示すると図1のようになる。惣国と惣国一揆、惣村・惣郷と荘家の一揆・土一揆（徳政一揆）の関連は、日常的な組織を基礎にして軍事的、闘争的一揆になることを示している。これを現在の労働組合などの運動にあえてたとえるならば、組合の中央委員会といった組織が、いったん闘争時に入ると、その目的にそって拡大強化されて闘争委員会に転化するのと、現象的には似ている。

このような一揆結合、一揆行動が武士—土豪—「百姓」と重層的に形成されてきたのが室町・戦国時代の特徴で、村落上層の土豪が、惣国一揆と荘家の一揆、土一揆にまたがっている。これは江戸時代の一揆が「百姓一揆」という農民蜂起に限定されたのと異なって、結合から蜂起までをふくみ、構成員も武士から民衆まで、幅広い概念として使用されていたことを忘れてはならない。

武士、土豪、「百姓」のなかに、真宗門徒が増大し、惣国や惣村・惣郷のなかに門徒組織である講がはらまれるとき、その既存の組織は真宗イデオロギーによって染めあげられて変容を遂げていく。惣村・惣郷・惣国は門徒と非門徒の結合の場（場合によっては対立をもふくむ）となり、門徒の主体的力量いかんによっては、門徒の主導権で、それらの既存の組織が運営されるようになり、このようにして、かつて惣国一揆、荘家の一揆、土一揆として闘われたものが、畿内近国の真宗門徒の多い地域では一向一揆の面貌を呈するようになる。また真宗のイデオロギーと門徒の組織が、有効に機能するとき、すなわち門徒の意向と行動が非門徒の意向と合致する場の一向一揆は、強力かつねばり強い闘争に発展するが、いっぽう両者の矛盾が激化し、分裂の様相を帯びるときは、一向一揆は門徒のみの孤立した戦いとなり、往々にしてそれは惨めな敗北に帰結することになる。

一向一揆は一般的には門徒のみの一揆ではない。当時のさまざまな政治的、経済的な課題を共有する門徒と非門徒の結合が、なんらかの共同組織を場として行なわれ、それが武装蜂起となった、という点を強調しておきたい。

## 2　仏法、世法、王法

寛正二年（一四六一）、蓮如は京都大谷の本願寺で、近江の堅田門徒にあてて、御文の第一号を書いた。御文とは本願寺法主が門徒にあてた平易なカナまじり文の手紙で、そのなかに真宗の信心やそのおりおりの門徒として守るべき心得などが記されている。それを寺や道場で坊主や年老（門徒の指導層）によって読み聞かされた門徒は、信仰をかためたものである。今日、八〇通近い御文が残されている。この第一号の御文のなかに、真宗本願寺教団の念仏の救いについて基本的な考え方が述べられている。すなわち「一念発起」（弥陀の救済を信ずる気持ちのおこること）によって、人びとは臨終を待たず、平生のままで極楽浄土への往生が約束される。ここに他力の信心の核心があり、「タヾ弥陀ヲタノムコ、ロノ一念ノ信心ニヨリテ、ヤスク御タスケアルコトノカタジケナサノアマリ、弥陀如来ノ御タスケアリタル御恩ヲ報ジタテマツル念仏」という報恩の念仏の意義が述べられている。罪ふかい人間を救済して極楽往生を実現させてくれる阿弥陀如来の功徳を、ひたすら疑うことなく信じ、頼むことによって、極楽往生が約束される。極楽往生が約束されたことを確信した人が、報恩の念仏を行なう。すなわち「南無阿弥陀仏」ととなえる念仏には、帰依の念仏と報恩の念仏とがあるのである。

中世の人びとは、彼らが現在生きている現世の安穏や幸福をもちろん願うものではあるが、それにも増して死後の世界、来世に重大な関心をもっていた。極楽往生できるか、あるいは地獄へ落ちるかは、現代人が考えも及ばないほど切実なことであった。親鸞・蓮如教団は、殺生をふくめて、人間が生きていくために冒さざるをえない自己の罪業を深く自覚し、阿弥陀一仏にひたすら帰依し、その救済を確信する（信心）ことによって、凡人では果たしえない難行苦行の修行を積むことなしに、極楽往生が実現すると説いた。これが、さきにヴァリニャーノが述べた、平易で日本人の心を深くとらえた教説のアウトラインである。そして阿弥陀の救済の道は、農民・漁民・商人・手工業者、武士、そして女性など、あらゆる階層、性別にかかわりなく平等にひらかれるものとした。

阿弥陀の救済のまえには、あらゆる身分、階層の差をこえた平等な同朋・同行者の集団としての真宗教団が組織され、各地の村落や都市的な場所に門徒があつまり、信心を確かめ、信仰をかためる場としての道場や寺が設立された。道場や寺の主が坊主で、これは専門の僧である場合も、非僧の俗人（毛坊主）である場合もあった。そして、道場・寺を単位に門徒組織の講がつくられた。

真宗教団は当時の民衆をふくむ全階層の極楽往生への熱烈な願望にこたえるものであった。その同朋・同行という平等意識、すなわち罪業の平等、救済の平等に支えられていたから、とりわけ、当時の封建的な身分制社会の重圧・苛酷な領主支配、苛烈な自然災害などに苦しむ民衆の心を強くとらえた。

しかし、それだけではあの爆発的な教団の発展は説明することができない。蓮如とその後継者たちが、当時の社会の現状に適合する論理を構築しえた点が重要である。蓮如は、阿弥陀一仏に帰依するという親鸞以来の一神教的原則を深く守りながらも、当時の村落共同体や政治的支配者との関連についてきめこまかに配慮し、社会のなかに根を張る論理を構築している。これは、仏法、世法、王法として定式化された。

もっとも中心をなす仏法は、真宗の救済の教えであり、それは深く心のなかにたくわえるべきものであるが、同時

に、世法（「世間ノ仁義」）、王法をも尊重せねばならないものとして位置づけられている。すなわち、

コトニ、ホカニハ王法《オウボフ》ヲモテオモテ《（表）》トシ、内心《ナイシム》ニハ他力ノ信心《シンジム》ヲフカクタクハヘテ、世間ノ仁義ヲモテ本《ホン》トスベシ。

（「御文」三―二、岩波日本思想大系『蓮如・一向一揆』の「御文」の番号、以下同じ）

とあり、もちろんそれらは仏法に対して従属的な表現であるが、仏法中心（「信心為本」）の立場から世法・王法を尊重する態度をうち出している。世法とは、当時の村落や社会の習俗をふくめた慣行や慣習法を意味する。村落共同体の神（鎮守神）の祭祀から、ある期間はタブーを守って身体を清浄に保つもの忌みの慣行、あるいは酒狂・博奕・盗み・偽言などしないという社会道徳的なものをふくめて、守るべきもの、尊重さるべきものとして位置づけられている。もろもろの神や仏は阿弥陀一仏にふくまれているゆえに、ことさら帰依《きえ》の対象として拝む必要はないが、疎略に扱ってはいけない、尊重せよとしている。

加持祈禱を行なうなど、諸神・諸仏の崇拝の問題は、真宗においては原則的には拒否すべきものであったが、その原則は堅持しつつも表面的にはこれを尊重することを規定し、日本の多神教的風土との調和をはかっている。これは、阿弥陀一仏の信心を得た門徒が、ラディカルに諸神・諸仏を破壊する行動に出たりして、他の仏教諸派や政治権力による非難・弾圧の口実となることを回避するという側面もあるが、より重要なことは村落共同体の神への信仰や祖先崇拝との関係で、村落共同体や同族団（族縁）から門徒がはじき出されてしまう危険のあることを蓮如が気づいていたからにほかならない。信心のかたい少数者の教団から大きな教団に発展させるには、族縁共同体や村落共同体のなかに真宗が浸透し、それを足場として非門徒とのむすびつきを強め、門徒拡大の基盤をひろげるための積極的方策であったわけである。

王法とは国家をふくむ政治権力の支配の法で、

国ニアラバ守護方《シュゴハウ》、トコロニアラバ地頭方《ヂトウハウ》ニヲヒテ、ワレハ仏法《ブチボフ》ヲアガメ信心《シンジム》ヲエタル身ナリトイヒテ、疎略ノ

義、ユメ〳〵アルベカラズ。イヨ〳〵公事《クジ》ヲモハラニスベキモノナリ。（「御文」三四）

とか、

守護・地頭方ヘ慇懃ノ振舞アルベク候。オナジク寺社本所ノ所領押領ノ義、カタク成敗アルベク候也。（「御文」五八）

と述べて守護・地頭、寺社本所の支配権の尊重をうち出している。

これは、一五世紀後半の加賀（石川県）を中心とした北陸地方において、吉崎御坊を拠点とした門徒の飛躍的拡大に脅威を感じた専修寺派などの真宗他派、白山などの宗教勢力、それとむすんだ守護や国人らの弾圧と、真宗本願寺門徒の対立抗争があり、これらとの当面の摩擦をさけるものであった。

また他面、御文中に記されるように、「ワレハ仏法《ブチボフ》ヲアガメ信心ヲエタル身ナリトイヒテ」、すなわち「信心決定」（信心により極楽往生の確信が得られたこと）によって、人間としての自覚と自信に満ちた門徒たちが、領主の不当な支配や年貢の納入に疑問をいだき、領主に抵抗し、年貢を対捍する事態のあったことを示しており、それに対する処置を示している。ここでみるかぎり、一揆を抑制する役割を蓮如が果たしているわけであるが、この場合も、「カギリアル年貢・所当」（「御文」四六）といわれるように、権力による正当な支配や年貢徴集には従っても、おそらく不当と判断した門徒の行為を拘束できるのではなかったと思われる。加賀の守護富樫政親を打倒した長享の一揆は、将軍足利義尚の近江六角氏討伐（鉤《まがり》の陣）に際して、政親の領国への過大な夫役徴発が主要な原因となっている。まして、仏法に対する他者の攻撃には、「仏法為本」の観点から護法の戦いを行なわねばならぬこともある。信仰の面に介入する権力は、断固排撃すべきものであった。そこに一向一揆の発生する原因がある。

内心に深くたくわえた仏法を中心に据え、表面は、王法、世法の尊重を掲げて、門徒を拡大し仏法をひろめることに真宗門徒の理想像が求められた。そして仏法と王法と世法の三者の矛盾を原則的かつ柔軟に処理する能力が要請され、仏法を擁護する権力を意識的に創出することが真宗教団の基本路線として展開した。その後はその路線の延長線上に、「仏法ト王法トハ一双ノ法ナリ、鳥ノフタツノツバサノゴトシ、車ノフタツノ輪ノゴトシ、（中略）仏法ヲモテ王法ヲマモリ、マタ王法ヲモテ仏法ヲマモル」（九十箇条制法）という仏法、王法双輪論が主張される。その背景には、畿内の細川政元政権と本願寺の蜜月時代が理想化され、このなかに、一時期の細川晴元や織田信長をこの関係の破壊者、すなわち「仏敵」として規定する論理が内包されていたのである。仏法興隆のため（手段）として王法を尊重するという蓮如段階の「王法為本」から、その互恵を理想化する「双輪論」、「仏敵」規定により権力の打倒を策す段階と、本願寺教団の発展と客観的政治状況の変化による現われ方の相違はあるが、仏法至上主義「信心為本」の基本は変わらず、他はその応用としての対応の変化なのである。

## 3　一向プラス一揆

一向一揆の歴史は、寛正六年（一四六五）の比叡山延暦寺の圧迫に抗して、近江の門徒が湖東に蜂起して以来、天正一〇年（一五八二）の北陸一揆の崩壊まで約百二〇年間に及ぶ。したがってこの間にはさまざまな教団、国家や領主権力、社会のしくみのそれぞれに変化発展があり、それと密接に関連して真宗と一揆との結合、すなわち一向一揆の展開がみられ、各段階に応じて多様な形態の一向一揆が出現する。

教団の側からみるならば、蓮如が草鞋ばきで諸国を行脚し、真宗他派の異端の教説を論破しながら御文を発給しつつ、門徒を拡大し講組織をつくっていった一五世紀後半の時代から、実如・証如・顕如とその業が引き継がれるなかで、真宗本願寺派が大教団にのしあがっていくまでの変遷がある。この間、真宗諸派の仏光寺経豪が文明八年（一四七六）に、明応二年（一四九三）には錦織寺勝恵が、それぞれ門下を率いて本願寺派に帰服した。とりわけ前者は畿内から中国、四国地方に門徒をひろげていたので、この地域に対する本願寺の影響力はいちじるしく強まった。

教団の肥大化につれて、教団組織が整備された。蓮如以下法主の兄弟、子息が住持となった一家衆寺院を中心に、各寺院も本寺―末寺―道場といった寺院組織の系列化が行なわれ、門徒の講組織もその系列に位置づけられ、本願寺の法主を頂点とするピラミッド型の巨大な教団組織がつくり出された。また長享の一揆で加賀一国が門徒領国化すると、本願寺は一つの権門として支配権力の一角を構成することとなり、幕府内部でもその地歩を得ることになる。そこで、それに応じた家政機関＝支配機構の整備が必要になってきた。

本願寺は本来、荘園領主＝大土地所有者になれないたてまえであるが、現実には所領の代官請負地をふくめて多くの所領が事実上集積されてくる。本願寺法主にかわってこの所領支配を遂行し、政治、軍事面もふくめて統轄する坊官グループが成立し、下間一族を中心に教団内官僚制が整備された。下間氏はまた各地の一家衆寺院に配属され、同様な任務を遂行した。天文年間（一五三二～五五）には、各地門徒が本山である石山本願寺に勤番する三十日番衆制度も確立した。毎月二八日の親鸞の命日に行なわれる報恩講の行事を交代日として、各地の寺院、門徒組織が一ヵ月交代で参勤、在番し、本願寺の宗務、雑務を遂行し、非常時には本山防衛の役割を果たした（金龍静「卅日番衆考」『名古屋大学日本史論集』上）。このような教団の組織化と支配権力化がすすむなかで、教団内部の権力闘争もひきおこされ、あるいは教団に反抗する一揆（一揆内一揆）が生じたりした。

享禄四年（一五三一）の加賀における大小一揆は、三大坊主（若松本泉寺、山田光教寺、波佐谷松岡寺）に対して、越前（福井県）から追われて加賀に移住してきた本覚寺、超勝寺が争ったもので、本願寺教団内部の矛盾が露呈したものであった。この内乱で三大坊主がもっていた独立性・割拠性が克服され、本山の本願寺による加賀の統制はいちじるしく強化された。

このような教団の変化発展は、政治権力や領主支配の変化とも対応している。一五世紀後半は荘園公領制が最後の段階に入り、興福寺や東大寺などの寺領、その他公家領の荘園は一般的に、各国の守護や国人領主などの代官請負制などによって維持されてきた。

越中（富山県）礪波郡の場合、年貢・公事の徴集をめぐって荘民の一揆を抑圧した国人領主で請負代官の石黒氏は、門徒を中核とした一揆によって打倒された。荘園公領制支配に抵抗する荘家の一揆の中心に、真宗門徒組織が編み込まれたのである。石黒氏に代わって土山坊や瑞泉寺など、真宗寺院を中心とした地域権力が樹立された。このようななかで、荘園公領制支配はしだいに崩壊していった。

加賀では守護富樫氏の内紛がおこり、広範な反守護勢力が惣国一揆として形成され、その中核に加賀三ヵ寺を中心とする門徒組織が据えられたのである。門徒はつねに反主流派を援助して守護主流派を打倒する。長享の一揆によって加賀は事実上、本願寺の領国となり、富樫氏の守護領国体制は完全に崩壊した。

中央では、応仁の乱以後、細川政元、畠山政長、畠山義就の対立は、明応二年（一四九三）の細川政元のクーデターによって終止符がうたれ、以来、政元は永正四年（一五〇七）に暗殺されるまで権力の座にあった。その後、一時期の混迷ののち、細川晴元（大永七年〔一五二七〕～天文一八年〔一五四九〕）の政権が比較的長期、安定的な支配を行なうが、その後は三好長慶、松永久秀らの支配を経て、永禄一一年（一五六八）に織田信長が足利義昭を擁して入京し、畿内近国の統一にのり出す。

織田信長が入京した時点に、畿内で政治的、経済的にもっとも大きな実力を有していたのは本願寺であった。そして本願寺・一向一揆は信長の統一権力の前に立ちふさがり、戦国動乱のデッドヒートである元亀・天正の争乱において、反信長戦争の中心として激烈な戦いを展開した。

## 4　一向一揆の時期区分

以上の、本願寺教団組織の変化、政治権力や社会の変化を勘案しながら、一向一揆を三つの時期に区分し、おもな一揆を年表に示してみよう。

## I　第一段階（一五世紀後半、蓮如）

| | | |
|---|---|---|
| 長禄　一 | 一四五七 | 六月、蓮如、本願寺第八世となる。 |
| 長禄　二 | 一四五八 | 七月、大和興福寺の六方衆、一向宗門徒を襲う。 |
| 寛正　六 | 一四六五 | 一月、山門法師、祇園社神人、馬借など大谷本願寺を襲う。 |
| | | 二月、近江で一向一揆起こる。 |
| | | 三月、山門法師ら大谷本願寺を破却。 |
| 文正　一 | 一四六六 | 四月、近江赤野井荘に一向宗門徒あつまる（金森の一揆）。 |
| 応仁　二 | 一四六八 | 三月、山門、近江堅田を攻撃、門徒をふくむ堅田衆、沖ノ島に逃げる。 |
| 文明　三 | 一四七一 | 七月、蓮如、越前吉崎御坊建立。 |
| 文明　五 | 一四七三 | 一〇月、吉崎の多屋衆、外からの攻撃に対し、要害を構えることを決議。 |
| 文明　六 | 一四七四 | 一〇月、加賀の門徒、富樫政親とむすび、守護富樫幸千代の蓮台寺城を落とす（文明の一揆）。 |
| 文明　七 | 一四七五 | 三月、加賀門徒、富樫政親と戦い、敗れる。 |
| 文明　八 | 一四七六 | 一一月、加賀一向一揆、西郡四郡とむすび、倉月荘を違乱。 |
| 文明一〇 | 一四七八 | 一月、山科本願寺の工事はじまる。 |
| 文明一二 | 一四八〇 | このころ、東大寺領越中国高瀬荘の農民、門徒とむすび、年貢を対捍。 |
| 文明一三 | 一四八一 | 八月、高瀬荘地頭方の土一揆の張本人の一部が誅殺され、そのほか逃散。これをきっかけとして、一向一揆が起こり、石黒光義を滅ぼし、瑞泉寺を中心とした礪波郡の門徒支配が確立。 |
| | | 九月、興福寺衆徒、大和辰市の門徒を襲う。 |

| | | |
|---|---|---|
| 長享　二 | 一四八八 | 五月、加賀一向一揆、富樫政親の高尾城を包囲。翌月、政親を殺す。加賀の門徒支配の確立（長享の一揆）。 |

近江、北陸では門徒の拡大がすすんだ。近江では山門（延暦寺）、大和（奈良県）では興福寺、加賀では守護（富樫氏）、国人、それとむすんだ白山衆徒（平泉寺）、真宗他派の高田専修寺派や三門徒派などなどの本願寺門徒への抑圧に対して、一向一揆の蜂起が行なわれた。加賀と越中礪波郡をつらねて、門徒による領国化が完成する。

この間の一揆は蓮如の指示にもとづいて蜂起したものでなく、蓮如はむしろ表面的には一揆を抑止する行動をとっている。しかし各地の門徒組織は、年貢、公家や一国平均の課役など反対する荘家の一揆的、惣国一揆的な一揆として蜂起し、すなわち地域組織を媒介にして、門徒と非門徒の連合による地方権力の奪取に成功し、本願寺はそれを追認して、その後の本願寺教団の基礎がためをした。

この時期の一向一揆の特徴をおおまかにいえば、荘園公領制を支える諸権力、すなわち荘園領主、守護、国人に対する闘争と規定できよう。そして、一揆の主体性で闘争を進展させたところに特徴がある。

### Ⅱ　第二段階（一六世紀前半、実如・証如）

| | | |
|---|---|---|
| 延徳　一 | 一四八九 | 八月、蓮如隠居（明応八年〔一四九九〕）し、実如法主となる。 |
| 明応　五 | 一四九六 | 一〇月、大坂石山御坊建立。 |
| 永正　二 | 一五〇五 | 冬、永正の乱起こる。細川政元、畠山義英の河内誉田城攻めのため、門徒の動員を実如に要請。 |
| 永正　三 | 一五〇六 | 一月、大坂御坊の実賢ら、摂津・河内門徒、実如の命を拒否し抵抗、実如、実賢らを追放し大坂を接収（大坂一乱）。加賀門徒千名、誉田城攻めに参加。 |
| | | 三月、越中、越前門徒蜂起、畠山、朝倉勢と戦う。 |

| | | |
|---|---|---|
| 永正一一 | 一五一四 | 八月、北陸諸国の門徒、朝倉氏、高田派・天台・真言などの勢力と九頭龍川に戦い敗退する。<br>この年、播磨赤松義村一向宗禁制解除。 |
| 永正一七 | 一五二〇 | 七月、越後長尾為景、越中に侵入、加賀三ヵ寺（若松本泉寺、山田光教寺、波佐谷松岡寺）は為景に通じ、吉藤専光寺以下は、本願寺の指令で越中門徒を支援。 |
| 大永　一 | 一五二一 | 二月、長尾為景、越後一向宗門徒の禁制を強化。 |
| 大永　五 | 一五二五 | 二月、実如没、証如継ぐ。 |
| 享禄　四 | 一五三一 | 閏五月、加賀三ヵ寺ら、越前からの牢人超勝寺、本覚寺と争い、七月、本願寺は下間頼盛らを派遣し、超勝寺、本覚寺派を支援。加賀の門徒、分裂抗争す（大小一揆）。 |
| 天文　一 | 一五三二 | 六月、証如、細川晴元の要請で、河内飯盛山城に畠山義宣を、堺南荘に三好元長を滅ぼす。<br>七月、大和一向一揆、興福寺を焼く。<br>八月、京都日蓮宗門徒蜂起し（法華一揆）、山科本願寺を焼く。証如、大坂石山御坊に逃れる。細川晴元、一向宗門徒を討つ。近江六角氏、近江門徒を討つ。 |
| 天文　四 | 一五三五 | 五月、細川晴元、石山御坊を攻め、下間頼盛以下ふせぐ。<br>九月、下間頼盛ら本願寺から追放される。<br>一一月、本願寺と細川晴元の和議成立（以上、天文の乱、天文の一揆）。 |
| 天文　五 | 一五三六 | 七月、山門と六角氏、京都の日蓮宗寺院を焼く（天文法華の乱）。<br>一一月、本願寺、六角氏と和睦。 |
| 天文一四 | 一五四五 | この年、加賀金沢御坊の工事はじまる。 |

本願寺実如は、解体期に入った室町幕府の管領で、畿内政権を掌握した細川政元とむすび、政元を本願寺の外護者

と見立てた。永正の乱において、畿内では実如の一族で大坂御坊の実賢らと摂津・河内門徒の内部抵抗を排除して政元支援の軍事行動を行ない、北陸においては真宗門徒に抑圧を加える畠山、長尾、朝倉勢力を共通の敵として戦い、越中方面で勝利したが、越前方面では敗退した。

実如の没後、越前牢人超勝寺・本覚寺と加賀三ヵ寺（若松本泉寺・山田光教寺・波佐谷松岡寺）の対立抗争が起こり、証如は前者を支援し、周辺大名の介入もあったが、三ヵ寺派を滅ぼした（大小一揆の乱）。

その直後、天文元年（一五三二）に、畿内では細川晴元の要請で一向一揆が出陣し、畠山義宣・三好元長らを滅ぼした。この一揆の勝利に触発され、興福寺によって抑圧されつづけてきた大和一向一揆が蜂起し、興福寺を焼き、幕府や支配層に衝撃をあたえた。危機感を感じた日蓮宗門徒が法華一揆として蜂起し、山科本願寺を焼き、証如は大坂石山に居を移した。晴元は本願寺と訣別し、本願寺と戦った。まもなく和議が成立した。この一連の乱を天文の乱というが、この内乱は、本願寺と晴元の連合と対立、そして日蓮宗門徒との宗教戦争の要素がからみ合っていた。この時期には、本願寺が北陸—畿内に大きな影響を及ぼす一大宗教権力としてのしあがり、そして細川氏とむすび、大坂石山その他の寺内町を設立し、その特権を獲得した。中世の人びとは、寺院などのもつ「聖域性」を利用して、支配の網の目をこじあけながら、「自由」と「平和」の場である都市をつくっていった（網野善彦『無縁・公界・楽』）。寺内町はその典型的な例である。真宗寺院を中心として形成された大坂石山・富田林・久宝寺・貝塚・今井（大和）などの寺内町には、門徒を中心とした商工業者が集住して、富と技術が集積され、本願寺はそれらをふまえて畿内の経済を総括する地位に立つこととなった。

この時期の一向一揆の特徴は、大名領国化を目ざす諸権力と協調や対立の関係をもちながらも、つねに仏法を擁護する権力の創出に努力するとともに、攻撃を加える権力に対しては断固闘争を展開して、着々と勢力を拡大したということができる。その場合、本願寺法主の指令にもとづき武装蜂起（「具足懸」）が行なわれる場合が多かったが、門徒はただ盲目的に本願寺法主の命に従って行なったというだけでなく、門徒のもつ政治的、社会的要求と合致する方向でなされたと考えられるのである。

すなわち、中世封建制支配を掘り崩しながら進展させてきた、商工業者を中心とする営業、通交などの「自由」の擁護の方向と合致していたと考えられる。

## Ⅲ　第三段階（一六世紀後半、顕如）

| | | |
|---|---|---|
| 天文二三 | 一五五四 | 八月、証如没、顕如継ぐ。 |
| 弘治　一 | 一五五五 | 二月、肥後の相良晴広、島津氏にならって一向宗を禁制。 |
| 永禄　三 | 一五六〇 | 七月、北条氏康、相模の一向宗禁制を解除（越後上杉氏と対抗上）。 |
| 永禄　六 | 一五六三 | 秋、三河門徒蜂起し、松平家康と戦う。翌年二月、家康これを鎮圧する（三河一向一揆）。 |
| 永禄一一 | 一五六八 | 一〇月、顕如、織田信長に将軍家（義昭）再興料の名目で五千貫をおさめる， |
| 元亀　一 | 一五七〇 | 九月、顕如、紀州・近江門徒および、三好・浅井氏とはかり、諸国の門徒に織田信長と戦うことを命ず（元亀・天正の争乱）。 |
| | | 一一月、伊勢長島一揆、小木江城を攻略し、織田信興は自害。 |
| | | 一二月、第一次講和成立。 |
| 元亀　二 | 一五七一 | 五月、浅井長政と一向一揆、姉川に出陣。 |
| 元亀　三 | 一五七二 | 六月、近江一揆、六角承禎とむすび、金森・三宅両城で信長軍と戦う。 |
| 天正　一 | 一五七三 | 二月、足利義昭、浅井・朝倉・武田・本願寺とむすび、信長討伐のため、近江石山や今堅田に拠り、柴田勝家に敗れる。 |
| | | 四月、武田信玄、本願寺とむすび西上の途中に卒す。 |

| | | |
|---|---|---|
| | | 八月、朝倉・浅井氏滅亡。 |
| | | 一一月、第二次講和成立。 |
| 天正　二 | 一五七四 | 一月、越前一向一揆蜂起し、越前を支配下におく。 |
| | | 六月、信長、長島を攻撃。 |
| | | 七月、越前門徒十七講衆、越前の門徒支配に反抗。 |
| | | 九月、長島願証寺焼亡、長島一揆滅亡する。 |
| 天正　三 | 一五七五 | 八月、織田軍、越前を攻略、加賀に進撃。 |
| 天正　四 | 一五七六 | 五月、石山籠城戦はじまる。 |
| | | 七月、毛利の水軍、石山に兵糧を搬入。 |
| 天正　五 | 一五七七 | 三月、信長、紀伊雑賀一揆を討つ。 |
| 天正　六 | 一五七八 | 六月、信長、軍艦を大坂湾に浮かべ、毛利の補給船団を断つ。 |
| | | 一〇月、摂津伊丹有岡城主荒木村重、本願寺とむすび、信長に反抗。 |
| 天正　七 | 一五七九 | 冬、有岡城落城。 |
| 天正　八 | 一五八〇 | 一月、反信長の拠点播磨三木城が落ち、別所長治自殺。 |
| | | 三月、本願寺、信長と勅命による講和。 |
| | | 四月、顕如、石山を退城して紀伊鷺森へおもむく。金沢御坊陥落。 |
| | | 七月、ひきつづき抗戦を決意した顕如の子教如、石山退去。 |
| | | 八月、石山焼失。 |

## 三　元亀・天正の争乱

### 1　仏敵信長

元亀元年（一五七〇）九月一二日、本願寺顕如は、三好長逸・岩成友通・三好政康ら三好三人衆の立てこもっている野田、福島砦を包囲攻撃中の織田信長陣に対して、いっせいに鉄砲を放ち攻撃を開始した。同時に諸国の門徒に対して、信長との戦いを指令した。

信長上洛について、此方迷惑せしめ候、去々年以来、難題を申懸くるについて、随分の扱をなし、彼方に応じ候といへども其詮なく、破却すべきの由たしかに告来り候、この上、力及ばず、然らば此時開山之一流退転なき様、各身命を顧みず、忠節を抽んぜらるべき事、有難く候、併せて馳走頼入候、若無沙汰の輩は、長く門徒たるべからず候也、あなかしこ〳〵。

九月六日　顕如（花押）

江州中郡

門徒中へ

（近江明照寺文書、読みくだし文）

この文書は、これに先立って近江中郡門徒にあてた檄文である。信長は上洛すると、本願寺に対して五千貫の矢銭（軍費）の調達を命じたが、本願寺は「随分の扱をなし」、すなわち無理算段して、将軍家再興費用という名目をつけてこれを納入した。しかし次いで出された信長の要求は、代替地をあたえての大坂石山退去であり、そしてこの要求に従わないときは城（御坊）を破却するという恫喝であった。本願寺はさすがにこれに応ずるわけにはいかなかった。本願寺の淀川を隔てた対岸に位置する野田・福島砦攻略ののち、信長は石山攻撃を行なうという風評がもっぱらだったので、本願寺は機先を制して決起したかたちとなった。顕如は身命を賭して戦うことを命じ、もし命に従わないものは、門徒から追放すると述べている。

ここに織田信長は、仏法を根絶やしにする仏敵として規定され、元亀・天正の争乱、あるいは石山合戦といわれる十年戦争の幕が切って落とされたのである。

なぜ、信長と本願寺は対立したのであろうか。信長にとって、全国統一の前提としての畿内近国の統一には、本願寺を屈伏させることなしには果たしえないという認識があった。本願寺は絶好の経済的・軍事的拠点である大坂石山寺内をかかえ、諸国の門徒を一向一揆として蜂起させることのできる点をふくめて、その政治力、軍事力においてそれほど絶大な力量をもっていたのである。また本願寺は、三好三人衆や浅井・朝倉氏ら、信長に敵対する勢力に同情を寄せているので、それらとの結合を恐れ、大坂石山を退去させ、信長にとって安全な場所に移し、戦略上の拠点を確保する。それと同時に、顕如を信長権力に従属させることによって、その門徒たちを信長権力の支配下におくようにすることを企図したのである。

しかし、本願寺は屈伏の道をえらばず決起した。これはまさかと思っていた信長方にとって誤算で、背後を急襲された信長軍は敗走した。また朝倉・浅井・阿波三好氏も本願寺救援のため上洛した。一一月には蜂起した伊勢長島の一向一揆によって信長方の小木江城が落城し、織田信興が自害するなど、信長は苦境に立った。一二月には延暦寺との窓口である青蓮院尊朝の仲介によって、信長と本願寺の第一次講和がむすばれ、本願寺優位のうちに第一次石山戦争は終息する。

元亀・天正の争乱（石山合戦）は、三次にわたって行なわれた。第二次は元亀二年（一五七一）五月からはじまり、第一次には信長方に擁せられていた将軍足利義昭が信長に追放されたため、義昭は反信長戦線結集の媒体をつとめ、浅井・朝倉・六角・武田氏・毛利氏などと本願寺が連合して信長にあたった。しかし、近江が信長に制圧され、武田信玄も大軍を率いての西上の途中で病没した。天正元年（一五七三）八月には、浅井・朝倉氏も滅亡し、その年一一月には信長優位のうちに第二次講話が成立する。

第三次は、天正二年正月の一向一揆の越前制圧で開始される。しかし、長島一向一揆が九月に滅亡し、越前一揆も翌年八月には崩壊する。徐々に手足をもぎとられた本山石山への信長の包囲攻撃が、天正四年五月から開始された。毛利氏の水軍が瀬戸内海を西から石山補給戦を行ない、諸国の多くの門徒が武装して石山に入り、石山籠城戦が展開された。天正六年一〇月には、摂津伊丹（兵庫県）有岡城主荒木村重、播磨（同）三木城別所長治が信長に反旗をひるがえし、信長は苦境に立つが、同年暮れから翌年正月にかけて、有岡城、三木城と相次いで落城したため、孤立化した本願寺は信長の圧倒的優位のもとで、勅命という形式で講和をした。

以下、信長らに強力な抵抗を行なった、三河・伊勢長島・紀伊雑賀・近江湖北の例をあげて元亀・天正争乱期の展開を追っていこうと思う。

## 2　三河一向一揆

大名領国化を果たしつつあった松平（徳川）家康に対する三河一揆は、その後の徳川氏発展の岐路であったこと、一向一揆と統一権力との対決は必然的であったなどの点で、元亀・天正の争乱の前史をなすものであった。

三河一向一揆の研究は、笠原一男・重松明久・煎本増夫・所理喜夫・新行紀一の諸氏によってなされてきた。この戦乱と一揆の滅亡によって、当時の記録がほとんど消失したため、その後になって作成された寺院の由緒書や家康家臣の記録と、『参州一向宗乱記』といった軍記物語などによって研究がすすめられてきた。しかし、とりわけ新行紀一氏（『三河一向一揆の基礎構造』）によってとくに主張されていることであるが、それらの記録のなかに、「松平氏中心史観」とでもいうべき徳川氏の発展から逆推した松平氏の後世の美化がしのび込んでいるので、三河一向一揆の実像を描き出すのには多くの障害があるのである。

三河一向一揆は、永禄六年（一五六三）秋に蜂起し、翌年の二月に鎮圧されたもので、約半年にわたって、松平家康と三河三ヵ寺（佐々木上宮寺・針崎勝鬘寺・野寺本証寺）および一家衆寺院土呂本宗寺に指導された一向一揆との間に激しい戦いが展開された。

この当時、松平家康は永禄三年五月、桶狭間合戦によって敗死した今川義元の支配下から脱して独立し、永禄五年一月には織田信長との間に清洲同盟をむすび、領国支配の確立に着手していた。

松平家康は、長期にわたる今川氏の駿府（静岡市）での人質としての生活ののち、天文二四年（一五五五）に元服し、今川方の一武将としての活躍を開始した。しかし今川義元死去後、今川領国から離脱した西三河は、混迷した政治情勢となっていた。

松平一族家臣団もけっして一枚岩ではなく、今川氏の領国政策のなかで家康から離反していったものもいたし、家康と比肩しうる荒川・酒井・吉良氏など有力国人層も三河統一の旗手たらんとして今川氏と気脈を通じていて、織田とむすぶ家康の三河統一政策に反撃のチャンスをねらっていた。

いっぽう、この地域は矢作川デルタ地帯に位置し、河川・海上交通と陸上交通の結節点で、古くから商工業、運輸業の発展した地域で、そのなかに真宗がどっしりと根をおろしていった。真宗の普及は、応仁二年（一四六八）、蓮如の三河布教以来急速にすすめられ、一六世紀中葉の三ヵ寺、および本宗寺の三河における末寺道場の数は、本宗寺直末一三、本証寺五〇、勝鬘寺五五、上宮寺二五というものであった。そして門徒は、松平の一族、家臣やこの地域の商人・手工業者・土豪・農民のなかにひろがっていた。

争乱の発端は、寺内町の特権をめぐる争いで、針崎勝鬘寺所蔵の「永禄一揆由来」という記録によれば、つぎのようなものである。

家康尊公岡崎之城主たりし時、渡り村之住人鳥居等《（党カ）》に分際宜き賈人（商人）あり。本願寺宗徒也。古より今に至まで難有古跡大地とあれハ、守護不入にして、何事も他所の支配をうけざる故野寺本証寺中を借り、家作をいたし蔵を建、金銀米銭の□りを仕候処に、岡崎の御家中衆意恨有之、其寺中へ馬を乗り入れて、鳥居の庭に干し置し米穀等を散々に蹴散らし、其外放埒の振舞幾々度々に重なれハ、此段無念至極に候し寺中の同宿、百姓等、鳥居一類相集り、棒ちきりらを持て出、寺中へ入れしと追払ひ、乗り放置く馬を取、尾髷を切て追放セハ、勢たけき武士なれ共多勢に不勢、不時して我か身に疵を蒙らしと漸々逃てそ退ける。逃て退き去て訴訟言上、本証寺寺中の悪僧徒等我に恥辱を与る事、上々の御なおり偏に御遁れあるへからす。彼を被致仰付ハ、悪行弥止むへからすと、我か身に非儀なき由に、坊主悪行甚しき旨念比に言上に及へハ、御憤不斜して、然らハ野寺へ押寄せて彼奴等を打着し、右の恥辱を雪くへしと仰を蒙り、悦ひて人数を率し押寄て、僧俗共に打着し、鳥居の庫蔵を打破り、財宝悉散乱し金銀青銅を投捨つれは、本より下賤之者共手々に取て逃にける。

「守護不入」の特権をもつ勝鬘寺の寺内町に営業する商人鳥居（浄仙）と商取引か貸借関係にあるものか不明だが、彼に遺恨をもつ家康家臣との寺内町における紛争に端を発している。この「守護不入」は、政治権力の検断権（警察権）の行使をしないという治外法権が、一般的に当時の戦国大名によって保障されていたように、「難有古跡」という寺院の由緒を理由に、今川氏によって保障されていたものと考えられる。その「聖域」への実力行使は、家康によってそれまでの権利が保障され、引き継がれたか否かは別としても、寺内側にとっては先例となっている基本的権利の侵害として映った。それを黙過するならば、本証寺のみならず、他寺への侵害の引き金になると認識されたのである。

こうして、松平氏と真宗寺院、門徒の全面対決に発展した。松平家臣団は家康方と門徒方に相わかれ、酒井・荒川・吉良らの有力国人層は、好機とばかり三ヵ寺方と同盟をむすび、当初は三ヵ寺を統制する立場にあって紛争の拡大を恐れていた土呂本宗寺も、やがて三ヵ寺方として立った。しかし、この三河の状況を憂慮しつつも、本願寺は松平家康打倒を指令してはいない。これは元亀・天正の争乱とは異なっている点である。また真宗高田専修寺派の妙源寺などは、本願寺教団との対抗上、家康を支援した。

ここに、大名領国化を目ざす松平家康に対する本願寺門徒、非門徒＝国人らの連合が成立し、大きな争乱となった。その基礎には、松平氏のあらたな支配の展開に対する矢作川デルタ地帯の商工業者・土豪・農民の不満、国人層の反発があったと思われる。

三河一向一揆は、一面からみれば惣国一揆である。真宗門徒であるという点での家康家臣団・商工業者・土豪・農民の宗教的結合が、家康のあらたな政治支配の展開に対抗するという三ヵ寺および国人層の惣国一揆としての結合とかさなり合っている。門徒と同盟した幡豆郡吉良荘東条の領主で名門の吉良氏（義章）、同郡吉良八ツ面山城主荒川義等などはいずれも禅宗で、松平昌久（大草城主）、松平家次（桜井城主）、松平信次（佐々木城主）、酒井忠賀（上野村城主）などは浄土宗の信者である。

家康の家臣で門徒であるものは、主従関係を重視するか、真宗門徒である点を重視し行動するかの岐路に立たされた。各所で一族内での分裂がおこった。系図は一例として石川一族の場合をあげた。石川一族は、本証寺・本宗寺それぞれの有力門徒で、本証寺に立てこもった部分は、石川党として一括され、その中味が不明であるが、本宗寺籠城者は氏名が判明する。これを系図上で示した。一族が真っ二つに分裂した様相がうかがえる。

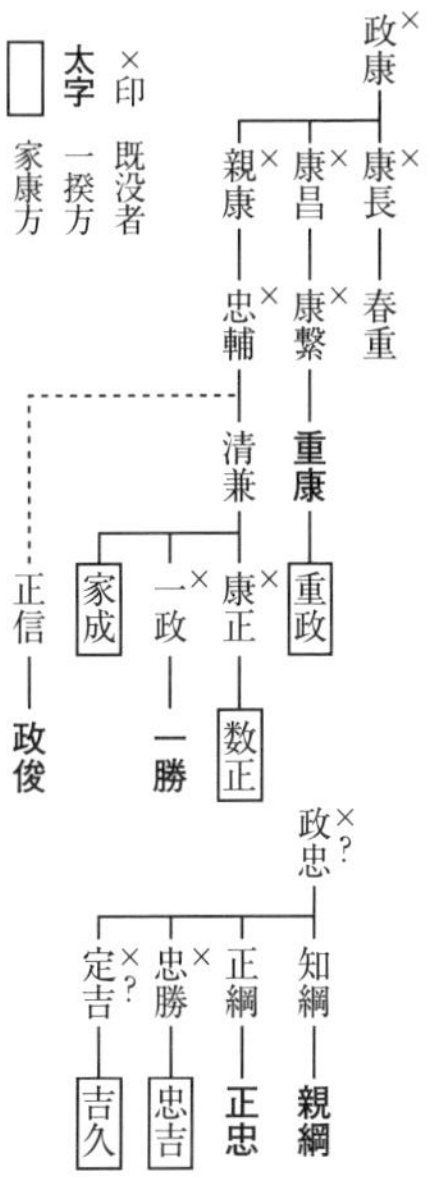

系図　石川一族

出典）新行紀一『一向一揆の基礎構造』より．

永禄七年（一五六四）に入ると、一時家康を窮地に追いつめた一揆勢も退潮となり、一揆側の一部から和議が提起され、三月に一揆参加者および真宗寺院の赦免が家康の起請文というかたちで出されると、一揆側の投降が相次いで、ようやくにして一揆は解体した。しかし真宗本願寺派寺院赦免の家康の約束は履行されず、本願寺派の禁制は天正一一年（一五八三）にいたるまで、約二〇年間つづいた。

家康は、この争乱によって、反対派国人勢力を一掃し、真宗教団を完全に権力のもとに屈伏させ、その家臣団は家康にのみ忠節をつくす家臣団として再統一され、その後の東海→関東→天下統一と、幕藩体制を成立させる基礎を築いた。

### 3　長島一向一揆

松平家康によって三河一向一揆が完全に屈伏させられて以後、本願寺教団の東の拠点は、伊勢長島と紀伊雑賀であった。太平洋岸における本願寺教団の有力拠点は、矢作川（三河門徒）、木曾川、長良川（美濃河野門徒、伊勢長島門徒）、紀ノ川（紀伊雑賀門徒）、そして大和川、淀川（大坂石山寺内）など、いずれも大河川の河口デルタ地域にある。そのことは、本願寺門徒のおもな集住地域が内陸部の農村地帯にはなくて、河川、海上交通（舟運）の結節点の地域にあり、そして門徒の中核部分が、純粋な農民というよりは、漁民であり、舟を使用して運輸業をいとなむもの（河海民）、あるいはそこに立地することが必要である商人、手工業者であることを意味している。もちろん彼らも、農業と完全に分離しているわけでなく、余業としての農業は行なっていた。

笠原一男氏（『一向一揆の研究』）の一向一揆論が、農民を基軸に据えた立論であったのに対して、井上鋭夫氏（『一向一揆の研究』）は、このような非農業民、すなわち「太子」「渡り」と当時呼称された非定住民（商・工・鉱・運輸）の定住化と門徒化の同一過程としてとらえた。太平洋岸ないし、琵琶湖岸の真宗門徒の特徴は、井上説に有利な根拠をあたえている。

伊勢湾の奥、長良川・木曾川の河口デルタ地域は、今日では長島輪中など輪中地域としてよく知られている。しかしそれは近世以降の砂州の隆起と堤防、治水工事の進展とが相まって実現したものである。中世の長島付近は、伊勢湾が奥深くまで入り込み、そのなかに砂州によって形成された大小無数の島々が点在し、両岸をふくめて当時「河内」と称される一つの地域社会を形成していた。当時の様相を比較的正確に伝えると思われる地図を示した。これによれば、今日では西岸、東岸の陸続きになった部分と、長島輪中として一つのまとまった陸地をなす部分のそれぞれが、分離独立して多くの島々からなっていた。

鎌倉末～南北朝時代に、この地域の西岸においては、桑名のある摂関家領益田荘と聖護院領鹿取（香取）荘とが今島付近を荘界として接し、その沖合の島々を両荘民が開発し、入江を利用しての牡蠣の養殖を行ない、浅瀬を利用して「網蔵」を設けて漁撈を行なっていたという（網野善彦「中世の桑名について」『名古屋大学文学部紀要』一九七八年）。

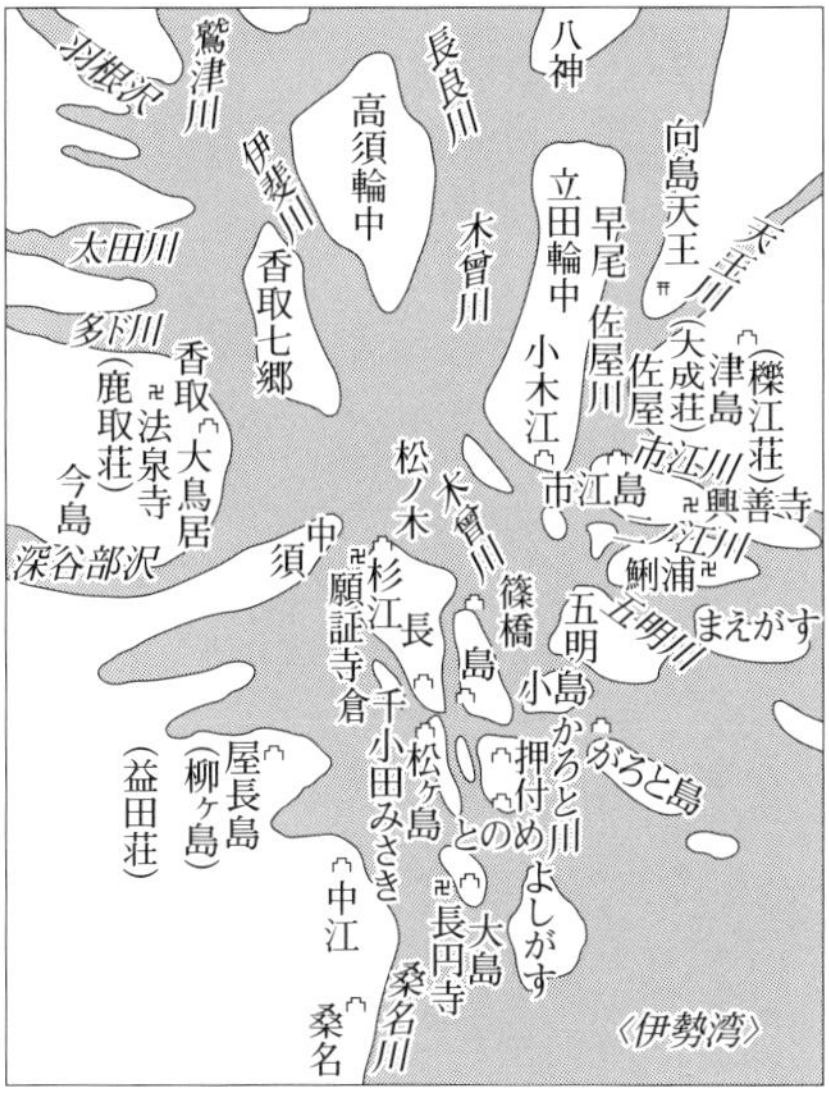

**図２　「河内」関係図**

出典）『長島町誌』上より.

東岸においては、東寺領大成荘や櫟江荘（山門領）があり、前者においては、鎌倉時代において、洪水、「堤切」などの水との闘いの断片的な記録が残されている（網野善彦「尾張国大成荘について」『中世東寺と東寺領荘園』）。

「河内」地域の人びとの生業は、漁業を基本としながらも、島の開発によって農業をも行なっていた。そして木曾川・長良川の内陸河川交通と海上交通、加えて東海道との交点という立地条件もあって、舟運に従事するものも多く、また物資の集散に便利な地ゆえに、商工業者の集住もすすんでいった。加えて伊勢・美濃・尾張の接点に位置し、守護支配権の浸透の弱い部分でもあり、益田荘内の桑名は、「自由」かつ「自治」都市として発展を遂げ、「河内」地域全体としても、領主支配から脱して、自由な気運のみなぎっている、領主権力にとっての支配の弱い環をなしていた。

「河内」に真宗が伝播したのは文明年間（一四七〇〜八〇ごろ）で、蓮如の門弟空賢らが教線をひろげた。明応一〇年（一五〇一）ごろ、杉江に創建された長島御堂といわれる願証寺に蓮如の六男蓮淳が入寺し、一家衆寺院となった。その後蓮淳の子孫、実恵・証恵・証意と引き継がれた。元亀・天正の争乱で一揆を統率したのは願証寺四世証意とこの寺に配属された坊官の下間頼旦・頼成であった。

願証寺を中心として末寺—道場の門徒組織は徐々にひろがり、天文期には桑名や北伊勢の有力国人長野氏などに大きな影響力をもつようになっている。村落共同体組織に依拠して、団結して堤をつくって、田畑や漁場を守り、また生産、流通、交易活動を行なうこの地域の人びとの心を真宗がとらえていった。天文五年（一五三六）、長島のすこし上流の中島の新三郎という門徒は、大坂石山本願寺に、一〇貫文の銭を送り、「近年水入候て不作候を、堤をつき（築）去年分如レ此百疋上候」と記録されている（『本願寺日記』）。水害による不作つづきを、築堤によって解消し、去年の一〇貫文の「志」（本願寺への納付金）を上納することができたというのである。ここに水と闘う門徒の姿をみることができる。

長島一向一揆についてもっとも詳細な記録である『信長公記』によると、天文〜永禄期に河内二の江の坊主で、鯏浦《うぐいうら》（鯏は降海型のコイ科の魚）を本拠とする服部左京進（北畠氏の家臣ともいわれる）というものがおり、河内一郡を支配して織田信長の支配に属さず、今川義元の味方をして「武者船千艘」を率いて、知多半島や熱田方面に進出して織田方を攻撃したり、今川方の手引きをしたりして反信長勢力のあと押しをしていた。

二の江というのは、市江島と鯏浦島との間、すなわち鯏浦島の入江（港）をさすと考えられ、鯏浦島を拠点として島内の二の江に本願寺派の道場をつくり、その道場主である坊主（俗人）であり、手びろく漁業や運輸業に従事し、この地域の諸勢力の組織者でもあった豪族（海賊）、これが服部氏の姿である。その実力を買われ、今川の傭兵水軍として組織されていたと考えられる。『勢州軍紀』に、

長嶋一揆の事、元亀元年秋、摂州大坂門跡（顕如）謀反によって、一向宗僧徒諸国に出張す。ここに北伊勢長嶋近辺嶋々の海賊これに属し、難所を抱へ、一揆を発し、男ハ退べからざるの誓を立て、女ハ歎かざるの誓を立て、弥陀の本願に入信し、命を失ふを悲まず、征伐を恐れず、諸嶋を押領して悪逆を企つる也。故に滝川左近将監一益、長嶋において朝暮合戦致すといへども、一揆等其志一致して亡ぼし難き者也。

とあり、長島一揆を「海賊」として把握しているのは実態に即した指摘と思う。

この地域は、水陸の流通路の結節点として商人、手工業者、運輸業者が集住し、都市桑名の「自由」と「自治」が住民の努力によって維持されていることなどもあり、自由な気運がみなぎっていた。また東からの織田氏、北からの斎藤氏、西南からの伊勢国司北畠氏の勢力のさかい目にあたり、比較的自立性をもった北伊勢四十八家などという中小国人勢力がひしめいていた。

しかし、永禄一〇年（一五六七）になると信長は斎藤龍興の稲葉山城を落とし、永禄一二年には伊勢国司北畠具教・具房父子を大河内城（松阪市）に降伏させると、北伊勢の経略を開始した。そのようななかで、斎藤龍興はじめ反信長の政治的亡命者は長島に流入して来た。信長は滝川一益を桑名に、子息信雄を降伏した北畠の養子として大河内城に、「河内」の小木江城に弟の織田信興を配して、「河内」の反信長勢力の封じ込めと攻略に努めさせた。

元亀・天正の争乱の緒戦において、小木江城の織田信興は血祭りにあげられた。長島は大河を張りめぐらした「節所」（要害の地）で、大軍（とりわけ水軍）の投入なしには侵攻できないところであった。元亀二年五月の第一次侵攻は、氏家卜全らの戦死などで失敗し、第二次天正元年九月の侵攻では、北伊勢の経略にその主目的をおいた。長島一揆は惣国一揆として戦われた形跡があり、北伊勢の在地勢力、赤堀・桑部・南部・千草・長深・伊坂・萱生・田辺・中島

氏らの国人領主と長島願証寺を中心とする一向一揆の反信長連合が成立していた。しかし、中島氏以外は信長方の攻撃の前に戦うことなく退去降伏し、中島氏も信長の攻撃の前にひとたまりもなく追い落とされた。北伊勢において一揆に与同する勢力を一掃し、惣国一揆を解体させ一向一揆の孤立化をねらった信長の策は、ひとまず成功した。

第三次侵攻は、天正二年（一五七四）に行なわれた。乗員一〇〇名、片舷二五艇立ての艪をもち、物見櫓をもった大型兵船の安宅船、船の周囲にバリケードを立て並べた囲船などを「河内」一帯に浮かべ、一大封鎖作戦を展開するとともに、東は一江口、西は香取口、中は早尾口の三方から侵攻して、一つ一つの拠点を落としながら、大鳥居籠城の一揆勢力を干殺（餓死させること）にし、そして最終的には長島・屋長島・中江の三ヵ所に家族ぐるみで籠城した一揆勢のほとんどすべてを飢餓状態に追い込んだうえで、餓死、斬殺、焼殺にした。

この一揆のメンバーはほとんど不明であるが、服部一族など「河内」を本拠とする門徒の「河海民」（漁民、運輸業者、商工業者）たち、そして香取法泉寺の空明門徒にみられるように、織田方の高木氏の一族である高木兵次郎、氏家卜全家中、桑原勘次郎などの武士門徒、それに斎藤氏や北畠氏、あるいは北伊勢国人衆の遺臣たちであった。「河海民」門徒たちにとって、この地域における通商、営業の自由を守る闘いと信仰を守る護法の戦いが一致したところに、長島一揆勢の頑強な抵抗があり、信長も皆殺し作戦を採用することなしには「河内」の制圧は困難だったのである。

## 4　雑賀一向一揆

天正一三年（一五八五）一〇月、キリシタン宣教師ルイス・フロイスは長崎から本国のイエズス会にあてて、豊臣政権下の紀州（和歌山県）の状況につき、次のような手紙を書き送っている。

上にあげた国（紀伊）の住民の四分の一は、雑賀と称する地方に居住し、ヨーロッパにおいては富裕な農夫と称するごときものである。ただし、すこしく異なるところは、軍事的において海陸ともにすこしも根来に劣らぬことで、その戦場における武勇によって日本に大名（大きな名声）を得たのである。彼らは坊主ではないが一向宗徒で、はじめ大坂の市と城とを領し、信長が六年間攻囲したときにその軍隊に大損害をあたえた最高の坊主（本願寺顕如）に服従するものである。この坊主が当時もっとも頼りとしたことは、つねに雑賀の兵士六、七千人を手もとに有することであった。彼らは純然たる宗旨熱心からたえずその城におり、衣食の費を自弁し、海陸の戦争に要する軍需品もことごとく自費をもって提供した。（『イエズス会日本年報』）

**図３　雑賀五組関係図（上）と紀州惣国組織図（下）**
出典）『日本史の謎と発見』８より．

　このなかでフロイスは、雑賀は、高野山・粉河寺・根来寺と並ぶ仏教宗派の「共和国」であること、雑賀は海と川と山に囲まれ、入り口は河口だけという難攻不落の要害の地で、信長の二度にわたる侵攻が失敗したこと、秀吉は天正一二年（一五八四）に太田城を水攻めにして陥落させたことなど、詳細に記している。

　フロイスはヨーロッパの独立自営農民を例にひいて、雑賀住民の富裕さを語り、それと異なる面として、「戦争にたくみで、つねに練習し、火縄銃および弓矢に達している」、しかも根来衆と比較して軍事においても海陸ともに劣らない点をあげている。そして彼らは本願寺門徒として食糧や武器を自弁し、勇敢に戦ったと記している。この「富裕な農民」という記述から、雑賀一向一揆の基盤を農民として考えることもできるが、むしろ三河や長島においてすでに述べたように、紀ノ川デルタを中心に、漁業・商業・運輸業などをおもにいとなんでいた「河海民」でありながらも、後背地を耕地化して、農業もいとなんでいた存在と考えられる。

石田晴男氏の研究（「守護畠山氏と紀州『惣国一揆』」『歴史学研究』四四八号）、『和歌山市史』（第四巻古代・中世史料）などは、この雑賀一向一揆についての研究を著しく深めたものとして注目される。以下、おもにこれらの研究などによりながら述べてみよう。

紀ノ川の河口、海部郡と名草郡（国衙所在地）西部にわたる雑賀地域は、中世において雑賀荘・賀太荘・薗部荘・和佐荘など、多くの諸荘園が立荘されていたが、室町末、戦国時代に入ると、本郷・十ヶ郷・社家郷・中郷・南郷を単位とする雑賀五組（五搦《からみ》、五緘、五鎖などともいう）という組織が成立してきた。これは図示したように、五つの組のほとんどが、数ヵ郷から十ヵ郷前後の連合体（惣郷）であり、それをさらに結合させた郡中惣ともいうべき組織である。この組織は、この地域にある日前宮を惣鎮守とする祭祀組織であるとともに、各村落の有力土豪の主導のもとに戦国時代のこの地域を事実上支配している政治的・経済的組織でもあった。当時の畿内および紀伊の政治状況のなかで天文三年（一五三四）ごろには、紀伊守護家畠山稙長を擁して、雑賀・根来寺・粉河寺・高野山・熊野衆・湯川一族で構成する紀州惣国が成立し、雑賀五組はその重要な一角となった。惣国は、雑賀と湯川氏との関係について、史料に残されているが、相互に起請文をとり交わして盟約を誓い、犯科人の処分など惣国の名において行なっていた（「湯川文書」）。

すなわち、惣国—雑賀五組—惣郷—惣村（単位村落）という、村落共同組織に基礎をおいた重層的な共同組織をもっていたのである。雑賀五組が比較的純粋に村落結合の原理で結合されているのにくらべて、惣国内の他の組織は、寺院勢力は本寺―末寺、湯川一族では武士の同族団結合などが村落組織とかさなり合って構成されていた、というように考えられる。この雑賀五組のうち、おもに雑賀・十ヶ郷の二つの組の郷村のなかに、門徒組織が拡大していく。

文明八年（一四七六）ごろ、すでに冷水道場（海南市）が開設されており、蓮如から本尊が下付され、文明一八年には、蓮如自身、冷水道場に下向して布教に尽力している。この道場は、永正四年（一五〇七）には、黒江（海南市）に移り（黒江御坊）、さらに天文一九年（一五五〇）には証如が下向し、和歌浦弥勒寺山（御坊山）に移建した。永禄六年（一五六三）には、顕如が紀州におもむき、御坊を和歌浦から鷺森に移した。これらの冷水→黒江→和歌浦→鷺森という御坊の移転が、和歌浦、紀ノ河口を西へ西へと移動して来て、最後は雑賀のなかの宇治郷の鷺森へ定着したことは、最終的には雑賀門徒が紀州門徒の中心として発展を遂げたことを意味している。

雑賀、十ヶ郷のそれぞれは、それ自体惣郷組織であるが、それを場として門徒と非門徒の連合が形成され、土豪・門徒（道場主―坊主）の主導権によって、惣郷の運営がなされるようになったと思われる。惣郷・惣村の年寄のうちで、門徒として明らかなものには、岡了順・狐嶋左衛門太夫・湊平太夫・土橋平丞・平次（以上雑賀）、鈴木孫一（平井）・松江源三太夫（以上十ヶ郷）などがいる。

雑賀五組は、元亀三年（一五七二）には河内・和泉（ともに大阪府）における三好勢力との対抗上、織田信長の動員令に応じた紀州惣国の構成部分として摂津（大阪府・兵庫県）に出陣、野田・福島合戦に参加し、信長方として戦っている。しかし、天正元年に信長に追放された足利義昭が紀州にくだり、反信長戦線の結集がはじまると、紀州惣国は信長派の畠山昭高を生害させ、反信長派に傾く。しかし信長方の切り崩しにあい、天正三年、信長が三好康長を降伏させて河内を手中にし、足利義昭も紀州を去ると、天正四年、信長の雑賀攻めが行なわれ、雑賀・根来の双方での分裂がおこる。すなわち、根来寺泉識坊＝雑賀二組（雑賀、十ヶ郷）と根来寺杉ノ坊＝雑賀三組（中郷・社家郷・南郷）

とにそれぞれ二分して対立し、事実上、紀州惣国、雑賀五組は崩壊した。惣国および五組の規制を離れて、はじめて雑賀十ヶ郷の二組は鈴木・土橋ら土豪門徒の指導のもとに、本願寺救援、籠城などの本格的活動を開始する。

以上の複雑な過程は、門徒・非門徒の連合の場である惣国および郡中惣としての、雑賀五組の内部矛盾を示し、門徒といえどもその組織の規制力下にあり、かならずしもその組織自体が反信長戦線に立つというわけにはいかず、その解体後に二組を中心とする石山本願寺防衛戦に活躍するのである。

天正八年（一五八〇）四月九日に信長と講和し、石山を退去した顕如は、彼のもっとも頼みとする紀州雑賀の地鷺森へ向かった。翌年、雑賀衆の鈴木孫一と土橋若太夫の間に内紛が生じ、鈴木は土橋を殺害し、天正一〇年、信長とのむすびつきを強めたが、本能寺の変で信長が死ぬと、こんどは中央権力とのむすびつきに反発する土橋党が蜂起し、鈴木孫一らを放逐した。そして、雑賀の主導権をにぎった土橋らは根来寺とむすび、信長の後継者の秀吉に反抗したため、天正一三年に秀吉の紀州攻めをうけて土橋城・太田城が陥落し、雑賀一揆の幕は閉じた。しかし、顕如の屈伏以後のこの時点では、一向一揆としての性格を失い、たんなる惣国一揆としての戦いとなっていたように思われる。

## 5　湖北一向一揆

琵琶湖を中心とする近江の本願寺門徒は、湖東の北部（伊賀・浅井・坂田郡）、中部（犬上・愛知・神崎・蒲生郡）、南部（野州・栗太郡）、および湖西（高島・滋賀郡）の四ブロックに分割されていた。元亀・天正の争乱期には、元亀三年（一五七二）六角承禎とむすび、金森・三宅両域で信長軍と戦った湖南の一揆、翌天正元年、近江石山、今堅田に拠って堅田慈教寺を中心とした湖西の一揆などが有名であるが、ここでは北部の湖北十ヵ寺を中心とする一向一揆について述べたいと思う。湖北十ヵ寺とはつぎの寺々をいう。（　）内は所在地。

坂田郡　福田寺（坂田）、福勝寺（戊亥）、浄願寺（榎木）、順慶寺（上坂）、誓願寺（箕浦）、金光寺（十里）

浅井郡　真宗寺（益田）、称名寺（尊勝寺）、誓願寺（内保村・湯次）
伊香郡　中道場（のちに明楽寺となる）

この十ヵ寺連合およびその門徒団が、湖北における本願寺教団の支えであり、とりわけ、加賀を中心とする北陸と畿内をむすぶ補給路の確保の点で、重要な役割を果たした。争乱の初期には浅井氏と連合して湖北を転戦した。元亀三年の本願寺から十ヵ寺への書状によると、勇敢な門徒の「一揆衆」は「魁」（先懸、先鋒隊のこと）の役割ばかりを負わされるため、そのことへの不満の意向が到来しているから、「坊主衆」と「武辺衆」（浅井の家臣たち）と交代で「魁」をつとめさせるようにと、浅井長政に申し送っている。またこの時期には、「坊主衆三か年牢籠御不弁」と述べられているから、十ヵ寺は開戦以来窮迫の状況であり、食糧難におちいったため、顕如は越前からの兵糧米の補給を指示している（『誓願寺文書』）。しかし、天正元年（一五七三）八月には、浅井長政は小谷城に滅亡し、十ヵ寺の戦いも表面的に終息する。だが、石山本願寺の籠城と、その補給戦において、十ヵ寺の果たした役割は大きかったと思われる。

天正四年二月に、本願寺指導部の益田照従は、長浜の十ヵ寺の組織にあててつぎのような書状を送っている。

猶々右之御番衆、おそく候てハ御用ニ相たたれましく候、早々御馳走尤ニ候、以上、

態可㆓申入㆒之処ニ、幸茂左衛門下向候之間、令㆑申候、仍来三日初当表信長押つめ可㆑有㆓手遣㆒候由候、定おの〳〵可㆑為㆓御存知㆒候、其付而諸国ハ為㆓御番㆒一寺ヨリ一人、てつはう（鉄砲）壱挺幷玉薬以下御用意候て、御在寺之趣思召候間、只今一寺〳〵ハ以㆓御　書㆒被㆓仰出㆒候、別而御馳走かんように候、うへ様之御大事此時ニ相きハまり候、不㆑始㆑于㆑今候へ共、此度いよ〳〵御報謝肝心候、万一御座所不慮御座候てハ可㆑為㆓御後悔㆒候、かねて其分別して御粉骨専用候、委細之儀ハ、自㆓法眼㆒被㆑顕㆓直札㆒候、恐々謹言、

（天正四年）二月七日　（益田）照従（花押）

キタ御年寄衆中御番所

浅井氏滅亡後、天正二年に羽柴秀吉は湖岸の漁村今浜を長浜と改称して町立をし、小谷城下町をそっくりそこに移して自己の城下町とした。その長浜では、湖北十ヵ寺の組織が地下にもぐって活動していた。そこにあてて顕如が信長の侵攻にそなえて、鉄砲一挺と玉薬を持った衆を、一寺一人派遣するよう要請している内容の書状である。

また、「内保（湯次）誓願寺文書」に十ヵ郷の盟約がある。

一、今度□□□□□一味□（之）衆へ、向後出相之儀、堅停止之事、
一、彼衆死去之時勿論参候事、一切有ㇾ之間敷候、付志被下、少も取申間敷候事、
一、下坊主、同ひらの衆□□（等も）さ様之事、可ㇾ為二同前一、各□□（より）具可申渡事、
右之旨、万一破申候ハヽ、彼衆可ㇾ為二同罪一候、此上共相背候者、忝《茂》如来上人様可ㇾ蒙ㇾ罷二御罰一候者也、仍如ㇾ件、

天正□年九月四日

福田寺　覚芸　　順慶寺　弥宗（花押）
福勝寺　覚宗（花押）　全光寺　教通（花押）
真宗寺　祐忍（花押）　中道場　願心（花押）
浄願寺　勝理（花押）　誓宗（花押）
称名寺　性慶（花押）　誓願寺《ミノウラ》代　超宗（花押）
誓願寺　了乗

この文書は、誓願寺の本書をⒶとすると、戊亥福勝寺文書の写本Ⓑと、誓願寺由緒書の中の写しⒸの計三通がある。欠字の傍注（　）内は、それらによっておぎなったものである。ところが不思議なことに、第一行目の欠字の部分の

年号と記載が三つの史料とも異なっている。

| | 第一行欠字 | 記年 |
|---|---|---|
| (A) | 〈欠字〉 | 天正廿年 |
| (B) | 喜右門殿 | 天正八年 |
| (C) | 信長 | 天正一年 |

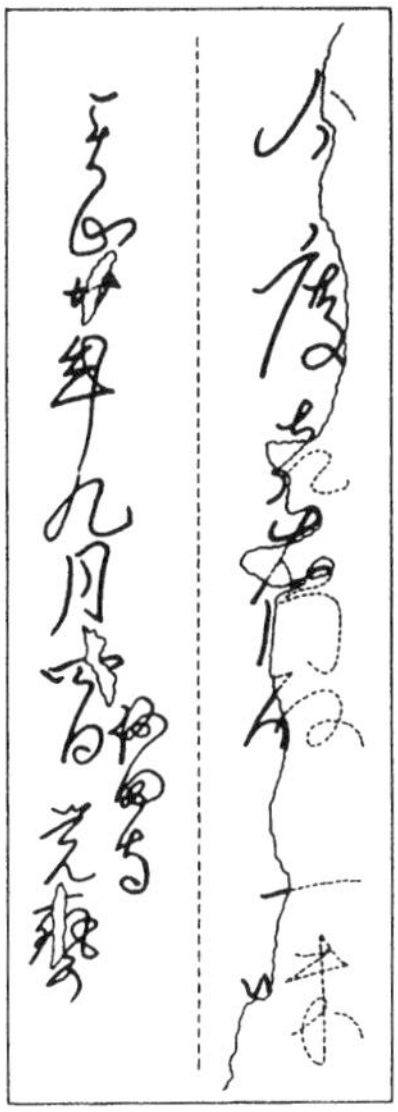

「内保誓願寺 文書」模写（部分）

この文書は、『滋賀県史』などによって(C)説が採用され、信長に対決する湖北十ヵ寺が、信長に一味するものへの交際を禁じ（村八分）、死亡の際も葬儀に出席せず、「志」もうけとってならず、規約は十ヵ寺のみならず、末寺や平の門徒へも適用されることを規定したものとして注目され、使用されてきた。しかし、原文書の残欠の墨字（図）で判断するかぎり、(C)の天正一年、(B)の天正八年の記年よりは、(A)の天正廿年のほうが妥当性がある。また、(A)の欠字部分の墨の残存状況からも「喜右門殿」という文字の入ることはまちがいないと思う。したがって、門徒のなかの「喜右門殿」の一味の衆を門徒から追放し、その処置を定めたものである。「喜右門殿」とはいかなる人物であるかについては不明であるし、天正二〇年の時点の湖北の、いかなる状況のもとでこの盟約が作成されたかも不明である。ただしその年には顕如の死による教如派と順如派の後継者をめぐる暗闘が開始された時点であるから、教如派の福田寺以下、湖北十ヵ寺が順如派の締め出しをはかったものと考えられる。

以上によって、この文書が元亀・天正の争乱期のものでないことは明らかになったが、湖北十ヵ寺の組織がこの時点になってもいぜんとして生きつづけていること、そしてその強力な門徒規制は争乱期の真宗門徒の団結を示すと推測するには十分なものであると思う。

**表1　長浜町の地名**

| | | |
|---|---|---|
| 大手町 | 袋町 | 十一町 |
| 大谷市場町 | 郡上町 | 上・中・下 田町 |
| 横町 | 東・中・西 魚屋町 | 紺屋町 |
| 西・東 本町 | 鍛冶町 | 箕浦町 |
| 神戸町 | 知善院町 | **瀬田町** |
| 南・北 **伊部町** | 上・中・下 呉服町 | 大安寺町 |
| 三津屋町 | 上・下・小 船町 | 横浜町 |
| 北出町 | 中鞴鞱町 | **八幡町** |
| 東・中・西 **北町** | 南・金星 新町 | 片町 |
| 郡上・北・中・南・船 片原町 | **稲荷町** | 宮町 |
| | | 北浦町 |
| | | **金屋町** |
| | | 十軒町 |
| | | 東・西 御堂前町 |

**太字**は　血判阿弥陀如来像に記された町名
──は　小谷城下から移転した町名

出典）享保19年（1734）『近江輿地志略』より．

門徒の団結を示すものとして、愛知県知多郡の浄顕寺所蔵の血判阿弥陀如来像がある。これは、辻善之助『日本仏教史』（近世編一）によって長島一揆のものと推定されて以来、その見解が流布されている。笠原一男氏は『一向一揆の研究』でこの史料を紹介し、絹本・紙本の二幅があり、阿弥陀如来像の裏面に、一部欠損はあるが、絹本には一〇〇人余り、紙本は一二〇人余り、計二二〇〜二三〇人の署名血判があることを明らかにし、署名のところどころに記された地名が長島一揆のものとは考えられないこと、人名記載が天正期というより兵農分離後の慶長期のものではないかという疑義を提出した。

藤木久志氏は小和田哲男氏の協力によって、これが近江長浜門徒のものであることを発表した（『織田・豊臣政権』小学館『日本の歴史』15）。阿弥陀如来像の描画の手法からは、顕如の代に下付されたものと考えられる。その裏面に、

八幡町衆　又衛門　衛門□□　四郎五郎　四郎衛門　了教　又三郎太郎三郎　又六　弥衛門

などと、町名と名前が記され、それぞれに血判（血の拇印）が押してある。地名表示は、「伊部町、伊部本丁、伊部細《ママ》、北町西、北町中、北町東、瀬田町立町之衆、かなや町之衆、いなり町、八幡町衆」などが記され、これは享保一九年（一七三四）成立の『近江輿地志略』（表1）の長浜五二町のうちの一部町名とぴったり一致するし、とりわけ伊部町は小谷城下町から長浜へ移された町であり、これが長浜門徒のものであることは確実である。阿弥陀如来の裏面に署名血判をすることは、門徒のなみなみならぬ決意を示すものである。これがいつの時点に作成されたものか不明

であるが、おそらく前述の十ヵ寺の盟約の天正一〇年前後のものであろうと思われる。今後の検討に委ねたいと思う。

## むすび

戦国時代の一揆的状況に、真宗本願寺派の門徒の飛躍的拡大がからみ合って一向一揆が出現した。そしてあらたな封建的な支配体制を再編し、確立しようとする松平（徳川）家康、織田信長の前に本願寺・一向一揆は大きく立ちはだかった。前代の崩壊しつつある支配体制（荘園公領制）の弛緩をこじあけて、民衆を中心とする人びとが各地に成立させた「自由」や「自治」的な動向、これは一揆というヨコの結合原理が生み出したものであるが、それらを信長や家康は圧殺しようとした。

このような状況のなかで、民衆から戦国大名までをふくめて、信長らに敵対する諸勢力の抵抗を組織化し、その抵抗の紐帯となり、また抵抗に方向性をあたえたのが本願寺・一向一揆であった。本願寺・一向一揆は、経済的な「自由」と政治的「自治」を擁護する課題を担わされた。本願寺門徒にとっては、これらの問題は信仰の自由を守るという護法の問題ともむすびついていた。来世に極楽往生を実現する問題は、現世における「自由」と「自治」の擁護と表裏をなすものであった。そのことは、両者をともに圧殺しようとする信長権力によっても教え込まされた。そして「自由」と「自治」の破壊者で、同時に仏敵である信長の打倒が目標となった。

信長の側からみれば、戦国の争覇の過程で、弛緩した支配体制を再編強化すること、そのためには、本願寺・一向一揆を撃砕し、一向宗と一揆の結合を分断することによって、その片割れの一揆をも解体させる必要があった。それは本願寺法主を屈伏させ、権力の意のままになる宗教につくりかえ、政教分離を実現し、一揆とむすびつかない、権力にとって無害の宗教に転化させること、そして本願寺教団が二度とふたたび一揆の紐帯になることを除去することであった。

キリシタンの宣教師はふたたびいう。

彼（顕如）は戦争に臨むに当りて、戦争に死すべき者一同に十分なる免責を与へ、安全に天に入ることを許せり、之に因りて、此の盲目なる異教徒は、死すべき機会を求め、此の如く有利なる免許の益を享《う》けんとする者の如く、非常なる勇気を以って戦へり。（『耶蘇会士日本通信』一五八〇年九月一日パードレ・ジョアン・フランシスコ書簡）

しかしこの宣教師は、肝心なことを見落としている。畿内近国の山野水辺に多くの血を流し、骸をさらした多くの本願寺門徒やその同盟者たちは、たんに来世の問題だけで、本願寺法主の「恫喝」によって、「盲目的」に死地におもむいたのではなく、すなわち信長権力と戦うことは、来世の問題であるとともに、切実な現世の問題であったということを。

# 第三章　一向一揆の本質と基盤

まず、研究史、一向一揆の本質と基盤、段階区分と三つの点に分けて論を進めていく。

## 一　一向一揆の研究史

一向一揆の研究はたくさんあり、いろいろなものを読んでいると広い森のなかに迷いこんだような感じを受けて、なかなか研究史の整理はたいへんだと思った。ただ私の感想でいうと、北陸および三河の研究が非常に充実している。ところが畿内・東海（美濃・尾張・伊勢）や中国地方の研究が遅れている。とくに本願寺の膝下を形成した摂津・河内・和泉門徒の研究がやはり十分ではない。その点が一向一揆の総体把握と中世末期の階級闘争史の研究上のネックとなっているのではないか。少しオーバーにいうとそういうことを感じた。

そこで、現時点で研究史を大ざっぱに整理すると三つになる。第一は真宗史研究プラス社会経済史研究ともいうべき一連の研究である。それは、教団史から自立して社会経済史的方法で地方史料を徹底的に発掘調査する。その膨大な蓄積が真宗史研究会を中心に笠原一男・井上鋭夫両氏の大著として出現してくる(1)。

笠原氏の研究の特徴は、荘園制解体史というところがベースになっていて、坪江・河口荘の崩壊というところから研究が始まっている。それ故研究の眼目は真宗教団の展開と荘園制の解体がどうからむかということになる。そして一向一揆は本願寺教団に組織された国一揆という結論に到達しており、これが一向一揆研究の定説のような形になっている。

井上氏は、太子《たいし》や渡りといわれるような山・河・海民、すなわち非農業民の層への真宗の浸透というのをかなり強くベースにおいて、それが展開すると守護領国制と対立する、守護領国制を解体させた一向一揆という観点を貫くところに特徴がある。それ故、本願寺領国というのは、守護領国制から大名領国制への移行時期に位置づけられている。

第二は農民闘争史プラス政治史ともいうべき一連の研究で、服部之総・鈴木良一両氏の研究があげられる。服部氏は、『蓮如』(2)という著書に載せられた「四百五十回忌にあたって」という論文が主張を非常にはっきりさせている。一向一揆は宗教のベールをかぶった農民戦争であるとし、土一揆を継承して封建的抑圧から自己を解放する、そういう本能と能力を農民がもっている。そこのところを真宗が包摂して、それに組織性を与えた。そしてその組織性を与えることによってエネルギーの結集があり、それが農民戦争に発展した。簡単にいうとそういうことになる。そして本願寺教団の内部矛盾の問題、坊主・土民・土豪の対立という点についても明確に指摘している。

その問題をさらに展開したのは鈴木氏の研究で、中世後期の政治史把握をする場合に、一向一揆の研究は非常に重要だということで、そのベースで織田信長の畿内統一過程、戦国の動乱の問題を解明しようとしている。

とくに鈴木氏の発言で私が注目したのは、『岩波講座』の「戦国の争乱」(3)の中の「本願寺と一向一揆は別ものだ」という指摘である。さらにその注記に「しかもなぜ一向衆徒が本願寺に従ったのか、その指導のもとでしか団結して戦うことができなかったのはどういうわけか」と記し、信仰の問題と低湿地開発の問題、本願寺の治水技術がこの秘密を解くカギだということを述べている。これは非常に示唆的であったと思う。

第三は、近世史研究者の側からの提起である。佐々木潤之介(4)・朝尾直弘(5)・脇田修氏(6)から出されている。佐々木氏の場合は、小農自立の展開度の差による三つの権力構成があり、畿内は小領主、中間地域は一向一揆、辺境地域は戦国大名として、この三つの権力構成の争覇克服の過程で統一権力が出てくるという構図になっている。朝尾氏の場合は、幕藩制の将軍権力（信長・秀吉を含む）が出てくるときに、国家論と関連する権威の問題があり、一向一揆の克服のなかから幕藩制国家の権威が創出されてくるという考え方である。

脇田氏は、寺内町から在郷町へという都市発展のシェーマの中から、幕藩制的な流通の展開のひとつの前史として一向宗門徒の作った都市である寺内町を位置づけるという見解である。

非常に大ざっぱな研究史の整理であるが、やはりそこから出てくる一向一揆研究の課題設定のようなことを私なりにいうと、ともかくも中世社会というものが、戦国の動乱のところで総括されると考える。そして、そこを境に封建制が第二段階になるのか、あるいは封建制の成立になるのかというように議論が分かれるが、ひとつの中世末期の変革期を形成し、非常に多様な諸闘争がそこに展開される。それをやはり階級闘争史＝政治史として解明し、そして幕藩制の成立の見通しをつける。これはあたりまえの話であるが、そういうためにこの一向一揆研究をそのなかになげ込んでやらざるをえないというのが私の課題認識である。

## 二　一向一揆の本質と基盤

一向一揆の本質というのは、いささか適切な表現ではないが、一向一揆とはいったい何かという問いに通じるだろう。私としては、一向一揆は真宗イデオロギーとその門徒の信仰末端組織（講）およびその教団組織（本願寺教団・真宗寺院・道場）に媒介されて結合された、交通労働者、商人・手工業者、土豪・農民等の多様な諸階層による権力に対する抵抗闘争（政治闘争）で、中世末期の変革期に現出する人民闘争の一形態であるというように押さえておく。

次の一向一揆の組織（基盤）は、講の問題である。一向一揆の基盤は、道場や寺院を中心に形成される講という門徒組織である。それが一向一揆の基盤であると同時に本願寺教団の基盤でもある。本願寺教団と一向一揆の関係というのは、一面では本願寺が次第に支配権力となっていくから、収奪をしたり支配をしたりする。そして同時に抑圧もする。あるいは教団を動かしていろいろな政治行動を行なうという面で、両者間の矛盾があるから、鈴木氏の指摘にしたがって本願寺と一向一揆をいちおう分離して把握しておく。そしてその講も二つに分けて考えて、一つは農村的、すなわち農村における「惣」であり、もう一つは前者に比して都市的な寺内町である。つまり村落共同体と都市共同体の二つの面から以下考えていこうと思う。

農村的な惣というのは、百姓意識を根底にした、地域別の村落の基礎組織である惣郷・惣村というようなものである。その内部は階層別に殿原惣とか地下惣とか、また年齢別階梯の多様な組織というものが、村落の中で重層的に組み合わせになっている。そのなかに民間信仰の講なども入るが、真宗門徒の講がその一つの集団として入り込んでいくというように考える。

具体的なイメージとして、近江の堅田の場合を考えてみよう。次にあげるのは琵琶湖の西南岸、近江の堅田本福寺の十八日講の頭人《とうにん》の史料である。堅田の本福寺門徒の講というのは、全人《まとうど》衆という主として商・工業者の階層の「地下惣」のなかにかなり浸透していく。堅田の住民は、殿原・全人・間人《もうと》・旅人《たびうど》・下人《げにん》の五つの身分階層に分かれ、一五世紀後半には、殿原惣と地下惣の二つの身分別の惣が存在している。そして後者の中心となる法住《ほうじゅう》・法西という人物は紺屋である。法住の建立した本福寺というのは、最初は馬場道場と称されるが、それが中核となって発展していき、九門徒あるいは十二門徒といわれるような展開をとげる。左記の史料に出ているように、外戸《せど》の道場とか伴阿《ばんあ》弥《み》道場というようにいくつかの道場が見られるが、そのような道場が、文明期から始まって永正あるいは天文の初年までにどんどんつくられている。

堅田惣の惣荘のなかの基礎単位になっている小村落の中に道場がつくられ、門徒の講が増加していく。そのでき方は血縁分家の創設に伴って広がっていくように考える。にもかかわらず殿原層というのは、新行紀一氏の研究(7)によると禅宗に組織されている。そして、後にその一部は本願寺一家衆寺院、堅田の称徳寺というのができてそこに組織されるが、最後の石山合戦の段階ではその殿原層の一部は織田信長と結びついて堅田に軍隊を引き入れるというようなことをしている。したがって本福寺に結集されてくるのは、地下惣の中の一定の部分で、地下惣のすべてであるいは堅田惣の全部を門徒の講組織が乗っ取るということではないと考えられる。そのような形で惣村の中に食い込んでいくのである。惣村の中のひとつの任意集団組織の一部として門徒の講が存在していたと考えるわけである。

**堅田本福寺門徒の十八日講**

本福寺跡書
　本福寺毎年十二ヶ月之念仏御頭之事
正月十八日　法住ノ弟　法西
二月十八日　トキヤ　道円
三月十八日　ナカムラ　唯賢
四月十八日　アフラヤ　法覚二郎兵衛入道
五月十八日　与五郎左衛門
六月十八日　イマカタダハンアミノタウチヤウ　善法小五郎兵衛入道
七月十八日　セトノタウチヤウ　法覚
八月十八日　マノイマジユク　慶了衛門五郎兵衛入道
九月十八日　和邇宿明善
拾月十八日　カウシヤ　太郎衛門
十一月十八日　大北兵衛
十二月十八日　アフラヤ　又四郎衛門
　ニシウラ　弥助
　ニシウラ　藤兵衛

　堅田の全人衆の門徒が、十八日講の史料中の人名の注記に見られるように紺屋・鍛冶屋・研《とぎ》屋・麹屋・油屋といった商・工業者層が多いことから、村落・惣といっても多分に都市的な要素が認められることがわかる。また、門徒組織が真野《まの》・和邇《わに》といった堅田以外の周辺の地に発展していき、村落・惣を越えたものになっていることを指摘しておく。

　次に播磨の例があげる。播磨の土一揆地帯という、正長の土一揆から文明一二年（一四八〇）の土一揆、それから享徳の赤穂郡中土一揆などの蜂起があった地域で、本願寺門徒の勢力が伸びていく。「英城日記」によると一家衆寺院の英賀御堂《あがみどう》（本徳寺）を中心に発展してく。瀬戸内海に流れこむいくつかの川があるが、東のほうから、夢前川・揖保川・千種川というような下流デルタのところ、西播磨・中播磨のところに勢力が伸びていく。

そして本願寺の寺院ないし道場が建設された場所は、その英賀《あが》から飾磨津《しかまつ》という港、それから網干《あぼし》、さらに西へ行って赤穂へと伸びていく。デルタ地帯の港町のようなところにまず拠点が設定され、それから農村地帯に入り込んでいくのではないかと考える。

永正一一年（一五一四）の、「鵤《いかるが》荘引付」という史料のなかに、東保村および西保平方奥村《ひらかたおくむら》というところに一向宗の念仏道場がつくられたということが出ている。それが守護赤松氏の権力によって検断され、破却されるというようなことが出てくる。平方奥村の治郎右衛門道場が検断されている。この治郎右衛門自身は鵤荘の惣村の長衆《おとな》である。しかし惣村の長衆で同時に道場主であるけれども、それでもってすぐに鵤荘の惣荘自身が門徒の組織になったということではなくて、鵤荘の惣組織が門徒の組織の様相を呈するようになるには、かなりの時間的経過が必要であったと思う。

結論的にいうと、惣のなかの任意集団の組織である講を通じて、門徒が惣を自己のものに変質させていく過程というのが、本願寺教団の発展過程と考える。真宗の拠点である英賀では、その後も引きつづいて書写山《しょささん》の僧侶たち、あるいは周辺の農民が、門徒の道場や寺院に押しかけるという行為が天文期あたりまで続いていることから、この時期に真宗がいちじるしく発展をとげ、周辺諸勢力とのトラブルをおこしたことがうかがえる。

天文期に安賀三ヵ村といわれるひとつの門徒の組織で、六人の長衆と一一人の中老が出てくる。これはいずれも門徒だが、その中の長衆の名前が若干わかる。御厨五郎左衛門、炭屋甚兵衛、市場与三兵衛らである。炭屋とか市場という名前がついているという点を指摘しておく。播磨の場合は多分に都市的な要素をもった港などに、まず真宗の勢力が浸透し、そこから背後の鵤荘などの農村地帯へ展開していく様子がうかがえる。

**斑鳩（鵤）荘の一向宗道場**

鵤荘引付——古代取集記録

永正十一年甲戌二月十三日東保村仁在レ之一向衆念仏道場、任二先例一令二検断一畢。同坊主次郎左衛門家、検二断之一。同時平方奥村次郎衛門道場検断。惣而当国一向衆京都ヨリ依二御成敗一、如レ此在々所々堅紀明在レ之。然間当庄モ往古ヨリ堅禁二制之一、在所及二数度一成敗之間、東保之道場悉以打破、資財以下迄政所へ検断畢。其後小寺加賀守方へ付テ種々侘言申間、役人以下内儀相意得候ニテ坊主次郎左衛門地下之安堵ヲハ令二許可一畢、

第二に、都市（寺内町）についてである。これは寺や道場を中心にした新建設都市が成立して寺内町と称する。あるいは、在来都市の一角に新たな都市的共同体が形成されるということで、主として門徒化した交通業者あるいは商人・手工業者というものが集住する。そしてそこに富と技術の集積が行なわれ、さらにそれは環濠城塞都市といった実態をもち、教団のひとつの有力な基盤になったのである。

在来都市の中の門徒化の事例として奈良の例をあげると、天文七年（一五三八）の奈良の一向一揆の張本というのが、興福寺の西に接した西脇（この西脇というのが南北郷と一致していると思う）の住民である。これが、興福寺の門前町の中市および符坂の油座のあたりの商人層とともに蜂起する。これは天文の一揆の一環としての蜂起であるが、その際に誅伐された人の名前がいく人かわかっていて、橘屋とか奥村玄蕃とかの豪商が主謀者であるが、その他、中市雁金屋、スガハラ願了、カササギ又七、タカマノ賢丞といった人々が参加している。注記された地名から南北郷一帯の商人層というのがわかり、在来の都市奈良の一角に門徒の集住地域が想定される。

現在の大阪の前身である石山とか富田林《とんだばやし》の場合を考えてみる。富田林は脇田修氏の研究(8)によれば、文禄五年（一五九六）の時期に一二三戸の中のかなりの部分が商人・手工業者で、金属・木工・染色・織物関係、とくに紺屋の多いのが目につく。この構成が次第に変貌をとげていくのはこのあとの時期だという。この文禄五年の住民構成から戦国期の様相をさかのぼって推察するに足ると思う。

石山寺内の場合は、『天文日記』の断片的な記載に、檜物屋町とか青屋町（染色）というように同職種の集住を想

定させる町や、あるいは番匠・大工・棟梁など建設業をはじめとしてさまざまな手工業者、あるいは商人・手工業的な屋号をもった店が見られる。そういうことで寺内町の住民構成として商・職人の集住ということが推察できる。

さきほど富と技術の集積と述べたが、その技術の例として次のようなものがあげられる。河内の久宝寺《きゅうほうじ》寺内の場合は、後に大坂の道頓堀を作った安井道頓などの用水技術をもった同族団が、寺内町の指導層になっている。石山寺内には松田三郎兵衛という名前で出てくる築城師が知られ、あるいは近江の北の、後に鉄砲で有名になる国友村の鍛冶なども、江北の上坂中道場というところを中心に結集している寺内町の門徒である。

以上のように惣と寺内町が一向一揆の基盤というふうに押さえ、門徒の講がその支えになっていると考える。そこで寺内町をひとつの点とすると、線という形で流通路があって、それから面としての農村地域へだんだん浸透してくるという図式になる。とくに寺内町は、黒田俊雄氏(9)が指摘する、「仏法領」という観念的な仏法の支配する領域であるとともに、その現実化ということで、一種の共和的な世界となって実現されてくる。それが次第に広域化して、たとえば長享の一揆以後の加賀における本願寺領国ということになる。点（寺内町）と線（流通路）から面（村落）へと発展し、北陸から近江を媒介にして、畿内という中世日本経済の大動脈地帯における真宗の発展が注目されることになる。

本願寺領国については、国一揆との関係で考えると、土豪連合あるいは郡中惣みたいな組織が真宗教団に乗っ取られることにより、その上で地方権力が奪取された形が本願寺領国だと考える。蓮如は一面ではそういう北陸門徒の一揆行動を叱りながら、結局はその上に乗っているということである。蓮如は王法と仏法というものを両輪だという。あるいは王法為本とか、「内に仏法をたくわえる」というようないい方をしている。王法と仏法の関係の中で、それぞれの局面での門徒の行動が動揺を示すわけだが、ともかく本願寺教団は仏法という真宗を承認し擁護する権力を意識的につくり出すということを、一貫して行なっている。そしてそのためには、本願寺教団は権力に癒着し、権力抗争への介入、すなわち具足懸《ぐそくがけ》ということを必然化する。

権力抗争が起こった場合に、門徒に理解を示す一方の側に援助を与え、権力的に弾圧する他の一方の側を打倒する。その過程で寺院や道場をつくり、そして寺内町を建設し、権力に迫ってその寺内町特権、ひとつには不入の承認を求めることになる。年貢公事および検断の免除、徳政免許といったことを内容としたものを権力の側に承認させる。それは一度に獲得できるのではなく徐々に獲得するのである。が、不入の問題については、三河の場合や富田林の例がある。富田林の場合は、諸公事と徳政免許、諸商人の座公事徴収や国質・所質の問題などを並べて、「寺中の儀いずれも大坂並たるべし」という形で、大坂寺内（石山寺内）と同じようにするといっている。

**富田林寺内町の特権**

興正寺御門跡兼帯所由緒書抜（『富田林市誌』所収）

定　富田林道場

一、諸公事免許之事、
一、徳政不可行事、
一、諸商人座公（事）之事、
一、国質、所質并ニ付沙汰之事、
一、寺中之儀、何れも可レ為二大坂並一事、
右之条々堅波二定置一畢。若背二此旨一於二違犯之輩一者、忽可レ被レ処二厳科一者也

永禄三年三月　日

美作守在判

（安見美作守・河内守護代）

このような寺内町に関する後の史料は多いが、天文期あたりの例がないので、史料に示した永禄三年の例で考える以外にない。石山寺内の諸権限については、田中清三郎「石山本願寺寺内町における本願寺の領主的性格」[10]という研究があるが、その中にやはり石山寺内が年貢・地子《じし》の収納、諸公事免除、徳政除外、検断権という四つの特権について、守護の細川（政元）氏から徐々に獲得してきたという見解が出されている。多かれ少なかれ寺内がそういう特権を獲得していくのだと思う。畿内における真宗の発展過程については一五世紀末、一六世紀初頭の細川政元政権、一六世紀中葉の晴元政権との関連で、もっとつめる必要があると思う。

次に、河川の流域デルタ地帯への真宗の進出、輪中などを含めた低湿地への門徒の組織の発展が従来から指摘されている。そこで畿内門徒を考える上で、大河川流域と門徒組織の関係を考察してみようと思う。大河川とは、紀ノ川・

大和川・淀川などである。紀ノ川の下流デルタは雑賀《さいが》門徒で、その上流は吉野川といい大和国であるが、そこには須《す》江《え》の光専《こうせん》寺や下市《しもいち》の願行《がんぎょう》寺、飯貝《いいがい》の本善寺《ほんぜん》など吉野門徒の拠点があり、その中流に真言宗の高野山領荘園が並ぶというように、上・下流の両端に本願寺門徒組織が発展している。木曾川・長良川のデルタ地帯の河野《こうの》門徒、長島門徒、矢作《やはぎ》川の三河門徒もそうだが、やはり水運との関係や交通業者との関係が強く推察される。

そこで『天文日記』による天文期を中心とした摂・河・泉門徒の分布を示した地図（図1）を示す。石山本願寺のところに大和川が流れこんでいる。今日の大和川は江戸時代の元禄期につけ替え工事をして、途中で左折させて堺に流れ込んでいる。それ以前は河内の地帯に四〜五本に分かれて乱流し、大和川の氾濫原あるいは水郷地域を形成し、各地に湿地や遊水池を作り、最後に石山寺内のところに流れ込んでいた。図中の小さな点を打ったところが門徒の組織および道場があると考えられるところで、たとえば大和川の乱流域のところでいうと腹見・太平寺・横沼・蛇草《はぐさ》というような河内五ヵ所とか、河内八里というういい方をしている地域や、その上流のほうでは誉田《こんだ》・大井あるいは古市など流路に沿って門徒組織がある。

石山寺内の西の淀川の分水点、安治《あじ》川と中津川の分かれるところに三番《さんば》の定専坊《じょうせんぼう》という大きな寺がある。その寺を中心に中島五ヵ所といった地域の門徒組織がある。

その東に榎並《えなみ》荘という荘園があり、榎並十七ヵ所といった表現がよく使われるが、その中に高瀬がある。その周辺の地域がやはり強い門徒組織地帯だ。その北側の、河内に入ると、河内十七ヵ所というういい方をされる地域に門真の願徳寺（古橋御坊）がその中心に位置する。

淀川を遡上れば出口や枚方《ひらかた》、あるいは招提《しょうだい》寺内にもつながり、神崎《こうざき》川を遡上れば三宅の称願寺から溝杭《みぞくい》の仏照寺、それから富田の教行《きょうぎょう》寺と続くラインに門徒組織がつらなっている。

西にいき尼崎門徒といわれている猪名《いな》川と武庫川の間のところ、ここの中心には塚口御坊があり、後に大物《だいもつ》の道場

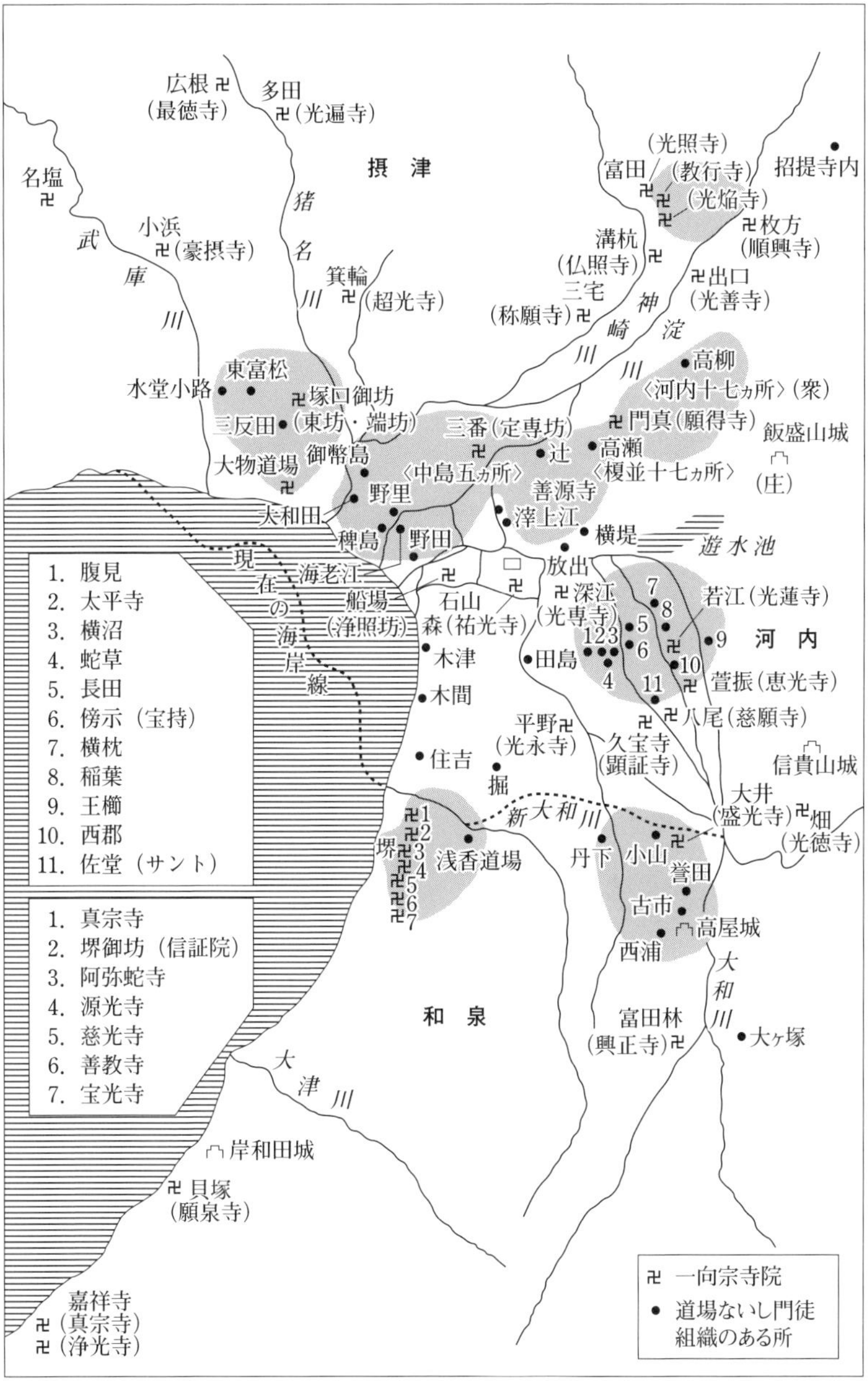


**図１　摂津・河内・和泉における真宗門徒の分布**

がつくられる。猪名川と武庫川の上流地帯にやはり門徒の寺院が分布している。

南に入ると摂津の堺であるが、そこに真宗寺院が密集している。浅香《あさか》道場というのは天文の一揆のときの木沢長政の放火で天文の乱の発端になった道場である。和泉のほうでは岸和田城の南の貝塚や嘉祥《かしょう》寺とのように海岸地域に門徒組織が伸びている。

このようにみると、摂津・河内・和泉の門徒は大河川流域あるいは海岸地域に密集していることがいえると思う。これらの大河川が畿内の重要な流通路（水運）を形成し、その各節々にあたる津・泊といった港があり、交通業者・商人・手工業者が集住している。このような諸階層の中に真宗が浸透し、各地に寺院・道場・寺内町が建設され、そして全体を統轄する位置に、石山寺内が置かれているのである。

## 三　一向一揆の段階区分

次に、一向一揆の段階区分について述べる。これは三つに分けて筋道だけ記す。

一向一揆の段階区分では、一五世紀後半と一六世紀前半、一六世紀後半と大まかに分けて、それぞれの段階の特質はあっても、その中に一貫して荘家の一揆ともいうべき領主の年貢・公事にたいする闘争が出てくる。荘家の一揆は一四・一五世紀の一揆のイメージが強いので、かりにこれを荘郷の一揆といういい方をしてもいいと思う。あるいは新たな概念設定が必要かもしれない。そういう基礎的な一揆がやはり一貫してあるということである。とくに第一段階の一向一揆はこの「荘郷の一揆」の発展という色あいが強いという特徴がある。

第一は、荘園公領制からの解放闘争（蓮如段階）である。ここに入るものは、近江の寛正と応仁の両一揆、北陸の文明の一揆、長享の一揆である。そこでは荘家の一揆との関係というのが問題になってきて、真宗のイデオロギーと組織が一揆の蜂起にいかなる結合と強さと広がりを与えるかという点の解明が必要となってくる。そして具体的には蜂起する村落と門徒の組織がどう結びつくかという点が問題となる。これを示す史料というのは少ないが、文明の一揆の時の越中の高瀬荘の事例があげられる。

すなわち真宗門徒と地下人が同心して年貢抑留が起こり、それが一揆に発展する。文明の一揆の基礎というのはそのような年貢対捍闘争に門徒組織が結合することによって、広域の闘争に発展していったことがうかがえる。

荘園公領制からの解放闘争ということで、なぜ寛正・応仁の両一揆を入れるかというと、山門支配との関係からそのように位置づけた。

第二は、大名領国化をめざす諸勢力との闘争（実如・証如段階）である。その最初は永正の一揆である。これは井上鋭夫が畿内と北陸の動向を永正の乱として見事に叙述している。畿内における大名領国化をめざす細川・畠山の二つの勢力のうち一向一揆は前者に与同して後者を打倒する。その動きは、北陸における、朝倉・長尾など大名領国化をめざす諸勢力と一向一揆との対決と密接に関連していた。

非常に研究の多い三河の一向一揆、それから、あまり研究がなされていない、美濃の土岐・斎藤氏の支配に対して一向宗の一揆が起きている。これらが第二段階に入る。

さらに畿内における天文の一揆がある。これに対抗する勢力は細川晴元で、これが大名領国化をめざす一大勢力として押さえられる。

天文の一揆において、奈良では、奈良の興福寺と越智氏などの国民が一揆の闘争対象となる。奈良を中心にした興福寺に対する攻撃と同時に、南のほうに吉野門徒の動きが加わって、越智氏の高取城が一揆に包囲された。

第二段階の一向一揆ではその争点として寺内町の問題が出てくる。その事情が、『反古《ほ》裏書』に適確に表現されている。この記事は享禄・天文段階を念頭において書かれている。寺内町の設定、周辺住民の門徒化と寺内町流入、所

**北陸の一向一揆**

東大寺文書（四回三六、五二）
（越中国高瀬荘）高瀬地頭方去年御年貢事、連々地下人一(向)行衆以二同心之儀一、年々過分無沙汰候。殊去年中未進分春中可レ致二沙汰一之由、地下人申候間、其趣内々申候処、去三月郡内土一揆不思議企候。地頭方百姓為二本(張)人一造意事候間、去年未進之儀、一向不レ及二沙汰一候（中略）
　　八月十三日　　　　　　　　　　　（下長勘解由左衛門）真宗（花押）
　　両納所御坊中
　　　　　尊報

誠今度越中忩劇不レ可レ有二其隠一候。高瀬地頭方百姓等、依二張本人少々令レ誅、数多逐電候（中略）
　　八月廿五日　　　　　　（安楽坊）順□（憲）

**反古裏書**

実如御円寂の後、又在々所々の新坊《建立し》。坊主衆にいたるまで、寺内と号して人数をあつめ、地頭領主を軽蔑し、限りある所役をつとめざる風情、定て他家の誹難あるべきものをや。すでに濃州所々の寺内破却せられ、南方にも北方にもその類あまたきこゆ……

役対桿という真宗教団の発展が、一方で新たな展開をとげつつあった支配権力を刺激し、寺内町の破却という紛争が随所に発生し、それが一向一揆の蜂起をもたらしたと考えられる。三河一向一揆の発端になったのは渡り村の住人鳥井という者に関する係争で、彼は矢作川の流域の野寺本証寺の寺内を借りてそこに蔵を建て、金銀米銭で商売をしていた。そこに権力が入り込んで検断するということが発端になっている。

そして第三が、顕如段階の畿内統一政権にたいする闘争である。これは元亀・天正の争乱あるいは石山合戦と呼ばれている。これについては、一向一揆との闘争を通じて権力の統一政権構想と政策が出てくると多くの人によって指摘されていることだが、それを、宗教政策・農村政策・都市政策と三つあげてみる。

宗教政策では真宗への弾圧・分裂を通じ、それを克服して権力者の道具に改造して寺請制度が出てくるし、法華の場合は安土宗論でもって徹底的に弾圧し、キリシタンは禁教という手段でいずれも圧伏された。

農村政策では、土豪層の解体、武装解除、兵農分離というのが一般的にいわれている。北陸門徒・長島門徒の大量虐殺に見られるような、真宗門徒にたいする支配層の恐怖感は、そのイデオロギー的基盤とともに、その物的な基礎を解体することを必要としたのである。

都市政策については、これは摂・河・泉門徒のところで述べたが、本願寺教団と門徒が畿内の経済の大動脈を実質上抑えている。石山寺内の位置が、それを総括する位置にある。それ故信長は顕如の石山からの退去を執拗に要求した。畿内の流通路の掌握の問題が、統一政権の重要な課題であったから、本願寺教団の圧伏なしにはそれは果たしえないものであった。

本願寺教団・一向一揆を圧伏する過程で、流通の結節点である寺内町の権力への組み入れ、象徴的にいうと寺内町の城下町化、あるいは在郷町化ということが、権力的になされていくということが考えられる。それは不入権の剝奪をしていくことであるが、楽市・楽座の政策が、やはりこの対抗関係の中で出てくるのではないかと思う。天文期の六角氏の観音寺山城下の石寺の楽市の問題は、この場所が琵琶湖の東の愛智《えち》・蒲生《がもう》・野洲《やす》郡の門徒地域のまん中に狭まれていることである。

天文の乱で、本願寺側が非常に苦境に立って和を結ぶ。その時に、中島門徒などを犠牲にして細川晴元と講和し、同時に六角氏との和を結んだ時に、近江の門徒を追放するという条件が入っていた。近江門徒の一定の屈服のうえに六角との講和が成り立っている。つまり石寺の楽市は、門徒の一定の屈伏の後に、六角氏の流通の権力的再編というなかで行なわれたと想定できる。

信長の支配する美濃加納というのは河野門徒の地域で、そこに美濃の斎藤氏の制圧の時点で楽市・楽座がつくられるわけだが、やはり、長良川流域の門徒の寺内を中心とした経済圏との対抗が考えられる。

元亀三年の金森の楽市の問題も、やはりその金森のところで六角氏が落ちぶれて門徒が制圧される段階で出てくるし、安土の築城と楽市というところは、もう石山合戦の最終段階である。この石山合戦の過程の楽市令の中に、かならずその市を通れというような通路指定がある。この時点のこの地域では元亀・天正の争乱の補給戦が非常に大きな問題になっており、とくに北陸・近江門徒の石山への補給という点が、ひとつの争点になっている時点で出されているることを考えると、やはり楽市・楽座の問題と本願寺・一向一揆の経済流通把握の問題と、かなり競合し合う。こうしたことが石山合戦のひとつの大きな経済的な争点になっているのではないかと考える。

〔注〕

(1) 笠原一男『一向一揆の研究』山川出版社、一九六二年、井上鋭夫『一向一揆の研究』吉川弘文館、一九六八年。
(2) 服部之総『蓮如』福村書店、一九七〇年。
(3) 鈴木良一「戦国の争乱」(『岩波講座日本歴史』中世4)、岩波書店、一九六三年。
(4) 佐々木潤之介「統一政権論についてのノート」『歴史評論』二五三号、一九七一年。
(5) 朝尾直弘「『将軍の権力』の創出」『歴史評論』二四一・二六六号、一九七〇・一九七二年
(6) 脇田修「寺内町の構造と展開」『史林』四一巻一号、一九五八年。
(7) 新行紀一「一向一揆の基礎構造——近江国堅田を中心に」『歴史学研究』二九一号、一九六四年。
(8) 前掲注(6)。
(9) 黒田俊雄「一向一揆の政治理念——仏法領について」『日本中世の国家と宗教』岩波書店、一九七五年。
(10) 『社会経済史学』一〇巻六号、一九四〇年。

# 第四章　一向一揆の構造

## はじめに

一向一揆は、一四六〇年代から、一五八〇年代までの間、主に北陸および畿内・近国において行なわれた浄土真宗（以下「真宗」と略す）本願寺門徒を中心とする武装蜂起、武装闘争をいう。一向一揆成立の前提には第八代本願寺法主蓮如の熱烈な布教による飛躍的な門徒の拡大があり、そのことが、一五～一六世紀の惣村・惣郷・惣国という村落を基盤にした共同組織の発展、あるいは畿内・近国における経済発展をふまえた寺内町の成立などと結合し、それが当時の各地の政治的・社会的状況のなかで、階級闘争・権力闘争としての一揆に発展したのである。戦国の動乱の過程で、農民・土豪・商人・手工業者・国人（武士）など多くの諸階層が一向一揆に結集して巨大なエネルギーを発揮して、歴史の進展に大きな役割を演じた。本章の課題は、真宗イデオロギーがなぜ、どのように戦国時代の民衆を中心とする諸階層に受容されたか、またそれが当時の各地域の一揆状況や寺内町の成立といかに結びついたのか、そして一向一揆が中央地帯や各地の階級闘争・権力闘争のなかでいかなる役割を果すのか、という点の解明の糸口をつかむことにある。

一向一揆の研究は、戦前の教団史(1)、宗教史(2)、社会経済史(3)、マルクス主義歴史学(4)などの遺産を継承し、笠原一男・井上鋭夫氏を中心に、徹底した地域史料の発掘と併せて研究を飛躍的に発展させ、一向一揆研究を特殊な領域から引き出して、中世後期ないし中世から近世への移行期の政治史・社会史の表舞台にすえた。

笠原氏の研究(5)の基調は、大乗院領越前国坪江・河口荘の崩壊ということから研究を出発させ、荘園公領制および守護領国制の解体が真宗教団の発展とどうからむのか、そして真宗教団は、惣（村落）をいかに把握し、農民や武士を門徒化していったのか、という点の解明にあった。笠原氏の方法は、あえてまとめると農民基軸の惣村論的一向一揆論ということができる。そして一向一揆は本願寺教団に組織された国一揆であるという見解は、一向一揆研究の定説となった。

井上氏の研究(6)は、「太子」や「渡り」と称される山・河・海民すなわち非農業民の真宗の基盤としての役割に着目し、彼らが村落や都市に定着し、農民・商人・手工業者・あるいは武士となることによって、真宗が農村地帯や都市に発展するようになった、と説く。そこでは太子・渡りの定着・転化を真宗発展の論理的起点として解明している。そして本願寺の領国支配は、守護領国制から大名知行制に移行する際の過渡的形態と位置づけている。笠原・井上両氏とも、真宗門徒の拡大にともなって一向一揆＝国一揆に発展していくとし、そこには土一揆から国一揆への発展という鈴木良一氏のシェーマに依拠して、土一揆的な一向一揆から国一揆的な一向一揆への発展として捉えている。

両者の研究に併行して、北西弘(7)・重松明久(8)・石田善人(9)・新行紀一氏ら(10)の研究が発表され、大小一揆の評価をめぐる北西―井上論争、三河一向一揆の基盤をめぐる重松―笠原論争などが展開され、一向一揆の基盤をめぐる研究が著しく深められた。また幕藩制成立史の観点から近世史研究者の側からの研究も活発に行なわれた(11)。また六〇～七〇年代にかけて、各地の一向一揆の個別研究が著しく進展し、北陸はもとより三河(12)、近江(13)・紀伊を含む畿内(14)、伊勢・美濃などの中部地方(15)、中国・四国地方(16)などの研究成果が次々にあらわれ、一向一揆研究の地域的かたよりが漸次埋められつつある。これには各地の史料の発掘、刊行が大きな貢献をなしている(17)。

本章は、これらの諸先学の成果に学びつつ、とりわけ笠原・井上両氏のシェーマの批判的継承と統一理解を志向し、一向一揆のイデオロギー的、社会・経済的基盤とその特質の問題などについての若干の追究をしてみようと思う。武装蜂起としての一向一揆については、ほとんど触れえなかったので他日を期したいと思う。

## 一　一向一揆の基盤

### 1　仏法・世法・王法

真宗（親鸞・蓮如教団）の教説そのものについては深入りを避けたい。ここではまず、この教説がなぜ中世後期の広汎な諸階層の心をとらえ得たのか、それと関連して逆に蓮如らは当時の社会の現実をいかに把握し、それに対処し布教を推進するための理論武装をしていったかについて述べておきたい。

寛正二年（一四六一）三月、蓮如は大谷本願寺で、近江堅田門徒に宛てて「御文」の第一号を書いた。このなかに真宗教団のその後に一貫した念仏の救いの基本的な考え方がこめられている。すなわち「一念発起」（弥陀の救済を信ずる気持のおこること）によって、「平生業成」（臨終を待たず平生のままで浄土への往生が約束される）という他力の信心の核心と、「タヾ弥陀《みだ》ヲタノムコヽロノ一念ノ信心ニヨリテ、ヤスク御《おん》タスケアルコトノカタジケナサノアマリ、弥陀如来ノ御タスケアリタル御恩《ごをん》ヲ報《ほう》ジタテマツル念仏《ねむぶち》」（「御文」一）[18]と報恩の念仏の意義が明確に述べられている。そしてこの救済の論理を、悪人正機・女人正機の上にすえることによって、弥陀の救済の道は、農民・漁民・商人・手工業者・武士そして女性など、あらゆる階層・性別の在俗の凡夫の前に平等に開かれた。

蓮如は長禄元年（一四五七）に本願寺八代法主に就任以来、諸国を渡り歩き、あるいは、「御文」というカナ文字の手紙文によって教説を平易に説くなどして布教し、一四七〇年代（文明年間）頃までに、門徒を飛躍的に拡大し北陸・

畿内近国に大教団をつくりあげた。この場合、門徒をとり巻く、族縁共同体、村落共同体、あるいは支配権力にどのように対処するかが教団発展の重要なカギになってくる。真宗の「法義」である「仏法」が、「世間ノ仁義」「世間」あるいは「仁義」といわれる「世法」、すなわち門徒が日常接する族縁ないし村落共同体の論理といかにかかわっていくか、あるいは朝廷・幕府を頂点とし、守護・地頭・荘郷の代官までを含めた権力支配「王法」といかなる関連を保っていくかが重要な問題となってくる。山門などの旧仏教、あるいは仏光寺派・三門徒派・高田専修寺派などの真宗他派、村落共同体と密接に関連する神社や白山などの勢力の攻撃が、村落共同体や権力と結びついて行なわれる時、真宗（本願寺）教団に対する広汎な反発や弾圧が起こり、その発展は抑止されてしまう。真宗が少数者の信仰集団から、巨大な教団にのし上がっていく過程で、あるいはそれを実現するためにも、「仏法」が「世法」や「王法」に対する関係の理論化が必要であった。そこに柔軟でしたたかな蓮如の苦心のあとがうかがわれる。

　コトニ、ホカニハ王法《ワウボフ》ヲモテオモテトシ、内心《ナイシム》ニハ他力《タリキ》ノ信心《シンジム》ヲフカクタクハヘテ、世間《セケン》ノ仁義《ジンギ》ヲモテ本《ホン》トスベシ。（「御文」三―二）

この他折にふれて出されている蓮如の言説では、仏法が、「内心」「あるじ」に対して、世法・王法は、「オモテ」「本」「先《サキ》」「額」などと、それぞれ尊重さるべきものとして比喩的に表現されている。しかしそれは「ホカ《（他）》ニハ」、（仏法の）「ソノウヘニハナヲ」、「仏法の上より」、「時にしたがひ」、「仏法を立てんがため」、「世間に順じて」として、仏法に比して従属的地位が与えられている[19]。すなわち仏法至上主義「信心為本」の立場から、仏法繁昌のための王法・世法の尊重という位置づけに留まっている。表面的には王法尊重の姿勢を示すことに他ならない。しかしそれが軽視を意味するのではなく、「王法ハ額ニアテヨ、仏法ハ内心ニ深ク蓄ヨ」（「蓮如上人御一代聞書」）とあるごとく「額」という重要な位置に置くことによって、内心に深く蓄えた仏法を守る、という原則を堅持しつつ、王法へのぎりぎりで柔軟な妥協をはかっているのである。

王法尊重の具体的な内容は、「守護《シユゴ》・地頭方《ヂトウハウ》ニムキテモ、ワレハ信心《シンジム》ヲエタリトイヒテ、疎略《ソリヤク》ノ儀《ギ》ナク、イヨ〱公事《クジ》ヲマタクスベシ」（「御文」三二）、「国ニアラバ守護方《シユゴハウ》、トコロニアラバ地頭方《ヂトウハウ》ニヲヒテ、ワレハ仏法《ブチボフ》ヲアガメ信《シン》心《ジム》ヲエタル身《ミ》ナリトイヒテ、疎略《ソリヤク》ノ義、ユメ〱アルベカラズ。イヨ〱公事《クジ》ヲモハラニスベキモノナリ」（「御文」三四）、「守護《シユゴ》・地頭《ヂトウ》ニヲヒテハ、カギリアル年貢所当《ネングシヨタウ》ヲネンゴロニ沙汰《サタ》シ」（「御文」四六）、「守護・地頭方へ懇懃ノ振舞アルベク候。オナジク寺社本所ノ所領押領ノ義、カタク成敗アルベク候也」（「御文」五八）、などとあるごとく、守護・地頭方に対する有限の年貢・所当の勤仕、寺社本所の所領押領の禁止から成っている。前者は主として百姓門徒に対して、後者は土豪・代官などの武士門徒に対してである。

信心決定した門徒が、「ワレハ信心《シンジム》ヲエタリトイヒテ」あるいは「ワレハ仏法《ブチボフ》ヲアガメ信心《シンジム》ヲエタル身《ミ》ナリトイヒテ」という浄土への往生を約束されたが故に人間としての自信に満ちて、それが年貢・所当の対捍の動機となったことが推定される。この場合、「カギリアル年貢所当」といわれるごとく、先例による年貢・所当の勤仕はともかく、臨時の課役の賦課、あるいは不作の時の徴収が問題となり、正当性・不当性の争点となる。加賀・越中における文明・長享の一向一揆は、年貢・所当の減免の闘争と深く結びついていたし、加賀守護富樫政親を打倒した長享の一揆は、将軍足利義尚の近江佐々木氏討伐（鈎の陣）に際して、政親の領国への過大な夫役徴発が主要な原因をなしている。

蓮如は、王法尊重の方針を立て前として一揆の抑止の態度を堅持することによって権力の総体からの弾圧を極力回避しようとした。しかし蓮如の思惑を越えて、一向一揆は奔流し、その結果として、飛躍的な教団の発展をみるのである。

世法（「世間ノ仁義」）は、①諸神・諸仏の尊重、②諸法・諸宗の誹謗の禁止、③物忌みの習慣の尊重、④社会的道徳の遵守、などを内容としている。覚如は「世法にありては五常と名づくる仁・義・礼・知・信を守りて、内心には他力の不思議を持つべき由、相承し奉る処なり」（「改邪鈔」）と述べ、世法は社会的な行動の規範に位置づけている。

また「九十箇条制法」に「仏法・世法ニツキ談義・内談」と使用されている。①は、「コレミナ南無阿弥陀仏《ナモワアミダブチ》ノ六字《ロクジ》ノウチニコモレルガユヘナリ」（「御文」三二）、「一切《キチサイ》ノ神明《シンメイ》トマウスハ、本地《ホンヂ》ハ仏菩薩《ブチボサチ》ノ変化《ヘングエ》ニテ」（「御文」四六）と説明し、②は、越中・加賀の立山・白山、越前の平泉寺、豊原寺などが念頭にあり、「イヅレモ仏説《ブチセツ》ナリ、アヤマリテ謗《バウ》ズルコトナカレ。ソレミナ一宗々《キチシユ〱》ノコトナレバ、ワガタノマヌバカリニテコソアルベケレ」（「御文」一八）という態度をとっている。③は「物忌ノ事就二仏法ノ之方ニ一雖レ無レ之、他宗幷対二公方ニ一堅ク可レ忌之事」（「御文」一二三）とある。④は、男女関係を正し、酒狂、博奕、盗み、偽言などを禁じ、道義の確立を強調している（「九十箇条制法」）。

これら世法の尊重は、一つには「当時《タウジ》コノゴロハ、アナガチニ偏執《ヘンジフ》スベキ耳《ミヽ》ヲソバダテ、謗難《バウナン》ノクチビルヲメグラスヲモテ本《ホン》トスル時分《ジブン》タルアヒダ」（「御文」五〇）という真宗に対する、非難・攻撃に乗ぜられないための防禦的方策として強くうち出されているのである。それと同時に、族縁共同体や村落共同体の中において、非門徒との結びつきを強め、門徒拡大の基盤を広げるための積極的方策でもあったのである。

内心に深く蓄えた仏法を中心にすえ、表面は、王法・世法の尊重を掲げて、門徒を拡大し仏法を弘めることに真宗門徒の理想像が求められた。仏法と王法・世法の三者の矛盾を原則的かつ柔軟に処理する能力が要請され、仏法を擁護する権力を意識的に創出することが真宗教団の基本路線として展開し、戦国時代に入るとその延長上に、「仏法ト王法トハ一双ノ法ナリ、鳥ノフタツノツバサノゴトシ、車ノフタツノ輪《ワ》ノゴトシ（中略）仏法ヲモテ王法ヲマモリ、マタ王法ヲモテ仏法ヲマモル」（「九十箇条制法」）という仏法・王法双輪論が主張される。[20] その背景には、細川政元政権と本願寺の蜜月時代が理想化され、このなかに、細川晴元や織田信長をこの関係の破壊者すなわち「法敵」として規定する論理が内包されていたのである。仏法興隆のため（手段）として王法を尊重するという蓮如段階の「王法為本」から、その互恵を理想化する「双輪論」、「法敵」規定により権力の打倒を策す段階と、本願寺教団の発展と客観的政治状況の変化によるあらわれ方の相違はあるが、仏法至上主義「信心為本」の基本は変らず、他はその応用としての対応の変化なのである。

仏法と世法との関係は、門徒組織と主として村落共同組織の関係の問題であり、仏法の側から世法の世界（村落）を変質・改編させ、仏法・世法の合一としての現世の「仏法領」[21]の創出が意図されるのである。

## ２　坊主と年老と長

笠原一男氏は、本願寺教団による惣村指導層の把握を重視する。「栄玄記」の、

> 蓮如上人つね〴〵仰られ候、三人まづ法義になしたきものがある、と仰られ候。その三人とは坊主と年老《トシヨリ》と長《オトナ》と、此三人さへ在所々々にして仏法に本付候はゞ、餘のすえ〴〵の人はみな法義になり、仏法繁昌であらうずるよ、と仰られ候。[22]

という記述の「坊主と年老《トシヨリ》と長《オトナ》」を惣村の指導層と理解し、「村落共同体の中心者をそのまま地方教団の組織者とする[23]」、「真宗の発展のためには、その村々の僧侶と村の顔役＝年老・長を真宗の信者としてまず握ることが必要である。これら村を握っているこれらの階層を信者とすれば、他の末々の百姓はだまっていてもついてくるというのである。これら長＝乙名・年老＝年寄こそ地方地方の大坊主の下に属し、末道場のあるじ、有力門徒となって、真宗発展の小中心者の役割を果したのである。彼らは道場坊主となったからとて、頭を丸める必要はなく、村々におけるその地位、その姿を、そのまま続けながら、一方本願寺教団の地方組織者を兼ねていたのである[24]」、と述べている。

私は、村落共同体＝惣村の指導者層を真宗教団が把握した場合の有利さについては否定はしないが、惣村の指導層把握→惣村全体の把握という方針を蓮如以下教団指導部が採用し、そのような形で門徒の拡大が進展したことを、各地の真宗教団発展のコースとして一般化することについて疑問を持つ。「栄玄記」の「坊主と年老《トシヨリ》と長《オトナ》」は、惣村の「年老《トシヨリ》と長《オトナ》」であろうか。「栄玄記」のこの記述の前後に、次の二つの記述があるのが注目される。

一つは、山科での仏事の際に、法敬坊が「仏法の繁昌とみえ申候、其故は、戸障子までもてのほかそこね申ほど諸人群集申され候」と言うのに対して、蓮如は「信心決定の人の一人づゝもいでくるこそ仏法繁昌よ」（二五九頁）と述べていることである。その二は、蓮如は吉崎において「かねをたゝきかど〳〵《（門）》を念仏を申てあるくものは、念仏を売てあるくものぢゃ」、「真実の信もなくてあらうずる坊主分は……おなじ事なり」（二六一〜二六二頁）と述べていることである。

前者においては「仏法繁昌」を蓮如は「諸人群集」という門徒の量的拡大で把握しないで、「信心決定の人の一人づつもいでくるこそ」という信心の内面で把握している。そのあとには、蓮如の山科での法談の席で、「仏ケにならうと思ふものは仏ケにはなるまじいぞ」という言葉に驚いて縁から落ちて絶命した人の話があり、蓮如は「法義にはさやう驚くがほんじやぞ」と「法義」の体得の重要性を指摘している（二六〇頁）。後者においては、「信なき坊主衆」を「念仏を売る」「かねたゝき念仏」になぞらえて痛烈に批判している。

この一連の文脈のなかで理解するとき、「坊主と年老《トシヨリ》と長《オトナ》」の三者は、真宗門徒の坊主（寺や道場主）であり、門徒惣中（講中）の「年老《トシヨリ》・長《オトナ》」ではないだろうか。「年老《トシヨリ》・長《オトナ》」は、村落共同体＝惣村の指導層であるが、真宗の門徒組織が、門徒惣中の坊主に次ぐ指導層としてこの名称を採用している。その場合、年老《トシヨリ》は数名の指導層で、長《オトナ》はその中の代表者（多くの場合その中の年長者がなる）である。「本福寺跡書」に、

隣郷《リンカウ》イカナル里ニモ老《オトナ》ニ成《ナリ》テ得分《トクフン》アリ、堅田ニモ浦々ヨリ、河役《カヤク》ヲトリテ社中《シャチウ》ニ食《ウイ》コトアリ、ナクサミアリ、番《ハン》頭《トウ》キウ《（給）》アリ、御門徒ノ老《トシヨリ》ハナニヲカフリテナクサマンヤ、道場ノモノヲクウタコソトクヨ、ツカフタコソ得《トク》ナレト、アレニカクシ、コレニカクシ、クイツヤスハカリナリ、是《コレ》カスイフン《（随分）》ノ老《ヲトナ》ソト心得タリ、永正七ヨリ、天文十年ニ至テ、サイハンノ老《トシヨリ》カクノコトシ。（二八〇頁）(25)

とあり、隣郷各地の惣村の「老《オトナ》」、番頭給などを給される堅田惣荘の「老《オトナ》」など村落共同体の「老《オトナ》」に対比して、門

徒惣中の「御門徒ノ老《トシヨリ》」のことが述べられている。この場合「老《オトナ》」「老《トシヨリ》」と混用している。「栄玄記」の記述は、村落指導層の門徒化の問題ではなくて、すでに門徒であっても、真の「法義」を体得せず、「信心決定」に至らない人々が多く、まず「坊主と年老《トシヨリ》と長《オトナ》」という門徒惣中＝講の指導層の三者を、真の「法義になし」「仏法に本付」させることによって、そのもとにある多くの人々の法義の体得が可能となり、それが仏法繁昌をもたらす、と蓮如が述べていると理解できるのである。これは蓮如が「御文」のなかで、再三くり返し坊主をはじめとして法義の確立を述べていることと一致する。「此比《コノゴロ》、当国《タウゴク》・他国《タコク》ノアヒダニヲヒテ、当流安心《タウリウアンジム》ノヲモムキ、事外相違《コトノホカサウヰ》シテ、ミナ人《ヒト》ゴトニワレハヨクコヽロエタリトオモヒテ、サラニ法義《ホフギ》ニソムクトホリヲモアナガチニヒトニアヒタヅネテ、真実《シンジチ》ノ信心《シンジム》ヲトラントオモフヒトスクナシ」（四三、以下番号のみ記すと四四・四九・五〇・五六など）。

以上の「栄玄記」「御文」のなかの真宗教団内部の「法義」（真宗イデオロギー）の確立のための一連の文脈のなかで理解するとき、「年老《トシヨリ》と長《オトナ》」についての記載こそ他に見出せないが、「坊主分」というなかで含めて考えることは可能で、この三者は門徒組織の指導層と考えられる。この点で、「栄玄記」の理解から、門徒組織（講）と村落組織（惣）の一体性を強調する笠原説は、教団の発展した地域において、村落組織を門徒組織が奪取した状況となった発展の結果を、その展開の論理的起点にすえるという二重の意味で再検討の必要があると思う。

井上鋭夫氏は、真宗の布教の対象が村落の年寄・老の階層であったことは認めつつも、初期教団においては、荘・郷といった一定地域が門徒団によって制圧される事態に至らず、一向宗と地下惣中とは別個のものであったとしている(26)。たとえば、天文五〜九年の播磨国英賀《あが》三ヵ村の門徒組織は、「六人の長衆」「中老十一人衆」などによって運営されていた（「天文日記」）。これは門徒惣中の講組織の「長」「中老」であって村落組織のそれとは必ずしも一致しないと思う。門徒組織の発展した状況においては、門徒組織が事実上村落組織を乗っ取り、その両者が不分明になる状況が現出するにしても、本来構成原理を異にする村落結合（惣的結合）と門徒の組織である門徒惣中（講的結合）を、その形態の類似・名称の一致などから混同しないで、明確に分離した上で、その両者の矛盾と関連を問うていくことが、一向一揆の特質を明らかにする上で必要と考える。

### 3　惣村・惣郷（荘）・惣国

中世後期の村落共同組織は、自然村落である村を単位とする惣村を基礎に、その数ヵ村が支配単位の郷や荘の範囲で連合した形の惣郷（荘）を上部組織とする二重構成をとっている。それぞれの組織は、その単位での寄合が行なわれ、年老《トシヨリ》（長《オトナ》）、番頭などに指導されて共同組織の運営・管理がなされ、鎮守である神社の神事・祭礼の執行・山林や用水・道路などの管理・近隣共同組織との紛争の処理・領主権力との対応などにおいてその役割を果していた。和泉国の日根野惣荘、山城国山科六郷、同国伏見十ヵ荘などにおいて具体的に知りうる(27)。

このような村落の内部に真宗の講組織が入っていく場合、どのような入り方をするのか問題である。他からの働きかけによって小村落のなかに点としての真宗門徒が成立し、やがて族縁的な関係などによって周辺に門徒を拡大し、道場と講組織を作り活動を活発化する。その場合、中世村落における熊野や伊勢信仰、あるいは月侍・庚申待といった民俗的信仰などの多くの講組織の一つとして、任意加盟の目的集団として存在した。真宗がまず浸透していったのは、交通路（道路・水路）に沿ったり、あるいはその要衝の、宿・港・河川のデルタ地帯などで、商人・手工業者（鍛冶屋・紺屋など）の門徒化が先行し、そこから周辺農村地域へと伸びていった。そのなかで他派・他宗の僧侶（時宗など）、百姓・名主、武士層へと教線が拡大された。この場合、蓮如らの各地への教化の旅、越前の吉崎・河内の出口・山城の山科・摂津の大坂などの御坊、その他各地の寺院の設立など、意図的な努力に負うところが大きい。

真宗門徒の講組織を内部にはらんだ村落共同組織の惣村・惣郷（荘）は、真宗の発展につれて門徒と非門徒との連合と対立の場となっていく。惣郷（荘）の指導層は、武士的要素をもった土豪層で、彼らは、時の政治的状況に応じて郡規模ぐらいで連合した惣国ないし郡中惣と呼ばれる組織を持つことがあった。その政治的状況の多くは、上部権力との対立で、他地域からやって来た守護権力の支配に対抗し、在地優先、排外的色彩の強い反守護・反中央権力闘争の組織として惣国（郡中惣）が機能する場合が多かった。一五世紀末における南山城の宇治・久世・相楽・綴喜四郡の山城国一揆、同時期の山城国乙訓郡一揆などはその代表的事例で、前者は「一国中土民等群集」という惣郷（荘）の蜂起を基盤として、畠山政長・義就両軍の退去を実現し、荘園直務、新関停止など、村落の要素を基礎に国衆三十六人衆の構成する惣国による国郡支配を実現した。この他、甲賀郡中惣、天文〜永禄年中における伊賀惣国などの事例がある。[28] 真宗門徒勢力の強い地域においては、この惣国に門徒組織がからみ強力な一向一揆の展開となった。惣村・惣郷（荘）・惣国という村落共同組織ないしは地域的組織は、その内部に門徒組織がはらまれることによって、門徒・非門徒の連合組織として、一向一揆の基盤となったのである。

　東大寺領越中国砺波郡高瀬荘は庄川の上流の交通の要衝にあり、鎌倉・南北朝期に一二六町余の水田を有し、その内部にはいくつもの小村落を内包し、二三の名で編成され、一〇人の番頭がいた。中心には、白山系の高瀬社や「市屋形」などがあり、東大寺へは御服綿や塩鮭（後には銭納化）などを納めていた。この荘園の東に接して、綽如の草創と伝えられ、蓮如の二男蓮乗の入寺した井波の瑞泉寺があり、真宗の影響力が強く及んできた。高瀬荘の惣百姓は、永享八年（一四三六）に、守護代遊佐氏の同族で、高瀬荘の代官下長五郎左衛門尉を、国役賦課など「諸事をきふく《つカ》させられ、地下を御せつかん」によって「御百姓たいくつ仕、或ハかけ落を仕候、又ハふたひ《譜代》の地名田をすて、立力もなくなりはて候」という非法を糾弾し、強訴・逃散によって東大寺に迫り、下長を解任させ、「国方不入」を獲得した。しかしその後「国方不入」は事実上なしくずし的に破られたが、百姓を「諸事ニ百姓等を御扶持」（撫育）する今村殿が代官となった。ところが嘉吉二年（一四四二）に、管領となった主君の畠山政長に番役在京中の下長氏は、「歎申」すことによって、東大寺に圧力をかけ高瀬荘代官職に再び補せられてしまう。これに対して同年九月一四日、高瀬荘の「御百姓等」は、二〇名の連署の下長氏入部反対の百姓申状を提出している。この結果については明らかでないが、その後代官は、井口国忠、抽留木藤五郎、泉蔵坊とわずかの期間に交替しており、東大寺の支配は安定していなかった。惣荘を基礎にねばり強い百姓の闘争が展開しており、この過程で真宗門徒の勢力が高瀬荘内に根を張っていった。文明一三年（一四八一）八月、この頃代官職に補任されていた下長直宗は、高瀬荘の年貢が、「地下人一向衆同心之儀をもって年々過分無沙汰」という状況のなかで、三月に「郡内土一揆」の蜂起があり、高瀬荘の百姓はその張本人として参画した故、去年の未進年貢の徴収は不可能となった、と述べている。順光という者の副状によると、「今度越中忩劇」によって、高野荘の百姓が張本人として殺され、多数の百姓が逐電するなどして、去年の未進年貢の徴収は不可能と述べている。(29)

ここで注目されるのは、年貢対捍の闘争などで、地下人と一向宗の「同心」という連合が成立しており、その基礎の上に「郡内土一揆」「越中忩劇」が行なわれたことである。この事件は、加賀守護の富樫氏の要請によって、加賀から逃げ込んできた門徒を庇護する瑞泉寺に圧力を加えた砺波郡の有力国人石黒氏に対して、瑞泉寺門徒が蜂起して石黒氏を福光城に攻め滅ぼしたという越中砺波郡の一向一揆である（「闘争記」）。瑞泉寺門徒と石黒氏の抗争は、直接的には、年貢公事の徴収をめぐる紛争すなわち荘家の一揆そのものではなく、加賀一向一揆の波及によるもので、加賀での富樫氏の打倒という長享の一揆の前哨戦である。しかし高瀬荘で見たように、各荘郷ごとに年貢公事収取をめぐる荘家の一揆のなかで、惣郷（荘）を基礎に恒常的な門徒と非門徒の連合が成立しており、その基礎の上に、砺波郡の「惣国」一揆ともいうべき形での「郡中土一揆」の蜂起となり、門徒を抑圧する石黒氏は打倒され、郡内における瑞泉寺と門徒の地位は著しく向上した。この政治闘争に広汎な非門徒を結集しえた原因として、仁和寺領石黒荘をはじめ、その周辺の郷・荘における石黒氏の代官請負などの支配に対する荘郷民の抵抗があったと考えられる。

法隆寺領播磨国鵤《いかるが》荘は、平方・東保などの六ヵ村から成り、惣荘名主・百姓によって応永二五年・正長元年・永享五年など一五世紀の前半に土一揆が行なわれている。この地域は、英賀、網干《あぼし》など海岸線に沿って真宗教団が発展するにつれて、やや内陸部に位置する鵤荘にも教線が伸びてきた。永正一一年（一五一四）に、「当庄も往古ヨリ堅禁制之」の故をもって、荘内東保村の「一向衆念仏道場」と「同坊主次郎左衛門家」と「平方奥村次郎衛門道場」が荘政所より検断をうけた。東保村の道場は破却され資財などは政所に奪取された。しかし守護赤松氏の被官小寺加賀守政隆を通じて「侘言申」によって、坊主次郎左衛門は還住を許可されている。この道場主（坊主）は、鵤荘の百姓である。同年七月より小宅荘との用水相論のあった時、地下の寺庵・名主・百姓ら三五人が置塩に赴いた時、名主（地侍）の浦上・山下・内山・中・実報寺・沢・玉田らと区別して、「百姓ニハ奥村次郎衛門ヲ召具」とある。東保村の次郎左衛門も無姓で称されているところから、同様の名主と区別された百姓と考えられる。[30] 鵤荘の門徒は、まず百姓層のなかに浸透し、道場が設立され、権力の圧力に抗しながら、土一揆などの連合した行動の積み重ねと英賀本徳寺を中心とする守護赤松氏などへの政治工作と相まって、その地歩を固めていったと考えられる。

美濃国西部には席田十一郷、真桑四郷などと称される灌漑用水を共有する惣郷が成立していたが、真桑七ヶ井の天文二四年（一五五五）、永禄九年（一五六六）の井水契約状に署判している千石氏は、真桑の教念寺の門徒であり、同じく真桑の在地小領主福田一族は正木御坊の門徒である。また席田用水の井奉公（井頭）である鵜飼氏は、西順寺の門徒である。享禄〜天文期には、この地方の惣郷の内部に惣村の代表者として門徒の勢力が進出している。[31]

元亀三年（一五七二）織田信長の武将佐久間信盛は、近江国栗田郡高野荘（郷）の「坊主中、地士・長等中」に宛てて、「佐々木（六角）承禎父子、一向之僧侶をかたらい、三宅・金森之城ニ立籠候、就レ夫南郡一向之坊主・地子（士）・長之輩、一味内通致間敷」とし、起請文の提出を求めている。この場合「一向之坊主・地子（士）・長」とあるように門徒の坊主と地士（地侍・殿原）と長《オトナ》を意味している。信長・信盛は、元亀・天正の争乱の当初において南近江の六角氏と連合した一向一揆の蜂起に際し、城を包囲すると同時に周辺の郷村に対してそれへの内通をしない旨の誓約の起請文を徴している。(32)この地域は対岸の近江堅田とならぶ、強力な門徒団の存在する地域で、三宅・金森を中心とする野洲川下流域の駒井荘や富田の荘郷単位の起請文が残されている。駒井荘では、駒井沢村・集村・新堂村・大萱村・穴村などの単位村落の「惣代」ら各二名以上が署名し、富田の場合も富田宗林・井口徳林らの地侍や「惣百姓惣代」が署判している。この場合神文に「我心ニ願ひ奉る御本尊幷霊社」とあり、阿弥陀如来と鎮守の勝部社が併記され、署判者が門徒であることが知られる。ここには事実上、門徒組織と村落組織（惣郷・惣村）の同一化が進行し、門徒惣代と郷村の惣代の一致した真宗教団の発展した姿を見出すことができるのである。

惣国と門徒組織が関連し、一向一揆に発展する事例として、越中砺波郡の場合をあげたが、一向一揆の大蜂起の場合には、特定の政治的状況下でのこの惣国を基礎にした門徒と非門徒の連合が成立している場合が多い。北陸における文明・長享の一揆、永禄年中の三河の一向一揆、元亀・天正の争乱の過程の紀州一揆、越前一揆などそれである。加賀守護富樫政親を高尾城に攻め滅ぼし加賀に門徒領国「百姓持チノ国」を樹立した長享二年（一四八八）の長享の一揆は、富樫政親が将軍足利義尚の近江六角氏討伐の鈎《まがり》の陣へ参陣するために領国内に過大な公事・夫役徴発を行なったことが一揆展開の直接の契機となっている。長享元年閏一一月等持寺・等持院兼帯所領加賀国粟津保では、守護代山川三河守が、兵粮米二〇〇石・人夫一〇〇人の調達を命じている。(33)各地における軍事動員のための公事・夫役の反対闘争が複雑な政治状況による対立抗争とからみ国一揆（惣国一揆）的な一向一揆に発展したのである。

永禄六年（一五六三）三河の矢作川デルタ地帯では、領国の確立をめざす松平（徳川）家康に対して、酒井・吉良・荒川などの国人領主と上宮寺・本宗寺・勝鬘寺・本証寺などの三河門徒の土豪・農民が惣国一揆的な連合のもとに蜂起した（三河一向一揆）。蜂起の直接契機になったのは、寺内町特権の侵害、夫役の徴発の問題で、家康家臣団は、家康と一揆側に分裂した。(34)

紀伊では、永禄五年（一五六二）に真宗門徒を主体とした雑賀衆と国人領主湯川一族・根来寺総力などの間に「惣国」

が成立して、この惣国を基礎とした門徒・非門徒の連合が、ある場合には大坂石山を支え、ある場合には門徒の石山救援を規制する役割を果した。(35)

天正二年（一五七四）越前では、信長陣営の富田長秀と桂田長俊の対立を利用して、朝倉の遺臣と本覚寺らの門徒が連合し、加賀の援助のもとに惣国一揆を形成し、最初に桂田ついで富田と二大勢力を攻め滅ぼし、門徒領国を樹立した。しかし本願寺が下間頼照を守護として派遣し、杉浦玄任・下間頼俊・七里頼周などの坊官をそれぞれ大野・足羽・上郡などの郡司に配置して支配体制を固めると、在地の諸勢力はこれに反発し、「十七講」、「鑓講ノ衆」など本願寺領国に反抗する一向一揆の蜂起があった。加賀における文明・長享の一揆から大小一揆にいたる総過程を、越前では短時日のうちに経験しながら、本願寺領国の内部矛盾を露呈し、天正三年（一五七五）には信長の再度の侵攻の前に崩壊する。(36)

以上にみたごとく、惣郷・惣国は、あくまでも門徒と非門徒の連合の場であり、政治状況と門徒の主体的力量によって、惣国一揆＝一向一揆として巨大なエネルギーを発揮したのである。しかし、それが、「連合」である以上、当然のことながら矛盾・抗争の契機を内包していたのである。

## 4　寺内町

寺内町は真宗寺院・道場を中核に、主として真宗の信仰を共有する門徒の宗教的連帯感に支えられ、戦国時代に計画的に構築され、維持されてきた環濠都市である。(37)商人・手工業者が集住し、富と技術が集積されている寺内町は、地域の流通の展開をふまえ、あるいはそれを先取りしつつ、その市場圏の中心として、同時に遠隔地取引の基地として機能した。寺内町に居住する門徒にとっては、真宗を基礎とする精神的な共同体であると同時に、営業の自由の保障された「仏法領」の現実化した姿であった。寺内町が非門徒の商人・手工業者にいかに開かれていたかについてはかならずしも明らかでないが、当然門徒の主導権のもとに惣町の運営はなされるものの、非門徒の居住や営業の自由は確保されており、むしろ積極的に開放し営業の自由を保障することによって、寺内町の発展と仏法の興隆をはかり、結果的には門徒の拡大をもたらしたと考えられる。

寺内町には、越前の吉崎、京都郊外の山科、摂津の大坂石山、加賀の金沢などの本願寺法主の居所（本山）や拠点の御坊、越中の井波（瑞泉寺）・城端（善徳寺）・古国府（勝興寺）、近江の山田（長安寺）・大津（顕証寺）、河内の久宝寺（顕証寺）・富田林（興正寺）・招提寺内、和泉の貝塚（願泉寺）、大和の今井（称念寺）、伊勢の長島（願証寺）、尾張の富田（聖徳寺）、それに当初根来寺によって設立された河内の大ヶ塚などがある。(38)

富田（聖徳寺）は、「富田と申す所は在家七百間これあり、富貴の所なり、大坂より代坊主を入置き、美濃・尾張の判形を取り候て免許の地なり」（『信長公記』首巻）と記されている。在家の集中、富貴の所、判形を取り免許の地であるということは、他の寺内町にも共通で、蓮如をはじめとする真宗の指導層は寺内町を創設し、商人・手工業者を招致するとともに、その地域の権力に要請して、「判形を取り」、布教の自由と併行して寺内町特権を獲得した。この寺内町特権は、それぞれの寺内の歴史的性格によって異なるが、諸公事免除などの「不入権」、徳政令適用除外、座公事免除、国質・所質・付沙汰などの差押え行為の禁止などの商工業発展の障害の除去を内容とした都市法を形づくっていた。(39)

このような権利の獲得は、寺院の持つアジール的性格を最大限利用するとともに、(40)本願寺の政治力・経済力を背景にした権力との折衝によって実現していったものである。最初の寺内町である吉崎や大坂石山は、ともに国境地帯にあり、守護権力の介入に不便な地であること、しかも陸上・水上の交通の要衝であることに着目して選定され、かつ「虎狼ノスミカ」などといわれるような無人に近い山野を開発して創設された。しかし寺内町が発展していくにつれて、権力との関連は厳しいものとなった。その他の寺内町も多かれ少なかれ、困難にさらされていた。各地の寺内町が、都市的「自由」を主張しそれを獲得しながら発展していき、周辺農村地域からの農民・商人・手工業者などの流入が盛んになると、そこを支配の基礎にすえていた領主権力は寺内町を敵視し、また蓄積された富に着目しその収奪を企図する。そこに寺内町の特権をめぐる抗争がおこる。

> 実如御円寂の後、又在々所々の新坊、坊主衆にいたるまで、寺内と号して人数をあつめ、地頭領主を軽蔑し、限りある所役をつとめざる風情、定て他家の謗難あるべきものをや、すでに濃州所々の寺内破却せられ、南方にも北方にもその類あまたきこゆ、

これは蓮如の孫で、証如時代の本願寺の姿勢に批判的な顕誓によって、永禄一一年（一五六八）に著述された「反古裏書」の一節である。寺内町の設立や破却が、大永五年（一五二五）の実如の死後、すなわち天文〜永禄年中に行なわれ、領主権力との鋭い対立点になっていること、美濃や北方（近江）や南方（摂・河・泉）での寺内の破却が行なわれていることを述べている。顕誓の指摘の具体的な事実は、おそらく美濃における天文六年の福勝寺を中心とする多芸郡十日講門徒の蜂起と、守護土岐氏の弾圧、永禄六年の三河一向一揆の敗退、天文の乱における細川晴元や六角定頼との摂・河・泉や近江門徒の抗争と寺内の破却などであろう。天文〜永禄期の一向一揆は、この寺内町の問題が一つの焦点と考えられるのである。このような動向のなかで、寺内町に結集する門徒を中心とする商人・手工業者は、団結を強め、ねばり強い抵抗と柔軟な対応とともに、本願寺の政治力を最大限に利用しながら着実に、寺内特権を獲得・伸張させていくのである。この状況を大坂石山寺内および河内の事例で見ていこう。

大坂石山寺内の建設は明応五年（一四九六）に蓮如によって着手された。「虎狼ノスミカ也、家ノ一モナク畠ハカリナリシ所」（「拾塵記」）が、堺の商人樫木屋道顕・万代屋休意、大坂の松田五郎兵衛などをはじめとする摂・河・泉門徒の造功によって翌年に完成した。

> 大坂《おざか》は、凡そ日本一の境地なり、其子細は、奈良・堺・京都に程近く、殊更、淀・鳥羽より大坂城戸《きど》口まで舟の

> 通ひ直《スナヲ》にして、四方に節所を拘へ、北は賀茂川・白川・桂川・淀・宇治川の大河の流れ幾重《いくへ》共なく、二里・三里の内、中津川・吹田川・江口川・神崎川引廻はし、（中略）麓は道明寺川・大和川の流《ながれ》に新ひらきの淵、立田の谷水流れ合ひ、（中略）西は滄海漫々《マン〳〵》として、日本の地は申すに及ばず、唐土・高麗《こま》・南蛮《なんばん》の舟海上に出入り、五畿七道集りて売買利潤富貴《ふつき》の湊なり。隣国の門家馳集り、加賀国より城作《しろつくり》を召寄せ、方八町に相構へ……。
>
> （『信長公記』巻一三、角川文庫）

とその状況が記されているごとく、摂・河・泉の河川・海上交通の要地であるという石山寺内の自然的立地条件がその後の発展の因をなしている。(41)

石山寺内は、南町・北町・新屋敷・清水町・北町屋・西町の六町とそのいずれかに包摂ないし付属する檜物屋町・青屋町・造作町・横町などの手工業者の集住する町などから成っていた。(42)これらの町は惣町によって組織・結合され、その内部には「西町衆講中」、「北町五日講」などの門徒組織が存在し、商人・手工業者の集積した富は、仏恩報謝のための「志」として、本願寺に吸いあげられ、その財政的基礎をなした。本願寺は、単に吸いあげるだけでなく、商人・手工業の営業の自由と富の集積を保障する体制を創出することによって、彼らと密着し、「仏法領」という運命共同体を形成していたのである。

天文の乱において、管領・摂津守護細川晴元と激烈な闘いを演じた本願寺証如は、主戦派の下間頼秀・頼盛を追放し、興正寺蓮秀らの努力で天文四年に和議を成立させて以来、晴元政権との共存路線を採用した。その直後の天文七年（一五三八）五月に、かつて細川政元やその養子澄元から獲得した大坂寺内に関する制札を提示して、晴元に「諸公事免許」の制札を要求し（7・5・14、「天文日記」の年月日、以下これに同じ）、七月にその権限を獲得している(43)（7・7・9）。守護反銭などの守護役を含む諸公事の免除は、寺内町の商人・手工業者にとって、死活の問題で、それによって権力の「不入」が実現するのである。政元・澄元の制札の内容は不明だが、終生本願寺の擁護者であった政元から、おそらく永正の乱前後に、大坂寺内が獲得した特権の回復を求めたのである。この折衝にあたっては、晴元の武将木沢長政や管領代の茨木長隆の推挙が効を奏している（7・8・21）。

天文九年には摂津闕郡の郡代と考えられる山中藤左衛門が細川氏の下知と称して闕郡の段別米二升を「寺内出分之衆」に賦課しようとしている（9・11・7）。これに対して証如は、先年寺町（細川氏の家臣）が段米を課してきた時も、以前に山中が半済を課してきた時も、この出作分については、「諸公事免許」の成敗にもとづき撤回させていて、これが先例となっているとし、天文七年の諸公事免許を楯に、山中氏の段米賦課を拒否している（9・11・11）。したがって「諸公事免許」は、寺内住民を対象とする属人主義の考え方で、寺内の外での出作分まで及ぶという拡張した判断を示している。

諸公事免許の制札を獲得した天文七年の同時期に、守護細川氏によって摂津闕郡の在地徳政が施行され、山中藤左衛門より通告があり（7・5・10）、これに対応して徳政令の適用免除の要望を提出している。木沢氏や山中氏を通じての折衝の末、徳政適用免除の制札を獲得している（7・9・1〜2）。幕府の発する一国平均の徳政、ないしは郡・荘郷単位の在地徳政など、度々の徳政令は、商人らに打撃を与え営業活動を一時的に断絶させてしまう。徳政令の適用除外の権限を獲得することは、商取引を安定化し、危険負担を除去する上で、寺内町商人の切実な要望であり、その繁栄を共有する本願寺にとっても必要不可欠な問題であった。証如は、その獲得には喜びつつも、その文言が山中の主張にもとづいて「殊に寺内においては免除せられ訖《おは》んぬ」となっている点に不満を示し、「大坂寺内においては、たとへ郡中共たりといへども、免除せられ訖んぬ」という訂正案を引き出しているが、なお「分別し難し」と述べている。この問題は、徳政適用除外の適用範囲に関連する問題で、証如は寺内住民の要望をふまえて、属人主義の立場から寺内住民の寺内の内外での取引行為への適用を図っていると考えられるのである。

天文七年に大坂寺内が、諸公事免許と徳政適用除外の権限を細川晴元政権から獲得したことは、それ以外の寺内町への波及を必然化させた。天文一〇年には久宝寺・西証寺への制札（「飯尾上野判形」）がもたらされ（10・12・15）、再建された堺御坊（信証院）について、天文二〇年に諸公事免許の要望が晴元に提出されている（20・12・19）。

南河内の石川郡の地域は、永禄年中には紀伊・河内の畠山・遊佐・安見・湯川氏らの勢力と阿波を基盤に中央権力を握った三好長慶・三好康長らの勢力、そして永禄一一年以降は織田信長の勢力との角逐の場となり、常にその中心の高屋城はその争奪の対象となった。

永禄二〜三年（一五五九〜六〇）蓮秀の子興正寺証秀は、石川郡内の芝地を一〇〇貫文の礼銭によって三好長慶から取得し、翌年周辺の中野・新堂・毛人谷・山中田四ヵ村出身の年寄八人の手によってこの地を開発させ、御堂を建立し、畠屋敷などの町割を行なって寺内町を設立し富田林と名づけた(44)。そして永禄三年三月に畠山・遊佐氏の臣高屋城主安見美作守直政から、①「諸公事免許」、②「徳政不レ可レ行」、③「諸商人座公（事）」、④「国質・所質幷ニ付沙汰(45)」、⑤「寺中之儀何れも可レ為ニ大坂並ニ」という五項目の権限を獲得している。①は守護役以下の諸公事の免許で、③は、寺内町商人・手工業者に対する権門の座役銭の免除で、権門支配と座からの解放を意味し、権力の「不入」の完成であり、言葉では表現されないが「楽市・楽座」を意味する。先に述べた②は徳政適用除外で、④は、国質・所質・付沙汰などの物権の差押え行為の禁止で、商取引の安定と安全の確保のためのもので、以上は戦国時代の都市法の一つの典型を示している。そしてそれが「大坂並」ということで、大坂寺内を一つのモデルとして諸権利が承認されているところに注目したい。

翌永禄四年には、畠山・安見氏等の支配が動揺すると、富田林寺内町は、三好方の三好康長に①「大坂並ニ諸公事免許」、②「国質・所質幷付沙汰」、③「諸商人座公事」の三項目を確認させ、さらに翌永禄五年には、畠山・安見氏等を河内から追い落とし、高屋城を占領した三好康長ら高屋城在城衆に、先に安見直政が承認したのとほぼ同様の五項目を承認させている。しかしこの場合には「大坂並」の文言でなくて、「惣国……寺内並」という形で、おそらく河内惣国の寺内に準じた扱いとして、記されている。このように変転きわまりない領主権力に、一旦獲得した権利関係を、先例にまかせて承認させていくという方法で、寺内町特権を確保し続けていったのである。

やがて永禄一一年（一五六八）にこの地域に侵入してきた織田信長方の柴田勝家・佐久間信盛らに対して、歴代の寺内制札を示し、「当寺内御制札の条、異儀あるべからず」との安堵を得ている。しかし信長と本願寺の対決となる元亀・天正の争乱においては、表面的には「下間に与《くみ》せず」という形で、軍事的に本願寺に味方せず、寺内町の権益擁護を図ったが、天正六年（一五七八）の佐久間信盛らの制札においては、「つけ公事、付沙汰停止」「国質・所質有べからざる」の二項目などが確認されるのみで、著しく後退した形になっている。[46] 寺内町を砦に軍事的に信長権力と戦わないことによって辛うじて守り通した寺内町の諸特権も、文禄五年、慶長九年、同一三年の検地によって、消失したと思われる。慶長一三年（一六〇八）の片桐且元の検地の時、「古御証文共紛レ見江不レ申候ニ付、御年貢地ニ罷成候」とあるごとく、寺内特権は検地によってことごとく剝奪されてしまった。これは証文の紛失とは無関係に統一権力の意図によってすべての畿内・近国の寺内町は解体再編されたものなのである。

以上富田林寺内を中心に見てきたが、この寺内の周辺で、この権利が、周辺に拡大されていることに注目したい。この地域の下水分社（貴志宮）や大伴道場（円照寺）に下された元亀三年八月の畠山・遊佐勢力の制札によると、諸公事免許、徳政適用除外、矢銭・兵粮米の賦課停止の三項目が明記され、それは「富田林・大ヶ塚並」という文言で裏づけられている。[47] ここに大坂寺内を出発点に、「大坂並」、「惣国……寺内並」という形で、富田林や大ヶ塚が特権を確立し、さらに「富田林・大ヶ塚並」ということで寺内町という都市法の世界が下降・拡大していく姿を見ることができる。

この場合、大坂寺内がその拡張解釈によって、寺内住民の寺内の外での出作地へも、諸公事免除が適用されるとしたことが準用されるわけであるから、寺内への周辺農民の流入と、寺内町外への出作がさらに増大する傾向を生ずることは明らかである。環濠都市の形成は拍車がかかることになる。天正一一年（一五八三）の近江栗田郡の「山田寺内置目」に、「他郷に居住しながら寺内の田畠を作取」「寺内に在〻之衆より作り取他所へ出候事」を停止すると規定したことは、かかる傾向への対応を意図したものと思われる。(48)

寺内町は周辺村落と商品や製品の交換を通じて経済的に強い結びつきを持っており、また、寺内町の中心の真宗寺院は、単に寺内のみならず周辺村落の門徒組織を寺内・隣郷の門徒として総括している。この意味で、寺内町は、都市と農村を、経済的・宗教的に統合させる重要な中核として機能しているのである。このような寺内町を中心とした都市と農村の結合が、本願寺教団によって掌握されていることに対する権力の対応は、仏法の擁護者として共存するか、ないしは一向一揆の圧殺とその「大坂並体制(49)」の根元である大坂寺内の消滅を契機に、諸地域の寺内諸特権を剝奪し、検地によって商工と農を分離・切断し、寺内町を城下町に従属する在郷町へと再編していくという形をとるかのいずれかである。ここに元亀・天正の争乱の重要な争点があると思う。

## 二　真宗教団の展開――近江堅田の場合

### 1　殿原衆と全人衆

琵琶湖の西南部、そのくびれ部分に位置する堅田は、その地理的好条件の故に、北国と畿内を結ぶ湖上交通を管理する関として、対岸の湖東への渡《わたし》として、また下鴨社の御厨で、漁業にたずさわる供御人たちの集住地として重要な役割を果してきた。堅田は、諸浦に優越する漁業権や舟運の「上乗り権」にもとづく関銭徴収権などにおいて特権を有していた。(50)

堅田の「町」は、元来堅田大宮（賀茂社）の「御里ノ町」であったのが、商人・手工業者の集住によって、加えて本福寺のちには一家衆寺院の称徳寺（後に慈教寺）の創建によって、門徒の町、寺内町のように発展し、ルイス・フロイスによって「坂本より二レグヮの甚だ富裕なる町堅田」（『耶蘇会士日本通信』）といわれるようになった。そして後述するようにこの「町」は、その成立において、あるいはその後の展開において近隣の郷村と族縁的関係、資本や技術などの面の経済的関係において結びついていたものが多かった。また、堅田の「シレイノヤフノ上ノイシノ堂」（稲荷宮）の四月の祭礼は、「普門《フモン》・佐川《サカハ》・真野《マノ》・南谷口《ミナミタニクチ》・堅田《カタヽ》・今堅田《イマカタヽ》一味《ミ》同心《トウシム》ニハヤシタテ」（二六七頁）とあり、祭祀を通じて、村落連合が形成されていた。

さらに堅田の影響力は、琵琶湖沿岸の諸地域にも及んだ。堅田「町」は湖上交通の要地に、中世後期の分業・流通の発展のなかで、地域的経済圏の中心として成立し、その役割をになって発展していった。また北陸・畿内を結ぶ中世経済の大動脈の中心に位置する故に、「カタ、ニ有徳《ウトク》ノ人《ヒト》ハ、能登《ノト》・越中《エチチウ》・越後《エチゴ》・信濃《シナノ》・出羽《テハ》・奥州《アウシウ》、ニシハ因《イナ》幡《ハ》・伯耆《ハウキ》・出雲《イツモ》・岩見《イハミ》・丹後《タンコ》・但馬《タチマ》・若狭《ワカサ》へ越《コエ》テ商《アキナイ》ヲセシホドニ、人ニモナリケイクワイ（経廻）モセリ」（二八一頁）と述べられているように、遠隔地間の流通にも関与した。本福寺門徒団は、このような全体の動向の中での堅田「町」の発展の潮流に乗ると同時にその発展を主導していったのである。

一五世紀の堅田住民は、供御人の系譜を引くと考えられる根本住人である「殿原衆《トノハラシユ》」と堅田の経済発展に伴って移住定着した「渡《わた》り」の子孫の「全人衆《マタウトシユ》」の二重構成をとり、その他「マウ人（間）、タヒウ人（旅）、譜代家人、下部」（三〇九頁）の下層民から成っていた。堅田住人の居住地域は、真野川と天神川（衣《きぬ》川）の河口の砂洲が、南北約二・五キロメートルにわたって突き出ている所で、宮ノ切（北浦）、東ノ切（東浦）、西ノ切（西浦）の堅田三方に今堅田を加えて堅田四方という各小村落に区分されていた。宮ノ切には堅田の鎮守堅田大宮（賀茂神社）があり、住民はその宮座に組織されていた。

村落共同組織である堅田惣荘の指導層は、殿原衆で、「堅田侍」「地下ノ侍」などといわれ、自らの血筋を誇り「王孫」などと称し（三一〇頁）、家紋を同じくする居初党、小月党、刀祢党の三つの同族団を形成しており、堅田大宮の宮座に座次において、あるいは神事において特権的地位を持っており、その他政治的・経済的関係において優位な地位を占めていた。応永三年（一三九六）から翌年にかけて、堅田荘住人は湖北の菅浦荘住人との間で漁場をめぐる相論をおこし、海津の地頭の仲介によって漁場を画定した時、交換した契約状[51]に署判した者は、今堅田の道賢、西浦の妙願、次郎左衛門、「惣領」（宮ノ切）の道寂、道信、道満、道観、道忍らの八人の堂々とした花押を有する人々で、おそらく惣荘を代表する番頭層であろう。また永享三年（一四三一）には、火災で焼失の土地証文の紛失状に道什など一四人が番頭として連署している。そのうち道賢には「于レ時下司代」の肩書きがある。[52]殿原衆の有力者は番頭、あるいは下司代として惣荘を代表して対外的・内部的な職務を執行していたのである。

全人衆には紺屋、鍛冶屋、研屋、油屋、麹屋、舟大工などの商人・手工業者が多く、この階層のなかに、紺屋二郎三郎法住・研屋道円・麹屋太郎三郎衛門が応永二三年（一四一六）に大谷本願寺から真宗を導入して、堅田本福寺門徒団が形成されるのである。門徒化した全人衆は、主として宮ノ切から西ノ切（西浦）にかけての堅田の南部に集住しており、舟大工の藤兵衛ら三兄弟、油屋又四郎衛門・桶屋「イヲケノ尉」などは「西浦大道ノ衆」などと称されている。道路に沿った商人・手工業者の集住を推定することができる。また中村浜の唯賢は、「唯賢磊《いしくら》」と称される「磊《いしくら》」（舟着場）を持ち、舟渡ないし舟運業を営んでいたと思われる。

「全人」とは、「殿原」に対するこの階層の自称であるが、「全人」の本来の意味は、「本福寺跡書」のなかで、「全《マタ》イ人ソ」「タレハ全《マタイ》ソ」（二七五・二七七頁）などの用例で見られるように正直（者）ということである。『日葡辞書』に「純な、素直な、また正直な（*Matai, Candido, simples, e recto.*）」とあり、『易林本節用集』に「完《マタシ》正直也」とあり、狂言の「末広がり」「春日本」のなかで、「いやそれがしは都でもまたい者ぢゃとあって、三条の又九郎左衛門とお尋ねやれ」と自己紹介し、「またい者」が「又」を称して登場している。「全人」「正人」「真人」（いずれもマタフド、

Matŏdo『日葡辞書』）をもって民話のなかで登場する人物は『枯木に花さかせ親仁《ちぢ》』の主人公の正直爺さんに代表される、正直でまめ（勤勉）な人間像である[53]。

「全人」の「全《またし》」のもう一つの意味は「命をし、またくしあらばあり衣の、ありて後にも逢はざらめやも」（『万葉集』三七四一）とあるような、「完全である。欠けたところのない。安全で無事である」（『広辞苑』、『時代別国語大辞典』上代編）というものである。堅田の全人衆が何において「全」であるのかというと、定住とその結果として村落共同体成員としての権利関係において考えられると思う。そして全人身分が、「マウ《間》人、タヒウ《旅》人、譜代家人、下部ナント」といささかそれ以下の層に対する蔑視感をも含んで対比的に主張されている点を注目したい。長享元年（一四八七）の将軍足利義尚の近江六角高頼討伐（鈎の陣）に際し、その過大な陣夫役賦課に対する各地の抵抗闘争がおこる。これは加賀における一向一揆の蜂起、富樫政親の滅亡の発端になるが、若狭国太良荘では、百姓らが申状を東寺に提出し、そのなかで「名主御百姓幷地頭方御百姓、昨日今日地下ニ在付候やうなるまうとまて、如レ此しんらう《辛労》仕候」と述べている[54]。この中に堅田と同様な百姓の間人観が表出されている。すなわち間人は、村落への定着に日が浅く、まともな村落共同体成員（住人身分）として扱われていないのである[55]。定住を意図しつつも、定着の日が浅く、住人身分をまだ獲得していないのが、「マウ《間》人」であるならば、「タヒウ《旅》人」は一時的な寄留であり、「譜代家人・下部」は、主人との強固な従属関係のゆえに、無権利の状況に置かれ、主人を媒介にしてしか住人として振舞うことができないのである。このようなそれ以下の層に対比して、長年の定住の結果として、堅田惣荘の構成員として殿原衆とは区別はあるが完全な権利を獲得している、という意味で、「全人」と自称するに至ったのではないだろうか。

また単に長期にわたる定住の事実だけが、この身分獲得に結果しないことは明らかで、そこには正直・勤勉で、その結果として富を蓄積し経済力をつけ、身分獲得の闘争をつみ重ねてきた「渡《わた》り」の人々の努力があった。このように「全人」の二重の意味を理解し、堅田全人衆の性格づけをすることが可能と思う。

堅田本福寺を設立した紺屋二郎三郎法住一家の堅田への定着は伝説化されているが、先祖は野洲郡三上社の神官で、小篠原、鳥羽と流浪の末堅田に定着したとされ、その後善道—覚念—法住の三代を経過していることから、鎌倉末~南北朝期の定着と考えられる。畿内・近国の分業・流通の発展、その大動脈としての湖上交通の活発化の時期に相応じて、堅田に定着してきた商人・手工業者（渡り）が、堅田全人衆として大きな地歩を築いてきたのである。

このような正直・勤勉から富の蓄積、さらに住民としての完全な権利を願望する堅田全人衆のなかにヨーロッパのインディペンデント（アンデパンダン）(56)とある面では共通点をもつ日本型の「独立自営」と「自由民」の姿を見出すことができるように思う。そして堅田全人衆は、思想的よりどころとして親鸞・蓮如の教説（真宗）を自己のものとしていったのである。

## 2　寛正の法難・堅田大責

寛正六年（一四六五）本願寺門徒の増大を恐れた山門の発向によって、大谷本願寺が破却された（寛正の法難）。この時近江門徒は湖東の金森に籠り抵抗し、堅田からは桶屋のイオケノ尉、今堅田の小五郎兵衛入道善法らが参加し、最初の一向一揆となった。この一揆は蓮如の命で解散し、翌年本願寺の各寺や道場は山門に末寺銭を支払うことで落着している。堅田馬場道場（本福寺）は山門の「東塔北谷覚恩房コトニ北谷一谷ノ末寺」（二六四頁）ということで末寺役を納めることとなり、中村浜の唯賢道場も本尊が許可された。しかしこの事件によって発展途上にあった本福寺門徒は打撃を受け、堅田大宮の社人東浦の坂本将監が動揺した一部門徒と結んで、法住らを追放する動きがあり、法住は八〇貫を堅田大宮に寄進することで帰住を許された（三〇四頁）。末寺銭の納入を拒否した堅田の南にある雄琴の掃部は、何度も捕えられて山門に連行され、資財などを奪取され、これを見て南雄琴の門徒は真宗を離れてしまった（二六四頁）。この寛正の一向一揆は、山門の圧迫に対する門徒の孤立した戦いであった。

次の応仁二年（一四六八）の堅田大責《おおぜめ》は事情が異なっている。堅田殿原衆が、花の御所造営の材木を積載した幕府御蔵奉公籾井の船に海賊行為をしかけたことが発端で、幕府より通報を受けた山門が、軍勢を発向して堅田を襲撃し焼き払ってしまった。住人は奥嶋に遁れた。この合戦では、殿原衆、全人衆ともに堅田惣荘の二葉葵の旗の下に結集して戦った。全人衆の中の門徒たちも奮戦し、その意味では門徒と非門徒の連合が惣荘を基盤に成立していたことになる。一方堅田惣荘の一部をなしているものの、独立性の強い今堅田は、山門に与同し堅田三方を攻撃したが、堅田三方に類焼し、焼きつくされてしまった。文明二年（一四七〇）山門との和議が成立して、「堅田逃《テウタウ》ノ衆、挙《コゾリ》テ還住《クエンチユ》ノ談合《タウカウ》」が行なわれ、土地所持に応じた礼銭（還住銭）を支払った者が還住を許可された。それ以外に、法住は三八〇貫文、弟法西は八〇貫文、大北兵衛は一二〇貫文、法住の婿塩津兵衛入道法円は一〇〇貫文と門徒衆は過大な礼銭を支払った（二六六・三〇八〜三〇九頁）。全人衆とりわけ門徒の財力によって、堅田住民の還住が実現した。この事件によって堅田惣荘の殿原衆中心の古い秩序が改編され、経済的実力を持った全人衆の地位は著しく向上し、「応仁ノ乱ヨリ当所ニオヒテ万公事辺ノ儀軽重ヲタ、シ有（殿）原衆・全人衆両方タチアヒテワタクシ（私）ナキヨウニケンタン（検断）ヲナス、当方ニカキチカヘ（書違）イタシアヒタリ」（三〇九頁）とあるように、公事における両者の立合検断という平等の権利関係が両者の「カキチガヒ」（誓紙の交換）によって確認されている。また堅田大責によって湖上の上乗り権は没収され、途津・三浜の馬借らが陰憐堂《トンリンタウ》に関を立て権限を行使していた。ところが途津・三浜の違乱によって山門が発向した時、「堅田衆手ヲクタキ退治ヲ加ヘキ一義有レ之間、堅田四方ノ兵船ノテツカイヲモテ命ヲチリアクタニカロンシテ、セメ入コミクツシ焼ハライ本意ニ落居ス、仍関上乗ヲ取返処也」とあり、殿原・全人衆の共同行動によって、関上乗権を奪回した。「カ、ル惣庄《ソウシヤウ》ノ大慶ニ上《カミ》ノ関《セキ》ヲ全人衆《マタウト》へ殿原衆《トノハラシユ》出ノ砌《ミキリ》一両年知行」（二五五〜二五六頁）とあり、上ノ関の関上乗権の行使＝関銭徴収権が全人衆に一時委託された（後に、明顕の意見によって返上）。このように全人衆の地位の向上、権利の確保は飛躍的に前進した。

全人衆の伸張を支えたものは、法住ら真宗門徒であったから、この一連の事件のなかで真宗の影響力は飛躍的に伸張したと思われる。かつて門徒を圧迫した堅田大宮の社人東浦の坂本将監の息子の大夫が、本福寺門徒大津浜の道覚の養子となり、西浦の殿原兵庫入道道幸が、「夢想」によって本福寺を訪れ明顕に「後生タスカル道」を問い、妻女二人を入信させ（二六九頁）、また父祖は禅宗寺院高徳庵を設立し、堅田の有力殿原衆である高山玄乗の娘が法住の息子明顕の妻になるなど、殿原衆と門徒との結合が強められたのは、この事件以後である。さらにこの頃、堅田西浦の「関ノ代官」渡辺弥太郎左衛門は本福寺の門徒となっている。その孫、八郎左衛門は伯耆国「ハシヅ」に本福寺門徒をひろげている（三三〇頁）。

一五世紀末（文明年間カ）に、この堅田門徒の発展のなかで、堅田馬場道場は寺格を得て本福寺となり、文明九年（一四七七）、法住らの努力によって堅田新在家御坊（「堅田御坊」、一家衆寺院称徳寺、後に慈教寺と改称）が発足する。この称徳寺の「大御堂講[57]正月十五日出仕ノ時、殿原衆左座、全人衆右座ニ行ニ烈《列》座ス」（三〇九頁）とあり、一家衆寺院称徳寺を媒介にして、殿原衆の門徒化も進み、両者が門徒として一堂に会する状態となったのである。同時にこの事態は、後に本福寺と一家衆寺院称徳寺との門徒の争奪となり、本福寺の破門・衰亡の出発点ともなった。

### 3　地下・隣郷の門徒

本福寺の門徒の組織化が急速に行なわれたのも、還住以降で、門徒および各所の道場は、毎月一八日に念仏御頭をとり行なう一二組に編成された。本拠地の堅田三方の地域は「地下」と称される九門徒、その他は今堅田（伴阿弥道場）、真野今宿、和邇宿の三門徒である。前者は「地下門徒」、後者は「隣郷門徒」と称され、真野には普門の門徒が附属し、和邇には海津門徒が附属した。堅田本福寺門徒を「地下・隣郷ノ門徒」と称するのはこの意味である。本福寺二代明顕の代（文明～明応期）には、本福寺に納入する門徒役を六分し、三分を地下、一分を今堅田、一分を和邇

## 表1　門徒の組織化

於㆓当寺㆒毎月十八日御念仏御順之事
　正月　兄法西《ホフサイ》
　二月　かちや　弟道円《タウエン》
　三月　唯賢《ユイケン》次郎兵衛
　四月　法覚（油屋）法住拾
　五月　与五郎左衛門
△六月　今堅田　伴阿ミ《ハンアミ》
　七月　外戸《セト》道場法覚　老八人
△八月　真野宿《マノシユク》
△九月　和邇《ワニ》（和邇宿明善、桶屋）
　十月　かうしや
　十一月　大北兵衛
　十二月　西浦大道ノ衆
　　　　　兄弥太郎介
　　　　　弟藤兵衛（舟大工）
　　　　　次弟三郎大夫《アフラ》
　　　　　又四郎衛門尉《イオケノ》
　　以上十二組

注）「本福寺由来記」による．△印は隣郷門徒，その他は地下門徒．
（　）内は他史料で補う．

と海津、残る一分をその他の真野・仰木・普門・門田・絹河・雄琴などの隣郷門徒が寄合負担した（三二六〜三二七頁）。

堅田門徒の中心は、本福寺の膝下である堅田三方の中に散在する諸道場の連合体である「堅田地下」「地下惣」あるいは単に「地下」と称される門徒惣中である。なぜ堅田三方の地域を「地下」と称するかは不明の点が多いが、「地下」は本来「現地」、「在地」、「在所」、「当所」などと同義の言葉であり、応永二年（一三九五）二月の元次売券に、畠一所の地字が「地下宮ノ前」となっており（「本福寺文書」）、長享元〜大永六年の「本福寺寺領目録」に記載された土地は、「地下西浦」「地下中村」「地下新在家」などと記されている。この「地下」の呼称は、本福寺の在所の意で使われたとも考えられるが、本福寺（その前身の馬場道場）の成立以前に使用されていることから、堅田大宮の「在所」という意味で使われ始めたと考える。しかし後には門徒にとっては事実上本福寺の「在所」の意味となったのであろう。「地下惣」は堅田地下の門徒惣中であり、今堅田や隣郷あるいは遠国の門徒惣中に対比して使用されたものであり、堅田の殿原衆の殿原惣に対する全人衆の地縁的な村落共同組織すなわち惣村の「惣」を意味するものではない(58)。もちろん門徒の拡大によって、事実上代位するようになるとしても、惣村の「惣」と門徒惣中と「惣」は、同じ語を使っても区別する必要がある。

この「堅田地下」門徒の中心は、紺屋の法住・法西兄弟とその子孫である。法住は堅田宮ノ切に馬場道場（後に本福寺となる）、法西は堅田西浦に西浦道場を設立した。法西は門田法西と称していることから、隣郷の門田から堅田

## 系　図

①　法住・法西らの家系　②　堅田中村の紺屋の家系　③　真野の鍛冶の家系

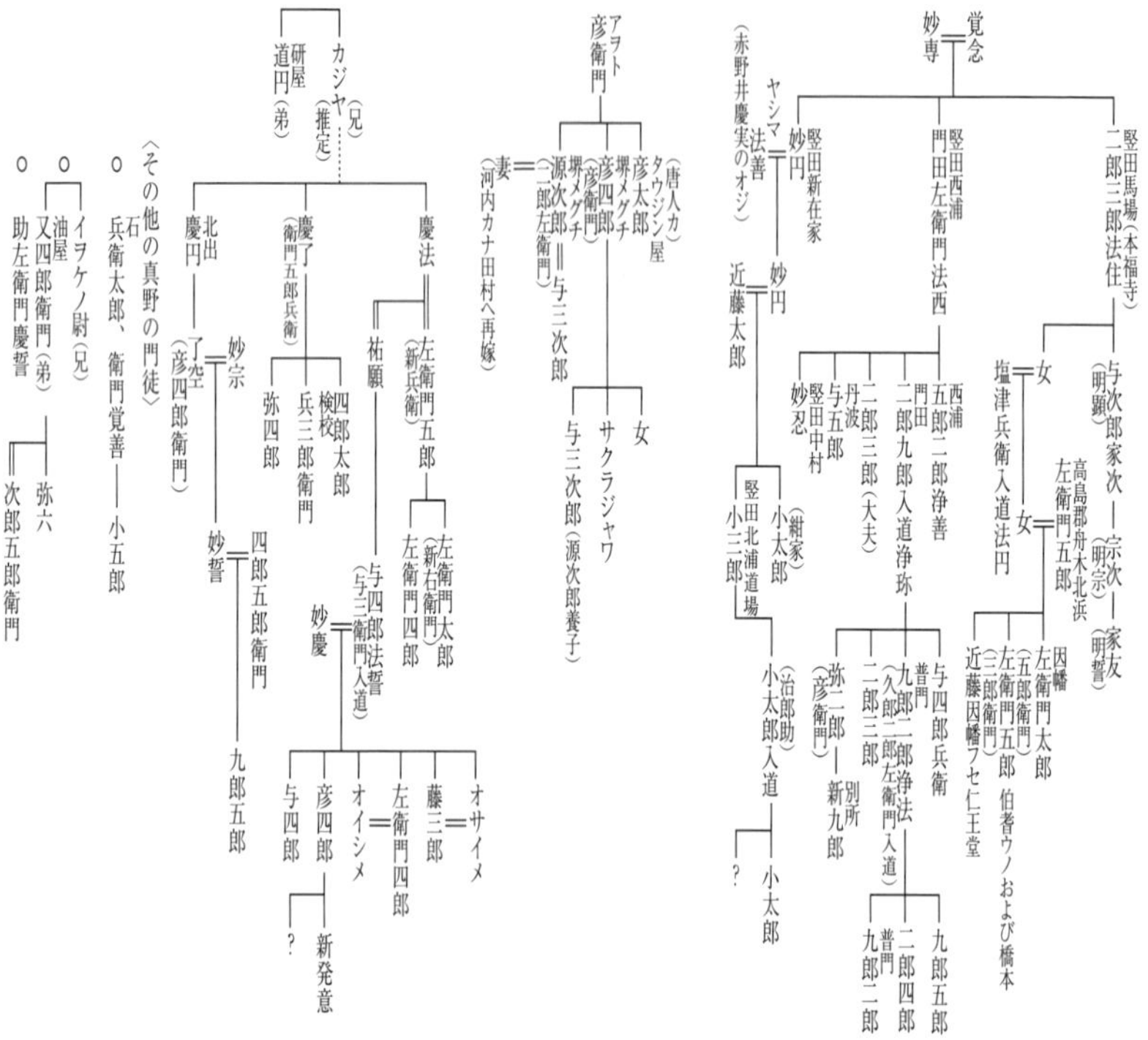


注）この系図は主として「本福寺門徒記」により作成した．
肩書は住所，（　）内は官途名など，＝は婚姻関係，‖は養子関係．

に移住して来たのかもしれない。法西の子、兄浄善は西浦道場を継承し、弟浄珎とその子孫は隣郷の門田や普門に居住を移し、道場を設立している。堅田から隣郷の門田・普門への門徒の発展が血縁分家の創出にともなって行なわれていることを示している。またヤシマ法善を婿とし、その子孫は堅田北浦道場を支えた法住の妹妙円、有力門徒の塩津兵衛入道法円に嫁した法住の娘、さらにその娘は高島郡舟木北浜の左衛門五郎に嫁し、その子孫たちは伯耆・因幡などにおいて門徒を拡大していった。このような法住一族の女性の役割を姻戚関係を通じての門徒の発展の観点から重視する必要がある（系図①参照）。

紺屋は「渡り」としての移動性に富む職業であるが、堅田中村のアヲト彦衛門家の場合は、系図（②）のように子の彦四郎と源次郎は和泉国堺のメグチに移住し紺屋を営む。本福寺明宗が源次郎に与えた「御本尊」は、源次郎の死後、後家に譲られ、再嫁の後は河内カナ田村にもたらされている。上仰木紺屋の場合も、兵四郎妻ウメは、夫の死去後に一原野のオハリに再嫁する。この場合おそらくオハリも門徒と考えられる（三三八頁）。堅田新在家の門徒タウフヤ（豆腐屋）の一族が東近江の薩摩に移住し「カタ、ヤ新衛門」として堅田を屋号とし、門徒として豆腐屋を営んでいると考えられる（三三四頁）。

「渡り」として紺屋と類似の鍛冶屋の場合は系図③のごとくである。堅田の鍛冶屋の某と研屋道円の兄弟、とりわけ道円は法住の古くからの友人で、堅田門徒の草分けである。この兄弟と隣郷の真野の慶法らの関係は不明であるが、慶法らの真野今宿南ノ道場が「カタ、道円相承也」（三三一頁）と称していることから、親子ないしそれに近い血縁関係を想定しうるし、また道円兄弟は真野の出身者と想定される。真野今宿南ノ道場には、慶法の二人の養子左衛門五郎と祐願、慶了父子、慶円父子、その他兵衛太郎（衛門覚善）、又四郎衛門、慶誓らが結集し、「真野宿老八人」と記されている。このなかで油屋又四郎衛門はある時期には堅田「西浦大道ノ衆」の一員でもある。前述の西浦の門田法西が、隣郷の門田と関連を持っていたのと同様に、真野の住民も堅田と深い結びつきを持っている。「真野《マノ》ノレウシ、カタ、ニヰ（居）ソメテレウヲシ、ワタシモリ（渡守）ヲス」（二六七頁）という伝承がそれを示している。堅田「町」が、周辺の村落からの住民の移住によって成立し、営業の場として堅田「町」に基盤を持つ、商人・手工業者が、その周辺の出身村落に依然として族的な関係も含めて基盤を有していたと考えられる。それ故に、堅田地下門徒の影響力が周辺の村落に次第に波及し得ると考えられる。

　真野今宿南ノ道場に続いて、文明年間に慶円、慶了、又四郎衛門、慶誓、兵衛太郎らの南ノ道場の多くの成員の分出によって真野今宿道場が成立し、永正初年には外戸道場、永正一一年（一五一四）には彦四郎衛門了空によって、真野北出道場が成立し、大永六年（一五二六）にこの道場が焼失すると翌々年に了空は自らの名を冠した了空道場を建立した。さらに天文一二年（一五四三）には北出道場が再建されるなど、一五世紀末〜一六世紀にかけて、道場の建立が相ついだ（三三二〜三三三頁）。これは、最初は広範囲な地域に散在する門徒が一道場に結集していたのが、門徒の増大によって、それぞれの狭い地域単位の道場が必要となってきたからである。

このように隣郷門徒の増大は、強力な「堅田地下門徒」の影響力のもとに、血縁ないし姻戚関係を基本にした形で、なされていったのである。門徒の拡大について、本福寺四代の明誓が、次のように述べている。

弓取《ユミトリ》モ春夏《ハルナツ》ハテツカイセズ、秋冬《アキフユ》ハ軍《イクサ》ヲスル、仏法《フチホフ》ニ人《ヒト》ヲス、ムルニ正月二月ハ人ノヒマトキ、八九十月ハ秋ノマキレニ、細々《サイ〳〵》オトツレテヨカルヘキ里《サト》アルヘシ、又ウルサカル人モアルヘシ、人ヲミハカライ、米《ヘイ》ノ少《スコ》シモイルヲイトハス候ヘハ、タチヨリタマヒ、ス、メタマヘ、御門《コモン》トノシンルイ、ヲト、イ、イトコ、ハツコノエン（縁）々ヲモテコソハ、仏法ヒロマルヘケレ、マノ北テノ了空、サカハ浄徳、南庄《ミナミシヤウ》ノ浄祐、妙慶ヲ色々方便シテス、メ入ラレタル、ハシメハ坊主ヨリコトタラヌイサ、カノ物ヲ遣《ヤリ》、樽《タル》・筒《ツツ》ヲ運《ハコヒ》テナヒクモノソ、後ニハ坊主ニナニヲカナ運《ハコハン》トキツカヒヲセラル、ゾヤ、（二八一頁）

門徒拡大にあたっては、季節を考え、相手をよく見はからい、足繁く通い、不足の物品などを持っていって、門徒に引き入れよ、とりわけ、親類の縁を有効に用いよ、と興味深い指摘を行なっている。縁を頼りに門徒拡大において大きな役割を果した人物の例に引用されている北出ノ了空および妙慶は、真野の門徒（系図③）で、妙慶は法住の娘である。妙慶は法誓と結婚し、二男二女を産んでいるが、その娘オサイメ、オイシメの二人は婚姻にともなって夫を門徒化している。このように門徒の拡大にあたって女性が重要な役割を果したことは、女人正機説を真向からかかげた蓮如の教説と深い関連を有している。真宗教団は他宗派に比して、多くの積極的な女性門徒に活動の場を与えたと考えられる。

以上門徒の拡大にあたって、職業と族縁的関係が重視され、系図に示されるごとく地域を越えて「芋づる式」に把握されるような構造になっていたことに注目したい。このことは笠原氏が示している、惣村の「坊主と年老《トシヨリ》と長《オトナ》」を把握し、村落ぐるみ門徒化していくというシェーマと若干異なった発展のあり方を示している。

本福寺門徒団は、地縁的な村落共同体の村落内の完結性と閉鎖性を越えて発展していく。その場合職業と族縁が基礎となって、真宗のイデオロギーと講組織が、各地域の個々の住民を「つたかづら」のように一つものに編みあげていくのである。以上の発展の方向をタテ軸とするならば、笠原氏の示した村落との関連がもう一つ問われなければならない。村落における完結性・閉鎖性とともに、階層性の問題がある。堅田全人衆が長年月を費やしてその克服に取り組み、事実上その平等性を実現した。その実現の背景には、全人衆の経済力、その基礎に門徒組織の介在を見落とすことはできない。しかし一面では、本福寺が殿原衆をも門徒として組織し得ない限界もあった。家族は入信させても本人の門徒化はなかなか実現しない、という現状があった。やはり本福寺が「渡り」などの商人・手工業者の作った教団であり寺・道場であるという階層性の意識の問題がそこには深刻に横たわっていると思う。殿原衆は、肩衣に二葉葵の紋をつけたり、「王孫」を強調したりして、地位の相対的低下に比例して特権身分意識を強めている。村落＝堅田惣荘は門徒と非門徒の連合を実現したが、それ以上ではなかった。それ故に殿原層の門徒化の課題を担って、本山である本願寺の分枝として一家衆寺院称徳寺（慈教寺）が、蓮如の九男実賢を迎えて堅田に創設されざるを得なかったのである。本願寺教団の法主が、日野氏の血筋の貴種であること、中央貴族社会の王法の世界に入り混じり、遂には門跡の称号を得ることなどが、「王孫」を称する堅田侍（殿原）の門徒化にとっては必要なことだったのである。

地下と隣郷それぞれの村落内における門徒勢力の強弱を比較すると、かなり偏差があると思う。各地域の門徒の人口構成比を知る史料は全くないが、本福寺関係記録に登場する人々は、地下門徒が圧倒的に多く、次に真野地区である。堅田三方＝地下においては、その村落内における門徒の人口構成比も高く、その影響力も強大であったと推察される。しかし多数派であったかどうかは確定し難い。

今堅田を含めて、和邇・真野・仰木・普門・門田・絹河・雄琴などの隣郷は、郷数の多さにもかかわらず本福寺の寺役負担が、今堅田の六分の一、和邇が海津と共同して六分の一、その他が六分の一という比率に表現されるように、勢力が弱い。おそらく、各村落における門徒は、量・質ともに少数派であったと考えられる。堅田門徒の一層の飛躍は、隣郷における門徒の増大にかかっていたと考えられるが、それはなかなか果しえず、門徒分布の過密と過疎のかたよりの克服はできなかった。それ故に、それぞれの時点での政治的・社会的状況と門徒の主体的力量の発揮の仕方のいかんによっては、周辺村落の反門徒的動向によって門徒組織が規制され、一向一揆が門徒のみの孤立した行動となるか、あるいは門徒の影響力が周辺村落の動向をも動かし、周辺村落をも巻きこんで門徒と非門徒の連合が成立して、大きな一向一揆に発展するか、このような両方の契機をはらんでいたのである。

なお、地下・隣郷の関係は、前章で述べた寺内町と周辺村落の関係に比定される。地下は本福寺を中心とした寺内町に類似・相当し、両者の門徒団は、本福寺によって統轄されているのである。そして、同時に、経済的には都市と周辺村落との分業関係の統一体をなしていたのである。

## 4　本福寺と門徒組織

最後に堅田門徒の経済的基盤について述べておきたい。とりわけ本福寺の経営について、寺・道場（門徒惣）・惣の指導層「長《オトナ》」「年老《トシヨリ》」の関係を中心に見ていこうと思う。本福寺関係記録では「老」をもって「オトナ」とも「トシヨリ」とも区別せずに用いている。集団のなかの数人の指導層が年老《トシヨリ》であり、年老《トシヨリ》集団の代表者が長《オトナ》なのである。前記の本福寺十八日講の御頭輪番に記された名は、各地域の道場主（坊主）であり、その門徒小集団の老《オトナ》である。彼等は本寺である本福寺に対して、年老《トシヨリ》衆を構成し、とりわけ堅田地下門徒の年老《トシヨリ》の比重が高く、その中から長《オトナ》が選出されていたと考えられる。本福寺は長《オトナ》・年老《トシヨリ》を通じて、地下・隣郷の門徒、他国の門徒を掌握していたのである。逆にいえば、長《オトナ》―年老《トリヨリ》―門徒の構成の上に乗っていたのである。

蓮如はつねづね「おれは門徒にもたれたり、ひとへに門徒にやしなはる、なり」（「空善記」）と言っているごとく、真宗寺院の経営は多くの部門が門徒によって支えられていた。本福寺の場合、毎月一八日の「念仏御頭」は、十二門徒の出費によって輪番に運営され、「本福寺御役」といわれる出銭は、明応年中には地下門徒六分の三、今堅田六分の一、その他隣郷六分の一、和邇・海津六分の一の割合で、分担拠出された。この割合は、永正年中に和邇・海津の脱落によって、五分の三、五分の一、五分の一となった（三二六〜三二七頁）。その「御本寺様」（本願寺）、「近松殿様」（一家衆寺院近松顕証寺）への出仕（御門番役、御堂番役）、御仏事銭などの出費も、その都度、ほぼこの割合で、門徒から拠出された。

本福寺の独自財源としては、本福寺に集積された土地からの収益がある。「本福寺寺領目録[59]」は前欠であるが、長享元年（一四八七）から大永六年（一五二六）の約四〇年間に、寄進・買徳の土地の内容が判明する。

（前略）

永正十七年三月廿五日

八十歩オウコト河原田ナワシロ地下トモイフナリ四斗　証文本券一通在之　寄進　中村ノ四郎兵衛尉

四至、限北ハ道ナハテヲ、限東ハ道ヲコシ一瀬マチ在之、限南雄琴神田ヲ、限西ハ御料所田ヲ

（中略）

永正十七年極月廿三日

一所　ハ（馬場）、西面奥へ十間大北居屋敷　一斗《十合》　証文三通在之　大北三郎兵衛地下惣ニ買得

公事　大北ヨリ可出

大永元年極月十七日

一所　面三間間中 馬場西面奥へ十間 カウシヤ居屋敷　十合 一斗二升五合　証文一通在之　太郎衛門 地下惣ニ買徳
　公事　カウシヤヨリ可出
大永元年極月十七日
一所　中村 カイタヲリツホ　十合 一斗　証文一通在之　作五郎左衛門 地下惣ニ買徳
大永元年極月十七日
一所　地下中村大道ノカトツホ　十合 一斗二升五合　証文一通在之　作中村ノまこ太郎 地下惣ニ買得
四到西ハヤフヨリ三段目南限道ヲ
（以下略）

この目録は右のような記載をとり、中村ノ四郎兵衛尉、大北三郎兵衛、カウシヤ太郎衛門などほとんどが門徒ないし門徒と推定される者からの寄進ないし売却で、しかも「公方年貢」（本役）や公事のかかるものは、引き続いて作人たる彼らによって負担されている。全体二四筆の総計は、田は八反と一所、畠八筆、屋敷四筆、不明二筆で、全体の作徳分は、十合升で九石六斗余である。また「地下惣ニ買徳」が一〇筆、「若衆中御寄買徳」が一筆ある。これは、門徒惣中に売得されたもので、屋敷地に関する限り、この記載のあるものは、寺敷ないし道場敷地と考えられる。したがって、半数に近い土地は、本福寺そのものでなく、主として「地下惣」という堅田三方の門徒惣中の所有という形をとっていた。「地下惣ニ買得」分の作徳分は二石七斗で、これは本福寺に入るものか、「地下惣」のそれぞれの道場の運営費に宛てられるのか不明であるが、おそらく後者と考えられるから、本福寺そのものに入る作徳分は、六石九斗余で、それほど大きな量ではない。しかし前欠の部分が不明なので、これを上まわったものであることは確実である。

本福寺の土地所有のあり方が、寺所有と門徒惣中の惣有の二つに分かれていることが特徴で、その経営が、門徒惣中、とりわけその指導者である長《オトナ》・年老《トシヨリ》に大きく委ねられていた。土地の提供も門徒によって行なわれ、その管理運営に長《オトナ》・年老《トシヨリ》の発言権が強く、「門徒もたれ」「門徒やしなひ」の構造が、ここにも的確にあらわれている。後年本福寺の明宗や明誓は、本願寺による相つぐ破門（永正一六年・大永七年・天文五年）によって衰微していくなかでこの構造が悲劇的に作用する。「寺領目録」の中の後筆註記に、「享禄四　下ハ、甚兵衛殿へうる」、「享禄二年壱貫三百文ニ　又四郎詫言落居」「享禄二年十一月日　弐貫文ニ　大北侘言落居」などの記載が見え、「詫言」という形で門徒との係争がうかがわれる。寺地の売却について常に、門徒の規制が働いたことが想定される。

破門、そして長《オトナ》・年老《トシヨリ》による寺ないし惣有財産の差押えというなかで、明宗は天文九年（一五四〇）に餓死し、子明誓は、「田地《テンチ》ヲ買《カイ》ツケントオモハ、、他村《タムラ》ノ他宗《タシユ》ニアツケラルヘシ」（二八〇頁）とし、本福寺に背反した長《オトナ》・年老《トシヨリ》を非難している。ここに経済的な面からの破門に対する明誓の恐怖がうかがわれる。

## 三　天文の一揆と百姓の動向——むすび

諸国《シヨコク》ノ百姓《ヒヤクシヤウ》ミナ主《シユ》ヲモタシ（持）〳〵トスルモノ多《ヲヽク》アリ、京《キヤウ》ノオホトノヤノ衆《シユ》モ主ヲモタス、人ノイ（飯）、ヲケカシ（汚）、ヒヤイタ（冷板）ヲアタ（暖）、ムルモノハ、人ノ御相伴《ヲシヤウハン》ヲセサルソヤ、主《シユ》ノナキ百姓マチ太郎《タラウ》ハ貴人《キニン》ノ御末座《ヲハテサ》ヘマイル、百姓《ヒヤクシヤウ》ハ王孫《ワウソン》ノユヘナレハ也、公家・公《ク》〔卿《キヤウ》〕ハ、百姓ヲハ御相伴《ヲシヤウハン》ヲサセラル、、侍《サムライ》モノ、フハ百姓ヲハサケシムルソ、（二八七頁）

この堅田本福寺明誓の記述した「本福寺跡書」の一節は、戦国時代の百姓の動向を武士や真宗集団との関係において示すものとして広く注目され、統一政権の兵農分離政策を解明する上で、多くの論者によって関説されている。[60] しかし一方新行紀一氏によって、この史料の「一人歩き」のいましめと限定についての提言[61]があり、ここでは「跡書」

に即して、一六世紀前半の天文の一揆（天文の乱）との関連において考察してみようと思う。

この文章の基調は、一家衆寺院の堅田称徳寺（慈教寺）や大津近松顕証寺を「主」と仰ぐことを拒否し、あるいは、門徒を引き抜き奪おうとする一家衆寺院に抵抗し、数度の破門にも屈せず、本願寺法主の直参であり続けようとする本福寺の明宗・明誓の子孫への遺誡とその態度の合理化である。「諸国ノ百姓」の「主ヲモタシ〳〵」とする動向があり、その実例として京都の「オホトノヤノ衆」すなわち公家万里小路家に隷属する大舎人座の座衆は主を持たず、このような「主ノナキ百姓」の「マチ太郎」（町人）はその「王孫」の故に、貴人の前に伺候することができる。公家と百姓の友好的関係と対比して、侍・武士と百姓の敵対関係が述べられている。ここでは本願寺法主―一家衆寺院―本福寺、公家・公卿―侍・武士―百姓、のそれぞれの関係がアナロジーされているのである。

百姓とは、屋敷・田畠の作職などを所持し、年貢・公事を負担する荘園公領制下の基本的な被支配身分で、戦国時代にはこの百姓身分が分裂・解体しつつあった。百姓＝王孫という意識は、堅田では堅田侍の王孫意識と対抗して形成されてきた。すなわち堅田全人衆の経済的・社会的地位を向上させ、堅田惣荘のなかでゆるぎない地歩を築いてくると、危機感を持った侍＝殿原衆が王孫をことさら強調し、堅田侍であるからと堅田惣荘の二葉葵の紋を肩衣につけたりして身分的優越性を全人衆への差別感と重ね合わせて強調し出した。これに対して全人衆の代表格である本福寺の法住以下は、三上社の神官の祖先から、源氏の落胤説を創作し、百姓＝王孫を合理化しようと努めた。ここに堅田の村落内部での貴種意識の対抗が見られる。

さらに侍と百姓の対抗意識は、天文の乱において六角氏方の武士と百姓の間に急速に高められた。天文の乱における山科本願寺破却の報復として、「六角方へ国《クニ》ノ百姓《ヒヤクシヤウ》無念ニ思《オモヒ》、侍《サムライ》ノ館々《タチ〳〵》ヲミナ焼ハライタルニヨテ、カミ（髪）ソリタル坊主ヲ国《クニ》ヲ払《ハラウ》、ソノオリヲエテ家ヲハ子（ね）コヲシ、屋敷田山ヲ落スモノトモアリ」（二七九頁）ということになる。「国ノ百姓」と六角方の侍との抗争によって、追却された坊主・百姓が多く存在したのである。天文の乱において明宗・

明誓は、山科・大坂の防衛などに活躍したが、天文五年（一五三六）一一月二八日、下間頼盛に同心したとの理由で破門に処せられその通告を受けている（二八五頁）。その前年、軍事的に不利となった本願寺の滅亡を避けるため証如は主戦派の下間頼秀・頼盛を追放し、興正寺蓮秀の主導権のもとに細川晴元と和議を結んだ。翌六年一一月一二日六角氏との和議が成立するが、この条件に近江門徒の追放の問題があり、証如は、六角氏を講和し近江の通路を開くことの重要性を優先させ、止むなく近江門徒の追放を承認し、一一月一日に六角定頼に書状を送っている（「天文日記」）。したがってこの日時の合致から、本福寺の破門は、本願寺と六角氏の和平条件の一つとして実施され、追放された下間頼盛に同心という表面的な理由を附して、その犠牲に供されたと考えられる。本福寺をはじめ門徒百姓はその後苦難の道を歩み、六角方の武士の抑圧にさらされる。この中で形成された対抗意識が、冒頭の記述に投影されていると考えられる。

守護六角方の武士や堅田侍などが百姓を私的な隷属関係の中にとり込んで、被官化し、作職や加地子得分地を知行として安堵し、軍役その他の役負担をさせる。ここに「主持チノ百姓」が成立するわけで、堅田西浦の桶屋「イヲケノ尉」は、松田という殿原を主としていた（二六三頁）。このような「主持チノ百姓」は、戦争などにおいて主人が没落・追却された場合、知行を没収され、所持地を失うこともある。天文年間に近江における六角氏と京極氏の抗争、摂・河・泉地域における細川と畠山氏の抗争などは、この「主持チノ百姓」を不安定な状況に陥らせた。一方「主持チ」（被官化）によって自己を上昇し実現しようとする百姓の動向が一五世紀の後半以降進展してきていた。一六世紀に入ると、その対極に、このような新たな状況のなかで、それを離脱し、ないしは「主持チ」を拒否する一般的動向が生じてきていた。明誓はこれを指摘していると思う。かかる脱ヒエラルヒー状況は、百姓が、商人・手工業者に転化し、寺内町などの都市へ流入していく動向と表裏をなしていた。その意味で、一六世紀前半の畿内・近国では、百姓の被官化と商人・手工業者化の二つの道の対抗が見られ、後者の道と真宗教団の形成とは深くかかわっていたと考えられるのである。前者から後者への転換という事態のなかで、二つの道の否定・切断を通じて「国ノ百姓」を基軸に、支配・収奪体制を再構築していく第三の道が、統一権力の課題として、兵・農分離、商工・農分離政策として押し出されてくると考えられるのである。

〔注〕

(1) たとえば、谷下一夢『顕如上人伝』(真宗本願寺派宗務文書部編集課、一九四一年)。

(2) 辻善之助『日本仏教史』中世編五、近世編一(岩波書店、一九五一、一九五二年)。発行は戦後であるが戦中の業績である。

(3) 田中清三郎「石山本願寺寺内町における本願寺の領主的性格」(『社会経済史学』一〇巻六号、一九四〇年)など。

(4) 稲村隆一『宗教改革と日本農民戦争』(改造社、一九二七年)。

(5) 笠原一男『真宗教団開展史』(畝傍書房、一九四二年)、『中世における真宗教団の形成』(山喜房仏書林、一九五七年)、『一向一揆の研究』(山川出版社、一九六二年)、『真宗における異端の系譜』(東京大学出版会、一九六二年)。

(6) 井上鋭夫「宗教一揆」(岩波講座日本歴史『中世4』、一九六三年)、「大小一揆論」(真宗史研究会編『封建社会における真宗教団の展開』山喜房仏書林、一九五七年)、「一向一揆の本質」(『国民生活史研究』四、吉川弘文館、一九六三年)、『一向一揆の研究』(吉川弘文館、一九六八年)。

(7) 北西弘「享禄の錯乱について——山内庄を中心として」(『大谷学報』三四巻二号、一九五四年)、「大小一揆」(『真宗史研究』三号、一九五七年)、「一向一揆の基礎構造」(『大谷学報』三七巻三号、一九五七年)など。

(8) 重松明久『中世真宗思想の研究』(吉川弘文館、一九七三年)。

(9) 石田善人「畿内一向一揆について」(『日本史研究』二三号、一九五四年)、「畿内真宗教団の基盤について」(読史会創立五十年記念『国史論集』、一九五九年)。

(10)　新行紀一「越中一向一揆の諸前提」(『日本歴史』一四一号、一九六〇年)、「永正三年一向一揆の政治的性格」(『史潮』七七号、一九六一年)、「一向一揆と在地領主」上・中(『愛知教育大学研究報告』一八・一九輯、一九六九・一九七〇年)、「一向一揆の思想構造についての一試論」(東京教育大学昭史会『日本歴史論究』二宮書店、一九六三年)、「一向一揆」(『講座日本史』三、東京大学出版会、一九七〇年)。

(11)　朝尾直弘「「将軍権力」の創出」㈠、佐々木潤之介「統一政権論の歴史的前提」(ともに『歴史評論』二四一号、一九七〇年)、原昭午「幕藩制国家の成立について」(『歴史評論』二四四号、一九七〇年)、また未解放部落史と真宗との関連について落合重信「部落と寺院」(『地方史研究』一四〇号、一九七六年)、渡辺廣「紀州の未解放部落史雑考」(同『未解放部落の史的研究』吉川弘文館、一九六三年)などがあり、井上鋭夫氏も「中世鉱業と太子信仰」(宮崎博士還暦記念会編『真宗史の研究』永田文昌堂、一九六六年)を書き中世賤民身分との関連を論じた。これらは今後に発展させらるべき多くの問題点を提示している。

(12)　柳(川崎)千鶴「加賀一向一揆の展開——内部構造の変質を中心に」(『日本史研究』一〇六号、一九六九年)、なお笠原・井上氏ら多くの論者が関説している。

(13)　煎本増夫「三河一向一揆の再検討——徳川氏の三河領国化との関連で」(『史学雑誌』七八編八号、一九六九年)、久保田昌希「永禄六年一向一揆と松平氏——権力構造変容の一側面」(『地方史研究』一二九号、一九七四年)、新行紀一『一向一揆の基礎構造——三河一揆と松平氏』(吉川弘文館、一九七五年)、「天正末年の三河本願寺教団と徳川家康」(和歌森太郎先生還暦記念『近世封建支配と民衆社会』弘文堂、一九七五年)。

(14)　金子昭弐「中世末畿内における真宗本願寺教団の発展——紀伊と近江について」(『法政史学』七号、一九五四年)、結城範子「石山戦争に於ける紀州一揆の性格」(前掲『封建社会における真宗教団の展開』注(6))、庄田平功「紀州における真宗の発展と雑賀衆」(和歌山大学『学芸』二号、一九五五年)、石田善人、前掲注(9)。

(15)　金子昭弐「濃尾平野に於ける本願寺教団の発展と一向一揆」上・下(『日本歴史』一六一・一六二号、一九六一年)、

細川道夫「近世美濃における本願寺教団の発展」（赤松俊秀教授退官記念『国史論集』、一九七一年）、重松明久「織田政権の成長と長島一揆」（前掲注（8）所収）、高牧実『幕藩制確立期の村落』（吉川弘文館、一九七三年）、千葉乗隆『中部山村社会の真宗』（吉川弘文館、一九七三年）。

(16) 和田睦美「中国地方における真宗教団の展開」（『史窓』一七巻八号、一九六一年）、内藤範子「戦国時代における播磨の真宗教団」（笠原一男編『封建近代における鎌倉仏教の展開』法蔵館、一九六七年）、千葉乗隆「四国における真宗教団の展開」（『竜谷大学論集』三五八号、一九五八年）。

(17) 『岐阜県史』史料編古代中世四（岐阜県、一九六九年）、『富山県史』史料編中世（富山県、一九七五年）、『佐渡西蓮寺史――一真宗寺院のあゆみ』（西蓮寺、一九七四年）など。

(18) 蓮如の「御文」は『蓮如一向一揆』（日本思想大系17、岩波書店、一九七二年）による。以下番号はそれに従う。

(19) 「御文」四四、五〇、「実悟旧記」、「空善記」（稲葉昌丸編『蓮如上人行実』法蔵館、一九七二年、再刊）、黒田俊雄「一向一揆の政治理念――「仏法領」について」（同『日本中世の国家と宗教』岩波書店、一九七五年）。

(20) 新行紀一「一向一揆の思想構造についての一試論」（前掲注（10））はこの「九十箇条制法」を解明し、蓮如の王法為本、「制法」の王法仏法両輪説、元亀・天正の乱における「法敵」の論理の関連を論じている。新行にあっては、本願寺側の変化・修正の面に照明をあてている。

(21) 黒田俊雄、前掲書注（19）、藤井学「近世初期の政治思想と国家意識」（『岩波講座日本歴史』近世2、一九六三年）。

(22) 『蓮如上人行実』二六〇頁。以下「栄玄記」の記述はこれにより、頁数のみ示す。

(23) 笠原一男『中世における真宗教団の形成』（前掲注（5））二一二頁。

(24) 笠原一男『一向一揆の研究』（前掲注（5））一三一頁、また石田善人「畿内真宗教団の基盤について」（前掲注（9））は、この文脈を本願寺教団が点と線から面（農村）への発展の転換点に位置づけている。

(25) 「本福寺跡書」（笠原一男『真宗における異端の系譜』附録史料）。以下本文の頁数はそれを示す。

(26) 井上鋭夫、前掲書、注(6)、五〇四頁。
(27) 峰岸純夫「村落と土豪」(『講座日本史3』東京大学出版会、一九七〇年)、村田修三「惣と土一揆」(岩波講座『日本歴史』中世3、一九七六年)。
(28) 熱田公「山城国一揆の一考察」(『国史論集』一、一九五九年)、柳千鶴「室町幕府崩壊過程における山城国一揆」(日本史研究会史料研究部会編『中世の権力と民衆』創元社、一九七〇年)、石田善人「甲賀郡中惣と伊賀惣国一揆」(『史窓』二一号、一九六二年)、『土一揆』(シンポジウム日本歴史9、学生社、一九七四年)、村田修三「用水支配と小領主連合」(奈良女子大学『研究年報』一六号、一九七三年)、宮島敬一「荘園体制と「地域的一揆体制」」(『歴史学研究』一九七五年別冊)、このなかで宮島氏が「地域的一揆体制」と位置づけた郡中惣・惣国を永原慶二氏は「惣国一揆」と範疇化して、国人一揆と区別することを提唱している(「国一揆の史的性格」『歴史公論』三号、一九七六年)。なお伊賀惣国の形成の直前に「伊賀国人十一人来、此衆今度成門徒、彼国通路無煩可致馳走之由、先度以起請申之」(「天文日記」天文十三年六月二十二日条)とあり、国衆の門徒化が進んでいることが知られる。伊賀における真宗の発展の解明は今後の課題である。
(29)「東大寺文書」(『富山県史』史料編二中世)、新行紀一「越中一向一揆の諸前提」(『日本歴史』一四一号、一九六〇年)。
(30) 内藤範子、前掲稿注(16)、阿部猛・太田順三編『播磨国鵤荘資料』(八木書店、一九七〇年)、大山喬平「室町末戦国初期の権力と農民」(『日本史研究』七九号、一九六五年)、太田順三「中世後期荘園村落の動向——播磨国鵤荘の「物庄」の崩壊を通して」(『民衆史研究』五号、一九六七年)。
(31) 高牧実、前掲注(15)、一章三節「惣村の農民と一向一揆」、四章一節「灌漑用水の用益」。
(32)「勝部神社文書」(奥野高広編『織田信長文書の研究』上、吉川弘文館、一九六九年)、神田千里「石山合戦における近江一向一揆の性格」(『歴史学研究』四四八号、一九七七年)。
(33)『鹿苑日録』一、井上鋭夫、前掲注(6)、三六八頁。

(34) 注(12)参照。
(35) 石田晴男「守護畠山氏と紀州『惣国一揆』——一向一揆と他勢力の連合について」(『歴史学研究』四四八号、一九七七年)。
(36) 紙谷寿恵子「石山戦争における越前一揆の意義」(『封建近代における鎌倉仏教の展開』法蔵館、一九六七年)、水藤真「柴田勝家の越前入国」(『一乗谷史学』一一号、一九七六年)。
(37) 西川幸治「寺内町の形成と展開」(同『日本都市史研究』日本放送出版協会、一九七二年)。
(38) 西川幸治、前掲注(37)、牧野信之助「中世末に於ける寺内町の発達」(『史学雑誌』四一巻一〇号、一九三〇年)、永島福太郎「今井氏及び今井町の発達」(『社会経済史学』一〇巻一号、一九四〇年)、藤木久志『織田・豊臣政権』、中井信彦『町人』(ともに『日本の歴史』、小学館、一九七五年)。
(39) 佐々木銀弥「楽市楽座令と座の保障安堵」(永原慶二編『戦国期の権力と社会』東京大学出版会、一九七六年)。
(40) 網野善彦「中世都市論」『岩波講座日本歴史』中世3、一九七六年。
(41) 峰岸純夫「一向一揆」(シンポジウム日本歴史9『土一揆』学生社、一九七四年)。
(42) 田中清三郎、前掲注(3)、西川幸治、前掲注(37)。
(43) 藤木久志「統一政権の成立」『岩波講座日本歴史』近世1、一九六三年。
(44) 市政五周年記念『富田林市誌』(一九五五年)、『富田林市史』四(一九七五年)、脇田修「寺内町の構造と展開」(『史林』四一巻一号)。脇田の研究によれば、近世初頭の富田林寺内町の職業構成は、鍛冶・鋳物など金属手工業、紺屋、大工、桶屋、さらし・布・紙などの商人から成っており、西川の研究による大坂寺内の商・職人構成と類似している。
(45) 「付《つけ》沙汰」については不明の点も多いが、この時期の河内方面の都市法に「請取沙汰」「付公事」などが国質・所質と並んで記されている。笠松宏至「中世の政治・社会思想」(前掲注(40))三一四〜三一九頁の「寄沙汰」の理解に示唆を得て、鎌倉幕府法追加(弘長2・5・23)の「山僧請ニ取寄沙汰一事」、「付沙汰之輩」、「請ニ取之一致ニ沙汰一山僧」の例に引用されているような、依頼による第三者の差押えなどの介入行為と考えたい。なお、文亀元年六月に制定の細川政元式条によると、請取沙汰は、殺人から、国質・所質による荷物の押収・他人不知行地の不法契約による略取などに及んでいる（『政基公旅引付』）。

(46) 富田林寺内の史料は「興正寺由緒書抜」「越中聞名寺文書」による。主要史料をかかげておく。

①　定　富田林道場
一、諸公事免許之事
一、徳政不可行事
一、諸商人座公（事）之事
一、国質所質幷ニ付沙汰之事
一、寺中之儀何れも可為大坂並事
右之条々堅被定置畢、若背此旨於違犯之輩者、
忽可被処厳科者也、仍下知如件
　永禄三年三月　日
　美作守（安美高政）在判
（「興正寺由緒書抜」）

②掟（富田林道場カ）
一、諸公事免許事
一、徳政惣国可為寺内並事
一、国質所質幷付沙汰事
一、諸商人座公事之事
一、寺法惣国可為寺内並事
右条々被定置畢、若於違犯輩者、
速可被処厳科者也、仍下知如件
　永禄五年八月　日
　山城守（三好康長）花押
〔以下六名署判略〕（「越中聞名寺文書」）

②は、越中聞名寺所蔵であるが、富田林寺内のものと推定する。

(47) 「貴志宮文書」、「円照寺文書」（『富田林市誌』および『富田林市史』四、注（44））。

(48) 「長安寺文書」（『栗太郡志』所収）。神田千里、前掲注（32）。

(49) 藤木久志、前掲注（43）。

(50) 堅田に関する研究は、石田善人「畿内一向一揆について」（前掲注（9））、新行紀一「一向一揆の基礎構造――近江

国堅田を中心に」（『歴史学研究』二九一号）、「中世末真宗教団の本末関係」（愛知教育大学『歴史研究』一四号）、「中世堅田の湖上特権について」（『歴史学研究』三四九号、一九六六年）、井上鋭夫、前掲書、三一六～三一七頁などがあり、本章はこれらの成果に負う所が大きい。また水戸英雄氏には堅田に関して多くの御教示をいただいた。堅田に関する史料は、本福寺明宗の「明宗日記」、「本福寺由来記」、その子明誓の「本福寺門徒記」、「本福寺跡書」などがあり、これらは笠原一男『真宗における異端の系譜』（前掲注（5））の附録として収載されている。以下頁数は同書のものを示す。

(51) 滋賀大学日本経済文化研究所史料館編『菅浦文書』三九六号。

(52) 『大徳寺文書』四（『大日本古文書』）一六八二号。

(53) 佐竹昭広『民話の思想』Ⅰ「善人と悪人」（平凡社、一九七三年）。

(54) 『東寺百合文書』（『大日本古文書』）一―一六号、水上一久「間人考」（同『中世の荘園と社会』吉川弘文館、一九六九年）。

(55) 水上一久、前掲注（54）。

(56) 井上幸治・色川大吉対談「秩父事件・地方史・民衆史」（『歴史公論』一号）における井上の発言、八六頁。

(57) この大御堂講を、森竜吉「宮座の消長をめぐる環境と条件」（『日本史研究』二二号）では、禅宗の祥瑞庵のものとし、石田善人「都鄙民衆の生活と宗教」（『岩波講座日本歴史』中世2、一九七六年、三一〇頁）では、堅田大宮の別当寺の「大堂」としている。しかし「本福寺跡書」のなかで、「カタ、御坊御御堂《オミタウ》」、「カタ、トノ御御堂」（二九二・二九三頁）と称徳寺は称されており、ここにおける正月一五日の行事と考える。

(58) 新行紀一「一向一揆の基礎構造――近江国堅田を中心に」（前掲注（50））は、この「地下惣」を全人層の村落組織とし、殿原惣と全人惣の村落の二重構成を考えているが、この理解に従うことができない。

(59) 「本福寺文書」（宮川満『太閤検地論』Ⅲ、御茶の水書房、一九六三年）所収。

(60) 朝尾直弘・佐々木潤之介前掲注（11）、藤木久志、前掲注（43）。

（61）新行紀一「中世後期の農民闘争と一向一揆」（『歴史の理論と教育』二三号、一九七一年）、「一向一揆」（『歴史公論』四号、一九七六年）。

［付記］　本章と同じ頃発表された一寸木紀夫「堅田本福寺門徒団構成員の一性格」（『滋賀県地方史研究紀要』五、一九七七年）は、本福寺法住関係系図を作成し、その族縁的関係から本福寺門徒の考察を行なっている。また水戸英雄「堅田一向一揆の基礎構造」（歴史学研究四四八号、一九七七年）は、堅田における在地の動向を詳細に分析している）。併せてお読みいただければ幸いである（一九九六年九月二五日記）。

# 第五章　加賀における文明・長享の一揆

本章は、山城国一揆とほぼ同時期に加賀において二回にわたって起こった一向一揆（文明の一揆・長享の一揆）[1]をとりあげ、その特質を述べ、山城国一揆との共通性と異質性を考察し、議論の素材提供とする。

## 一　加賀一向一揆の前提

加賀の一向一揆は文明三年（一四七一）七月から同七年八月に至る間、蓮如が越前・加賀の国境の河口荘細呂宜《ほそろぎ》郷の地にやってきたことに始まる。

この地は、本願寺の末寺の本覚寺が郷の別当をしており、蓮如が山城・近江における比叡山延暦寺の抑圧から遁れて、北陸の地に布教をするのに交通至便の地であった。この蓮如の吉崎滞在がなかったら、加賀の一向一揆の展開はあのような形ではなかったと思われる。すなわち国一揆は起こっても一向一揆にはならなかったと思われる。

ここでは、生き仏信仰、おかげ参りを結びつけたような吉崎参りの宗教的熱狂の嵐がまき起こった。吉崎には、越前・加賀・越中の門徒の寺や道場の出張所で、宿坊を意味する多屋（他屋）が二〇〇軒も造られたという。

吉崎を拠点にしての、蓮如の説法の聴聞、御文や六字名号の下付によって、門徒たちは信心を獲得し、それを強化していった。当時の加賀など北陸地方の宗教イデオロギーの状況は、真宗（蓮如の教説）を中心として考えた場合、

図１　加賀一向一揆関係要図

その外に加賀四ヵ寺などの在来の土着化した真宗の教説があり、さらにその外側には専修寺派・三門徒派などの真宗他派の教説があり、以上を大きく取り囲む形で阿弥陀信仰の汎浄土教的な「一向衆」といった多くの人々がおり、これらが同心円状になっていたのである。この汎浄土教的風土の中には、加賀の白山信仰の中の浄土信仰が重要な意味を持っていたと思われる。そして、これらを媒介にして中心の蓮如の教説が、次第に周辺に及んでいったのである。

　蓮如の布教による本願寺門徒の急激な膨張によって、高田専修寺門徒は恐れを抱き、守護の富樫幸千代に要請してその抑圧をはかった。それに対して、蓮如の下に結集した多屋衆は次の宣言を行なっている。

①　帖外御文二二

右斯両三箇年之間、於此当山占居、于今令堪忍根元者、更不本名聞利養、不事栄花栄耀、只所願、為往生極楽之計也。而間当国・加州・越中之内於土民百姓已下等、其身一期、徒造罪業、修一善子細無之而、空可堕在三途之間、強依為不便、幸弥陀如来之本願者、誠以当時之於今根機為相応之要法上、偏勧念仏往生之安心之外、無他事之処、近比就牢人出張之儀、自諸方種々雑説申之条、言語道断迷惑之次第也。愚身更於所領所帯且不作其望之間、以何可処其罪咎哉。不運至悲而猶有余者歟。依之心静令念仏修行於在所、別而無其要害時者、一切之諸魔鬼神作其便故、構要害者也。且又為盗賊用心也。於其余者無所用。万一雖然於今時分、無理之子細等令出来之時、於其儀者、誠今此度念仏申、遂順次往生而令死去、又逢非分難苦令死去、共以同篇之間、任前業之所感也。然上者、為念仏不可惜一命可合戦之由、兼日諸人一同令評定之、衆儀而已矣。

文明第五十月　日　　多屋衆

本文全体は蓮如「愚身」を主語として書かれているが、末尾は「諸人一同令評定之、衆議而已矣」とし、日付の下に「多屋衆」という主体が記されている。形式的には一貫性を欠く文書であるが、蓮如の作成した文章が、多屋衆の「評定」を経て、「衆議」という形で確認されたことを意味している。それ故に、この文章は蓮如と多屋衆の共同意志を示すものとすることができる。

この文中で、蓮如の吉崎下向の意図が、越前・加賀・越中三ヵ国の「土民百姓已下」に念仏往生を勧めること以外にはなく、「牢人出張」（守護の反対派富樫政親の越前下向）の動向と結びつきがあるなどという「種々雑説」（風説）には迷惑しており、さらに「所領所帯」の野心なく、要害を築いたのは「一切之諸魔鬼神」と盗賊を防ぐためのものであり、これに対して無理難題な抑圧を仕掛けるならば、念仏のために一命を惜しまず合戦も辞さずという断固たる決意を示している。すなわち、これは守護方や専修寺派などの非難・攻撃に対する弁明と反撃の強い意志表示である。

## 二　文明・長享の一揆

文明六年（一四七四）七月二六日から一〇月一四日まで合戦が行なわれ、富樫幸千代の蓮台寺城が落城し、守護代小杉氏は討死し、幸千代は逃走した。この文明の一揆の特質がどのようなものであったか、次の史料に記された蓮如の認識を手掛りに考えてみよう。

② 柳本御文集

夫加賀国之守護方早速ニ如此没落セシムル事、更以非人間之所為、是併仏法王法之所令作也、而爰高田門徒ニ於テ、年ヲツミ日ヲカサネテ、雖作法敵、且以不承引候之処ニ、此方有門徒、於在所或ハ殺害或ハ放火等ノ種々西（悪）行ヲイタシテ、以数多之一類、相語守護方、既彼等ト同心セシメオハリヌ。雖然今度加州一国之土一揆トナル。同行中ニ於テ各々心行ウヘキオモムキハ、既百姓分ノ身トシテ、守護地頭ヲ令対治事、本意ニアラサル前代未聞之次第也。然トモ仏法ニ敵ヲナシ、又土民百姓ノ身ナレハ、有限年貢所当等ヲキントウ（均等）ニ沙汰セシムルヒマニハ、後生ノ為ニ令念仏修行ヲ、一端憐愍コソナクトモ、結句罪咎ニシツメ、アマサエ（剰）（ツ脱カ）チウハツ（誅伐）ニ行フヘキ有其結構之間、無力如此ノムホン（謀叛）ヲ、山内方ト令同心企之処也。是誠ニ道理至極ナリ。而間為上意、忝モ如此之旨ヲ聞召披ニヨリテ、既ニ百姓中へ被成御奉書間、於身今者私ナラヌ次第也。雖然予カ心中ニオモフヤウハ、如此之子細ノソマサル処也。所詮於自今已後ハ、堅如此之題目コレヲ企ヘキニアラス。弥々仏法ニ心ヲ入テ、弥陀如来ノ本願ヲ信シ、信心決定シテ、報土往生ヲ可遂モノナリ。就夫猶々向後ハ守護地頭ニオイテハ、公事ヲマタクシテ疎略之思ヲナスヘカラス。是則仏法王法マモル根源トシテタルヘキ念仏行者ノフルマヒノ正義ナルヘキモノナリ。

守護（富樫幸千代）方の没落が、「人間之所為」ではなく「仏法・王法之所レ令レ作」であるとまず規定し、一揆蜂起の原因は高田門徒が守護方と「相語」「同心」して、殺害・放火など本願寺門徒への攻撃を行なった。これへの反撃として、「加州一国之土一揆」となり、「山内方」（山内荘にいた富樫政親）と本願寺門徒が同心して蜂起した。「百姓分」が守護・地頭を「対治」することはもとより本意でなく「前代未聞」であるが、これも仏法に敵対し、百姓を誅伐す

**表１　二つの一揆の対立関係**

| | 文明一揆（文明６年・1474） | | 長享一揆（長享２年・1488） | |
|---|---|---|---|---|
| 富樫家 | ×幸千代<br>（蓮台寺城） | 政親（越前牢人）<br>（山内荘） | ×政親<br>（高尾城） | 泰高 |
| 武士勢力 | 守護代<br>小杉<br>額<br>沢井<br>阿曾<br>狩野 | 山川<br>本折<br>槻橋 | 槻橋<br>額<br>斎藤御園 | 洲崎<br>河合<br>石黒<br>笠間<br>山本<br>山内衆 |
| 宗教勢力 | 専修寺門徒 | 本願寺門徒<br>白山衆徒 | | 鳥越弘願寺<br>吉藤専光寺<br>磯部勝願寺<br>木越光徳寺<br>越前能登一向衆<br>白山衆徒 |
| 備考 | 守護の門徒抑圧<br>東軍の政親支援（将軍奉書） | | 近江出陣の軍役賦課<br>将軍義尚の政親救援 | |

ることに対して止むなく行なった「謀叛」で、これには「道理」がある。しかも将軍から百姓中に対して「御奉書」（富樫政親に味方し、幸千代を誅伐すべきの将軍家の奉書）が下され、一揆側が「私ナラヌ次第」（公の戦）になったとし、謀叛の道理の主張を行なっている。これが冒頭の「仏法・王法之所ㇾ令ㇾ作」という主張につながるのである。しかし、後段においては「自今已後」再びこのような企てをすることなく、守護・地頭に対して公事を全うすべきことを命じている。

すなわち、守護方と高田門徒による本願寺門徒の抑圧が守護富樫家内部の権力闘争と結びつき、富樫家の反主流派の政親が本願寺門徒と連合し「加州一国之土一揆」という形をとった。これに応仁・文明の乱の余波として将軍足利義尚の「上意」「奉書」という後楯を得て、蓮台寺城の攻撃が行なわれたのである。もちろん、本願寺門徒のみの蜂起に将軍の「奉書」が下されるはずはなく、富樫政親を引き入れることによってこれが実現された。このように文明の一揆は、①護法の戦い――宗教戦争、②百姓・国人などの反守護闘争（この中には年貢・公事をめぐる対立があったと思われる）――国一揆、③富樫家の内紛――権力闘争、④中央権力の介入と、四つの要素が複合されており、「一国之土一揆」（これは国一揆と言ってよい）と言われるような門徒・非門徒の連合による蜂起である。しかしこの中に本願寺門徒の護法の戦いが組み込まれており、さらに言えば門徒の主導権が貫かれており、その意味で一向一揆なのである。

文明の一揆で守護権力を掌握した富樫政親は、その後将軍足利義尚の直臣として活躍するが、一四年後の長享二年（一四八八）六月八日に本願寺門徒によって高尾城を攻め落とされ自殺している（長享の一揆）。山城国一揆の二年後のことである。この時も一揆側は反政親の富樫泰高と結ぶことによって、一部国人たちとも連合し、前回同様白山衆徒をも味方につけ、また将軍義尚の近江出陣（鈎の陣）の軍費賦課に対する百姓の反守護闘争を組織化した。この場合には将軍義尚は政親を支援したが、本願寺側には細川政元の影響力が及んでいたようである。

この二つの一揆の対立関係の図式を整理して表1に示しておく。

応仁・文明の乱の加賀版として富樫家の内紛（権力闘争）とそれぞれに属する守護代・国人らの対立、長享の一揆では洲崎・河合らの門徒国人の台頭などが見られる。また本願寺と高田専修寺の対立という宗教戦争に、白山衆徒は本願寺側に立つ。越前平泉寺が高田専修寺と結ぶのに対して、同じ白山信仰でありながら長期にわたって対立し続けていた加賀白山衆徒は本願寺側に立つという図式になっている。さらに荘園・公領における年貢・公事をめぐる守護・地頭と百姓の対立がからみあった形で文明の一揆が起こるのである。

## 三　郡一揆

文明の一揆で加賀四郡（河北・石川・能美・江沼）に郡一揆が成立した。「郡」「郡中」という形でこれ以前にも郡ごとの国人の支配組織（合議体）があったと思われる。これが文明の一揆において本願寺・富樫政親の与同者、すなわち反守護方のメンバーによって一揆盟約が行なわれて郡一揆に転身した。この過程で守護方の人々は郡から脱落、あるいは追放されたりした者もあったと思われる。これが乱後の組織として定着した。

文明〜長享期の郡一揆の評価をめぐって谷下一夢氏以来、これは守護制下の郡か、門徒組織の郡かという論争が続けられてきた。（2）論争のもとになっている主な史料を次に掲げる。

③『十輪院内府記』（文明九年）

a　自勧（勧修寺教秀）有信、可参内云々、仍即参上、北小路女房、大津局申入子細有之、所詮本願寺、国儀為不綺令他国之処、猶以及訴訟、被成綸旨之条、迷惑之至也、所詮一揆令同意者、可放門徒、子細載書状可申入之、（中略）即借用紙筆申入了、

家領加州額田庄（江沼郡）事、去々年（文明七）十一月為本願寺門徒、為能美・江沼両郡一揆、沙汰居山川（高藤）参河守候之条、更無其隠候、殊自一揆中以両使（交名忘却）可避渡之由申送、召置代官候云々、仍于今押妨同篇之間、重而申請、綸旨候了、以此趣御奏達〔候哉、恐々謹言〕

二月〔廿九日〕　〔通秀（中院）〕

〔勧修寺殿〕

b　中院前大納言家領加賀国額田庄（江沼郡）・加納八田庄、守護使押妨事、門徒中同意之条太不可然之旨、先度被仰付之処、猶以同篇云々、早可退彼違乱之由、重厳密可令加下知給旨

天気所候也、仍執啓如件、

二月六日　右中弁政顕（勧修寺）

謹上　本願寺法印御房

④『八坂神社文書』（下）一三六〇

祇園社領加州真野軽賀村（河北郡）事、去文明十三年十一月九日富樫次郎（政親）掠給奉書之段無其謂云々、太不可然、早沙汰居

社家之雑掌、如先々可令全所務之由、被仰出候也、尚以無承引者可被処其罪者也、仍執達如件、

月　日

光徳寺(河北郡倉月庄木越)

加(河)北郡一揆中

⑤『蓮如上人遺文』二〇九

山田(江沼郡)光闡坊(光教寺蓮誓)事、江沼郡中として取立られ候間、返々ありがたくこそ候へ、後々までも可憑入候由、惣中へ可有披露候、次仏法の安心の次第も同能々決定候はゞ、末代までもありがたく思べく候、穴賢々々、

正月廿八日(文明十八年)　蓮如御判

江沼郡中へ

⑥『蔭凉軒日録』文明十八年十一月三日条

就林光院(相国寺)領賀州横北庄(江沼郡)事、自彼地下百姓一人上洛、東福寺巣松軒(宝幢庵)祖舜蔵主(竹田昭慶息)同途来、賀州有所持之寺、号大慶寺(石河郡)、立町伊豆守為彼在所之代官六年間不致寺納、剰引遣千余貫文有之、自白(集証)　太不直也、早々致参洛可遂六ヶ年之勘定由、自寺家(林光院)堅可被仰下、然者立町伊豆守・北隣坊(能美郡松岡寺蓮綱)・(江沼)米郡一揆中・当所名主御百姓中、此四処江可被召符之由白之、以書立白鹿苑院(景徐周麟)、（下略）

⑦a「両足院文書」

御年貢之事きとさたあるへく候、

就法善院(能美郡)之儀、御奉書幷御門跡様(石清水八幡宮善法寺)より放状、同御屋形(富樫政親)より御しゆん(遵)きやう(行)御成候間、番頭之所ニ可被置申候、

委細者彼上使御申可有候、恐々謹言、

十月十八日(長享元)　郡中より

法善院番頭殿

b　「両足院文書」「（端書）しうがうせうくわん　しやうせい」

急度以折紙申入候、仍宝善院為上使御下候上者、早々諸納所へ沙汰あるべく候、いぜん□度々申付候処ニ難渋無勿躰存候、ことに京とより堅被仰付候て、御屋形様御しゆんぎやう（遵行）御下候上者、しさいあるへからす候、恐々謹言、

（長享元年）十二月二日　　郡中より

（松岡寺蓮綱）能美御房

進之候

⑧　『実隆公記』巻十、四九三頁

□恐鬱候之処喜申奉候了、中風身染筆も大儀候、（額田庄）加州之儀も、（大塚）富（元）□さへ大略郡の一揆と中候物頭ニおひのの（マヽ）ほせられ候、さ様事朝日事取集□頭候、兎に角に濁世までにて候、（下略）

（長享二年四月）十四日　　（中院通秀）（花押）

（三条西実隆カ）□

⑨　『蔭凉軒日録』長享二年五月六日条

（鹿苑院瑞智）院主状（中略）

林光院領賀州横北郷（足利義持）御寄進以来致本役、請取有之、無相違之処、（泉涌寺）自安楽光院掠給　勅載、不経公儀、相語一向宗、本役百貫文仁五千疋増分契約、剰相残領家方年貢配当一向宗十貫、于今押領、言語道断子細也、然者度々雖被成御奉書、承引不仕候、御動座刻、為郡并地下逐払一向宗、如先規可致院納候由、注進候処、尚以安楽光院致奸訴云々、此趣早々可預御披露候、恐惶敬白、

（長享二年）卯月十九日　瑞智在判
蔭凉軒（集証）侍衣禅師

結論的にいえば、私は、金龍静氏の「『郡一揆』は文明の乱の過程で成立した門徒と非門徒の連合で、その中には門徒が有力な地歩を占めており、非門徒を排除するものではない(3)」という理解が正しいと思う。当然のことながら、その力の強弱は郡によって差があったと思われる。吉崎に最も近い江沼郡は富樫幸千代方の小杉氏・額氏らが滅亡し、それらの所領、跡職（地頭職や代官請負）を得て国人門徒などが急成長を遂げたと思われ、国人門徒の主導権が最も強かった所と思われる。これらの郡一揆は新守護富樫政親の下で地域権力機構を構成し、前代の郡の機能を引き継いでいた。すなわち、守護の遵行を伝達したり（⑦a・b）、紛争解決（年貢対捍などの）の交渉相手となったり（④、⑥）、検断権の行使を行なったりした。また、京都の荘園領主の年貢納入のトラブルに関して本願寺の命令が郡一揆に伝達されたりする点から、これがあたかも門徒組織であるかのような面貌を呈していた（③a）。

藤木久志氏は守護の命を受け、一向宗と対立して権力を行使する郡の組織としての「郡中」と門徒組織である「郡一揆」を区別し、この二つの組織の共存・対立の連合の構図として把握すべきであるという提言を行なっている(4)。しかし、「郡中」と記した⑤、⑦a・bはいずれも蓮如ないし郡自体の自称であり、一揆という表現を好まない蓮如やその主体の表現という事情がある。⑨の場合も、「郡」と「地下」が所領横領の一向宗を逐い払ったというのでなく、「御動座」（将軍義尚の近江出陣）の時披露してもらいたいという内容で、荘園領主鹿苑院主が「郡」と「地下」に対して、下地を押領している「一向宗」一〇人を追却してほしいという願望の表明であって、必ずしも実体を表したものではない。従ってこれらは郡一揆の同一実体を異なった視点から表現しているのに過ぎないのであって、群中と郡一揆は別物とする必要はなく、史料に現れる諸側面はその組織の内包する矛盾と把握した方がよいと思われる。「郡一揆」が本来の役割としての「郡」と、一揆として門徒が有力メンバーとなってイニシアティブを発揮して運営されている実態とを併せ持ち、しかも地域の「公」の機関として各方面から門徒の利害を超えた「正義」が期待・要求されているのである。

「郡中」「郡一揆中」と異なった表現をされていても、実体は同一で、この組織は繰り返しになるが門徒と非門徒の連合によって成り立っている。そしてこの場を通じて非門徒の門徒化も促進されていったと考えられる。郡一揆を本願寺の門徒組織であるという場合、

①構成メンバーに門徒がいる。

②門徒がイニシアティブを取り、本願寺と密接な関係にある。

③本願寺の下部組織である。

　aその政治的支配下にある。

　bその宗教組織である。

というように分類してみると、「郡一揆」は文明・長享の段階では①②であり、漸次③aに移行していくものと考えられる。③bを求めるならば、これは郡一揆ではなく、「郡中講」であろう。

「郡」とは別に組（与）という組織もある。これは、荘・郷など地域単位に形成される門徒と非門徒との連合組織（一揆）である。これは、「郡一揆」が国人（国衆）の組織であるのに対して百姓（土豪・農民）の組織と考えられる。これについては、今回の報告では割愛する。

## まとめ――一向一揆とは

金龍静氏は、a「一国の一揆」（惣国一揆）とb一向一揆（本願寺門徒の一揆）を区分して文明・長享の一揆はbを

内包するaとして捉えている。はたしてこれは妥当な見解であろうか。現実には金龍氏のいうごとく純粋な本願寺門徒の一揆（一向一揆）はなかなかありえない。一揆である以上、多かれ少なかれ、歴史具体的には他の諸勢力との連合の形をとることが多い。従って、本願寺門徒の主導権の下で門徒と非門徒との連合によって行なわれた一揆を従来どおり一向一揆として包括的に捉えておきたい。その点で文明・長享の一揆は加賀における一向一揆であるが、その形態においては国一揆（惣国一揆）の形をとっている。ただ、本願寺門徒が主導権をとり「護法」の要求が含まれている点で一向一揆なのであって、山城国一揆と異なる点である。ただ、細川氏（政元）の後援という共通の政治的背景があるようである。山城国一揆が明応二年（一四九三）に解体し、八年間の南山城の支配の幕を閉じたが、一向一揆の加賀支配は長享の一揆から天正三年（一五七五）織田信長による解体まで、約九〇年間紆余曲折を経ながらも存続した。この原因は真宗イデオロギーと本願寺教団の宗教組織に負うところが大きい。宗教の媒介のない山城国一揆との差がここにある。

しかし、長享の一揆以後の加賀は、地域の自立的・主体的な権力から次第に強固な本願寺教団を支える下部組織となり、過大な「志」の納入と相次ぐ軍事動員（「具足懸」）の連続に喘ぐことになる。加賀の民衆にとって輝かしい「百姓モチノ国」であったかどうかは疑問である。

門徒・非門徒との連合の関係を図に示しておく。

加賀における門徒・非門徒の連合（一向一揆）

a 富樫政親（後には泰高）――家臣＜非門徒／門徒

b 白山衆徒

c 四郡一揆＜非門徒／門徒……荘郷の一揆（組・与）＜非門徒／門徒

d加賀四ヵ寺――僧侶・同宿・若党
e本願寺（蓮如）

cの四郡一揆および荘郷の一揆という二重の一揆体制の下で、それぞれに門徒・非門徒の連合があり、これを結合の場として右のa・b、左のd・eが結び付く。そして、二度の内乱を経てe―d―cのラインが強化され、本願寺の加賀支配が実現するわけである。

〔注〕

（1）この二つの一揆については、笠原一男『一向一揆の研究』（山川出版社、一九六二年）、井上鋭夫『一向一揆の研究』（吉川弘文館、一九六八年）に詳しい。また、笠原一男・井上鋭夫編『蓮如・一向一揆』（日本思想大系、岩波書店、一九七九年）は、官知論などのこの一揆に関する記録を収載している。

（2）谷下一夢「加賀一向一揆の統制組織」（『歴史と地理』六四―六、のちに『真宗史の諸研究』平楽寺書店、一九四一年）、柳（川崎）千鶴「加賀一向一揆の展開――内部構造の変質を中心に」（『日本史研究』一〇六号、一九六九年）、井上鋭夫『一向一揆研究』六章二節、新行紀一「一向一揆と在地領主」上（『愛知教育大学研究報告』一八・一九輯、一九六九・七〇年）、金龍静「加賀一向一揆の形成過程」（『歴史学研究』四三六号、一九七六年）、神田千里「加賀一向一揆の発生」（『史学雑誌』九〇編―一一号、一九八一年）、遠藤一「加賀一向一揆の歴史的前提（上）――在地領主層の一揆化を中心に」（『仏教史研究』一三号、一九八〇年）、藤木久志「一向一揆論」（『講座日本歴史』中世2、東京大学出版会、一九八五年）。なお、柳（川崎）・遠藤・金龍各氏の論文は『本願寺・一向一揆の研究』（戦国大名論集、吉川弘文館、一九八四年）に収載されている。

（3）金龍静、前掲論文注（2）。

（4）藤木久志、前掲論文注（2）。

# 第六章　蓮如の時代
## ――その社会と政治

### はじめに

蓮如は、応永二二年（一四一五）に生まれ、明応八年（一四九九）に八五歳で没している。しかし、蓮如の本格的活動がみられるのは、長禄元年（一四五七）に父存如の跡を継ぎ本願寺八世になって以後の後半生にあたる、ほぼ一五世紀後半である。この一五世紀後半が、中世社会においてどのような位置を持つか、そして蓮如教団の成立と発展にどのように関連するか検討を加えてみよう。

この蓮如登場の時期、一五世紀の第三四半期の政治・社会の状況を叙述した軍記物語に「長禄寛正記」[1]がある。この記録は、管領畠山家（持国）の後継を争う嫡子義就と養嗣子弥三郎（義富か）・次郎政長両派の争闘（河内嶽山合戦を中心とする）が、河内・紀伊・大和を中心にした畿内・近国を舞台に展開される状況を詳細に追っている。同時に、長禄三年に始まり、寛正一～三年と足かけ四年にわたる寛正の大飢饉、蓮田兵衛に指導された寛正の土一揆、そして法華僧日親の熱烈な布教活動について叙述している。すなわち、戦乱・飢饉・一揆・宗教の四つが主要テーマとなっているのである。私もこのテーマに従って蓮如登場の時代状況を述べていきたいと思う。

## 一　寛正の飢饉

飢饉の直接の原因は、長禄三年（一四五九）五〜七月の大旱魃、九月四日の風水害、翌寛正元年（長禄四＝一四六〇）三〜六月の長雨・洪水、八月二九日の風水害という二年続きの自然災害であった。後者の六月の場合には、琵琶湖の水位が上昇して多くの田畠が水没し、日照不足による冷害で人々は夏に冬服を着用したという。稲は根ぐされ病をおこし、イナゴが大量発生した。

長禄三年七月二一日の卯の刻（午前六時頃）に、「二日双出」という天体気象現象が起っている（『碧山日録』）。これは、二つの太陽が出現したように見える現象である。朝・夕に太陽の位置が低くしかも高層の雲におおわれている時、高層雲中の氷の結晶の屈折現象によって、太陽の左右に光のスポットが出現し、あたかも二つ以上の太陽が出現したかのように見える現象である。このスポットを幻日といい、外国ではモック・サン（Mock Sun 偽の太陽）、サンドッグ（Sun Dog 太陽につきまとう犬）などという(2)。このほか、『大乗院日記目録』は六月一九日、八月一九日、「如是院年代記」は六月一八日、同二五日、「鎌倉大草子」は寛正元年元旦に「日双出」を記録している。「双出」は太陽ばかりでなく「月双出」もあり、『大乗院日記目録』は八月一三日と九月一三日のこの現象を記録している。この自然現象は、自然災害とは直接関係はない。しかし、当時は大飢饉の予兆として怖れられ、将軍足利義政は七月二一日の「双出」について諸寺社に祈禱を命じている。この自然現象は、条件さえそろえば常に現れる現象であるが、長禄三年にことさら注目された理由は、眼前に展開される凶作の実態と重ね合わされて飢饉の到来が強く意識されたからであろう。

長禄三年の畿内における凶作と飢饉の予兆は、現実のものとなった。その年の一二月二一日に「天下飢饉・大旱・

兵革」（『続史愚抄』）を理由に寛正と改元された。飢饉を理由の一つに改元が行なわれた中世の事例は、一一八二年五月二七日の養和→寿永（養和の飢饉）、一二二九年三月五日の安貞→寛喜、一二三二年四月二日の寛喜→貞永（以上、寛喜の飢饉）、一二五九年三月二六日の正嘉→正元（正嘉の飢饉）、一四四九年七月二八日の文安→宝徳（文安の飢饉）などがあり、寛正の飢饉はその一つの大飢饉に数えられる。(3)

前述の自然災害による連年の凶作は飢饉をもたらし、生活基盤を失った人々（とりわけ下層民）は流民化し、大都市である京都へなだれ込んでくる。京都は権門・寺社が集中し、商職人の有徳人も多く、物資の流入も活発であったから、疲弊した農村と比較して生存の条件がより良いと判断されていたと考えられる。また寺社は、流民に対して施行（食物の施し）を行なう慣行があったから、この情報は流民のなだれ込み現象を加速させたと思われる。しかし、予想をはるかに上回る大量の難民の集中に、施行はその効果を発揮しえず、体力の弱まった飢人の上に伝染病が襲い、河原や路地に多くの死骸が転がっている惨状が記録されている。この大飢饉に対する危機管理能力の欠如した幕府・権門にかわって、願阿弥ら時衆の徒の活動はめざましく、彼等が死骸の上に立てた卒塔婆の数によれば洛中での餓死・病死者の数は八万二千人以上とのことであった。

越前国の河口・坪江両荘は、それぞれ一一〇〇余町・七〇〇余町の水田を有する興福寺大乗院の拠点的荘園であるが、寛正元年（長禄四）八月二九日の大風によって大被害を受けた。この大風の被害は京都でも記録され、一休宗純は、「大風洪水万民憂」のなかで遊宴にふける足利義政を風刺している（『狂雲集』）。奈良でも、尋尊は「晦日雨下、大風以外也、所々破損」（『大乗院寺社雑事記』）と記し、経覚は、当日の記事は伝存しないが、翌月二五日に「先度大風大略吹破之間、草庵為レ葺レ之、竹事仰二菩提山一」と記している（『経覚私要鈔』）。京都では雲泉大極は「終日大風、黎首為二稲粮一憂レ之」と記している（『碧山日録』）。讃岐では、「寛正元年旱魃、同八月晦日大風、由レ是無二稲実一」と記録されている（「讃岐大日記」）。北陸地方の大風の状況は、能登の「永光寺年代記」に「寛正元庚辰八月　両度風」、越中の「立川寺年代記」（続群書類従二九下）に、「寛正四（元の誤記）年庚辰八月廿九日之夜、大風吹、大雨降、洪水出、天下一等損毛。（中略）天下飢饉、疾病餓死病死人不レ知レ数、人種失二三分二一」とある。

摂津国垂水荘の代官榎木慶徳が九月一一日付で東寺公文所に宛てた現地からの報告によると、長禄三〜寛正元年摂津国一円の飢饉最中での大風水害で現地は混乱していると述べている。なお同人の長禄三年一一月一八日の報告では、垂水荘が水損の地と思っていたところ「日損」（旱魃）が四年にもわたり年貢送進が思うに任せないと訴えている(4)。

以上の点から、この大風は、おそらく室戸岬から紀伊水道・大阪湾を通過して畿内を直撃し、貫通して北陸地方に抜けた台風で、昭和九年（一九三四）九月二一日の関西地方大風水害（室戸台風）と同様に大きな被害を畿内・北陸の各地に与えたことであろう。

この大風の吹いた寛正元年八月二九日は、太陽暦（グレゴリオ暦）では九月二三日にあたり、生育の遅い北陸地方では稲の開花期と重なり、とりわけその打撃は大きかったと想定される。それゆえ、大和・越前などの興福寺領では、年貢や興福寺田楽頭反銭（反別一〇〇文）の徴収に対する訴訟・逃散などの農民の抵抗は激しく、徴収は困難を極めた。この興福寺田楽頭反銭は、毎年九月に行なわれる春日社若宮祭に奉納される田楽費用の賦課である。寛正二年（一四六一）七月の河口荘から上京した百姓の訴えでは、去年以来の餓死者が九千二六八人、逐電者が七五七人にのぼり、去年の田楽頭反銭はとても納めることが出来ないということであった。しかし、大乗院側は守護代朝倉孝景に反銭徴収を請け負わせて執拗に未進分の回収に努めている。飢饉は、畿内のみでなく北陸地方にも拡がっていたのである。その直接の原因は、畿内・北陸を貫通した大台風による凶作であることは明らかである。

寛正の飢饉は、畿内・北陸以外は史料上で確認することは出来ない。その範囲は、五畿内と隣接する讃岐・紀伊・近江、それに北陸地方の越前・加賀・能登の範囲を出るものでなかったと思われる。それゆえに、被害の少なかった

**表１　中家および根来寺成真院の土地集積（中家文書）**

| | 中家 | 成真院 | 計 | 備　　考 |
|---|---|---|---|---|
| 1401-10（応永８-応永17） | 3 | | 3 | 応永９（３）旱魃・飢饉 |
| 1411-20（応永18-応永27） | 0 | | 0 | |
| 1421-30（応永28-永享２） | 0 | | 0 | |
| 1431-40（永享３-永享12） | 3 | | 3 | |
| 1441-50（嘉吉１-宝徳２） | 1 | | 1 | |
| 1451-60（宝徳３-寛正１） | 4 | | 4 | 長禄３-寛正２（３）旱魃・冷害・風水害・飢饉 |
| 1461-70（寛正２-文明２） | 0 | | 0 | |
| 1471-80（文明３-文明12） | 0 | | 0 | |
| 1481-90（文明13-延徳２） | 1 | | 1 | |
| 1491-1500（延徳３-明応９） | 7 | | 7 | |
| 1501-10（文亀１-永正７） | 37 | | 37 | 文亀１-永正１（20）旱魃・飢饉 |
| 1511-20（永正８-永正17） | 43 | 10 | 53 | 永正14-16（24）冷害・飢饉 |
| 1521-30（大永１-享禄３） | 28 | 11 | 39 | |
| 1531-40（享禄４-天文９） | 138 | 17 | 155 | 天文８-９（27）風水害・虫害・飢饉 |
| 1541-50（天文10-天文19） | 68 | 194 | 262 | |
| 1551-60（天文20-永禄３） | 30 | 61 | 91 | |
| 1561-70（永禄４-元亀１） | 5 | 15 | 20 | |
| 1571-80（元亀２-天正８） | 8 | 2 | 10 | |
| 1581-90（天正９-天正18） | 1 | 17 | 18 | |
| 計 | 377 | 327 | 704 | |

注）数字は売券の通数を示す．備考欄（　）内の数字はその年次内の通数を示す．

中国・東海地方などの荘園・公領からの年貢米、商人による流通米などが京都・奈良を中心とした地域に大量に輸入され、高価に販売されたと考えられる。

このような飢饉は、畿内・北陸などの農村にどのような構造的変化をもたらすであろうか。和泉国熊取荘（大阪府泉南郡熊取町）の土豪（地主）である中家の史料（中家文書）[5]によって、その土地集積の推移を素材に考察してみよう。中家は一五世紀後半から一六世紀にかけて、熊取荘を中心に、近隣の鶴原荘、瓦屋村、近木荘、日根荘などの地域の土地集積を行なっていることが、大量の売券によって判明する。中家文書の売券を一〇年刻みに年代別に集計して表示した。これによると、一五世紀から土地集積が行なわれ、本格化するのは一六世紀の前半の天文期（一五三二～五五）にピークがある。この天文期の集積には、中家の一族が代々入寺している根来寺成真院への集積が多くの部分を占める。その内訳を子細に見ると、応永九年（一四〇二）に三筆、長禄三〜寛正元年の寛正の飢饉の際に三筆、文亀元年（一五〇一）〜永正元年（一五〇四）に二〇筆、永正一四〜一六年（一五一七〜一九）に二四筆、天文八〜九年（一五三九〜四〇）に二七筆などと、旱害・冷害・風水害などによる飢饉の年に集中している。このことから飢饉年に窮迫ないし没落した百姓（小百姓か）から土地集積していたと考えられる。すなわち飢饉のたびごとに、経営を拡大していることが判明し、農民の階層分解が進展していると思われる。この一事例で一般化するのはやや問題があろうが、畿内・近国の農村では、寛正の飢饉を一つの出発点として構造変化がおこり、次第に村落内に土豪（有徳人）の広範な出現をみるのではないかと思われる。

## 二　嶽山合戦と土一揆

室町幕府管領畠山持国の家督をめぐって、実子義就と養嗣子弥三郎（義富か）、その没後にその跡を継承した政長の二派が、領国の河内・紀伊・越中と関係の深い大和の家臣や諸勢力をそれぞれ組織して相争うことになる。これに将軍足利義政や管領細川勝元の介入がからみ、泥沼の内戦状態となる。文安五年（一四四八）以来、家督の座を掌握していた義就は、享徳三年（一四五四）八月に細川氏に支援された弥三郎派に一時伊賀に追い落とされるが、一二月には復権し弥三郎は没落した。権力を掌握した義就は、大和の紛争に介入した。大和では、追放されていた弥三郎派の筒井光宣・順永が、細川氏の援助で長禄三年（一四五九）六月に復帰すると、義就派の越智・古市氏との対立が再燃し、義就は筒井支援のため大和に入部した。この軍事行動は将軍義政の疑念を招き、弥三郎を恩赦した。弥三郎は勢力を盛り返したが、復権直前のこの年の秋に病没し、弥三郎派は兄弟の次郎政長を推戴して義就派に対抗することとなった。長禄四年五月、以前からの紀伊における根来寺と円福寺の用水相論の決着をつけるため、義就は紀伊に出陣し根来寺を屈服させようとするが、追いつめられた根来寺の反撃を受け遊佐・神保・木沢ら有力武将をはじめ八〇〇人が討取られ権威を失墜した。これを機に義就は四ヵ国守護を没収され（九月）、代わって政長が復権した。これらの動向は、弥三郎・政長派を支持する管領細川勝元と義就を支援する将軍足利義政との政治力学のシーソーゲームによって変転した。畠山氏守護国の河内・紀伊・越中の守護被官・国人と強い影響力の下にある大和の衆徒・国人はそれぞれの陣営に系列化されて相争った。

河内に退去した義就は、嶽山・金胎寺の二城（大阪府富田林市）に勢力を結集して長禄三年一〇月〜寛正四年五月までの四ヵ年近くにおよぶ嶽山合戦が開始された。細川氏と畠山政長を中心とする幕府軍は、河内に通ずる諸口を封鎖し嶽山城の義就軍に攻撃を仕掛けたが、義就方は守護代神保国久、小守護代中村助通、郡代近藤四郎右衛門尉という政治支配体制を構築してよく持ちこたえた。しかし、寛正三年（一四六二）五月に金胎寺城が落され、翌年四月一五日に嶽山城も陥落して義就は高野山に落ちていった[6]。

この嶽山合戦の期間は、長禄・寛正の自然災害・飢饉の時期と一致する。この天災が義就方に味方したともいえるが、天災に戦乱という人災が重なり、河内の住民は悲惨な状況に追い込められた。

この戦乱の最中の寛正二年（一四六一）五月、大乗院尋尊は次のように記している（『大乗院寺社雑事記』寛正二年五月六日条）。

去年諸国旱魃、幷河内・紀州・越中・越前等兵乱之故、彼之国人等於㆓京都㆒悉以飢死了、於㆓兵乱㆒者御成敗不足故也、可㆑嘆々々、

この前後には、京都に流入した飢民の施行記事がある。尋尊は飢民・餓死者大量発生の原因を旱魃と戦乱に求め、戦乱の要因を将軍の政治力の貧困と嘆く。紀伊・越中・越前の多くの飢人が京都に流入した点は疑問だが、同時多発

的な旱魃と戦乱が飢饉・餓死の原因になったという指摘は正しいと思う。そして京都に流入した飢人の多くは飢饉と戦乱による河内からの難民であろう。この点に関して雲泉大極の次の証言がある（『碧山日録』寛正元年三月十六日条）。

赴春公之招、日落而帰時歴二六条街一、有二一老婦一、抱二子丞一呼二其名一数声、連続遂放レ声哭レ之、余因見レ之、其子已死、母慟而仆レ地、路人問曰何許人、曰河州流人也、三季大旱、稲粱不レ登、県官酷虐、索レ租不二少貸一也、若不レ出者遭二刑戮一、繇是流二離他州一、糊口乞レ食、然而此子不レ得レ給、形餒心勦、殆至二此極一也、語已又大哽噎、余乃出二嚢中一贐金之余、与レ之曰、汝以二此金一賃二一男一以窆レ之、余必帰二吾房一、而授二三帰五戒一以安レ名、且薦二彼冥祐一云、母喜レ之、余踧踖悲嘆未レ已、

大極は友人宅からの帰途、夕暮れの京都六条で子供を抱いた女に会う。女は子の名を呼びつつ泣いているので、見るとその子はすでに死に母は地面に泣き崩れていた。通行人がどこの人かと訪ねると、河内の流民で三年の大旱魃で稲が実らず、役人は冷酷に租を追求して少しも貸し与えることをせず、もし逃亡しないと刑罰にあうと思い他国に逃れ乞食をして糊口を凌いできた。しかし子供を養うことが出来ずこのような結果になってしまったといってまた泣き出した。そこで大極は女に埋葬する人を雇う金を与え、寺に帰って戒名を与え冥福を祈ることを約束すると女は喜んだが、大極の悲しみは晴れなかった。

ここに悲惨な母子の運命が語られており、亡き子の供養と埋葬が実現することをせめてもの幸いとせざるを得ない母の姿が哀れである。ここでは、この母子が、大旱魃に見舞われた河内から年貢追求を逃れて流民となって京都にやってきたことを確認しておこう。一史料からのみ断定するのは問題があろうが、京都に押し寄せた難民の多くは河内からの者と推定しておく。旱魃・飢饉に加えて、河内守護を自認する義就・政長それぞれの両派からの年貢追求、侵攻してくる軍隊の現地調達という名目の略奪、それに加えて幕府・政長方の河内封鎖作戦が河内への商人ルートの食料補給を途絶させたことなどが、住民の飢餓状況を深刻化させた要因であろう。この点で、飢民・餓死者の大量発

生の原因を大旱魃と戦乱（嶽山合戦）に求めた尋尊の評価は正しいと思う。

一方、山城では飢饉が沈静化に向かう時期の寛正三年に土一揆が発生している。九月中旬に洛西の西岡などに発生した土一揆が洛中に進攻し、土倉・寺庵などの質物を奪い市中に放火して引き上げた。この時、幕府は土一揆参加者の処罰を東寺などに命じている。一〇月下旬に再び土一揆が起り、京都の七口をふさぎ市中にも進攻し商業活動を麻痺させた。ところが、土一揆は山名・一色・土岐・京極・赤松らの諸大名の軍の反撃にあい、正長・嘉吉の土一揆の例のように幕府・権門・守護などに徳政令を出させるに至らず敗退した。逆に、諸大名軍の攻撃で拠点の松ヶ崎・竹田・伏見・山科などの郷が放火され、東寺寺内、南禅寺・東福寺領の土一揆に与同した在所が焼討ちにあった。西岡の土一揆の指導者とされる蓮田兵衛という牢人は東寺から淀に逃走したが捕らえられ、処刑された首は東寺に近い四塚の地にさらされた[7]。この土一揆の指導者蓮田兵衛については、出身地そのほか明らかではないが、その名はしばらくは人々の記憶から消えることはなかったらしい。応仁二年（一四六八）六月、東寺の僧侶尭全は、提出した起請文の一節に次のように記している[8]。

於㆓東寺之坊中㆒、号㆑有㆓蓮田宿坊㆒、訴㆓所司代㆒、欲㆑令㆓罪科造意㆒、一向不㆓存知㆒間之事、

東寺の坊中に蓮田兵衛が宿をとっていたと、所司代に訴え特定の人を罪に陥れるような企みについてはまったく存知しないというのである。誰かを陥れたい場合、蓮田をかくまった宿坊だと中傷することがはなはだ有効な手段であったことをこの史料は物語っている。

自然災害・飢饉がやや沈静化しつつあるこの時期に、なぜこの土一揆が起ったのか。それは、災害・飢饉の最中に生存を支えていくための未進年貢や借銭・借米などの債務が蓄積し、この時点でその破棄を求めたものと考えられる。

## 三　蓮如の登場

一五世紀中葉における蓮如登場の頃の年表をめくってみよう。長禄元年（一四五七）六月、父存如の没後に継母如円とその子（蓮如義弟）応玄との本願寺住持の継職争いを、嫡腹でないという不利の立場にもかかわらず越中井波瑞泉寺住持の叔父如乗の尽力で乗り切り、本願寺八世の地位を獲得した。蓮如四三歳の年である。これより長年にわたる苦難の部屋住時代の修行蓄積をもとに、積極的な布教活動が始められた。長禄二年（一四五八）二月、京都金宝寺教俊に「三帖和讃」を書写し付与、同年七月に木越光徳寺性乗に「六要鈔」を書写し付与、長禄三年（一四五九）三月に近江野洲南郡善性門徒の善崇に紺地金泥十字名号を付与している。それ以後、このような聖教類、十字ないし六字名号、裏書付き本尊（阿弥陀）の付与は頻繁に行なわれるようになる。そして、蓮如の宗教活動の画期となるのは、寛正の飢饉の真最中の寛正二年（一四六一）三月の第一号の御文の発給と一一月の親鸞二〇〇回忌法要の施行である。

この御文（一号）には、次のように記されている。(9)

当流上人（親鸞）ノ御勧化ノ信心ノ一途ハ、ツミノ軽重ヲイハズ、マタ妄念妄執ノコヽロノヤマズナンドイフ機ノアツカヒヲサシオキテ、タヾ在家止住ノヤカラハ、一向ニモロ〳〵ノ雑行雑修ノワロキ執心ヲステ、弥陀如来ノ悲願ニ帰シ、一心ニウタガヒナクタノムココロノ一念ヲコルトキ、スミヤカニ弥陀如来光明ヲハナチテ、ソノヒトヲ摂取シタマフナリ。コレスナハチ、仏ノカタヨリタスケマシマスコ、ロナリ。（以下略）

ここには、『教行信証』『歎異抄』などの親鸞の教説の要点が凝縮されて、親鸞消息と同様の仮名交じりの文体で記述されている。その時を去ること二三〇年以前、寛喜の飢饉の真最中に東国社会の中で構築された親鸞の思想がここに高らかに甦ったのである。これは、阿弥陀如来への絶対の帰依の表明、煎じ詰めれば「帰命尽十方無碍光如来」（十字名号）、「南無阿弥陀仏」（六字名号）の念仏の一念が、罪の軽重、在家・出家や身分の区別、修行の有無にかかわらず、阿弥陀如来の誓願に受容されて極楽往生が約束されるというものである。この教説は、寛正の飢饉という眼前に展開される悲惨な現実、すなわち生存をかけた領主・農民関係の階級闘争の激化、支配権力内部の矛盾の拡大による戦乱という畿内・北陸地域の複合的状況のなかで、常に死と隣り合わせに生きつつ極楽往生を希求する多くの人々の心を捉えることとなった。

御文は、漢字にルビが打たれて読みやすい工夫がなされ、僧や門徒の長によって読み聞かされて口頭言語として伝わり、また次々に書写されて寺や道場などの壁面に張られて普及した。杉浦明平氏が「宣伝煽動文の模範」と評された一面を強く備えていた。(10)

親鸞二〇〇回忌法要は、五間四面（庇付きの五間四方）の本願寺御影堂で行なわれ、これは、その後に報恩講として本願寺の最重要の行事となった。ここでは、阿弥陀の功徳を説いた親鸞の恩に報謝するとともに、親鸞の血筋を引く本願寺八世で、かつ親鸞の教説の布教者である自己の地位を内外に示した。

蓮如の布教の目はまず近江に注がれた。本願寺のある洛東の大谷の地は、京都の東への幹線道路である東山・東海両道に近接し、京都七口の一つの粟田口を出ると琵琶湖岸の大津までは二里ほどであった。蓮如が長禄三年（一四五九）から寛正五年（一四六四）までの五年間に、近江などの門徒に下付した裏書のある阿弥陀絵像、親鸞絵像・絵伝、十字名号は次のとおりである。(11)種別・下付年月日・記述・願主・所在の順に記す（10・13は焼失し、現存せず）。

1　十字名号　長禄3・3・28　江州野洲南郡播磨田善性門徒
　　同郡小村　善崇（守山市順教寺）
2　十字名号　3・11・28　江州野洲南郡中村西道場　西願（守山市西照寺）
3　十字名号　4・1・21　江州野洲南郡金森物道場本尊也　妙道（守山市善立寺）

| | | | | |
|---|---|---|---|---|
| 4 | 十字名号 | 4・1・22 | 江州野洲南郡山家道場本尊也 | 道乗（守山市慶先寺） |
| 5 | 十字名号 | 4・1・22 | 江州野洲南郡阿伽井性賢門徒<br>同郡荒見道場本尊也 | 性妙（守山市聞光寺） |
| 6 | 十字名号 | 4・2・24 | 江州志賀郡堅田馬場之道場本尊也 | 法住（大津市本福寺） |
| 7 | 阿弥陀絵像 | 4・2・25 | 江州野洲南郡下中村北道場 | 性善（守山市真光寺） |
| 8 | 阿弥陀絵像 | 4・12 | 江州栗田郡野地 | 円実（草津町浄泉寺） |
| 9 | 十字名号 | 寛正2・1・6 | 江州志賀郡堅田法住道場 | 法道（兵庫県香住町光永寺） |
| 10 | 十字名号 | 2・9・2 | 三河国志貴庄佐々木上宮寺 | 如光（岡崎市上宮寺） |
| 11 | 十字名号 | 2・10・18 | 江州志賀郡 | □慶（新潟市真宗寺） |
| 12 | 親鸞絵像 | 2・12・23 | 江州堅田法住道場 | （大津市本福寺） |
| 13 | 親鸞絵像 | 3・1・28 | 江州野洲南郡播磨田惣門徒本尊也 | （守山市延命寺） |
| 14 | 十字名号 | 3・2・15 | 江州栗本郡手原 | 真覚（栗東町円徳寺） |
| 15 | 十字名号 | 3・2・15 | 江州栗本郡安養寺 | 浄性（栗東町安養寺） |
| 16 | 親鸞絵像 | 3・2・16 | 江州南郡開発中村 | 妙実（守山市蓮光寺） |
| 17 | 十字名号 | 3・3・18 | 江州栗本郡伊勢落村道場 | 宗欽（栗東町徳生寺） |
| 18 | 阿弥陀絵像 | 3・6・3 | 江州栗□ | （福井県三国町信行寺） |
| 19 | 十字名号 | 4・9・4 | 江州志賀郡堅田法住門徒<br>道円相承同郡真野 | 法覚（京都市興正寺） |
| 20 | 十字名号 | 4・10・13 | 江州志賀郡上坂本柳道場本尊也 | 受恩（京都市泉徳寺） |

21　十字名号　5・3・14　和州百済東道場門徒吉野古代　善智（豊中市守綱寺）
22　親鸞絵像　5・4・3　江州志賀郡堅田法住道場常住物也（大津市本福寺）
23　十字名号　5・4・23　尾張国羽栗郡河野道場　善性（新潟県赤泊村本龍寺）
24　親鸞絵伝　5・5・14　江州野洲南郡赤野井　惣門徒中（守山市赤野井別院）
25　連座絵像　5・5・14　江州野洲南郡赤野井　惣門徒中（守山市福正寺）
26　十字名号　5・11・20　江州手原戒円門徒　道悟（彦根市法蔵寺）
27　親鸞絵像　5・11・28　江州野洲南郡安良見道場　性妙（守山市聞光寺）
28　十字名号　5・11　江州栗太郡綣村　善妙（栗東町西琳寺）

これによれば、二八例中二五例が近江で、湖西の志賀郡堅田本福寺関係五例、一八例が湖南の野洲川デルタを中心とした野洲南郡（守山市）と草津川流域の栗太《くりもと》郡（栗田・栗本とも記す、栗東町・草津市）の地域である。寛正五年までに、これらの各地に道場・惣道場・惣門徒が成立し、そこに蓮如の裏書を持つ絵像・十字名号などが下付されているのである。すなわち、本願寺門徒の強力な基盤の形成がなされていることが推察される。そしてこの地域の門徒は、湖西の堅田門徒と連携しつつ、近江南部の琵琶湖と東海・東山・北陸道の水上・陸上交通の要衝を抑える形で分布していたのである。なお、野洲南郡の地域には東山道と琵琶湖岸の志那湊を結ぶ志那街道が通っていた(12)。寛正六年（一四六五）に大谷本願寺が山門勢力に焼討ちされた後、蓮如は河内久宝寺に一時滞在の後この地域に逃れるが、この時の蓮如が赴いた道場について、「金森日記秡」（『真宗史料集成』二巻）には次のように記されている。

寛正六年ノ春大谷御退転ノ後ハ、野須栗太ノ坊主ト門徒ヲ力ニ思召テ、金森ニ三年オハシマス。文正元年ノ御仏事、十一月ノ二十一日ヨリ金森ニテ御イトナミ候。文正元年ノ秋ノ末ニ、栗太高野ノ邑ノ善宗正善ノ道場（福正寺ノコトナリ）ニワタラセオハシマス（落葉ノ御詠歌）。安養寺村ノコウシ房（了法ノ父ト云）ノ道場ニモウツラセオワシマス。手《テ》原村ノ信覚房京ノ正親町行忍ノ門徒ナリケルノ道場ト云ヘルニ、上様オワシマセリ。野須ノ郡ニアラミノ性明ノ道場聞光寺ノコトナリ、カイホツ中村ニ妙実ノ道場蓮光寺ノコトナリ、矢島南ノ道場西照寺ノコトナリ、赤ノ井慶乗ノ道場西蓮寺ノコトナリ、三宅了西ノ道場蓮生寺ノコトナリ上様オワシマシケル。アラミニテハ、上様アマコセモ女性禅門モロトモニ、此春ヨリハ信ヲトラセ給ヘ。

聞しよりあらミことなるもみちかな　なかめにあかぬ秋のよそほひ

ここに記された栗太・野洲両郡にまたがる、金森道場、高野の善宗正善道場（福正寺）、安養寺コウシ房道場、手原村信覚房道場、アラミの性明道場（聞光寺）、カイホツ中村の妙実の道場（蓮光寺）、矢島南の道場（西照寺）、赤ノ井慶乗の道場（西蓮寺）、三宅了西の道場（蓮生寺）の多くは、前記の阿弥陀・親鸞絵像や十字名号が下付された道場と一致する。なお、文正元年一一月には湖西の堅田で、次の年の応仁元年一一月には、湖南の金森で報恩講を営んでいる。

この蓮如の近江滞在の意味はなんであろうか。山門の攻撃を逃れるためだけなら、なにも山門の膝下の近江で活動を展開する必要はないわけだから、むしろ蓮如は山門勢力の抑圧に反撃しつつ、積極的に門徒地域の確保とその教線の拡大のために打って出たというべきであろう。寛正六年正月に大谷本願寺を襲撃・破却した山門勢力は、その年の二月から九月にかけて湖東の門徒を攻撃し門徒との間に激しい戦いが展開される。これは「史上初の一向一揆」、「金森一揆」と称されるもので、湖西の堅田とともに「帳本ノ郷」といわれる湖東の金森が攻防の地となった。「金森日記秡」にはまた次のように記されている。

守山ノ日浄房ト云ハ叡山ノ衆徒ナリケルカ、遺恨ノ輩ヲカタラヒ浅井亦六郎ニ組シテ金森ヲセムルコトアリ。（中略）金森ニハアマタ坊主御門徒タテコモリ息ヲキツテフセギタ、カヘトモ、敵、道場ノクズヤ葺ニ火ヲイコミケレハ、時ノ間ニ焼ケヌ。坊主衆御門徒力ラ無クモ退キ去ニケル。

これによれば攻撃側の構成は、①延暦寺衆徒である守山日浄房、②本願寺門徒に遺恨を持つ人々、③浅井亦六郎の三者である。①は、おそらく守山にある延暦寺末寺の東門院守山寺（守山観音）の塔頭であろう。東門院は、吉見・金森・播磨田を桓武天皇の勅施入によって領有していたと伝えられ[13]、この地域の領主として支配を実現していたと考えられる。②の内容は不明だが、この地域の流通システムの掌握をめぐる争いで敗れ、本願寺門徒への報復を企図する人々であろう。③は、延暦寺に従属している武士（山徒）の浅井氏か。延暦寺の命で譴責使として発向したものであろうか。このように考えると、金森一揆の背景には、年貢徴収と流通をめぐる対立抗争があったことになる。このような状況を憂慮した幕府は、二月に山徒である幕府被官に対して延暦寺の命令に従って発向しないよう制止を加えている[14]。

三月から九月にかけて、京都嵯峨野にある臨川寺塔頭三会院の所領である赤野井村に本願寺門徒が結集して延暦寺の山徒発向が行なわれている。三会院は、夢窓疎石を祀った開山堂でもあり、近江には粟津橋本御厨、赤野井ならびに三宅・十二里、石田郷上方半分などの所領があった[15]。粟津は志賀郡であるが、そのほかは金森に隣接し、いずれも野洲郡内二キロメートルの範囲内にある。門徒は准幕府直轄領である三会院の所領を盾としたのである。しかし山門は容赦することなく発向を繰り返したので、三会院の訴えによって幕府はたびたび山徒の違乱を停止すべきの旨、山門奉行布施下野守に命じており[16]、長期にわたって紛争が継続されていたことが知られる。このような山徒の発向は、支配権力の暴力装置の発動という点で同時期に大和国で頻発していた興福寺六方による年貢・反銭不払いの荘・郷にたいする懲罰発向に類似している。そして、このような発向に便乗して、日頃から対立感情を持つ人々が野次馬的に参加して略奪行為に及んだことも考えられる。金森と赤野井という二つの拠点を中心に山門の抑圧に対する一向一揆の蜂起が行なわれた点で、この一揆は金森一揆と称するのは必ずしも正確でなく、むしろ湖南一揆と称するのが適当であろう。

さて、この野洲川流域を中心とする湖南地域には、なぜ、どのようにして、このような強力な門徒組織がわずかの期間に形成されていったのであろうか。その前提には、この地域の浄土信仰の土壌についてみておく必要があると思う。野洲郡木部村には、真宗一派の本山の錦織寺がある。錦織寺は、九世紀中葉に天台系の毘沙門天像を安置する寺院として創建されたが、親鸞が寄宿したことから性信・願性らの法脈が伝えられ、南北朝期に存覚の子慈観が入寺し本願寺とは密接な関係を保ちながらも真宗木辺派の本山として野洲郡の木部・川西を中心に多くの門徒を有していた(17)。また京都汁谷にある仏光寺は、親鸞の法脈を継ぐ了源が、本願寺存覚の教えを受け名帳(門徒交名帳)や絵系図(肖像画を付した法脈系図)という門徒獲得の方式を編み出して繁盛し、湖南の中荘光源寺を媒介に野洲・栗太二郡に布教の輪を広げていた。また、京都からの浄土宗の進出も顕著にみられた。

蓮如の湖南地域進出も、このような浄土信仰の土壌を有効に活用したことはいうまでもない。しかしそれ以上に、長禄三年から寛正二年にかけての旱魃・冷害・風水害の連続によってもたらされた寛正の飢饉という「地獄の風景」の出現のなかで、人々の極楽往生への希求の高まりに対して、絵像や御文の下付という手段を駆使して具体的な救済の指針を大胆に提起したことが、信者の飛躍的増大につながったと思われる。ここに前述のように寛喜の飢饉の親鸞の教説を、寛正の飢饉の場に立って蓮如が甦らせたともいえる。生存の危機状況がみなぎるなかで、懸命に生きようとする人々の心に極楽往生の指針を与え、生きていくための希望と自信を与えたのである。

しかし、蓮如の御文や言行のなかに自然災害や飢饉について、一言半句の言及もない。

当時コノゴロ、コトノホカニ疫癘トテ、ヒト死去ス。コレサラニ疫癘ニヨリテハジメテ死スルニハアラズ、生レハジメシヨリシテサダマレル定業ナリ。（「御文」六一号）

夫、人間ノ浮生ナル相ヲツラ〳〵観ズルニ、オホヨソハカナキモノハ、コノ世ノ始中終マボロシノゴトクナル一期ナリ。（中略）サレバ、朝ニハ紅顔アリテ、夕ニハ白骨トナレル身ナリ。（「御文」七七号）

このように疫病や死は、前世よりの宿業と諦観してどうにもならない運命と規定づけており、自然災害も同様に考えられていたのであろう。また、災厄を祓う呪術と結びつける発想がそもそもないゆえに、蓮如の言説のなかに登場しないのであろう。ただひたすらにはかなき「人間ノ浮生」を阿弥陀への帰依へと結びつけて念仏の勧めを論じているのである。

　次に、長禄三年から寛正二年にかけて近江とりわけ野洲・栗太両郡の湖南地域を襲った自然災害について考察してみよう。近江の中世史研究は、織田信長の比叡山焼討ちによる文書・記録の焼失によって計り知れない打撃を受けて困難を極めている。この時期の近江の災害記録は次の寛正元年の『碧山日録』の記述である。

　六月十三日戊午　寅而大雨、江客来曰、湖水大溢浸二爛平陸一、田疇無二敢下種者一、其民皆去、餬二口於他州一云、
　五畿七道之河堤決折、橋梁無二全者一、民憂レ之、

　この年の四月から六月にかけての長雨・冷害気候のなかでの記述である。近江からの客人の伝聞として、大雨による琵琶湖の溢水と住民の流亡を記している。八月二九日の台風についての近江の史料は未見である。湖南地域は京都の東部と近接し、気象条件は類似していると考えられるから、この時の稲作に与える被害も甚大だったと想定される。肥沃なデルタを形成し人々に恩恵を与える野洲川も、中世では天井川化が進み、ひとたび増水の時には、手の付けられない暴れ川に変貌して大水害をもたらした。長禄三年の旱魃、翌寛正元年の冷害と二度にわたる大水害は、凶作・飢饉をもたらした。この災害と復興の過程に、蓮如教団がこの地域に進出し、門徒たちは地域住民と結んで延暦寺権力との激しい生活防衛の戦いを展開するのである。

　長年にわたり近江の城館跡研究に従事している小島道裕氏の研究[18]によれば、この湖南地域の城館跡は金森に典型的にみられるように、土豪の館が御坊（寺院）となり、近接して城郭がみられるという。金森の場合は、土豪の川那辺氏が門徒となり、金森道西になった。土塁と堀をめぐらした三宅蓮生寺の場合は、天台宗から真宗の寺に転化し、土豪三品氏が真宗門徒の了西となった。大村には城に近接して覚明寺があり、もともと天台寺院が真宗化したと伝承さ

れている。欲賀の場合も、土豪の寺田氏が管轄する天台寺院が真宗寺院となった。

このような城館を構え、寺を維持している土豪層が蓮如の教説に触れて門徒化し、一揆的構造をもって結集して山門の支配に抵抗したのである。この点からいえば、湖南地域の一向一揆は、国一揆的な様相を呈していたといえる。門徒となった土豪層は、村落の指導層として農業経営に従事するとともに、志那街道沿いの流通と琵琶湖水運に関与し、商業活動を営んでいた存在であると推定される。そのような存在が、災害飢饉という危機的状況のなかで門徒化することによって山門との離脱をはかり、そのことがまた山門権力との矛盾を一層激化させて激しい弾圧に遭い、湖南一揆の蜂起となったのである。

## 結びにかえて

本章は、①自然災害・飢饉、②戦乱・土一揆、③蓮如教団の展開という三題話の相互関係について、多少の無理は承知の上で試論的な見通しとして叙述したものである。このテーマを考えようとした発端は、畿内・北陸とこの両者をつなぐ近江という本州のベルト地帯がなぜ本願寺教団の強力な基盤となったのかという疑問であった。この疑問を解明していこうとするうちに、この地帯は長禄三年（一四五九）～寛正二年（一四六一）の自然災害と飢饉（寛正の飢饉）という共通の運命にさらされた地域ではないかという考えが浮上してきた。この地域と時期の一致から、両者、さらに②を加えて三者の内的連関を明らかにしていこうと思った。

作業を進めながら突き当たった困難さは、中世史研究者の側での自然災害史研究が緒についたばかりで、個々の災害の被災の範囲やその程度のデータ化が不十分であること、また災害と社会的分業との関連の理論的問題の処理などの問題であった。後者についていえば、従来の研究では、中世後期の農業生産力の発展が農村に剰余を生み出し、その剰余の展開が流通過程の活性化をもたらすとされた。果してそうなのか。自然災害が発生し特定地域の農村が疲弊した時、それに近接する都市や都市的場に人口が流入し、食料その他の移動が活発化して商工業や流通業の活性化が起るのではないか(19)。農村でも階層分化がすすみ土豪が台頭してくるのではないか。蓮如が教団のなかに取り込んだ階層はこれらの有徳人層ではなかったのか。これらの問題を暗中模索しながらこの論考を記述してきた。詰められていない点は多々ある。今後の課題としつつ蕪雑な災害史的視点からの蓮如期社会論の幕を閉じたいと思う。

〔注〕

(1)「新撰長禄寛正記」(群書類従二〇)。

(2) 齋藤文一・武田康男『空の光と色の図鑑』(草思社、一九九五年)。

(3) 中世の自然災害と飢饉に関する研究は、寛喜の飢饉をあつかった①磯貝富士男「寛喜の飢饉と貞永式目の成立」(『歴史と地理』二七六号、一九七八年)、②同「寛喜の飢饉と公武の人身売買政策」上・中・下(『東京学芸大学附属高等学校紀要』一七・一八・一九集、一九八〇・八一・八二年)がある。寛正の飢饉については、③西尾和美「室町中期京都における飢饉と民衆」(『日本史研究』二七二号、一九八五年)、④同「飢疫の死者を数えるということ――中世京都を中心として」(『日本史研究』三八八号、一九九四年)、⑤熱田公「寛正の飢饉と大和」(木村博一先生退官記念会『地域史と歴史教育』、一九八五年)、⑥東島誠「前近代京都における公共負担構造の転換」(『歴史学研究』六四九号、一九九三年)、⑦森田恭二『足利義政の研究』(和泉書院、一九三三年)がある。戦国期の飢饉については⑧藤木久志『雑兵たちの戦場』(朝日新聞社、一九九五年)、中世の自然条件と飢饉については、⑨峰岸純夫「自然環境と生産力から見た中世史の時期区分」(『日本史研究』四〇〇号、一九九五年、後に『中世災害・戦乱の社会史』吉川弘文館、二〇〇一年に収載)がある。①②は、寛喜の飢饉の実態を詳細に明らかにしつつ、それが社会や政策に与えた影響について考察し、人身売買の禁止の解除をもたらし奴隷身分の増大に帰結すると主張する。③④は、寛正の飢饉における幕府や寺社の対応である施行の問題を中心に論じている。⑤は、大和における寛正の飢饉の状況を子細に検討し、京都の場合のような飢饉状況にないことを立証している。⑥は、中世都市の持つ公共的機能を橋勧進・橋供養、飢饉救済・追善について考察し、中世的勧進の意義の変化を追究している。⑦は、寛正の飢饉と将軍足利義政の対応を詳細に検討しつつ、義政が無策であったとする見解に修正を迫っている。⑧は、戦国期の戦争における略奪の問題に視点を当てながら、戦争の基礎過程に自然災害や飢饉のあることを述べ、雑兵の食うための戦争出稼ぎを位置づける。巻末の年代順・地域別の災害年表は貴重な成果である。⑨は、中世の自然条件の変化によって時期区分し、鎌倉中後期と戦国期に飢饉の頻発する自然条件の悪化の二つの谷のあることを指摘する。

寛正の飢饉に関する史料は、『碧山日録』（続史料大成）、『大乗院寺社雑事記』二・三巻、『蔭凉軒日録』一・二巻（続史料大成）、『経覚私要鈔』四巻（史料纂集）などによる。

（4）　この四点の文書（東寺百合文書チ一二〇〜一二三号）は、『続図録東寺百合文書』（京都府総合資料館、一九七四年）に、①（長禄元年）一一月一八日、②長禄二年三月一九日、③長禄二年六月五日、④長禄二年九月一一日付の摂津国垂水荘代官榎木慶徳書状として写真と釈文が掲載されている。ところが①は、第一一回東寺百合文書展図録『足利義政とその時代』では、前図録にはなかった「長禄三・一一・一八到来」と記した封紙ウハ書を付して、この年代比定をしなおしている。これらの文書には、次のようにある。

①抑当荘の事、せん〳〵ハすいそん所にて候、その心へをこそ存ち仕候御りやうにて候処ニ、ひそんの事、四ケ年にて候内、ことさら当年ハ百年いらいなき大もくにて、ちりをはらい候上ハ、わたくしのくわんたいのきなく候、（11・18）

②当年の御年貢御れうそく、まつ〳〵拾貫文のほせ申候、のこる分の事、ようを申かけて候、いまた出来なく候、（3・19）

③道けんくたされ候間、方々をはしりまわり候へ共、きゝんニより候て、人をもはす共、ちかへ候間、めいわく仕候、

わたくしもきょ年ちりをはらい候て、かんはちにあひ候間、けひくわい仕候、（6・5）

④きょ年当年の事ハ、国ニおいて一円のき、んにて候、かくへちの御ふちたるへく候、た、いま進上申たく候へ共、先日申のほせ候ことく、大ミつ大かせに、いまた取みたし候、（9・11）

①で、垂水荘は水損の所領だと思って準備していたところ、日損（旱魃）が四年続きで、ことに当年は百年来の「大もく（目）」（ひどい状態）で、その中で「ちり（地利）」（年貢などの上納物）を支払ったと述べている。

③はそれを受けて、上使道賢の下向によって奔走しているが、飢饉によって思うに任せず困惑しており、去年地利を支払ってしまっているので、そのうえ旱魃にあって「けひくわい（計会）」（困窮）していると述べている。

④去年と当年の二年続きの飢饉のなかゆえ、格別の扶助が必要な状況で、年貢を進上したいと思っても大風水害で取り乱れていると述べている。

「地利」の支払いは①の長禄三年で、それを「去年」と記している③、「きょ年当年」飢饉と記す④は、ともに長禄四年（寛正元年）と考えられる。このように考えると、②③④の礼紙端裏書の「長禄二」は「長禄三」の誤記か、あるいは文書整理の際の礼紙の張り違えであろう。なお『足利義政とその時代』（二一頁）は長禄二年の飢饉を推定しているが、再考を要すると思う。

（5）『熊取町史』史料編一（熊取町、一九九〇年）。

（6）この争乱については、『京都の歴史』三巻（黒川直則氏執筆、学芸書林、一九六八年）、『大阪市史』四巻（今谷明氏執筆、大阪市、一九八一年）、『和歌山県史』四巻（熱田公氏執筆、和歌山県、一九九四年）などに詳しい。とりわけ今谷氏は、嶽山合戦における幕府軍（畠山政長方）の河内封鎖作戦が河内の飢饉状況を一層悲惨なものにしたと指摘している。

（7）『京都の歴史』三巻、田中倫子「徳政一揆」（講座『一揆』二巻、東京大学出版会、一九八一年）。

（8）『図録・東寺百合文書』（京都府総合資料館、一九七〇年）。

(9)「御文（御文章）」（日本思想大系17『蓮如・一向一揆』岩波書店、一九七二年）、以下、数字はこのテキスト番号による。
(10) 杉浦明平『戦国乱世の文学』（岩波新書、一九六五年）。
(11)「蓮如裏書集」（『真宗史料集成』二巻の記載を本願寺史料研究所左右田昌幸氏のご教示によって補訂）。
(12) 小島道裕「平地城館跡と寺院・村落」（『中世城郭研究論集』新人物往来社、一九九〇年）。
(13)『近江輿地志略』（歴史図書社、一九六八年）。
(14)「親元日記」一（『続史料大成』一〇）。
(15) 臨川寺重書案（『岐阜県史』史料編古代中世四、一九七三年）。三会院領については、田中浩司氏のご教示を得た。
(16)『蔭凉軒日録』（寛正六年三月二四日、五月十日、八月五日、九月十五日条）。
(17) 前掲注（13）『近江輿地志略』、『新修・大津市史』中世二（大津市、一九七九年）。
(18) 前掲注（12）小島論稿。
(19) 藤田弘夫『都市の論理』（中公新書、一九九三年）の序章。

# 〔付論1〕「諸国ノ百姓ミナ主ヲ持タジ〳〵」
## ――戦国期百姓の動向

### 1　百姓ミナ主ヲ持タジ

諸国《シヨコク》ノ百姓《ヒヤクシヤウ》ミナ主《シュ》ヲ持《〔モ〕》タジ〳〵トスルモノ多《ヲヽク》アリ。京《キヤウ》ノオホトノヤノ衆《シュ》モ主ヲ持《〔モ〕》タズ。人ノ飯《〔イヽ〕》ヲ汚《〔ケガ〕》シ、冷板《ヒヤイタ》ヲ暖《〔アタヽ〕》ムルモノハ、人ノ御《ヲ》相伴《シヤウバン》ヲセザルゾヤ。主《シュ》ノナキ百姓マチ太郎《タラウ》ハ貴人《キニン》ノ御《ヲ》末座《バチザ》ヘ参《〔マイ〕》ル。百姓《ヒヤクシヤウ》ハ王孫《ワウソン》ノ故《〔ユヘ〕》ナレバ也。公家《クゲ》・公《ク》〔卿《ギヤウ》〕ハ、百姓ヲバ御《ヲ》相伴《シヤウバン》ヲサセラルヽ。侍《サブライ》モノ、フハ百姓ヲバサゲシムルゾ。

（「本福寺跡書」、日本思想大系『蓮如一向一揆』より）

このわずか数行の文は、一六世紀中葉に近江国堅田本福寺の明誓の記述した「本福寺跡書」中の一節である。この部分は、戦国時代の百姓の動向を武士や真宗教団との関係において示すものとして広く注目され、統一政権の兵農分離政策を解明する上で、あるいは公儀権力の確立のイデオロギー的基礎として、多くの論者によって関説されている。百姓身分は、中世社会における基本的被支配身分であり、公家・武家・寺社などの全領主階級は、荘園公領制のもとでこの百姓を荘・郷において分割支配して収奪していた。それ故に、中世国家は百姓支配を目的とした領主階級のための国家であったのである。

この百姓支配の体制（荘園公領制）が崩壊に瀕し、戦国の動乱の過程で、新たな百姓支配の全国的再編を課題として統一政権が登場してくる。既存の百姓支配体制の崩壊の基礎過程は、当然のことながら百姓身分の変化にある。被支配身分としての百姓層の分解、すなわち被官化（武士化）と商人・手工業者化を一方の極に、他方多くの零細農民を生み出す動向があった。統一的政権は、分解し切らない中農層を基軸に据え、彼等の「土地所有権」とも、耕作権ともいいうる作職を、個々の農民の土地所持に確定しつつ、兵農・商農分離政策によって、百姓の被官化（武士化）、商人・手工業者化の動向を切断し、士・農・工・商の身分の固定化による諸身分の再編を実現したと考えられる。

このように考えると、中世末～近世初頭の移行期、すなわち戦国動乱期の百姓の動向は、諸階級・諸階層の闘争によって国家が変革されるという変革期の解明にとって、すなわち移行期の国家史の解明にとって重要な問題である。しかし必ずしもこの問題は、理論的・実証的に解明し尽されているとはいい難い。とくに百姓層の分解の諸相について、さらに研究がつみ重ねられなければならないと思う。

さて上記の史料は、このような百姓の動向を示すものとして重要視され、もてはやされているが、一方、新行紀一氏などから、この史料の「一人歩き」の戒めと限定についての提言があるので、本論では、「本福寺跡書」全体の文脈のなかから、史料の性格の確定のための若干の考察をしてみようと思う。

この文章の基調は、蓮如の血筋を引く一家衆寺院の堅田称徳寺（後の慈教寺）を「主」と仰ぐことを拒否し、また称徳寺による本福寺門徒の引き抜きに抵抗し、数度の破門にも屈せず、本山である本願寺法主に直結する直参門徒であり続けようとする本福寺の明宗・明誓二代にわたる苦闘の歴史の表出である。明宗は一家衆寺院の策謀（主観的にはそう捉えていた）による破門のなかで餓死している。その子明誓は、父の態度を引き継ぎ、その立場の論理を確立し、子孫へ遺誡するために一六世紀中葉（天文末～永禄初）に「本福寺跡書」を書いた。中世の流通の大動脈である琵琶湖の重要拠点である堅田を、強力な真宗門徒の町に転化させ、本願寺の直参門徒であり続けた本福寺の開祖の法住以来の輝かしき歴史と、本願寺に対する偉大な貢献と、そして本福寺を抑圧した一家衆寺院、この場合大津の近松顕証寺と堅田称徳寺であるが、それへの怨みのかずかずなどが書き連ねられている。

永正四年（一五〇七）管領細川政元が暗殺された時、政元と親密だった本願寺実如は難を堅田に避けた。この時、実如は明誓の祖父明顕に、「明顕ニ主ハナキカ」と問い、明顕は「御主ニモ上様、御師匠ニモ上様ゾ」と答えたという。明誓はその時猿千代という幼児としてその場におり、「カヽル事ヲシラヌ衆、ナニトシテモ明誓子孫ニ主《シュ》ヲトラセン〳〵トテウハウ《調法》シタガルモノノミナリ」と「跡書」のなかで述べている。その文脈に引き続いて、冒頭の文節が続く。明宗・明誓が命を賭して守り抜いた「主取り」の拒否を子孫に理解させ継承させるために、明宗・明誓父子の採ってきた態度の合理化のために、「諸国ノ百姓」の「主ヲ持タジ〳〵」とする動向を援用しているのである。京都の「オホトノヤノ衆」、すなわち公家万里小路家とゆるやかな隷属関係を保つ織物を扱う大舎人座の座衆は「主」を持たず、このような「主ノナキ百姓」の「マチ太郎」（町人）は、その「王孫」の故に貴人の前に伺候することができる。公家と百姓との友好関係と対比して、侍・武士は「百姓ヲバサゲシムル」という、蔑視感に貫かれた敵対関係にある。

ここでは、明誓の頭のなかに、本願寺法主―一家衆寺院―本福寺の関係が、公家・公卿―侍・武士―百姓の関係に二重写しにアナロジーされている。諸国、といっても近江など畿内・近国であろうが、侍・武士を「主」に持つことを拒絶し、公家・公卿と結びつこうとする百姓の動向が、一家衆寺院（称徳寺・顕証寺）を「主」と仰ぐことを拒絶し、本願寺法主と直結しようとする本福寺の態度と対比的に述べられ、その軌を一にしていることをもって、自己の態度の正しさを立証しようとしているのである。

## 2　中世の百姓とは

百姓とは、屋敷・田畠の作職などを所持し、年貢・公事を負担する荘園公領体制下の基本的な被支配身分である。百姓＝王孫という意識は、堅田では「堅田侍」の王孫意識と対抗して形成されてきた。堅田本福寺に結集しているのは、正直・勤勉で、かつ住民として完全な権利を持っているという意味で、自らを「全人衆《まとうど》」と称している堅田百姓

（主として商人・手工業者）の階層である。彼等が、経済的・社会的地位を一五世紀以来着実に向上・前進させ、堅田の村落共同体である「堅田惣荘」のなかにゆるぎない地歩を築いてくると、以前から特権を持っていた村落支配層の「堅田侍」＝「殿原衆」は、その危機感の故に、特権意識、身分意識をことさら強調し、自ら王孫、すなわち天皇に淵源を持つ子孫という貴種意識を強調したり、堅田惣荘の二葉葵の紋を肩衣につけたりして身分的優越性を、全人衆への差別感と重ねて強調し出した。これに対して全人衆の代表格である本福寺の法住・明顕などは、近江野洲郡三上社の神官が祖先であるところから、三上社神官先祖の源氏落胤説を引き出し、百姓＝王孫説を押し出し、ここに堅田の村落内部での貴種意識の対抗が見られるのである。

さらに侍と百姓の対抗意識は、天文の乱において六角氏方の武士と百姓の間に急速に高められた。天文の乱における延暦寺・六角氏による山科本願寺の破却に対する報復として、「六角方へ国《クニ》ノ百姓《ヒヤクシヤウ》無念ニ思《オモヒ》、侍《サムライ》ノ館《タチ》〳〵ヲミナ焼ハライ」という行動がありそのため真宗の坊主衆・百姓衆の追放が行なわれた。

この乱中、明宗・明誓らは、山科・大坂の防衛などに活躍したが、天文五年（一五三六）一一月二八日、下間頼盛に同心したとの理由で破門の通告を受けている。その前年、天文の乱の細川晴元との戦いにおいて軍事的に不利となった本願寺は、滅亡を避けるため、本願寺証如が主戦派の下間頼秀・頼盛を「トカゲの尻尾切り」のごとく追放し、興正寺蓮秀の主導権のもとに細川晴元と和議を結んだ。翌六年一一月一二日、本願寺と六角氏との和議が成立するが、この和平条件のなかに、近江門徒の追放の問題があり、証如は六角氏と講和し、近江の通路を開くことの重要性を優先させ、止むなく近江門徒の追放を承認し、一二月一日に六角定頼に書状を送っている（「天文日記」）。したがってこの日時の一致から、本福寺の破門は、本願寺と六角氏の和平条件の一つとして実施され、すでに追放された下間頼盛と同心という表面的な理由を附して、その犠牲に供されたと考えられる。

本福寺をはじめ、門徒百姓はその後苦難の道を歩み、六角方の武士の抑圧にさらされる。以上の村落内外の、堅田侍から六角方武士に至る侍・武士との対抗意識が、この文章の背景にこめられている。

守護六角方の武士や堅田侍などが、百姓を被官化し、私的な隷属関係の中にとりこんで、その作職や加地子得分地を知行として安堵し、軍役その他の役負担をさせる。ここに「主持チノ百姓」が成立するわけで、堅田西浦ノ桶屋「イヲケノ尉」は松田という堅田侍を主と仰いでいた。このような「主持チノ百姓」は、戦争などで主人が没落・追却された場合、知行が没収され、所持地を失うこともある。天文年間の近江における六角氏と京極氏の抗争、摂・河・泉における細川氏と畠山氏の抗争などが、この「主持チノ百姓」を不安定な状況に陥らせたことは想像に難くない。

一五世紀の後半以降「主持チ」（被官化）によって自己を上昇させ、地位を実現しようとした百姓の動向は、広汎に見られたと私は考える。一六世紀に入って、先述の理由からこの動向の逆流現象が生じ、「主持チ」を拒否する動向が生じてきた。「跡書」の記述は、この動向を指摘していると考えられる。今後この動向についての実証・検討が大いに必要と考えられる。「跡書」は、その動向を指摘するに留まっており、あくまで問題の出発点なのである。この動向の一般化・普遍化の確定のための今後の研究努力が望まれる。

敢えて、見通しを述べるならば、私はこの「主持チ」を拒否する一般的動向が生じ、このような脱ヒエラルヒー状況は、武士・牢人とともに百姓が、商人・手工業者化し、寺内町などの都市に流入していく動向と表裏をなしていたと考える。この意味で、一六世紀前半の畿内・近国では、百姓の被官化と商人・手工業者化の二つの道の競合が見られ、後者の道と真宗教団の発展とが深くかかわっていた。このような情況のなかで、「国ノ百姓」を基軸に、支配・収奪体制を再構築していく課題を担って、統一権力が成立してくる、と考えている。しかし、「跡書」が出発点である以上、この考え方もあくまでも一つの仮説に過ぎないのである。

# 〔付論2〕寛正二年、この世とあの世

蓮如が「御文」（「御文章」ともいう）の第一号を書いて、本格的な布教に乗り出したのは寛正二年（一四六一）三月のことである。このなかで蓮如は、開祖親鸞の説く信心の核心は、もろもろの雑行・雑修の悪い執心を捨てて、阿弥陀如来の衆生救済の本願をひたすらに信じ、一心に疑念を懐くことなくそれにすがろうとする一念が起こるときに、阿弥陀如来が光明を放って救済してくれるという「一念発起《いちねんほっき》平生業成《へいぜいごうじょう》」の核心を指し示した。この思想は、法然の『選択本願念仏集』の他力本願を引き継いだ門弟聖覚の『唯信鈔』に学び、親鸞が『唯信鈔文意』を著し、これをその約二世紀あまり経た後に蓮如が自らの文章によって表明したものである。親鸞は越後への流罪を許された後、関東へ赴き常陸を中心の活動を展開し、元仁元年（一二二四）をもって末法の世の到来と自ら撰した『教行信証』に記録したが、やがて安貞三年（一二二九）頃より旱魃・冷害・風水害の連続による米・麦の凶作のため全国的な寛喜の大飢饉（寛喜二―四年〔一二三〇～三二〕）となった。

蓮如の登場も、その状況と全く類似した寛正の大飢饉（寛正二～四年〔一四六一～六三〕）の真っただなかであった。飢饉の直接の原因は、長禄三年（一四五九）五～七月の大旱魃、九月四日の風水害、翌寛正元年（長禄四年）三～六月の長雨・洪水、八月二九日の風水害という二年続きの自然災害であった。後者の六月の場合は、琵琶湖の水位上昇によって多くの田畠が水没し、稲は根ぐされ病を起こしイナゴが大量発生した。日照不足による冷害で人々は夏に冬服を着用したという。八月二九日（グレゴリオ暦の九月二三日）の風水害は、室戸岬から紀伊水道・大阪湾を通過して畿内・近国を直撃し北陸地方に抜けたものと推定され、その記録は、讃岐・大和・山城・摂津・越前などで見いだされる。昭和九年（一九三四）九月二一日の関西地方大水害（室戸台風）と二日違いのことで、畿内近国では稲穂の生育期、北陸では開花期にあたり稲作の壊滅状況が各地に見られた。

自然災害の発生に起因する紛争が各地に発生する。旱魃時の用水相論、食料を山野に求めることが多くなるために起こる山野の境界相論。小さくなったパイの分け前をめぐって民衆から領主に至るまで争いの連鎖が拡大されていき、紀伊・大和・河内を舞台に畠山氏の分裂抗争が展開されることになり、さらにその亀裂は応仁・文明の乱に拡大される。

以前からの対立を引き継ぎ河内に退去した畠山義就派は、嶽山・金胎寺山（富田林市）の二城に楯籠もり、細川勝元の支援を受けた畠山政長派はこれを攻撃するいわゆる嶽山合戦が長禄三年一〇月から寛正四年五月までの三年半以上に及び大飢饉と並行して行なわれた。しかも政長派は相手方を屈服させるために河内に入る諸道の封鎖作戦を採用したから、河内の飢餓状況は加速され大量の難民が発生した。今日のアフリカにおいて飢餓状況のなかで展開される戦乱を想起してよいと思う。大量の難民は河内国を捨てて京都をめざした。もちろん、京都に流入した難民の発生源は河内国のみでなく畿内近国に拡がっていたと考えられるが、河内の比重が大であったと考えてよい。大都市は公家・武家・寺社の権門都市であり、全国から穀物などの年貢・公事が集中し、寺社などの難民救済のための「施行」（食物の施し）が行なわれたり、難民対策のため、幕府や寺社によって御所や寺社の造営事業などが行なわれたりしたので、窮民の生命維持のための大都市流入がなされ都市人口は膨れあがった。しかし、とても救済しきれずに大量の餓死者が発生した。

蓮如は、東山大谷本願寺にあってこの自然災害と戦乱・大飢饉の惨状、すなわち地獄の様相を見聞していた。しかし、他宗派の多くが行なっているような救済事業に手を染めることはなく、またその資力もない貧乏寺であった。蓮如は、親鸞の宗教的遺産の信仰を世に広め人間の魂の救済を行ない、それによって災害や飢饉に立ち向かい、荒廃した国土と人心の復興をめざそうとした。阿弥陀の衆生救済の本願を確信し、阿弥陀に頼む心を起こすことによって「極楽浄土」への往生の確信を得る。そうすることでこの世「穢土」のなかで懸命に生きる人々に希望を与えることであった。蓮如にとって現世と来世とはこのような連関で捉えられていたのである。

蓮如の布教対象の重点は、風水害で荒廃し本願寺からも近い距離にある近江に向けられた。長禄元年から寛正五年の八年間に、「帰命《きみょう》尽十方《じんじっぽう》無碍《むげ》光如来《こうにょらい》」という十字名号、阿弥陀絵像、親鸞絵像（または絵伝）などが門徒に下付された事例は、二八例中の近江門徒宛が二五例と圧倒的比重になっている。このなかで、湖西堅田の紺屋法住、湖東金森の道西のような、その後の本願寺教団の担い手となる有力者が門徒となっている。冒頭に記した「御文」の第一号も道西らに書き渡されたものなのである。

# 初出一覧

第Ⅰ部

第一章「誓約の鐘――中世一揆史研究の前提として」『人文学報』一五四号、一九八二年

第二章「中世社会と一揆」『一揆 1』東京大学出版会、一九八一年

第三章「変革期と一揆」『一揆 5』東京大学出版会、一九八一年

第四章「中世後期人民闘争の再検討――正長・嘉吉徳政一揆を中心に」『歴史学研究』一九七二年大会別冊

第五章「中世百姓の『居留の自由』をめぐって」『争点・日本の歴史4』新人物往来社、一九九一年

第六章「『篠を引く』――室町・戦国時代の農民の逃散」『中世の発見』吉川弘文館、一九九三年

第七章「国質・郷質ノート」『三田中世史研究』四号、一九九七年

第Ⅱ部

第一章「大名領国と本願寺教団――とくに畿内を中心に」『日本の社会文化史2』講談社、一九七四年

第二章「一向一揆――そのエネルギーの謎」『日本史の謎と発見8』毎日新聞社、一九七九年

第三章「一向一揆の本質と基盤」『シンポジウム日本歴史9　土一揆』学生社、一九七四年

第四章「一向一揆」『岩波講座　日本歴史8　中世4』岩波書店、一九七六年

第五章「加賀における文明・長享の一揆」『山城国一揆』東京大学出版会、一九八六年

第六章「蓮如の時代――その社会と政治」『講座　蓮如1』平凡社、一九九六年

付　論「諸国ノ百姓ミナ主ヲ持タジ〳〵」『ＵＰ』四八、一九七六年
「寛正二年、この世とあの世」『日本の名僧13　蓮如』吉川弘文館、二〇〇三年

# あとがき

本書は、一九七〇代以降に執筆した一揆（国人一揆・土一揆・国一揆・一向一揆）と宗教に関する論考をまとめたものである。現時点における本書の刊行が、どれほどの意味を持つか忸怩たるものがあるが、一〇年ほど以前に企画していただいたが、仕事の忙しさと私の怠慢とによって今日に持ち越されてしまったものなので、全ての定職からフリーになって余裕を得た現時点で自分史の意味をも含めて踏み切った次第である。

この間に、研究上お世話になった多くの先輩・同輩・後輩が次々に物故され、ひとしお寂しさを感ずる昨今である。また本年は国家によって「後期高齢者」という名誉ある称号を与えられ、いまさらながら時間の経過の速さを思い知らされている。戦中戦後の生き残りとなった感がする。その間に自分ながら懸命に生きた想いが本書の論文のはしはしに感ぜられ、若き（中年のか）日のノスタルジアのようによみがえってくる。若気の至りとも思える論考も多い。でもこれが逃げ隠れしない自分なのだと思い直して世に問うことにした。

明治一〇年（一八七七）に札幌農学校を去ったクラーク博士が、ボーイズ・ビー・アムビシャスという句を遺したことはよく知られたことである。私がかつて北海道資料館に訪れた際、当時ここに勤務されていた畏友鈴江英一氏からこのクラーク演説の草稿が発見されたことを教えていただいた。それによるとこの名句の前段があり、自分はこれからアメリカに帰り甜菜工場を設立する、このような老人の自分がオールドボーイズ・ビー・アムビシャスであるのだから、まして諸君のようなヤングボーイズはアムビシャスであれ、といったというのである。この時私は、クラークは自分自身にも言い聞かせたのだと感じ、それ以後この前段の句を座有銘にしている。そのような意味でも、本書は私のこれからの人生への気持を表現したものといえる。

粘り強く編集の労をとっていただいた東京大学出版会高木宏氏、増田三男氏、毎度のことながら校正労働大臣を担当してくださった妻立枝に感謝を捧げる次第である。

誕生日　孫はろうそく　七つ立て　　（五月五日）

二〇〇八年五月

峰岸純夫

# 索　引

## 事項索引


### あ　行

阿伽井性賢門徒　380
赤一揆　61
赤旗一揆　61, 69
安芸国人一揆　75, 77, 81
悪党　110
悪人正機　311
赤穂郡中土一揆　295
アジア的生産様式　105
アジア的隷属民　147
アジール（性）　179, 322
預所　57
預物　182
安宅船　280
愛宕ノ法　229
安土宗論　304
油座　297
油屋　295, 330
網蔵　277
網代　74
阿弥陀（絵像・信仰・如来）　251, 259, 356, 378, 379, 382, 385, 397, 399
飯縄ノ法　229
家籠り　180
イエ支配　57
イエズス会　252, 280
伊賀惣国（一揆）　98, 119, 121, 124, 255, 317
伊賀惣国一揆掟書　124
生き仏信仰　355
石合戦　201, 202
磊　332
石山合戦（籠城戦）　226, 269, 271, 272, 295, 304
石山寺内　271, 305
伊勢長島一揆　268
居初党　331
一族一揆　42, 72, 80, 126
一念発起（平生業成）　257, 311, 397
一味神水　13, 14, 28-31, 34, 39, 52, 53, 69, 79, 186, 188
一味同心（和合）　4, 43-46, 48, 49, 51, 52, 55, 63, 75, 79, 81, 88, 125, 331
一家衆寺院　262, 273, 278, 329, 334, 339, 344, 392, 393
一揆（衆）　58, 65, 211, 255
一揆起請文　125, 207
一揆契約状（契条）　47, 62, 63, 68, 76, 78, 81
一揆内一揆　262
厳嶋大明神　34
一向一揆　3, 5-7, 40, 98, 112, 113, 127, 129, 133, 134, 140, 147, 155, 221-226, 235-237, 240, 244, 245, 253, 254, 257, 260, 261, 263, 273, 280, 284, 289-293, 297, 302-305, 307-309, 316, 317, 320-322, 355, 360, 365, 366, 382, 383, 386
一向宗（徒・門徒）　235, 244-246, 248, 268, 281, 296, 315, 318, 356, 363, 364
一向宗（念仏）道場（寺院）　246, 319
一国の一揆　365
一国平均の徳政　149, 153, 325
一職支配　113
井手（用水）　87, 90
イナゴ　397
稲作　398
井奉公（井頭）　321

井水契約状 321
入山 189
インディペンデント 332
請負代官 263
請取沙汰 205, 211, 212, 232, 234, 235
宇陀郡中惣（一揆） 98, 119, 126, 150
有徳人 329, 374, 387
うわなりうち（後妻打） 90, 93
上乗り権 330, 335
永享の乱 145
栄玄記 315, 317
永正の一揆（乱） 225, 226, 265, 303, 325
永代沽却（売） 116, 153
営田 107
疫癘 384
絵像 381, 384
越前一向一揆 269, 320
絵伝 379, 399
穢土 399
江沼郡中 362
縁切り行為 180
延暦寺衆徒 382
扇一揆 61
往生極楽 356
王孫（意識） 329, 339, 343, 344, 391, 393, 394
応仁の一揆 302
応仁の徳政令 148
応仁（・文明）の乱 78, 111, 154, 155, 221, 226, 263, 359, 398
王法 257, 260, 298, 309, 310, 312
王法双輪論 312
王法為本 261, 298, 312
御馬廻衆（直轄軍） 69
近江（堅田）門徒 309, 332, 345
押領 260, 311
大坂 299
大坂並（体制） 326-328
大舎人座 344, 393
大鳥居籠城 280
大旗一揆 61
大原同名中（惣） 98, 123, 124
大村 385
大御堂講 334
大よりあい（寄合） 30, 54
おかげ参り 355
屋裏 80
桶狭間合戦 273
桶屋 345
押買（狼せき） 203
お叱りの書 237
御代官 91
小月党 330
乙名 58
乙訓郡中惣 119, 122, 317
乙訓郡（惣国）一揆 123, 317
長（衆） 296, 297, 313-315, 319, 338, 340, 343
御文 257, 261, 311, 317, 355, 384, 397, 399
小倭一揆衆 210
小倭郷同名惣（中） 119, 125
小倭衆（百姓衆） 125, 207
抃シ 194
尾張国郡司百姓等解 108
御百姓 92

## か 行

階級関係（構成・配置） 2, 56, 57, 60, 102, 112, 133, 139, 141
階級闘争（史） 1-3, 39, 60, 101, 102, 104, 106, 133, 140-142, 222-224, 291, 293, 307
海賊（行為） 279, 333
加賀一向一揆 111, 265, 318
加賀三ヶ寺（四ヶ寺） 263, 367
嘉吉の徳政一揆 5, 117, 118, 151, 154
嘉吉の徳政令 154
嘉吉の乱 145
隠物 182
角違一揆 61-63

楽頭反銭　372
革命（令）年　101
革命・変革（闘争）　102, 142
学侶　47, 48, 58
傘連判　70
家産制的支配　57
餓死　376, 392, 398
加持祈願　259
加地子（得分）　113, 119, 130, 146, 345, 395
鍛冶（屋）　295, 298, 330, 337
加州一国之土一揆　358, 359
かせき（苛責）　90
方質　126, 131
堅田大責　333
堅田侍（殿原衆）　329, 333, 339, 344, 345, 393-395
堅田四方　333
堅田惣荘（衆）　264, 314, 329, 333, 344, 394
堅田地下（門徒）　335, 337, 338, 340
堅田全人衆　332, 344
堅田門徒　257, 335, 337, 340, 381
甲子（革令）年　101
香取社領　115
金森一揆　382, 383
鐘打　34
かはつるみ　21
河北郡一揆　362
神おろし　33
神棚　192, 193
通い婚　93
かわうそ　91
観応の擾乱　61, 66
寛喜の飢饉　378, 384, 397
環濠（城塞）都市　297, 321, 328
寛正の（一向）一揆　302, 332, 369
寛正の（大）飢饉　7, 87, 369, 370, 372, 374, 378, 379, 384, 386, 397
寛正の法難　332
かんそん（干損）　90
勧農帳　173
旱魃　371, 372, 375, 376, 384, 385, 397, 398
帰依の念仏　257
桔梗一揆　61, 255
飢饉　372, 373, 376, 377, 384, 386, 398, 399
貴種意識　344, 394
紀州一揆　320
紀州惣国　98, 119, 126, 127, 129, 282, 283
起請之鐘　24
起請文　13, 14, 24, 27, 31, 32, 48, 125, 207, 255, 319, 377
紀・清両党　49
北伊勢四十八家　279
吉書　186, 188
木戸　184
畿内小領主　224
畿内統一政権　248
畿内門徒　247
黄旗一揆　68
帰命尽十方無碍光如来　378, 399
九十箇条制法　311
九州探題　66
給主　88
凶作・飢饉　385
共産党宣言　1
強制的還住　176
教団史　223, 307
教団指導部　313
共同体関係　57, 102
共同体相互間の闘争　103
京都七口　379
清洲同盟　273
享徳の乱　111, 221
去留の自由　5, 155, 174, 175
去留民意文言　165, 168-171, 173-175
キリシタン宣教師　254
キリスト教　254

禁教　304
禁制　203, 233
金打　12, 21-23, 34, 53
空明門徒　280
公営田　107
公方年貢　342
公卿（家）　344, 393
供御人　57, 59
孔子（籤）　73
公事（・夫役）　59, 260, 311, 320, 344, 358, 393, 398
倶舎宗　45
口舌　211
具足懸　267, 299
国一揆　62, 97, 119, 122, 128, 140, 155, 223, 292, 298, 308, 320, 355, 359, 360, 366, 386
国方（衆）　122, 187
国質（論）　5, 131, 203-217, 232, 299, 322, 326
国ノ百姓　346, 395
公人　47
熊谷氏の一族一揆　78
熊野衆　282
熊野先達　30
組（クミ・与）の郷　132, 365
グレゴリオ暦　372
郡一揆　360, 361, 364, 365
郡郷司層　107
軍勢催促状　245
郡代　233, 234, 375
郡中・郡（土）一揆　7, 318, 360, 362-365
郡中惣（講）　114, 119, 123, 126, 282, 284, 298, 365
軍役（負担）　112, 347, 395
計会乃御百姓　90, 92
経済構造（ウクラード）　102
警鐘　15
下司（代）　57, 330
血縁分家　336
血判阿弥陀如来像　288
闕（欠）落　81, 130, 191
家人　57
下人・所従（奴隷）　109, 111
下人（身分）　57, 59, 74, 134, 147, 294
下人論　167
毛坊主　258
遣欧少年使節　254
元亀・天正の争乱（石山戦争）　6, 129, 226, 247, 248, 253, 263, 270-272, 275, 278, 279, 284, 302, 319, 320, 327, 328
原始の自由　169
還住　180
源氏落胤説　394
検断（権）　296, 299
けんちう（還住）　91
権門都市　398
権力闘争　101, 133, 140, 224, 307, 359, 360
講　243, 256, 258, 261, 262, 293-296
黄（旗）一揆　61
甲賀郡中惣（一揆）　98, 119, 120, 123, 124, 255, 317
高質　205
郷質　5, 131, 203-212, 215-217
麹屋　295, 330
講組織（的結合）　147, 315, 316, 339
郷村制　204
河野門徒　276, 300
興福寺六方　383
高利貸資本　139, 149, 151, 152, 154
公領　59
こゑはい（肥灰）　90
牛玉宝印　45, 53
沽却　183
国司苛政上訴闘争　108
国掟　122
国人（国衆）（三六人衆）　39, 40, 58, 65, 121, 225, 255, 307, 317, 365
国人一揆　4, 42, 61, 65, 68, 80, 110, 119,

120, 146
国人集会　122
国人・(小) 領主 (連合)　122, 127
国人・土豪層　97, 134
国人門徒　364
石高 (知行) 制　113, 134
虎口　125
極楽往生 (浄土)　257, 258, 379, 384, 399
五郡一揆　70
小作 (年貢)　191, 194
御所一揆　69
御成敗式目 (四二条)　5, 155, 168, 170, 172-174, 176, 180
国家史　106, 392
言葉戦い　201
先妻 (こなみ)　93
湖南一揆　284, 383
小旗一揆　61
小百姓　146
御文章　397
御坊　385
護法の戦い　360
御宝鈴　25-27, 53, 54
湖北一向一揆　284
米郡一揆中　362
籠屋　183, 185, 186
小屋懸け　185
強入部　211, 233-235
金剛峯寺宗徒　46
紺地金泥十字名号　378
紺屋　294, 295, 330, 337

## さ 行

雑賀一揆 (一向一揆)　269, 280-284
雑賀五組 (十ヶ郷連合)　126, 127, 282, 283
雑賀攻め　284
雑賀鉄砲隊　127
雑賀門徒 (衆)　276, 283
在家の検封　167
在郷町　224, 293, 305
妻子抑留　165, 180
在所　210
在地徳政　113, 114, 117, 118, 139, 150, 151, 327
在地領主 (制)　111-113, 134
堺川　25
堺幕府 (御所)　244, 239
酒屋　145, 149, 152
作合否定　113
座公事　299
作職　347, 392, 393, 395
作人　57, 59, 111, 194
篠を懸け　191
篠 (笹) を引く (引篠)　5, 179-182, 186-190, 192-195
里別徳政　149, 150
里坊　48
さなぎの鈴　13, 53
侍 (モノノフ)　58, 343, 345, 391
サンガ　43
三会院　383
三獄の鐘　22
三十日番衆制度　262
三大坊主　262
山徒　383
サンドッグ　370
山門騒動　145
三門徒派　265, 310, 356
山門奉行　383
山門法師　264
山野の境界相論　398
山林 (不入)　182, 189, 191, 192
寺庵 (衆)　145, 149, 152, 186, 188
寺院　149, 294, 302
地発　114-118
塩鮭　319
直参 (門徒)　344, 392
地下 (侍・門徒・作法)　182, 329, 334, 335, 339, 340

地下惣（一揆衆）　124, 294, 315, 335, 342
地獄（の風景・様相）　258, 384, 398
地侍　321
地子　300, 319
静寂（しじま）の鐘　32, 33
寺社本所（一円地）　86, 311
時鐘　15
治承・寿永の内乱　4
私出挙　107
自然災害（史研究）　370, 371, 384-387, 398
自然村落　318
質取行為（高質）　204, 206, 215
地頭（方・職・館・領主制）　57-59, 86, 108, 110, 165, 167, 171, 259, 311, 364
地頭非法　168
地頭・領家相論　175
私徳政　114, 117
寺内（破却）　248, 323
寺内町（特権）　7, 224, 238, 242-244, 248, 267, 274, 293, 294, 297-299, 302, 303, 305, 307, 320-323, 327, 329, 340, 345, 395
寺内町の城下町化　305
寺内・隣郷の門徒　328
地主（的土地所有）　57, 59, 130, 155, 373
芝地　328
柴を懸ける　179
柴を引く　179, 181-185
下部　329, 330
釈迦　251
社会構成史（研究）　1, 102-104, 110
社会的分業　386
借書　149, 152
借銭（借米）　149, 183, 206
衆議　357
宗教一揆　134
宗教イデオロギー　142
宗教戦争　267, 359, 365
宗教的熱狂　355
十字名号　378-382, 399
集村　320
衆徒・国人（一揆）　41, 375
十七講　321
住人・百姓身分　58, 174
十八日講　294
住民逃脱　155
住民百姓等解　109
宿坊　355
修験道　229
守護（代・方・使）　233-235, 259, 311, 313, 361
守護・地頭　358, 359
守護不入　91, 248, 274
守護領　91
守護領国（体）制　204, 223, 263, 292, 308
衆生救済　399
遵行　362-364
荘園公領制　2, 56, 57, 59, 60, 86, 105, 108, 110, 134, 144, 147, 155, 289, 302, 308, 344, 360, 391, 393
荘園（年貢・直務）　238, 317
正覚寺　122
正嘉の飢饉　371
諸公事免許　299
荘家の一揆　4, 52, 60, 86, 110, 130, 142, 144, 225, 255, 256, 265, 302, 318, 366, 367
上使　88, 90, 91
正直爺さん　331
荘質　208
庄主　87-91
正長・嘉吉の徳政一揆（土一揆）　5, 97, 117, 118, 140, 144, 146, 377
正長の徳政一揆（土一揆）　146, 149, 151, 152, 154, 295
荘田（初期荘園）　107
浄土信仰　356, 384
浄土真宗　252, 307
商人　307

小農自立　292
庄屋・長百姓　193, 194
剰余　386, 387
小領主（層）　120, 123, 127, 292
贖罪　251, 252
諸公事免許（除）　300, 325-327
所司代　377
所従　57, 59, 170
所当　311
諸方兼作の土民　169
所務　188
白旗一揆　61, 62, 65, 255
自力救済（行為）　202, 215
治郎右衛門道場　296
城ノ内　183, 185
しをから（塩辛）　91
真宗（イデオロギー）　254, 256, 293, 307, 366, 385
真宗寺院（教団・門徒）　129, 223, 242, 256, 258, 260, 276, 293, 308, 314, 316, 321, 334, 345, 385, 386, 392
真宗史研究　291
真宗本願寺教団（派）　257, 261
信心（決定）　259, 260
信心為本　259, 261, 310, 312
神水　22, 53, 79, 89
仁政（徳政）　148
新関（停止）　233, 235, 317
神人　47, 48, 56-59, 151
しんぱん（神判）　90
神文　48
神宝　72
人民闘争（史・論）　1, 4, 104, 139-144, 148, 154, 155, 293
神明　314
辛酉（革命）年　101
親鸞絵像　379-382, 399
親鸞・蓮如教団　252, 258
水魚の思（親睦）　125
雙六　22
篠懸の衣　195
鈴木－石母田論争　139
鈴付一揆　61
隅田一族連署起請文　72
隅田党　49, 51, 72, 73
相撲停止　232
制札　185, 203, 325, 327
生産力（様式・闘争）　102-104, 112
誓紙の交換　333
西収　173
生命維持　398
誓約の鐘（作法）　4, 11, 12, 14, 18, 31-33, 54
世界史の基本法則　2, 105
摂・河・泉門徒　242-244, 300
席田用水　319
施行　398
世間ノ仁義　259, 310, 311
世親講　45
摂津中島門徒　246
世法　257, 258, 260, 309-313
戦国大名（領国）　111, 224, 293
戦国の動乱　4, 105, 155, 223, 224, 253, 292, 307
専修寺派　260, 356, 357
禅秀の乱　65
専制主義　105
惣（結合・村落共同組織）　114, 148, 204, 225, 257, 294, 308, 340
僧伽　43
雑行・雑修　397
惣結合　255
惣郷（村・荘）　60, 121, 151, 255, 256, 294, 296, 307, 313, 316-319, 321, 331, 335
惣国（郡中惣・一揆）　39, 60, 62, 80, 98, 112, 114, 119-123, 128, 129, 131-134, 255, 256, 263, 265, 275, 279, 282, 284, 307, 316-318, 320, 321, 365, 366
総体的奴隷制　105
惣町　322

惣鎮守　282
惣的結合　315
惣道場（門徒）　381
双輪論　261
族縁共同体　49, 259, 312
卒塔婆　371
損亡　155
損免要求　52
村落共同体（組織）　60, 107, 143, 259, 312, 313, 316

## た　行

代官（職）　187, 311
代官請負（制）　225, 231, 262, 364
大旱魃　370, 397
大工　298
退散　182
太子　223, 276, 292, 308
大師聖霊　23
大衆僉議　44
大小一揆　262, 267, 308, 321
たいはん（代飯）　89, 92
大名知行制　310
大名領国（制）　112, 113, 155, 223, 235, 247, 292, 300
大寄合　30
平一揆　61, 62
高崎十五連隊　201
高田専修寺派（門徒）　265, 275, 310, 356, 358, 359
多芸郡十日講門徒　323
嶽山合戦　375, 377
多神教的風土　259
立合検断　333
塔頭　383
頼母子　150
旅人　294, 329, 331
多分之儀（衆議・評議・同心）　44, 46, 48, 54, 63, 67
多屋（衆）　264, 355-357,
多羅尼　229
俵物（穀物）　185
檀那職　30
丹波国土一揆　150, 151
反銭　144, 186-188
知行国主（制）　59, 108
築城師　298
逐電　182
地上検断　183
治承・寿永内乱　4, 47, 106, 108, 109
中世的なイエ（在家）　107
逃毀　155, 165, 167, 169-173
長享の一揆　129, 225, 236, 237, 260, 262, 263, 265, 298, 302, 311, 321, 355, 360, 366
逃散（逃亡）　39, 52, 74, 81, 165, 169-172, 175, 176, 179, 180, 182-184, 189, 192
逃散の作法　93, 169, 170, 180
朝幕国家　109
張本（人）（ノ郷）　46, 318, 382
直轄領（御料所）　145
勅命講和　253
鎮守神　255, 259
津　302
追捕　170
月侍供養　229
付公事（付沙汰・請取沙汰）　205, 216, 322, 326
土一揆　4, 6, 30, 54, 60, 89, 94, 113-115, 121, 122, 131, 134, 139, 146, 149-151, 154, 256, 292, 308, 319, 377, 386
土一揆の張本人　264
手作（地）　89, 92
鉄鐸　12, 13, 25, 28, 53
鉄砲　113
手原村戒円門徒　381
寺請制度　304
天下一同（之徳政）　117, 154
天下飢饉　372
点定　180, 192, 194

天井川　385
天台宗（寺院）　385, 386
天王寺合戦　243
天文日記　317
天文（法華）の乱（一揆）　7, 226, 243, 247, 266, 267, 297, 302, 303, 323, 344, 394
党（一揆）　49, 80
統一権力　224, 395
藤家一揆　65
東作　173
東寺公文所　372
当質　207-210, 215
東寺長者　45, 46
堂衆　58
道場（主）　240, 242, 246, 257, 258, 262, 278, 293-296, 299, 300, 302, 314, 319, 321, 340, 381, 382
銅鐸　12, 13, 28
頭人　294
逃亡　171
同朋・同行　258
同名中　120
道理　359
棟梁　298
研屋　295, 330
徳政（一揆・状況・要求）　3, 4, 19, 20, 93, 94, 96, 97, 112-115, 117-119, 131, 139, 140, 146-151, 255
徳政適用除外（免許）　118, 299, 300, 325, 327
徳政の鐘　13, 19
徳政令　97, 113, 149-154, 255, 322, 377
土豪（層・名主・地主・地侍）　39, 40, 60, 97, 120, 121, 146, 148, 150, 155, 255, 256, 292, 298, 304, 307, 311, 316, 320, 373, 374, 385-387
土豪の地主化　155
土豪の館　385
所質　131, 204-206, 211-213, 216, 232, 299, 322, 326
都市高利貸資本　145
都市法　324
年老（衆）　58, 257, 313-315, 339, 340, 343
土倉　145, 149, 152, 225
土地緊縛　168
砺波郡の一向一揆　318
刀称党　330
殿原（衆・層）　294, 295, 319, 328-331, 333-335, 339, 394
泊　302
鳥見・生駒の一揆　150
土民（群集・蜂起）　97, 149, 150, 152, 153, 235, 356
土民身代　168
奴隷（制）　105, 168
ドンドン焼き　201
問屋商人　145

## な　行

内検　88, 90
長雨・洪水　397
中家　373
長島一揆（一向一揆）　269, 276, 278, 279, 288
長島門徒　276, 300, 304
中白一揆　61
中道場　286
長床衆　47
長浜門徒　288
納所　193
夏麦年貢　87
名主（地侍）　58, 97, 111
奈良市中の徳政令　150
南北朝の内乱　4, 105, 109, 110, 255
南北朝封建革命説　109
難民　398
西浦大道ノ衆　330, 337
西岡中脈被官衆　123
西岡の土一揆　377

西摂津門徒　242
二日双出　370
日損　372
日蓮宗（門徒）　245, 246, 266, 267
新田岩松氏の一族一揆　79
日葡辞書　53, 213, 215
日本巡察　251
女人正機（説）　309, 338
女人禁制　229
人間ノ浮生　385
額田郡一揆　66
奴婢　57
祢寝氏の一族一揆　65
祢寝郡司　65
根ぐされ病　397
根来一揆　98, 133, 134
根来寺　128, 186
年期売　116
年貢（公事）　59, 169, 170, 172, 173, 175, 256, 299, 302, 311, 344, 360, 393, 398
年貢・所当　260, 358
年貢未進（対捍・闘争）　95, 170, 172, 174, 303, 318, 364
年貢抑制　303
念仏（往生・行者・道場）　257, 296, 309, 334, 357, 358
念仏御頭　341
年齢階梯制　58
農業生産力の発展　386
農奴制（封建制）　105, 111, 167
能美・江沼両郡一揆　361
農民逃散　167
農民的剰余　112
農民闘争（戦争）　112, 141, 180, 182, 222, 223, 292
野洲南郡善性門徒　378
野田・福島合戦　283

## は　行

徘徊　191, 192
売券　373
売徳　342
蝿払一揆　61
白山衆徒（信仰）　265, 356, 360, 366
博打（停止）　203, 232
はくち・はくゑき　203
幕藩制（国家）（論）　224, 248, 293
幕藩制成立　111, 308
幕藩体制（社会）　134, 140, 276
幕府・守護体制　154, 247
幕府直轄領　383
幕府徳政令　154
幕府奉公衆　122
馬借　146, 147, 149, 152
旗指物　255
八幡大菩薩　34
八里衆　242
白骨　384
花一揆　69
花の御所造営　333
破門　238, 246, 334, 344, 345, 392
早鐘　15
播磨田善性門徒（惣門徒）　379, 380
播磨国土民　150
播磨の土一揆　295
判形　192
半国守護　230
反守護闘争　359
番匠　298
汎浄土教的風土　356
半済　186, 187, 231, 236
班田収授制　107
班田農民　107
番頭（衆・層）　58, 186, 188, 314, 330, 362
坂東管領　42
被官化　392, 395
引田（引地）　95, 96
ひきちがゑ（引違）　90
干殺　280

毘沙門天像　384
聖　47
人返　74
避難所　185
日根郡国人一揆　78
非農業民　276, 308
非門徒　312, 365-367
冷板　345, 391
百姓（意識・一揆・逃散）　3, 7, 40, 89, 155, 171, 174, 255, 256, 294, 331, 343, 344, 391, 393, 394
百姓・下人支配　73, 75, 81, 391
百姓妻子の抑留　173
百姓衆（身分）　5, 143, 147, 207, 211, 358, 391, 394
百姓の去留　170
百姓の被官化（下人化）　171, 392, 395
百姓不拘束文言　174
百姓申状　93, 180
百姓持チノ国　222
百姓論　167
評定　357
兵粮米（徴発）　183, 190, 320, 327
平方・東保六ヵ村　318
平百姓（中農層）　143, 148
ひらう（疲労）人　90, 92
琵琶湖水運　386
不入権の剥奪　305
風水害　370, 384, 397
福井藩　194
富豪層　107
武士（在地領主）　107, 395
武士門徒　313
武装闘争（蜂起）　257, 307
譜代家人　331, 333
二葉葵　333, 344, 394
仏光寺派　241, 310
仏敵　261
仏法（領）　222, 247, 257, 258-260, 298, 309, 310, 312, 313, 321, 338
仏法為本　260
仏法・王法（双輪論）　261, 358, 359
舟大工　330
不入権（の承認）　299, 322
補任銭　187
不犯講　21
富裕な農民　282
浮浪・逃亡　107
プロテスタント　252
文安の飢饉　371
分業関係　57, 102
粉失状　330
文和合戦　69
文明・長享の（一向）一揆　7, 320, 365, 366
文明の一揆（土一揆）　295, 302, 360
兵革　371
平生業成　309
兵船　333
兵・農分離　113, 304, 346
平民（百姓）　168
別物論　6
報恩講　262, 379, 382
報恩の念仏　257
坊官グループ　262
法義　314, 315
法華一揆　98, 129
封建革命　109
封建国家論　140
封建支配体制（土地所有）　109, 248
封建制　2
封建的隷属農民　5, 175
奉公衆　69, 120
坊主（衆）　248, 257, 258, 313-315, 339, 344, 394
北陸門徒　298, 304
法華宗門徒　226
法華八講　32, 33
反古裏書　247, 323
祠堂銭　151

細川政元式条 211, 231
細川政元政権 235, 237
細川政元のクーデター 263
法華一揆 266, 267
本願寺（領国） 128, 245, 253, 261, 263, 264, 266, 269, 271, 272, 321, 327, 367
本願寺・一向一揆（別物論） 6, 263
本願寺教団（門徒） 5, 6, 222-224, 226, 236-238, 240, 241, 243, 245-248, 252, 254, 261, 263, 265, 275, 276, 282, 284, 289, 290, 292-294, 296, 298, 300, 305, 307, 313, 339, 356, 358-361, 365, 366, 381, 383, 386
本願寺法印御坊 361
本願寺法王国（領国） 222, 247, 248, 292, 298, 299
本願寺法主 244, 247, 262, 267, 307, 339, 344, 392, 393
本家（職） 57, 86, 110
凡下 58, 59
本主 210, 215
本宗寺籠城 275
梵鐘 14
本銭返 116
本尊（裏書） 241, 378, 380
本地 314
本能寺の変 254, 284
本福寺跡書 7, 316
本福寺門徒 334, 339

## ま 行

鉤の陣 260, 311, 320, 331
真桑七ヶ井 321
全人（衆） 294, 294, 328-331, 333, 334, 339, 393, 394
松浦党（一揆） 49, 51, 73, 75
末寺銭 334
松平氏中心史観 272
真野ノレウシ 337
マルクス主義（歴史学） 2, 307
満寺（惣寺） 44
政所 185
三井寺 23
三河一向一揆 129, 226, 272, 275, 276, 303, 304, 308, 320, 323
三河門徒 268, 276, 300, 320
御立座神事 26
御堂番役 341
南一揆 65
身代取り 173
美濃の一揆 226
身分意識（関係） 56, 394
身分的＝階級的結集 80
身分配置 141
身分論（百姓－下人論） 139
三吉一揆 61
三好三人衆 270, 271
無縁の原理 180
麦種 190
武蔵七党 49, 62
村座 58
村の城 185
村寄合 181
室戸台風 372, 398
室町幕府・守護体制 144, 374
明応二年のクーデター 227
申状 39, 188
間人 58, 294, 331
目代 59
モック・サン 370
物忌み 259, 311
門跡 341
門前町 297
門徒（役・惣中・組織） 242, 294, 300, 315, 334, 335, 341, 342, 365-367, 379, 381
門徒・非門徒 225, 256, 257
門番役 341

## や 行

屋敷 393

ヤシマ法善　336
矢銭　270, 327
藪山にかくれ　189
山入り　182
山内一族一揆　66
山城国一揆　7, 98, 111, 119-122, 155, 227, 235, 255, 317, 355, 366
山田寺内置目　328
山田の地下人　151
大和一向一揆　266, 267
大和川附替工事　242
山中同名中　123
鑓講ノ衆　321
湯浅党　49, 50
唯賢磊　330
湯起請　190
要害　357
用水相論　375, 398
養和の飢饉　371
吉崎詣り　355
吉野門徒　240, 244, 300, 303
世直し　114
寄合　184
寄人　47, 56, 57, 59
与力被官　211
依代　180, 181
四郡一揆　366

## ら　行

楽市（楽座）　303, 326
落胤説　344
陸沈　187, 188
陸田　107
利銭・出挙　150
立春　186
律令国家　106
隆達唱歌　23
領家（預所・職）　57, 86, 110
領主裁判権　167
領主政所　181
両端之御訴　188
隣郷（門徒）　335, 340
綸旨　361
流民　371
冷害　384, 385, 397
礼銭（還住銭）　333
連座絵像　381
連署起請文　45, 47, 48, 51-53, 66, 72, 73
蓮如教団　369
郎等　57
浪人（牢人）　58, 171, 174, 357, 395
六方衆　244, 264
六字名号　355, 378, 379
六角氏討伐　320

## わ　行

若宮祭　372
渡守　339
渡辺党　49
渡り　223, 276, 292, 308, 329, 331, 332, 336, 337, 339
鰐口　14, 17, 22, 25, 31, 53
和与（裁許状）　29

# 人名索引

## あ　行


青田助太郎　190
赤沢朝経　230, 231, 236
赤ノ井慶乗　382
赤松則祐　68, 69
赤松政則　228
赤松政秀　190
赤松満祐　145, 151
赤松村秀　183
赤松義村　183, 185, 266
秋庭元重　230, 234
浅井長政　268, 285
浅井亦六郎　382
朝倉貞景　236
朝倉孝景　372
足利義詮　68, 69
足利尊氏　64-66, 68, 69, 255
足利直冬　66, 68
足利直義　65, 66, 255
足利政知　227
足利持氏　145
足利義昭　129, 263, 268, 271, 283
足利義維　239, 244
足利義材　122
足利義澄　77
足利義稙（義尹）　77, 226, 227, 239
足利義教　145, 154
足利義晴　239
足利義尚　237, 260, 311, 320, 331, 360, 364
足利義政　370, 371, 374, 375
足利義満　76
足利義持　70
阿曾沼弘秀　77
穴山左衛門（信君）　27
油屋又四郎衛門　330, 337
天野景泰　191
天野興次　77
天野元貞　77
荒川義等　275
荒木村重　269, 272
アラミノ性明　382
アヲト彦衛門　336
安藤昌益　32
井口国忠（徳林）　318, 320
池端清種　65
石川昌秀　89
石黒光義　264
和泉師忠　67
伊勢長氏（北条早雲）　221
市行明・朝明・信明・春明・氏明　68
一条兼良　53, 32
市場与三兵衛　296
一休宗純　371
一色頼行　64
稲村公方（足利満貞）　70
井上清広　68
茨木長隆　239, 240, 245, 325
今堅田の小五郎兵衛入道道法　332
今堅田の道賢　330
今川氏真　191
今川貞世（了俊）　66, 67
今川四郎入道　64
今川満範　67
今川義元　191, 273, 278
岩崎隆綱　70
岩成友通　270
岩松明純（兵庫）　79
岩松家純　79
岩松頼宥　66
イヲケノ尉（桶屋）　330, 332, 345, 395
蔭涼軒集証　364
ヴァリニャーノ　251-254, 258

上杉憲房　203
上田林某　122
上野政益　234
上原賢家　230
上原元秀　230, 231, 237
氏家卜全　279
内嶋泰連　68
宇津木師重　68
浦上村宗　185
雲泉大極　18, 371, 376
叡尊　17
榎木慶徳　372
応玄　378
大内義興　77
大北三郎兵衛（兵衛）　333, 341, 342
大草持継　68
大津浜の道覚　336
大友氏泰　64
大原太郎右衛門尉　124
大屋性善　68
小笠原又六（氏長）　68, 69
岡了順　283
奥村玄蕃（次郎衛門）　297, 319
雄琴の掃部　332
織田信雄　279
織田信興　268, 279
織田信長　129, 134, 223, 226, 248, 253, 254, 263, 268, 271, 278, 281, 283, 289, 290, 292, 295, 305, 312, 319, 321, 326, 327, 366, 385
越智利基　244
小山田兵衛（信茂）　27

## か　行

カウシヤ太郎衛門　342
香川満景　232
香川元景　230, 231, 234
覚念　332
かけひ通保　68
カササギ又七　297
笠原氏匡・匡蓮　68
枌（樫）井道永　78
樫木屋道顕　323
梶原美作守　65
糟谷了義　67
鹿苑院瑞智　363
鹿苑院主　364
片桐且元　327
カタタ道円　337
カタタヤ新衛門　337
桂田長俊　321
門田法西　335
金森道西　385, 399
上郷光景　78
唐橋在数　190
雁金屋民部　244
願阿弥　371
勧修寺政顕　361
勧修寺教秀　361
願性　384
寛美作守　299
菊池武敏　66
木沢長政　226, 239, 243, 246, 302, 325
北清武　65
北畠具教　279
北畠具房　279
北畠親房　42
北村守忠　68
吉川元経　77
狐嶋左衛門太夫　283
経覚　371
香厳院清晃　227
経豪　241
京極持清　153
尭全　377
教如　253, 269, 287
紀良孝　51
吉良義章　275
錦織寺勝経恵　261
金宝寺教俊　378

空賢　278
九条政基　187, 188, 190, 195, 233
楠正成（正行）　40, 255
熊谷在直　76
倉沢盛氏　68
蔵屋兵衛　244
慶算法橋　45
慶誓　337
慶法　337
玄作　89
顕誓　247, 323
堅致　241
源致　89
顕如　5, 129, 253, 261, 268-271, 279, 281, 283-286, 290, 304, 305
こいや経光　68
光教寺蓮誓　362
香西元長（元能）　123, 230, 231, 236
麹屋太郎三郎衛門　330
興正寺証秀　326
興正寺蓮秀　246, 324, 345, 394
光徳寺性乗　378
弘法大師　46
高師直・師泰・師兼　66
後柏原天皇　228
後醍醐天皇　42, 45, 46, 66
小寺加賀守政隆　319
近衛経忠　42
小早川熙平（弘平）　77, 79
小林久信　68
こまさい義員　67
近藤四郎右衛門尉　375
紺屋円浄　241
紺屋（次郎三郎）法住　332, 335, 399

## さ　行

斎藤元右　230
斎藤龍教　279
左衛門五郎　336
酒井忠賀　275
サカハ浄徳　338
坂本将監　334
相良晴広　268
佐久間信盛　319, 327
篠川公方（足利満直）　70
佐々木高信　41
さすの道幸　67
佐貫宗綱　68
猿千代　393
寒川家光　123
三条の又九郎左衛門　330
塩津兵衛入道法円　333, 336
慈観　384
式亭三馬　18
七里頼周　321
実恵　278
実賢　238, 265, 267, 339
実悟　241
実孝　240
実如　225, 237, 238, 241, 248, 261, 265, 266, 303, 304, 323, 393
品川実久　76
柴田勝家　268, 329
渋川満頼　76
嶋津伊久・氏久　66
嶋津忠春・忠兼・範忠　67-69
清水光宗　68
下間一族　262
下間頼俊　321, 322
下間頼旦・頼成　278
下間頼秀　324, 345, 394
下間頼盛　246, 266, 324, 345, 394
下長五郎左衛門　317
下長直宗　318, 302
下ハハ甚兵衛　343
綽如　317
沙弥浄心（宗光）　50
順光　318
順如　241
証意　278

証恵　278
松岡寺蓮綱　363
庄貞光　89
性信　384
庄主光心　88, 89, 93, 94
浄善　336
浄珎　336
聖徳太子　228, 237
少弐冬資　67
証如　225, 242-246, 248, 261, 265-268, 283, 303, 323-325, 345
少弐頼尚　66
白井行胤　68
次郎左衛門　319
二郎三郎法住　330
親盛上人　207
尋尊　371, 375
神長（守矢頼真）　25
神長官（守矢信実）　26, 27
神保国久　375
幸坊丸代慶重　78
親鸞　238, 252, 253, 258, 262, 309, 332, 378, 379, 384, 397, 399
瑞泉寺如乗　378
瑞智　364
スガハラ願了　297
杉浦玄任　321
杉浦明平　379
鈴木孫一　283, 284
周坊孫三郎（行重）　68
炭屋甚兵衛　296
諏訪頼満　13, 53
聖覚　397
青蓮院尊鎮親王　246
青蓮院尊朝　271
世親　45
善崇　378
泉蔵坊　318
善道　332
存覚　384
存如　369, 378

## た　行

大乗院尋尊　228, 375, 377
平（伊藤）重国　51
高橋元光　77
高畠長信　239
タカマノ賢丞　297
高山玄乗　334
滝川一益　279
沢蔵軒宗益　230
武田勝頼　22
武田信玄（晴信）　26-28, 269, 271
武田信豊（六郎次郎）　27
武田信虎　13, 25, 53
武田信春　68
竹田孫七　229
田崎頼重　68
橘屋（主殿）　244, 297
建部清成　65
立町伊豆　362
智証大師（円珍）　23, 24
千野出雲　26, 54
仲胤　20
筒井順興・順永・光宣　243, 244, 374
寺町通定　230
道観　330
道顕　241
道西　399
道寂　330
道信　330
トウセン院比丘尼　228
道忍　330
東福寺巣松軒祖舜蔵主　362
道満　330
塔森船渡代官山本弥次郎　153
藤民部盛幸・盛信　68
富樫氏　221, 222
富樫政親　236, 237, 260, 264, 265, 311, 320, 331, 357, 358, 360-362, 364, 366

富樫泰高　360, 366
富樫幸千代　266, 364, 356-358
研屋道円　330, 337
鳥取寿春（道本）　78
土橋平丞（平次・若太夫）　283, 284
富田宗林（長秀）　320, 321
豊臣（羽柴）秀吉　111, 221, 286
鳥浜清能　65

## な　行

内藤修理亮（昌豊）　22
内藤貞正　230
内藤元貞　234
中市雁金屋　297
中院通秀　361, 363
長尾為景　266
長尾能景　236
中家　373
長坂長閑斎（光堅）　22
長塩元親　230, 234
中村助通　375
中村時光　68
中村ノ四郎兵衛尉　341, 342
中村ノまこ太郎　342
中村浜の唯賢　330, 332
新家影頼　78
西浦の門田法西　337
西浦の次郎左衛門　330
西浦の豊原兵庫入道道幸　334
西浦の妙願　330
日親　369
新田岩松明純（兵庫）　79, 80
新田岩松満純　65
新田義貞　66
新田義重　41
にへもと政元　68
如円　378
野間興勝　77

## は　行

箱作道春　78
蓮田兵衛　369, 377
畠山昭高　283
畠山植長　126, 282
畠山尚順　227, 230, 231, 236, 238
畠山政長　78, 97, 121, 122, 226, 227, 231, 263, 317, 369, 374, 376, 398
畠山満家　149
畠山持国　78, 369, 374
畠山弥三郎（義富か）　369, 374
畠山義宣　243, 244, 266, 267
畠山義豊　226, 230
畠山義就　78, 97, 121, 122, 226, 263, 317, 369, 374-376, 398
畠山義英　236, 237, 265
畠山義元　236, 238
八郎左衛門　334
服部左京進　278
波々伯部盛郷　230
はん助長　67
東浦の坂本将監　332
彦四郎衛門了空　337
日根野秀盛　78
平井助九郎　183
平賀妙章　76
平賀弘保　77
平山参河入道　65
広瀬参川守　186
福勝寺　286
ふくのへ氏重・貞治　68
藤原師通　20
藤原景基　49, 50
藤原秀郷　24
藤原雅俊　21
布施下野守　383
仏光寺経豪　261
仏性院　183
舟大工の藤兵衛　332

古市澄胤　122, 227, 230
碧雲（諏訪頼満）　25
別所長治　269, 272
法敬坊　314
法西　294, 333
法住　294, 332-334, 336, 338, 392, 394
北条氏照　17
北条氏康　268
法条早雲　111
北条泰時　155
法誓　338
法然　32, 397
細川勝元　78, 227, 228, 374, 375, 398
細川澄元　77, 185, 236, 239, 324
細川聡明丸（澄之）　231, 239
細川高国　77, 185, 239, 240, 243, 246
細川晴元　226, 238-240, 243, 244, 246-248, 261, 263, 266, 267, 299, 303, 312, 323-326, 345, 394
細川政元　6, 77, 122, 211, 212, 221, 225-229, 231, 235-239, 247, 248, 261, 263, 265, 266, 299, 312, 360, 366, 393
本願寺実如　393, 394
本福寺明宗　337

## ま　行

益田照従　285
又四郎衛門　337
松浦持　68
松江源三太夫　283
松岡守時　67
松平家次　275
松平（徳川）家康　268, 272, 273, 275, 276, 289, 320
松平信次　275
松平昌久　275
松田五郎兵衛　323
松田三郎兵衛　298
松永久秀　263
マノ北テノ了空　338
真野慶円（慶了・慶法・祐願・左衛門五郎）　337
マルクス　1, 3
満済准后　146
万代屋（休意・娘木ノ花）　241, 323
三浦忠連　67
御厨五郎左衛門　296
湊平太夫　283
南庄ノ浄祐　338
源大納言雅俊　20
源頼朝　41, 108
三浦為成　68
三宅国村　246
三宅了西　382
宮原頼純　65
明恵上人（高弁）　50, 51
妙円　336
妙慶　338
明顕　333, 334, 394
明宗　343, 344, 392
明誓　338, 343-345
三好長慶　263, 326
三好長逸　270
三好政長　239
三好政康　270
三好元長　239, 240, 243-246, 266, 267
三好康長　243, 283, 326
夢窓疎石　383
村上貞頼・氏頼　68
明誓　391-393
毛利興元　77
毛利光房　76
桃井直常　68
森本顕景　68
守山ノ日浄房　382
文観　45, 46

## や　行

薬師四郎左衛門　190
薬師寺長盛　230, 231

薬師寺元一 234-236
薬師寺元長 230, 231
薬師寺義治・義元 68
安井道頓 298
安富元家 230, 231, 234
安見美作守直政 326
柳本賢治 239
柳本伸二郎 243
矢野八郎左衛門 231
山内首藤氏 66
山川参河守（三河） 320, 361
山口氏衡・高衡 68
山下氏秀・氏郷・政秀 68
山田光闡坊 362
大和氏政・政行 68
山名氏（満氏） 76
山中藤左衛門 325
山名中務大輔（義清） 22, 53
山本兼隆 41
山本道恵 65
湯浅宗重 51
湯川一族 282
抽留木藤五郎 318
横瀬国繁 79

## ら 行

隆承法印 41
了空 337
了源 384
了西 385
ルイス・フロイス 280, 281, 329
ルーテル 251, 252
蓮淳 278
蓮乗 317
蓮如 6, 7, 147, 223, 225, 226, 237, 241, 257-261, 264, 265, 278, 283, 292, 298, 302, 307, 309-315, 317, 322, 323, 332, 338, 339, 341, 355-358, 362, 364, 367, 369, 378, 379, 381, 382, 384-387, 392, 397, 398
蓮能尼 238
六角（高頼・義賢＝承禎・定頼） 268, 284, 323, 331, 345, 394

## わ 行

和歌浦弥勒寺山 283
鷲尾隆康 245
和田宮内少輔 65
渡辺弥太郎左衛門 334

## 地名・寺社名索引

### あ　行

青屋町　297, 324
英賀三ヵ村　296, 315, 319
赤野井　381, 383
赤ノ井慶乗の道場　382
赤野井荘（村）　264, 383
英賀御堂（本徳寺）　295, 319
開口神社　245
赤穂　296
浅香（道場）　246, 302
安治川　300
蘆屋荘　231
愛宕権現　228
阿氏河荘　52
穴村　322
姉川　268
網干　296, 319
尼崎　243, 302
天野社　47
荒見道場　380, 382
有岡城　272
有田川　49
粟田口　379
粟津橋本御厨　383
粟津保　320
安養寺コウシ房道場　382
安養寺村　380, 381
安楽光院　363
安良見道場　381
飯貝　240
飯貝本善寺　240, 300
井伊谷の竜潭寺　192
飯盛山城　243, 266
斑鳩寺　185
鵤荘六ヵ村　179, 181, 183-185, 195, 296, 318, 319
生玉荘大坂　241
石井荘　231
石黒荘　318
吉崎御坊　260
石田郷上方　383
石寺　305
石山　297
石山寺内　243, 298, 299, 302, 324
石山本願寺（御坊）　127, 134, 221, 238, 241, 243, 253, 262, 284, 285, 298, 300
出雲路口　149
伊勢落村道場　380
伊勢長島　6, 271, 272
伊丹有岡城　269
市江島　278
櫟江荘　277
猪名川　242, 300
稲葉山城　279
井波　324
井波の瑞泉寺　319
稲荷宮（神社）　202, 329
犬居郷（三ヶ村）　191
伊部町　288
揖保川　150, 296
今井　267, 324
今堅田　268, 329, 333-335, 340, 341
今島　277
今浜　286
入山田村（四ヶ村）　180, 187, 188, 190
伊和神社　150
上野荘　132
鯏浦　278
宇治川　121, 324
宇治孤嶋　17
宇治郷　283
宇田（陀）　150
宇野御厨　73

浦部島　73
叡山　33, 382
江口川　326
榎並十七所　242, 300
榎並荘　231, 300
江沼郡中　362
円福寺　375
延暦寺（山門）　24, 41, 44, 145, 152, 225, 246, 271, 383, 385, 394
大井　300
大浦荘　132
大ヶ塚　322, 327
大萱村　322
仰木　335, 340
大北　341, 343
大草城主　275
大河内城　279
大坂石山寺内　324, 325
大坂石山本願寺（御坊）　222, 238, 241, 246, 247, 253, 265-267, 270, 271, 278, 316, 322, 327, 394
大坂木戸口　323
大坂湾　397
太田城　281, 284
大谷本願寺　257, 264, 309, 330, 332, 379, 381, 382, 398
大津　322, 392
大津近松顕証寺　344
大伴道場（円照寺）　327
大成荘　277
大平寺　300
大村覚明寺　385
大山庄一井谷　150
小木江城　268, 271, 279
置塩　319
沖ノ島　264
奥嶋　333
雄琴　335, 340
小宅荘　319
小倭郷　114, 125, 207, 209
小倭白山社　125
小佐井郷　64
園城寺　24
御嶽山　23

### か　行

上仰木　337
開山堂　383
樫木屋道場（真宗寺）　241
海津　335, 340, 341
貝塚　242, 267, 302, 322
海道五郡　70
開発（カイホツ）中村　380, 382
カイホツ中村の妙実の道場　382
加賀四ヵ寺　356
垣屋新介・五郎　183
覚明寺　385
闕郡　325
賀古　183
樫木屋道場　241
嘉祥寺　242, 302
柏木御厨（三方）　123, 123
春日社　372
堅田（荘）　7, 147, 264, 294, 295, 328-333, 335-337, 339, 344, 382, 392-394, 399
堅田大宮（賀茂社）　328, 332, 334, 335
堅田北浦道場　336
堅田御坊　334
堅田三方（四方）　329, 333-335, 339, 342
堅田称徳寺（慈教寺）　284, 344, 392
堅田新在家（御坊）　334, 337
堅田惣荘　331
堅田中村　336
堅田西浦　334, 335, 345, 395
堅田馬場道場（本福寺）　332, 334, 380
堅田法住道場　380, 381
堅田本福寺　330, 334, 393, 391
堅田宮ノ切　335
賀太荘　282
勝部社　320

桂川　324
門田　335-337, 340
門真　241, 242
門真の願徳寺　300
鹿取（香取）荘　277
香取法泉寺　280
金森（道場・惣道場・城）　268, 284, 319, 332, 379, 381-383, 385
金沢（御坊）　266, 269, 322
カナ田村　337
金山城　79
加納八田庄　361
可部荘　76
上小塙　216
神於寺ノ五大院　187
上小島　202, 203, 216
上坂中道場（本柳道場）　298, 380
上小塙　202
上諏訪社　54
上ノ関　333
賀茂　151
鴨江の鴨江寺　192
加茂川　324
賀茂六郷　148
萱振（恵光寺）　242
河内　277-280
河口荘（細呂宜郷）　223, 293, 308, 355, 371, 372
河内五ヵ所　242, 300
河内十七ヵ所　241, 242, 300
河内二の江　278
河内八所（里）　231, 242, 300
河内領　27
瓦屋村　373
神崎川　242, 300, 324
願証寺　278, 322
官省符荘　47
観禅院　15
願泉寺　322
願得寺　241, 242
観音寺山城　305
上原（郷）　40, 85-89, 91, 92, 94, 96
紀伊水道　397
祇園社　41, 264
祇園林　22
木曽川　222, 276, 277, 300
北出道場　338
北野社　41, 231
北町　324
北町屋　324
木津　150
絹河　335, 340
紀ノ川（デルタ）　126, 276, 282, 299
木部村　384
久宝寺（寺内）　298, 381
教行寺　241
京都汁谷　384
京都山科　222
京都六条　376
吉良荘東条　275
吉良八ツ面山城　275
霧島山　67
金光寺　286
錦織寺　384
金胎寺山（城）　375, 398
草津川　381
玖珠城（高勝寺城）　64
九頭竜川　237, 266
久世郡　121
百済東道場　381
国友村　298
久宝寺（顕証寺）　241, 242, 267, 322, 326
熊取荘　373
栗田　381
黒江　283
黒江御坊　283
黒田荘　13, 29, 52
桑名　277, 279
郡内領　27
顕証寺　241, 242, 324, 393

光永寺 242
光徳寺 362
興正寺 298
興証寺 322
光善寺 241
高徳庵 334
河野道場 381
興福寺 44, 128, 150, 226, 230, 244, 262-267, 297, 303, 372
興福寺観禅院 13
興福寺大乗院 371
興福寺南北郷 244
高野山 45-48, 52, 128, 236, 281, 300, 375
光連寺 242
粉河寺 126, 128, 281
近木荘 373
小篠原 332
小塩荘 231
小谷城（城下町） 285, 286, 288
五島列島 73
木幡 132
湖北十ヵ寺 129, 284, 287
駒井沢村 320
駒井荘 320
金光寺 284
金剛峯寺 44, 45, 53
誉田（城） 226, 237, 265, 300

## さ 行

雑賀（五組・十ヶ郷・荘） 280-283
西順寺 319
西証寺 326
西照寺 382
西大寺 150
西蓮寺 382
佐伯荘 64
嵯峨 151
堺 240-242, 246, 323
堺川 13, 53
堺北荘山口仲町 241
堺御坊（信証院） 241, 242, 326
堺南荘 241, 266
嵯峨野 383
坂本 145, 151
佐川 331
鷺森 283, 284
桜井城主 275
佐々木上宮寺 273, 380
佐々木城 275
三番（定専坊） 242, 300
山門（延暦寺） 153, 265
飾磨津 296
慈願寺 242
慈教寺 334, 392
慈光寺 241
慈尊院 47
四塚 377
志筑荘 86
志那街道（湊） 381, 386
清水道場 283
清水町 324
下市（願行寺） 240, 300
下揖保荘 68
下鴨社 328
下三栖 132
下水分社（貴志宮） 329
社家郷 282
順慶寺 129, 284
十二里 383
十ヶ郷 282, 283
正覚寺 226, 227
庄川 317
成願寺 125, 207
浄願寺 130, 284, 286
勝興寺 322
上宮寺 320
定専坊 242
招提寺内 300, 322
称徳寺 295
聖徳寺 322

称徳寺（慈教寺）　328, 334, 339, 393
称名寺　130, 285, 286
称念寺　322
城端　322
勝鬘寺　320
正琳寺　242
書写山　296
白川　324
新在家　335
真宗寺　130, 285, 286
真宗寺院　275
信証院　241, 242
新堂（村）　320, 326
瑞泉寺　263, 264, 318, 322
吹田川　324
須江の光専寺　300
菅浦荘　132, 330
杉江　278
巣原村　50
隅田荘（八幡宮）　72
炭山　132
諏訪上社　12, 13, 26, 27
諏訪社（諏訪神社）　26, 202
誓願寺　284, 286
席田十一郷　319
摂津口　234, 235
外戸の道場　294, 337
施無畏寺　50, 51
全光寺　130, 286
善宗正善ノ道場　381
善徳寺　322
倉月荘　264
惣郷（荘）　148
相馬が原　201
相楽・綴喜二郡　121, 227
薗部荘　282

## た　行

大慶寺　362
醍醐　149
大乗院　372
大物（の）道場　242, 302
高尾城　265, 360
高瀬　300
高瀬社　317
高瀬荘　264, 303, 304, 317, 318
高田専修寺　360
高取城　244, 303
高野荘（郷）　319
高野の善宗正善道場　382
高梁川　85
高見原　79
高屋城　227, 244, 300, 326
竹田　151, 377
嶽山（城・合戦）　375, 398
多々良浜合戦　64
立田の谷水　324
立山　312
舘山寺　192
田中郷　41
多仁荘　52
太良荘　52, 53, 331
垂水荘　372
田原荘　190
丹波口　234, 235
近松顕証寺　341, 392
千種川　296
地毘荘　66
中荘光源寺　384
長安寺　324
超勝寺　237, 262, 266, 267
長法寺　187-189
塚口御坊　242, 300
造作町　324
土橋城　284
槌丸口　190
土山坊　263
筒井坊　186, 188
綴喜郡　121
坪江荘　223, 291, 308, 371

鶴原荘 373
出口（坊） 241, 242, 300, 316
手原（村・信覚房道場） 380-382
天神川（衣川） 329
天満天神（北野社） 69
東海道 379, 381
東山道 379, 381
東寺 46, 52, 53, 150, 377
等持院 322
東大寺（二月堂） 44, 45, 52, 53, 262, 264, 318
東福寺 86, 87, 89, 92-94, 377
道明寺川 324
東門院守山寺 383
豊嶋郡簾料 231
途津 333
利根荘 62
鳥羽 151, 325, 332
鳥羽十三ヶ荘（郷） 148, 153
富田（坊・教行寺） 241, 242, 300, 320, 322
富田鵜飼瀬 231
豊原寺 312
土呂本宗寺 273, 274
富田林（道場・寺内町） 242, 267, 297, 298, 322, 326, 327
陰憐堂 333

## な 行

中江 280
中郡門徒 270
中郷 282
長島輪中（御堂・願証寺） 269, 276, 278, 280, 322
那珂荘 28
中津川 324
中道場 130, 285, 286
中野 326
中島五ヵ所 242, 300
那賀荘 52
長野村浜川 201
長浜 286, 288
中村（北道場・西道場） 335, 379, 380
長良川 276, 277, 300
奈良 297, 303
南郷 282
南禅寺（塔頭岩栖院） 235, 377
南北郷 240, 297
新見荘 30, 54, 85
西浦（道場） 335
西岡（十一郷・十一ヵ荘） 132, 148, 377
西小田原寺（浄瑠璃寺）西方院 45
西保平方奥村 296
西ノ浦 242
西ノ切（西浦） 329
西町 324
西脇（等四五箇所） 244, 297
二の江 278
仁和寺 151
額田庄 361
沼田荘 78
根来寺（泉識坊・杉ノ坊・成真院） 98, 126, 128, 187, 188, 281, 284, 320, 373-376
念仏寺 245
野地 380
野田（砦） 242, 270, 300
野寺本証寺 273, 304

## は 行

蛇草 300
白山 50, 260, 310, 312
波佐谷松岡寺 262, 266, 267
ハシヅ 334
蓮田宿坊 377
長谷寺 240
泊瀬 150
馬場（道場） 294, 335, 342
浜川 202, 216
腹見 300
針崎勝鬘寺 273

播磨一宮　150
播磨田　383
榛名山（神社）　203
伴阿弥道場　294, 334
盤石寺　150
比叡山（延暦寺）　41, 46, 128, 149, 261, 355, 385
稗田（神社）　183, 184
東浦　334
東保村　296
東塔北谷覚恩坊　332
東ノ切（東浦）　329
日差・諸河　132
日前宮　282
日根野荘（郷・村）　132, 179, 186-190, 195, 233, 373
檜物屋町　297, 324
日吉社　41
平方（吉平・吉永名, 奥村次郎衛門道場）183, 319
枚方　242, 300
平戸島　73
平野　150, 242
琵琶湖（岸）　276, 305, 370, 379, 381, 385, 392, 397
福島砦　270
福勝寺　129, 284, 286, 323
福正寺　382
福田寺　129, 284-287
福光城　318
藤並荘　49
伏見（荘・九郷・十ヵ荘）　15, 132, 148, 151, 316, 377
藤原道場　240
仏光寺　384
舟井荘　231
舟木北浜　336
普門　329, 335, 336, 340
古市　242, 300
古国府　322
古橋御坊　241, 300
豊後府内　253
平泉寺　265, 314
扁知院　186-188
法泉庵　187
法善院　362, 363
北陸道　381
北隣坊　362
法華寺　150
堀江郷　191, 192
本覚寺　237, 262, 266, 267, 321, 355
本願寺　5, 6, 98, 222, 223, 237, 238, 241, 245-248, 253, 257, 262, 265, 269-271, 278, 289, 308, 310, 321, 324, 327, 334, 339, 341, 355, 360, 361, 364, 365, 367, 384, 392
本願寺御影堂　379
本郷　282
本宗寺　275, 320
本証寺　275, 320
本能寺　253
本福寺　294, 332, 334, 335, 338-345, 393, 394, 397


### ま　行


マカオ　254
綣村　381
真桑（四郷・教念寺）　319
正木御坊　319
益田荘　277
松浦荘　73
松尾社　132
松ヶ崎　377
真野（川・宿・今宿・南ノ道場・北出道場・軽賀村）　295, 329, 335, 337, 338, 340, 361, 380
三井寺　151
三上社　332, 344, 394
三上山　31
三ケ日の大福寺　192

三木城　269, 272
溝杭の仏照寺　300
南雄琴　332, 341
南谷口　329
南ノ道場　337
南町　324
誓願寺　130
三浜　333
三宅（称願寺・蓮生寺・了西の道場・城）　268, 284, 300, 319, 382, 383
宮ノ切（北浦）　329
妙源寺　275
妙実ノ道場　382
三入荘　78
向日宮　123
武庫川　242, 300
村櫛荘（堀江郷）　191, 192
室戸岬　372, 397
毛人谷　326
守山観音　383
茂呂大明神　17
聞光寺　382

## や　行

八尾　242
柳生　150
薬園・縁松荘　52
矢島南ノ道場　382
野洲（須）　381
野洲川（デルタ）　320, 381, 385
野須栗太　381
保田荘　49
野洲南郡　381
屋長島　280
矢野荘　150, 190
矢作川（デルタ地帯）　6, 222, 273, 275, 276, 300, 304, 320
山内荘　358
山家道場　380
山科（六郷・七郷・寺内）　148, 241, 314, 316, 322, 377, 394
山科本願寺　237, 241, 246, 264, 266, 267, 344, 394
山田（光教寺）　262, 266, 267, 322
大和川　222, 276, 300, 324
大和辰市　264
山中田　326
湯浅荘　49, 50
弓削島荘　52
夢前川　296
欲賀　386
横北郷（庄）　362, 363
横沼　300
横町　324
吉崎（御坊）　264, 316, 322, 355, 357, 358, 364
吉野（川）　150, 300
吉藤専光寺　266
吉見　383
淀（川）　6, 222, 242, 270, 276, 300, 323, 324, 377

## ら　行

了空道場　339
林光院　362, 363
臨川寺塔頭三会院　383
蓮光寺　382
蓮台寺城　264, 357
六郷村上小鳥　201
六条　376

## わ　行

若江　242
和歌浦弥勒寺山　283
若松本泉寺蓮悟　236
若松本泉寺　262, 266, 267
和佐荘　282
渡り村　304
和束　150
和邇（宿）　295, 334, 340, 341

**著者略歴**
1932年　群馬県に生れる.
1961年　慶応義塾大学大学院修士課程修了
宇都宮大学教育学部助教授，東京都立大学人文学部教授，中央大学文学部教授を歴任.
現　在　東京都立大学名誉教授，文学博士.

**主要著書**
『中世の東国』(1989年，東京大学出版会)
『中世災害・戦乱の社会史』(2001年，吉川弘文館)
『新田義貞』(2005年，吉川弘文館)
『中世東国の荘園公領と宗教』(2006年，吉川弘文館)

中世社会の一揆と宗教

2008年7月22日　初　版

[検印廃止]

著　者　峰《みね》岸《ぎし》純《すみ》夫《お》

発行所　財団法人　東京大学出版会
代表者　岡本和夫
113-8654　東京都文京区本郷7-3-1 東大構内
http://www.utp.or.jp/
電話 03-3811-8814　Fax 03-3812-6958
振替 00160-6-59964

印刷所　ヨシダ印刷株式会社
製本所　誠製本株式会社


ISBN 978-4-13-020145-2　Printed in Japan